"十三五"国家重点图书出版规划项目

《医学·教育康复系列》丛书

组织单位

华东师范大学中国言语听觉康复科学与 ICF 应用研究院
华东师范大学康复科学系听力与言语康复学专业
华东师范大学康复科学系教育康复学专业
中国教育技术协会教育康复专业委员会
中国残疾人康复协会语言障碍康复专业委员会
中国优生优育协会儿童脑潜能开发专业委员会

总主编

黄昭鸣

副总主编

杜晓新　孙喜斌　刘巧云

编写委员会

主任委员

黄昭鸣

副主任委员（按姓氏笔画排序）

王　刚　刘巧云　孙喜斌　杜　青　杜　勇　杜晓新
李晓捷　邱卓英　陈文华　徐　蕾　黄鹤年

执行主任委员

卢红云

委员（按姓氏笔画排序）

丁忠冰	万　萍	万　勤	王　刚	王勇丽	尹　岚
尹敏敏	卢红云	刘　杰	许文飞	孙　进	李　岩
李孝洁	杨　影	杨三华	杨闪闪	张　青	张　鹏
张志刚	张畅芯	张奕雯	张梓琴	张联弛	金河庚
周　静	周林灿	赵　航	胡金秀	高晓慧	曹建国
庾晓萌	宿淑华	彭　茜	葛胜男	谭模遥	

"十三五"国家重点图书出版规划项目

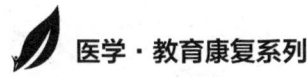

黄昭鸣　总主编
杜晓新　孙喜斌　刘巧云　副总主编

儿童构音治疗学

张青　卢红云　葛胜男　著

Articulation Therapy for Children

南京师范大学出版社

图书在版编目（CIP）数据

儿童构音治疗学/张青，卢红云，葛胜男著. —南京：南京师范大学出版社，2021.3
（医学·教育康复系列/黄昭鸣总主编）
ISBN 978-7-5651-4823-1

Ⅰ.①儿… Ⅱ.①张… ②卢… ③葛… Ⅲ.①语言障碍—儿童教育—教育康复 Ⅳ.① G762

中国版本图书馆 CIP 数据核字（2021）第 048840 号

丛 书 名	医学·教育康复系列
总 主 编	黄昭鸣
副总主编	杜晓新　孙喜斌　刘巧云
书　　名	儿童构音治疗学
作　　者	张　青　卢红云　葛胜男
策划编辑	徐　蕾　彭　茜
责任编辑	高　珏
出版发行	南京师范大学出版社
地　　址	江苏省南京市玄武区后宰门西村 9 号（邮编：210016）
电　　话	（025）83598919（总编办）　83598412（营销部）　83373872（邮购部）
网　　址	http://press.njnu.edu.cn
电子信箱	nspzbb@njnu.edu.cn
照　　排	南京凯建文化发展有限公司
印　　刷	南京爱德印刷有限公司
开　　本	787 毫米 ×1092 毫米　1/16
印　　张	26.5
字　　数	628 千
版　　次	2021 年 3 月第 1 版　2021 年 3 月第 1 次印刷
书　　号	ISBN 978-7-5651-4823-1
定　　价	79.00 元

出 版 人　张志刚

南京师大版图书若有印装问题请与销售商调换
版权所有　侵犯必究

PREFACE

序

回顾我国言语听觉康复、教育康复行业从萌芽到发展的 22 年历程，作为一名亲历者，此时此刻，我不禁浮想联翩，感慨万千。曾记得，1996 年 11 月，我应邀在美国出席美国言语语言听力协会（ASHA）会议并做主题报告，会后一位新华社驻外记者向我提问："黄博士，您在美国发明了 Dr.Speech 言语测量和治疗技术，确实帮助欧洲、巴西、中国香港及一些发展中国家和地区推进了'言语听觉康复'事业的发展，您是否能谈谈我们祖国——中国内地该专业的发展情况？"面对国内媒体人士的热切目光，我竟一时语塞。因为我很清楚，当时，言语听觉康复专业在内地尚处一片空白。没有专家，不代表没有患者；没有专业，不代表没有需要。在此后的数天内，该记者的提问一直在耳畔回响，令我辗转反侧，夜不能寐。

经反复思量，我做出了决定：立即回国，用我所学所长，担当起一个华人学子应有的责任。"明知山有虎，偏向虎山行"，哪管他前路漫漫、困难重重。我满怀一腔热忱，坚定报国的决心——穷毕生之力，为祖国言语听觉康复的学科建设，为障碍人群的言语康复、听觉康复、教育康复事业尽自己的一份绵薄之力。

如今，我回国效力已 22 载，近来，我时常突发奇想：如果能再遇到当年的那位记者，我一定会自豪地告诉他，中国内地的言语听觉康复、教育康复事业已今非昔比，正如雨后春笋般繁茂、茁壮地成长……

20 多年的创业，历尽坎坷，饱尝艰辛。但我和我的团队始终怀着"科学有险阻，苦战能过关"的信念，携手奋进，在学科建设、人才培养、科学研究与社会服务、文化传承与创新等方面取得了众多骄人的成绩。2004 年，华东师范大学在一级学科教育学下创建了"言语听觉科学专业"。2009 年，成立了中国内地第一个言语听觉康复科学系，同年，建立了第一个言语听觉科学教育部重点实验室。2012 年 9 月，教育部、中央编办等五部委联合下发《关于加强特殊教育教师队伍建设的意见》(教师〔2012〕

12号），文件提出："加强特殊教育专业建设，拓宽专业领域，扩大培养规模，满足特殊教育事业发展需要。改革培养模式，积极支持高等师范院校与医学院校合作，促进学科交叉，培养具有复合型知识技能的特殊教育教师、康复类专业技术人才。"经教育部批准，2013年华东师范大学在全国率先成立"教育康复学专业"（教育学类，专业代码040110TK）。

2020年华东师范大学增设"听力与言语康复学专业"（医学类，专业代码101008T），这是华东师范大学开设的首个医学门类本科专业。听力与言语康复学专业旨在通过整合华东师范大学言语听觉科学、教育康复学、认知心理学、生命科学等学科领域的优质师资力量，建设高品质言语语言与听觉康复专业，培养适应我国当代言语语言听觉康复事业发展需要的，能为相关人群提供专业预防、评估、诊断、治疗与康复咨询服务的复合型应用人才，服务"健康中国"战略。

一门新学科的建立与发展，必然面临许多新挑战，这些挑战在理论和临床上都需要我们一起面对和攻克。据2011年全国人口普查数据显示，我国需要进行言语语言康复的人群高达3 000多万。听力与言语康复专业立足言语听力障碍人群的实际需求，秉持"医工结合、智慧康复"的原则，紧跟国际健康理念的发展，以世界卫生组织提出的《国际疾病分类》（ICD）和《国际功能、残疾和健康分类》（ICF）理念为基础，构建听力与言语康复评估和治疗标准，为医院康复医学科及临床各科，诸如神经内科、耳鼻咽喉头颈外科、儿科、口腔科等伴随言语语言听力障碍的人群提供规范化的康复治疗服务。最令我感到自豪的是：2013年，我们研究团队申报的"言语听觉障碍儿童康复技术及其示范应用"科研成果，荣获上海市科学技术奖二等奖。

教育康复学专业是我国高等教育改革的产物，它不仅符合当前"健康中国"的发展思路，符合特殊教育实施"医教结合、综合康复"的改革思路，而且符合新形势下康复医学、特殊教育对人才培养的需求。专业的设置有助于发展医疗机构（特别是妇幼保健系统）的康复教育模式，更有助于发展教育机构（特别是学前融合教育机构）的康复治疗模式。2015年，我们研究团队申报的"基于残障儿童综合康复理论的康复云平台的开发与示范应用"科研成果，再次荣获上海市科学技术奖二等奖。

在新学科建设之初，我们就得到各级政府与广大同仁的大力支持。2013年，教育部中国教师发展基金会筹资680万元，资助听力与言语康复学和教育康复学专业建设。本丛书既是听力与言语康复学和教育康复学专业建设的标志性成果，也是华东师范大学、上海中医药大学等研究团队在20多年探索实践与循证研究基础上形成的原创性成果，该成果集学术性、规范性、实践性为一体。丛书编委会与南京师范大学出版社几经磋商，最终确定以"医学·教育康复"这一跨学科的新视野编撰本套丛书。作为"十三五"国家重点图书出版规划项目，本套丛书注重学术创新，体现了较高的学术水平，弥补了"医学·教育康复"领域研究和教学的不足。我相信，丛书的出版对于构建中国特色的"医学·教育康复"学科体系、学术体系、话语体系等具有重要价值。

全套丛书分为三大系列，共22分册。其中："理论基础系列"包括《教育康复学概论》《嗓音治疗学》《儿童构音治疗学》《运动性言语障碍评估与治疗》《儿童语言康复学》《儿童认知功能评估与康复训练》《情绪与行为障碍的干预》《儿童康复听力学》《儿童运动康复学》9分册。该系列以对象群体的生理、病理及心理发展特点为理论基础，分别阐述其在言语、语言、认知、听觉、情绪、运动等功能领域的一般发展规律，系统介绍评估原理、内容、方法和实用的训练策略。

"标准、实验实训系列"为实践应用部分，包括《ICF言语功能评估标准》《综合康复实验》《嗓音治疗实验实训》《儿童构音治疗实验实训》《运动性言语障碍治疗实验实训》《失语症治疗实验实训》《儿童语言治疗实验实训》《普通话儿童语言能力临床分级评估指导》《认知治疗实验实训》《情绪行为干预实验实训》10分册。该系列从宏观上梳理残障群体教育康复中各环节的标准和实验实训问题，为教育工作者和学生的教学、实践提供详细方案，以期为"医学·教育康复"事业的发展拓清道路。该系列经世界卫生组织国际分类家族（WHO-FIC）中国合作中心下的中国言语听觉康复科学与ICF应用研究院授权，基于ICF框架，不仅在理念上而且在实践上都具有创新性。该系列实验实训内容是中国言语康复对标国际，携手全球同行共同发展的标志。

"儿童综合康复系列"为拓展部分，包括《智障儿童教育康复的原理与方法》《听障儿童教育康复的原理与方法》《孤独症儿童教育康复的原理与方法》3分册。该系列选取最普遍、最典型、最具有教育康复潜力的三类残障儿童，根据其各自的特点，整合多项功能评估结果，运用多种策略和方法，对儿童实施协调、系统的干预，以帮助残障儿童实现综合康复的目标。各册以"医教结合、综合康复"理念为指导，注重原理与方法的创新，系统介绍各类残障儿童的特点，以综合的、融合的理念有机处理各功能板块之间的关系，最终系统制订个别化干预计划，并提供相关服务。

在丛书的编写过程中，我们始终秉承"言之有据、操之有物、行之有效"的学科理念，注重理论与实践相结合、康复与教育相结合、典型性与多样性相结合，注重学科分领域的互补性、交叉性、多元性与协同性，力求使丛书具备科学性、规范性、创新性、实操性。

本套丛书不仅可以作为"医学类"听力与言语康复学、康复治疗学等专业的教材，同时也可以作为"教育学类"教育康复学、特殊教育学等专业的教材；既可供听力与言语康复学、康复治疗学、教育康复学、特殊教育学、言语听觉康复技术等专业在读的专科生、本科生、研究生学习使用，也可作为医疗机构和康复机构的康复治疗师、康复医师、康复教师和护士的临床工作指南。本套丛书还可作为言语康复技能认证的参考书，包括构音ICF-PCT疗法认证、言语嗓音ICF-RFT疗法认证、孤独症儿童ICF-ESL疗法认证、失语症ICF-SLI疗法认证等。

全体医疗康复和教育康复的同仁，让我们谨记："空谈无益，实干兴教。"希望大家携起手来，脚踏实地，求真务实，为中国康复医学、特殊教育的美好明天贡献力量！

黄昭鸣

博士（美国华盛顿大学）

华东师范大学中国言语听觉康复科学与ICF应用研究院院长

华东师范大学听力与言语康复学专业教授、博导

华东师范大学教育康复学专业教授、博导

2020年7月28日

FOREWORD
前 言

《儿童构音治疗学》属于《医学·教育康复系列》中"功能评估与康复训练"系列中的一本，本书主要聚焦于如何解决儿童的构音障碍，提高儿童的构音清晰度，构建ICF理念下的构音障碍的精准评估与治疗方法；以生理、病理及心理发展特点为依据，阐述儿童言语领域的一般发展规律，分别系统介绍儿童构音障碍评估和语音障碍评估的原理、内容、方法、训练策略；并以听力障碍、智力障碍、孤独症及唇腭裂等不同类型儿童的构音障碍为例，阐述其构音障碍的特点，评估与训练策略的选择等，有着很强的操作性，可满足不同读者的需求。本书适用于教育康复学专业、听力与言语康复学专业、康复治疗学专业、特殊教育学专业等本科生和研究生教学，也可供康复医师、康复治疗学、特殊学校教师，以及临床医师（儿科、儿保科等）、护士等阅读参考。

本书共分十一章，各章主要内容如下：第一章为绪论，包括器官的解剖和生理基础，语音学基础，构音语音障碍治疗的对象及流程，评估与治疗专用设备等；第二章为构音障碍的评估，包括构音障碍的临床表现，构音功能的主观评估、客观测量及基于ICF的儿童构音功能评估；第三章为构音障碍的治疗，包括口部运动治疗、构音运动治疗、构音语音治疗、重读治疗；第四章为语音障碍的评估，包括特征、临床表现、语音清晰度及语音韵律评估等；第五章为语音障碍的矫治；第六章为儿童构音治疗方案的制订与实施；第七章为听力障碍儿童构音障碍的治疗；第八章为智力障碍儿童构音障碍的治疗；第九章为孤独症儿童构音障碍的治疗；第十章为唇腭裂儿童构音障碍的治疗；第十一章为脑瘫儿童构音障碍的治疗。其中第七章至第十一章主要介绍不同类型的特殊儿童构音障碍的治疗方法，主要从定义、言语构音特点、临床表现、言语功能评估、训练方案制订、疗效监控、康复案例等几个方面进行解读，帮助学习者了解不同类型的言语构音障碍如何对接ICF的言语功能评估和训练标准。

本书各章节中，第二章第二节中的口部运动功能主观评估与构音运动功能主观评估等内容，第三章第一节口部运动治疗及第六章主要由卢红云编写，其余章节内容主要由张青编写，本书的数字资源的设计主要由葛胜男完成。本书即将付梓之际，感谢《医学·教育康复系列》丛书总主编黄昭鸣教授和南京师范大学出版社有关领导、同志的支持与厚爱；感谢《儿童构音治疗学》全体作者的辛勤努力；感谢张梓琴博士、尹敏敏博士、丁忠冰硕士、杨洪荣老师、王蒙蒙老师、兰金荣老师在本书撰写过程中提供的帮助和支持；感谢本书的责任编辑高珏老师的辛苦劳动；另外，感谢美国泰亿格公司（Tiger DRS, Inc.）、上海慧敏医疗器械有限公司对本书提供的技术支持，书中使用的实验设备均来自以上单位。感谢上海阿伊屋言语发展中心、上海小小虎康复科技发展有限公司对本书的临床实践指导。

张青

2020 年 8 月 1 日

目 录

第一章 绪论 ... 001

第一节 构音器官的解剖与生理基础 ... 003
一、下颌 ... 003
二、唇 ... 005
三、舌 ... 006
四、软腭 ... 008

第二节 普通话构音的语音学基础 ... 010
一、普通话韵母 ... 010
二、普通话声母 ... 016

第三节 构音语音障碍治疗的对象及流程 ... 020
一、构音语音障碍治疗的对象 ... 020
二、构音语音障碍治疗的流程 ... 022

第四节 构音语音障碍评估与治疗专用设备 ... 024
一、评估设备 ... 024
二、治疗设备 ... 025

第二章 构音障碍的评估

第一节 构音障碍的临床表现
一、韵母音位构音异常 029
二、声母音位构音异常 030
三、声调构音异常 032

第二节 构音功能的主观评估
一、构音功能的主观评估 034
二、其他常用的主观评估方法 065

第三节 构音功能的客观测量
一、口部运动功能的客观测量 067
二、构音运动功能的客观测量 070
三、构音语音功能的客观测量 080

第四节 基于 ICF 的儿童构音功能评估
一、基于 ICF 的儿童构音功能评估 086
二、基于 ICF 的儿童构音功能评估示例 090

第三章 构音障碍的治疗

第一节 口部运动治疗
一、下颌口部运动治疗 093
二、唇口部运动治疗 100
三、舌口部运动治疗 108

第二节 构音运动治疗
一、下颌构音运动治疗 119
二、唇构音运动治疗 122
三、舌构音运动治疗 126

第三节 构音语音治疗
一、韵母音位构音异常治疗 137
二、声母音位构音异常治疗 139

第四节　重读治疗法在构音治疗中的运用　156
一、节奏训练类型　157
二、重读治疗的训练方法　161
三、口部运动重读治疗　161
四、构音运动重读治疗　163

第四章　语音障碍的评估　173

第一节　语音障碍概述　175
一、语音障碍的特征　175
二、语音障碍的临床表现　176
三、语音功能评估框架　176

第二节　语音障碍的评估　179
一、语音清晰度评估　179
二、语音韵律评估　185

第五章　语音障碍的矫治　193

第一节　语音障碍的"CRDS"矫治　195
一、语音巩固　195
二、语音重复　197
三、语音切换　200
四、语音轮替　205

第二节　语音障碍的重读矫治　208
一、语音障碍慢板节奏的重读矫治　208
二、语音障碍行板节奏的重读治疗　211
三、语音障碍快板节奏的重读治疗　214
四、语音障碍重读治疗中的方法运用　215
五、现代康复技术在语音障碍重读矫治中的作用　219

第六章 ICF 构音治疗规范化流程及整体方案实施

第一节 ICF 儿童构音治疗规范化流程
- 221
- 223
- 224　一、填写个人基本信息
- 224　二、ICF 儿童构音功能评估
- 226　三、ICF 构音治疗计划
- 226　四、构音治疗的实施与规范化操作
- 227　五、构音疗效评价

第二节 构音语音治疗规范化流程实施示例
- 228
- 228　一、患者基本信息
- 229　二、构音功能精准评估
- 241　三、制订 ICF 构音治疗计划
- 242　四、构音治疗的实施与规范化操作
- 247　五、ICF 构音疗效评价表

第三节 构音语音治疗的康复模式
- 248
- 248　一、个别化康复
- 249　二、小组康复（异质）
- 249　三、团体康复（异质、同质）
- 250　四、床边康复

第七章 听力障碍儿童构音障碍的治疗
- 251

第一节 概述
- 253
- 253　一、听力障碍的概念
- 253　二、听力障碍的病因及病理机制
- 254　三、听力障碍的分类
- 256　四、听力障碍对言语功能的影响

第二节 听力障碍儿童构音障碍的临床表现
- 258
- 258　一、语音感知能力下降
- 259　二、言语构音障碍

第三节　听力障碍儿童构音障碍的治疗 260
　　一、治疗原则 260
　　二、治疗步骤 261
　　三、治疗方法 263
第四节　听力障碍儿童构音障碍康复案例 272
　　一、案例基本情况 272
　　二、功能评估 272
　　三、治疗计划 274
　　四、疗效评价 284

第八章　智力障碍儿童构音障碍的治疗 285
第一节　概述 287
　　一、智力障碍的概念 287
　　二、智力障碍的病因 288
　　三、智力障碍的分级 288
第二节　智力障碍儿童言语功能特点及表现 289
　　一、言语嗓音障碍 289
　　二、言语构音障碍 290
　　三、其他 292
第三节　智力障碍儿童构音障碍的治疗方法 293
　　一、治疗原则 293
　　二、治疗步骤 294
　　三、治疗方法 295
第四节　智力障碍儿童构音障碍康复案例 298
　　一、案例基本信息 298
　　二、功能评估结果 298
　　三、制订治疗计划 299
　　四、治疗过程及实时监控 300
　　五、疗效评价 308

第九章　孤独症儿童构音障碍的治疗

第一节　概述

- 309
- 311　一、孤独症的概念
- 311　二、孤独症的病因
- 312　三、孤独症的分类
- 313　四、孤独症儿童言语障碍的分类

第二节　孤独症儿童构音障碍的特点及临床表现

- 315　一、孤独症儿童构音障碍的特点
- 316　二、孤独症儿童构音障碍的临床表现

第三节　孤独症儿童构音障碍的治疗

- 317　一、治疗原则
- 318　二、治疗步骤
- 321　三、注意事项

第四节　孤独症儿童构音障碍康复案例

- 323　一、案例基本信息
- 323　二、功能评估结果
- 324　三、制订治疗计划
- 325　四、治疗过程及实时监控
- 333　五、疗效评价

第十章　唇腭裂儿童构音障碍的治疗

第一节　概述

- 335
- 337　一、唇腭裂的概念
- 337　二、唇腭裂的病因
- 339　三、唇腭裂的分类
- 340　四、唇腭裂对言语功能的影响

第二节　唇腭裂儿童构音障碍的特点　　342
　　一、共鸣异常　　342
　　二、构音异常　　343
第三节　唇腭裂儿童构音障碍的临床表现　　345
　　一、辅音省略　　345
　　二、辅音替代　　346
　　三、代偿性构音　　346
　　四、同化构音　　347
第四节　唇腭裂儿童构音障碍的治疗　　348
　　一、治疗原则　　348
　　二、治疗流程　　350
　　三、治疗方法　　353
第五节　唇腭裂儿童构音障碍康复案例　　357
　　一、案例基本情况　　357
　　二、功能评估结果　　357
　　三、制订治疗计划　　357
　　四、康复治疗　　358
　　五、疗效评价　　360

第十一章　脑瘫儿童构音障碍的治疗　　361
　第一节　概述　　363
　　一、脑瘫的概念　　363
　　二、脑瘫的常见病因　　363
　　三、脑瘫的分类　　364
　第二节　脑瘫儿童构音障碍的临床表现　　365
　　一、脑瘫儿童构音障碍的临床表现　　365
　　二、听力障碍引起的构音障碍　　366
　　三、其他　　367

第三节　脑瘫儿童构音障碍的治疗
　　一、治疗内容
　　二、治疗步骤
第四节　脑瘫儿童构音障碍康复案例
　　一、案例基本信息
　　二、ICF 言语构音功能评估结果
　　三、制订治疗计划
　　四、构音治疗及实施监控
　　五、疗效评价

主要参考文献
　　一、中文文献
　　二、英文文献
　　附录1：儿童构音功能评估表
　　附录2：儿童语音能力评估表
　　附录3：口部运动功能评估分级标准
　　附录4：儿童构音运动功能评估分级标准

第一章 绪论

构音障碍主要表现为因构音器官的运动异常或未理解目标音位的发音特征等造成的声韵调异常。构音障碍是导致言语清晰度下降的主要原因，正确的评估与治疗是提高患者构音语音清晰度的基础和前提，亦是进行正常言语沟通交流的重要保障。本书将从构音及音韵角度对构音语音障碍的评估与治疗做较为详细的介绍。

本章主要从构音器官的解剖与生理基础、普通话构音的语音学基础、构音语音障碍治疗的原理、构音语音障碍评估与治疗专用设备几个方面进行逐一介绍。

构音器官的解剖与生理基础

构音器官包括下颌、唇、舌、软腭等，其中下颌、唇、舌的运动是影响构音的最主要因素。它们各自的灵活运动以及相互之间的协调运动是产生清晰、有意义言语声的必要条件。只有当各个构音器官的运动在时间上同步、在位置上精确时，才能形成准确的构音。

下颌运动直接影响唇和舌的运动以及舌和上腭的关系，下颌运动受限或运动过度将严重影响构音的清晰度。唇的圆展、双唇闭合、唇齿接触等运动会直接影响韵母与 /b/、/p/、/m/、/f/ 等声母构音的准确性。舌是最重要的构音器官，舌的前后和高低运动，以及舌与上腭的不同部位形成的阻塞直接影响绝大部分韵母和声母构音的准确性。软腭的运动功能直接决定鼻音和非鼻音构音的准确性。如果下颌、唇、舌和软腭的运动功能异常，则不能形成清晰的构音，可能会出现替代、歪曲、遗漏等现象。因此，简单了解构音器官的解剖对于构音语音治疗非常有必要。下面分别对下颌、唇、舌和软腭做简要的介绍。

一、下颌

下颌（或称下颌骨）是一块质密、坚硬的"U"形骨，它主要由下颌骨体和两个下颌支组成，并与两侧的颞骨相关节（颞颌关节），从而与颅骨相连，参与构音。下颌骨体容纳下列牙齿，并且作为舌部肌群的附着点，而两个下颌支则是两组下颌肌群的附着点。

下颌提肌共有四块：颞肌，是一块非常宽的扇形肌，起于颞骨，止于下颌前支上；翼外肌，位于颞下窝内，起自蝶骨大翼外面下部及翼突外面，纤维向后外，止于下颌颈、颞下颌关节囊和关节盘。两侧肌同时收缩，使下颌头连同关键盘向前移，即张口（这块肌肉也可以使下颌向前突出或使下颌向两侧运动）；翼内肌，主要起自翼突窝内，纤维向外后下，止于下颌角内面，作用是上提下颌骨，即闭口；咬肌，是一块扁平肌，像一块厚厚的肌板覆盖在下颌支的侧表面，起自颧弓，纤维向后下，止于下颌角及下颌支外面。

下颌牵肌自下颌骨向后，向下止于舌骨。下颌牵肌共有三块：下颌舌骨肌，构成了口腔的底部，起于下颌骨两侧，止于中缝和舌骨体；颏舌骨肌，位于下颌舌骨肌的上方，自下颌骨的中线内表面向后延伸，止于舌骨的上表面；二腹肌，其前腹起于下颌骨的中线内表面，通过舌骨小角处的腱环延续为二腹肌后腹（它附着于颞骨的乳突）。这些肌群之间的协调运动，可将喉腔向上提起。但是，当舌骨位置固定，或被胸骨舌骨肌向下拉动时，这四组肌群则作为下颌牵肌进行收缩运动。图 1-1-1 是下颌骨、下颌提肌和下颌牵肌的运动图解。

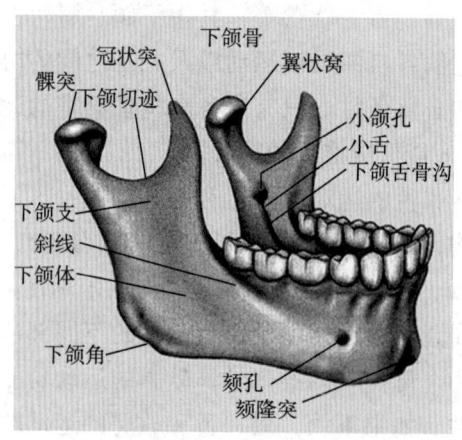

图 1-1-1a　下颌骨、舌骨、颅骨底部以及用于提升和降低下颌骨的重要肌群一

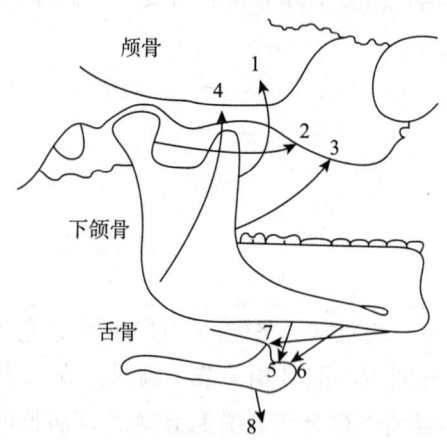

1—颞肌；2—翼外肌；3—翼内肌；4—咬肌；5—下颌舌骨肌；6—颏舌骨肌；
7—二腹肌；8—胸骨舌骨肌。

图 1-1-1b　下颌骨、舌骨、颅骨底部以及用于提升和降低下颌骨的重要肌群二

尽管在成熟的言语过程中，下颌骨的运动幅度很小（舌部和唇部的运动幅度大，速度快），但下颌的运动可以对口腔入口处和声道前部的大小进行调整，因此下颌在言语产生的过程中担任着重要的角色。下颌开合的程度直接影响言语的响度和清晰度。在发低元音时，下颌骨的位置一般较低；发高元音时，下颌骨的位置一般较高。

构音障碍的矫治必须包括必要的下颌运动治疗。许多患者表现出下颌肌群过度紧张

的状况。当说话或吞咽时，这类紧张将导致头痛不适，这种疼痛主要位于咬肌和颞肌所在的部位，缓解这类紧张最好的方法，就是对这些肌肉进行紧张与松弛的交替训练。

二、唇

唇是口腔的入口，唇作为口腔的瓣膜，作用是防止食物和唾液流出，其生理功能是参与面部表情的形成和构音。

唇部最重要的一块肌肉是口轮匝肌。它是一块环形肌（括约肌），环绕在口腔入口的周围。在收缩时，它使分开的唇闭合，并使唇皱缩。拮抗这种运动的有四组唇外肌：唇横肌，将唇角向两侧拉伸和将唇抵在牙背上；唇角肌，将上唇向上提，将下唇向外下方牵拉；唇直肌，使唇角收缩；平行肌，将唇角向两侧拉开。这些肌肉的功能是使唇部产生不同的运动，从而改变唇的形状和大小。从构音的角度，主要讨论唇的两种运动：圆唇和非圆唇。当唇为圆形时，声道共鸣腔的第二共振峰和第三共振峰频率同时下降；当唇为非圆形时，第二共振峰与第三共振峰的频率较高，这是鉴别圆唇与非圆唇元音的一个重要的声学线索。很多人唇运动灵活度欠佳，稳定性不足，导致构音清晰度下降，因此，必要的唇运动治疗也是构音障碍矫治中重要部分。唇肌及其运动图解如图1-1-2所示。

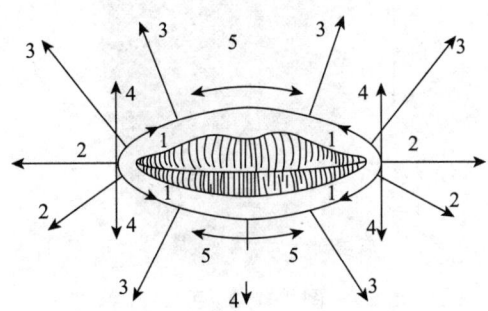

图 1-1-2a 唇肌的运动一

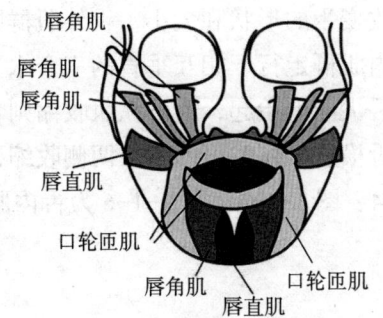

1—口轮匝肌；2—唇横肌；3—唇角肌；4—唇直肌；5—平行肌。

图 1-1-2b 唇肌的运动二

三、舌

舌是最重要的构音器官，由大量肌束构成。表面覆盖黏膜，上面隆起称舌背。舌可分舌根、舌体和舌尖三部分，舌体和舌根在舌背以向前开放的"V"形界沟为界，舌体占舌的前2/3，为界沟之前可游离活动的部分，其前端为舌尖（如图1-1-3所示）。舌根表面黏膜有许多小结节状隆起，称为舌扁桃体。舌体表面黏膜，有许多粗细不等的突起，称舌乳头。其中有些舌乳头上皮中含有味蕾，可辨别滋味。舌下面黏膜薄而光滑，中央有黏膜襞连于口腔底，称舌系带。舌肌是骨骼肌，运动十分灵活，能够向口腔的任意方向移动，并且能够最大限度地改变自身的形状和大小，以较快的速度向四周转动，参与咀嚼、吞咽及协助语言等活动。舌部肌群有着丰富的神经支配网，加上相关的肌肉组织以及将它们紧密交织在一起的肌纤维，使舌的运动复杂而迅速，这对言语的产生具有十分重要的生理意义。

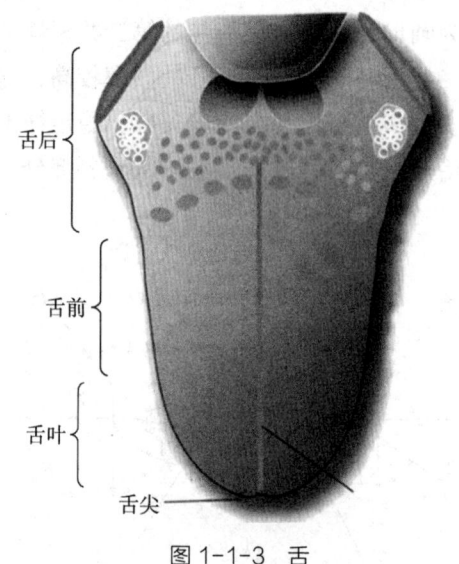

图 1-1-3　舌

舌部肌群的正确运动对言语的产生起着重要作用。舌部肌群可分为成对的舌内肌群和舌外肌群。舌内肌群可以改变舌的形状和大小，舌外肌群则可通过移动舌，改变其与声道或颅骨的相对位置。舌内肌群走行于相互垂直的三个水平面上，在空间内可进行三维运动。舌上纵肌收缩能将舌尖向上抬起，舌下纵肌收缩则将舌尖拉向下方，这两组肌群协同收缩可使舌体缩短；舌横肌收缩时可使舌体两侧收缩，从而将舌体变长；舌直肌收缩，使舌体变薄。图1-1-4、图1-1-5、图1-1-6为舌内肌群与舌外肌群及它们的运动图解。

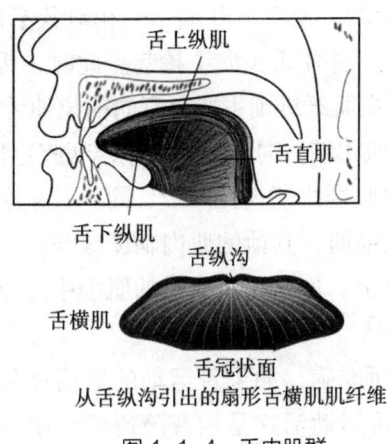

图 1-1-4 舌内肌群

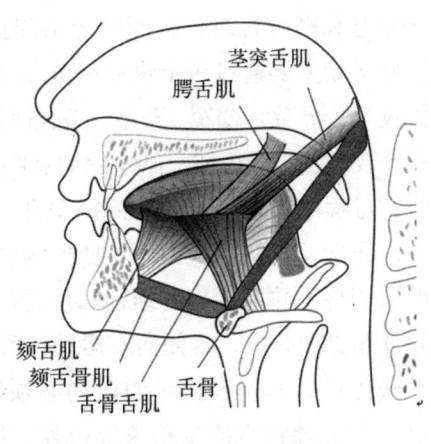

图 1-1-5 舌外肌群

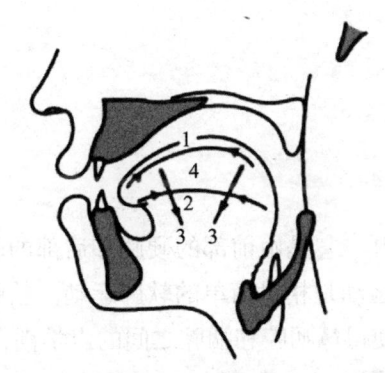

1—舌上纵肌；2—舌下纵肌；3—舌直肌；4—舌横肌。

图 1-1-6a 舌内肌群的运动图解

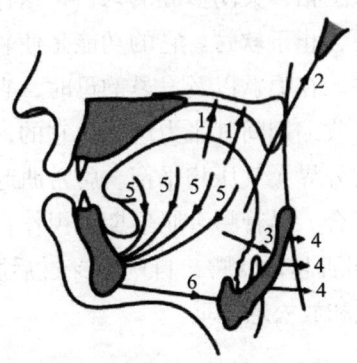

1—腭舌肌；2—茎突舌肌；3—舌骨舌肌；4—咽中缩肌；5—颏舌肌；6—颏舌骨肌。

图 1-1-6b 舌外肌群的运动图解

与元音构音有关的最为重要的舌部运动，是舌在前后两个位置间的转换运动。颏舌肌的收缩使舌向前运动，茎突舌肌的收缩使舌向后并向上拉向软腭。腭舌肌的收缩，使舌背抬高，形成拱状（如果没有得到其他肌群的支持，软腭也将因腭舌肌的收缩而下降）。因此，这些肌群对维持舌的前后转换运动起着十分重要的作用，反过来又为准确发出前、后元音奠定了生理基础。

发前元音和腭辅音时，舌面向上抬起抵住硬腭，使声道开端呈一相对狭窄的管道。舌面的抬升运动主要通过舌上纵肌的收缩来实现，并使舌尖向上抬起。此时，舌横肌也有轻微的收缩，导致舌变窄、变长。颏舌肌的后束肌纤维则主要负责向前拉伸舌体。

发开元音时，舌骨舌肌、咽中缩肌和咽下缩肌收缩，向后拉伸舌体，咽腔容积变小。

在构音过程中出现的不同舌部构型都是多组肌群协调进行高级、同步且复杂收缩运动的结果，通常，以其中一到两块肌肉为主要收缩肌，其他的肌肉辅助参与。从而使舌的形状得以调整，并使舌部的结构和位置趋于稳定。如果这些成对的肌群中左侧部分比右侧部分收缩更加有力，舌便向左运动，反之亦然。

为了获得良好的构音，舌的运动必须迅速而准确，如果舌运动的灵活度欠佳，稳定性不足，则会导致言语变得含混模糊，因此舌运动治疗是构音障碍矫治中很重要的一部分。

四、软腭

上腭将鼻腔与口腔分隔开，它是由前部的硬腭和后部的软腭组成。在言语产生过程中，发生在此处较为显著的运动是相对简单的软腭运动。软腭位于咽腔和鼻腔之间，类似于一种瓣膜组织，因为其使得鼻咽腔和咽腔之间的声学耦合得到调整。

软腭包括五块肌肉（如图 1-1-7 和图 1-1-8 所示），分别是腭帆提肌、悬雍垂肌、腭帆张肌、腭舌肌和腭咽肌。它们的作用主要是上抬、下降、缩短和紧张悬雍垂。在元音产生的过程中，悬雍垂必须上抬，关闭鼻腔的入口，这样元音听起来才不带鼻音。腭帆提肌起于颞骨，沿中线向下，止于软腭。它的功能是使软腭上提。悬雍垂肌，又可称腭垂肌，纵向贯穿于软腭之中。在唱歌以及发鼻韵母时，它的作用比较重要。腭帆张肌起于颅骨的底部，止于软腭，收缩期间其张力增加。它的另一项重要功能是向中耳开放咽鼓管咽口，使中耳内气压与外界大气压相平衡。腭舌肌起自舌体两侧，穿过两侧前腭弓，上达软腭，并在软腭处汇合。尽管腭舌肌早期被视作舌外肌，但它对于软腭的运动也起到十分重要的作用。腭咽肌起自软腭，自两侧穿过后腭弓，止于咽腔的黏膜组织。这两块肌肉的主要功能是降低和放松悬雍垂。

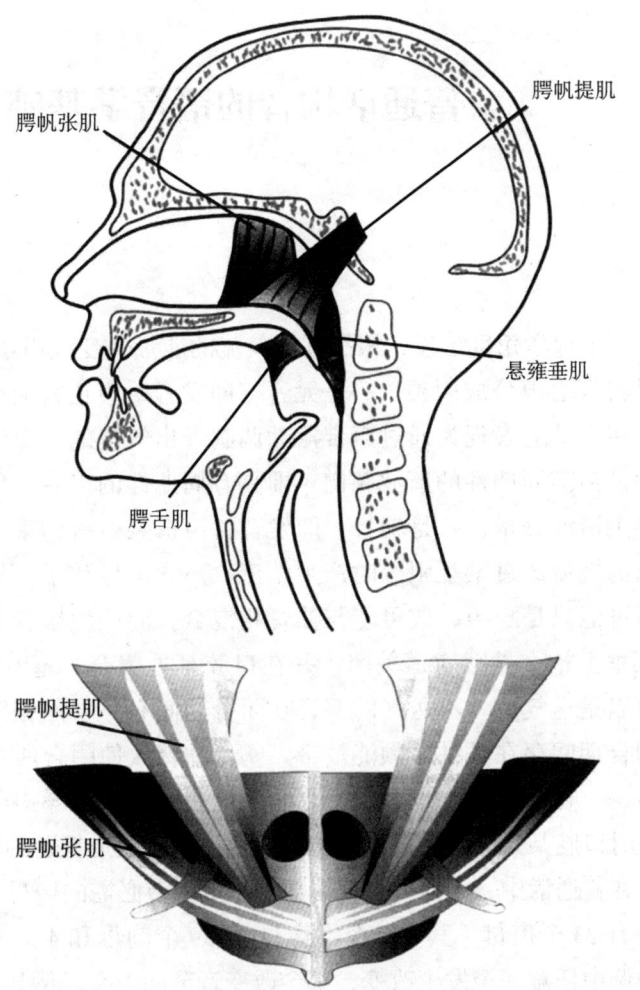

图 1-1-7 软腭肌群

构音过程中，当舌部和咽壁产生运动时，悬雍垂的位置将发生改变。如果腭咽肌与腭帆提肌同时收缩，咽腔的黏膜、甲状软骨都可能被提起，这些会影响构音的效果。因此，如果不出现代偿性肌张力异常等继发性问题，上述两组肌肉在构音过程中的完全放松是非常重要的。因此在必要的时候进行这些肌群的放松训练具有十分重要的意义，在进行这些训练时，患者必须尽可能地产生最佳的鼻腔共振。软腭的运动图解如图 1-1-8 所示。

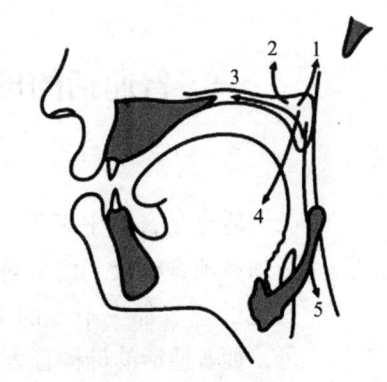

1—腭帆提肌；2—腭帆张肌；3—悬雍垂肌；4—腭舌肌；5—腭咽肌。

图 1-1-8 软腭的运动图解

普通话构音的语音学基础

从生理学角度出发,根据呼出气流的能量转变成声学能量方式的不同,可以将言语声分成两类:一是元音,即发音时声道畅通(无约束)的言语声。在声学上表现为通过声带振动调制呼出气流的一个准周期过程,它的声学谱为准周期性的谐波频谱,即具有周期性的声音,包括一个基频分量和多个谐波分量;二是辅音,即发音时声道某处有约束或阻塞的声音。当呼出的气流通过某受限处时产生湍流,声学上导致了不规则的声波。这种声音可能只是噪声,或可能与浊音相混合,而产生擦音或边音。发塞音时悬雍垂上抬,鼻咽通道关闭,并在口腔某处闭合。塞音可以是不送气音,也可以是送气音。不送气的塞音在闭合期间有一个停顿期,而送气的塞音在闭合期间存在一种低频能量带。塞音的释放使闭合所建立的空气压力得到缓解,在声学上产生爆破音,同时也表明准随机噪声的形成。鼻音是指发音时口腔某处闭合、悬雍垂位置较低、鼻腔通道畅通的辅音。

在普通话中,不同的音位形成了组成音节必需的声母和韵母。普通话体系中有 23 个声母(其中 2 个零声母)、39 个韵母和 4 个声调。声母、韵母或声调中任意一个发生改变,都会改变音节的意义。例如,"bái"(白)发音成"pái"(牌)时,意义相差非常大(这里,/b/ 和 /p/ 是两个不同的音位)。

一、普通话韵母

韵母是音节中声母后面的部分,有的韵母由元音构成,有的韵母由元音加鼻辅音构成。韵母是汉语音节的支柱。除极个别的感叹、应答等词外,其他的音节都少不了韵母,多数韵母可以自成音节。普通话共有 39 个韵母,如普通话韵母构音表 1-2-1 所示。

(一)韵母与元音

韵母是普通话音节中声母后面的部分。对于零声母音节来说,它的整个音节就是韵母。同声母一样,韵母是从分析音节结构的角度划分的;而元音也同辅音一样，是从分析音素性质的角度划分的。不同的是，声母是辅音，辅音不都是声母，例如 ng 是辅音，却不是声母；元音是韵母，而韵母并非都是元音，例如 16 个鼻韵母就不属于元音的范畴。

韵母可以由一个元音充当，也可以由两三个元音结合而成，有些韵母由元音加辅音韵尾组成。正是因为有了元音，韵母才发音响亮。元音也可以独立自成音节，即零声母音节。

普通话韵母系统共有 39 个韵母，其中 23 个是由元音（分单元音和复元音）构成的，16 个是由元音附带鼻辅音韵尾构成的。可见，在普通话语音系统中，韵母是由元音或以元音为主要成分构成的，同时，韵母的范围大于元音的范围。

（二）韵母的分类

根据韵母的内部结构特点，可以把韵母分成单韵母、复韵母、鼻韵母三类（如表 1-2-1 所示）。

（1）单韵母

由单元音构成的韵母，也叫单元音韵母。单韵母有 10 个，其中 a、o、e、ê、i、u、ü 7 个都是舌面元音韵母，-i [ɿ]（前）、-i [ʅ]（后）是舌尖元音韵母，er [ɚ] 是卷舌元音韵母。7 个舌面元音既可以单独作为韵母，也可以与其他的元音构成复韵母。除舌面元音韵母外剩余的 3 个韵母不是舌面元音，统称特殊元音韵母。

（2）复韵母

由 2 个或 3 个元音复合而成的韵母，又叫复元音韵母。

普通话有 13 个复元音韵母：ai ei ao ou ia ie iao iou ua uo uai uei üe

（3）鼻韵母

由一个或两个元音带上作为韵尾的鼻辅音结合而成的韵母。带前鼻音韵尾 n 的韵母叫前鼻音韵母，带后鼻音韵尾 ng 的韵母叫后鼻音韵母。普通话中有 8 个前鼻音韵母：an、en、in、ün、ian、uan、üan、uen；8 个后鼻音韵母：ang、eng、ing、ong、iong、iang、uang、ueng。

传统的语音分析还按有无韵头和韵头的不同把韵母分为"开、齐、合、撮"四类。

① 开口呼。

凡是不以 i、u、ü 开头的韵母，统称为"开口呼韵母"。它包括 i、u、ü 以外的全部单韵母和用 a、o、e 开头的全部复韵母、鼻韵母。

② 齐齿呼。

凡是用 i 开头的韵母称为"齐齿呼韵母"。它包括单韵母 i 和用 i 作为韵头的全部复韵母、鼻韵母。

③ 合口呼。

凡是用 u 开头的韵母称为"合口呼韵母"。它包括单韵母 u 和用 u 作为韵头的全部复韵母、鼻韵母。

④ 撮口呼。

凡是用 ü 开头的韵母称为"撮口呼韵母"。普通话的撮口呼韵母只有 ü、üe、üan、ün、iong 5 个。

表 1-2-1　普通话韵母构音表

		开口呼	齐齿呼	合口呼	撮口呼
单韵母		-i [ɿ][ʅ]	i [i]	u [u]	ü [y]
		a [A]	ia [ia]	ua [ua]	
		o [o]		uo [uo]	
		e [ɤ]			
		ê [ɛ]	ie [ie]		
		er [ɚ]			
复韵母		ai [ai]	ia [ia]	ua [ua]	
		ei [ei]	ie [ie]	uo [uo]	
		ao [au]	iao [iau]	uai [uai]	
		ou [ou]	iou [iou]	uei [uei]	üe [yɛ]
鼻韵母		an [an]	ian [iɛn]	uan [uan]	üan [yɛn]
		en [ən]	in [in]	uen [uən]	ün [yn]
		ang [aŋ]	iang [iaŋ]	uang [uaŋ]	
		eng [əŋ]	ing [iŋ]	ueng [uəŋ]	
				ong [uŋ]	iong [yŋ]

（三）韵母的发音

（1）单韵母的发音

由一个元音音素构成的韵母叫单韵母。普通话有 10 个单韵母，即：a、o、e、ê、i、u、ü、-i [ɿ]（前）、-i [ʅ]（后）、er。单韵母发音的特点是发音时舌位和口形始终保持不变。

根据发音时舌头起作用的部位不同，又可把单韵母分为三种：舌面单韵母、舌尖单韵母、卷舌单韵母。

① 舌面单韵母。

元音的不同主要是由不同的口腔形式（共鸣腔）造成的，舌头的升降伸缩和唇形的平展开合都可以形成不同形状的共鸣腔，因而形成各种不同音色的元音。音位、唇形始终不变的元音就是单元音。舌面单韵母共有 7 个：a [A]、o [o]、e [ɤ]、ê [ɛ]、i [i]、u [u]、ü [y]。

舌头的部位叫"舌位"。舌位可抬高降低，可伸前缩后，唇形可圆可不圆。可以根据这三个方面来对元音进行具体的分析。图1-2-1为元音舌位变化示意图。

第一，舌位的高低。舌位的降低和抬高同口腔的开闭即开口度的大小有关，舌位越高开口度越小，舌位越低开口度越大。根据舌位的高低和开口度的大小可以把元音分为高元音（闭元音，i、u、ü）、半高元音（半闭元音，如e、o）、半低元音（半开元音，如ê）、低元音（开元音，如a）等。所附元音舌位变化示意图就表明了舌位的放低与抬高，是和口腔的开闭大小相适应的。

第二，舌位的前后。可以根据舌位的前、后把元音分为前元音（如i、u）、央元音（如e[ə]）、后元音（如u、o）。

第三，圆唇不圆唇。可以根据是否圆唇把元音分为圆唇元音（如u）、不圆唇元音（如i）等。

下面根据这三个方面先讲普通话舌面单元音的发音。

a[A]舌面，央、低，不圆唇元音。发音时，口大开，舌位低，舌头居中央（不前不后）。唇形不圆。例如："腊八、沙发、发达、大厦、妈妈、哈达。"

o[o]舌面，后、半高，圆唇元音。发音时，口半闭，舌位半高，舌头后缩，唇拢圆。例如："薄膜、规模、观摩、爬坡、摸索、破格。"

e[ɤ]舌面，后、半高，不圆唇元音。发音状况与o[o]基本相同，但双唇要自然展开。例如："合格、特色、色泽、可贺、褐色、隔阂。"

ê[ɛ]舌面，前、半低，不圆唇元音。发ê时，口半开，舌前伸，舌尖抵下门齿背，唇不圆，声带震颤。ê很少单独使用，只有表示呼应的"欸"的读音是ê。它不直接与任何声母相拼，复韵母ie和üe中的韵腹便是ê，只是在书写形式上省去了上面的附加符号。例如"别、撇、决、雪"等音节中其韵腹都是ê。

i[i]舌面，前、高，不圆唇元音。发音时，唇形呈扁平状，舌头向前伸，舌尖抵住下齿背。例如："机器、意义、记忆、提议、笔记、汽笛。"

u[u]舌面，后、高，圆唇元音。发音时，双唇拢圆，留一个小孔，舌头往后缩，舌根接近软腭。例如："幅度、祝福、互助、粗鲁、读书、突出。"

ü[y]舌面，前、高、圆唇元音。发音状况与i基本相同，但唇形拢圆。例如："须臾、区域、语句、豫剧、雨具。"

② 舌尖单韵母。

-i[ɿ]舌尖前、高、不圆唇元音。发音时，舌尖前伸，靠近上齿背，气流通路虽狭窄，但气流经过时不发生摩擦，唇形不圆。例如"自私"(zì sī)的韵母。

-i[ʅ]舌尖后、不圆唇元音。发音时，舌尖上翘靠近硬腭前部，气流通路虽狭窄，但气流经过时不发生摩擦，唇形不圆。例如"知识"(zhī shi)、"时事"(shí shì)的韵母。

舌尖单元音韵母-i[ɿ]和-i[ʅ]发音状况不同。用普通话念"私"字并拉长，字音后面的部分便是-i[ɿ]；用普通话念"师"字并拉长，便是-i[ʅ]。这两个单韵母都不能自成音节，舌尖前-i[ɿ]只出现在声母z、c、s后面，舌尖后-i[ʅ]只出现在zh、ch、sh、r的后面。它们与舌面单韵母i[i]出现的条件不同，是互补关系，舌面音i[i]可以自成音节，但绝不出现在z、c、s和zh、ch、sh、r的后面。

③ 卷舌单韵母。

er［ɚ］卷舌，央、中，不圆唇元音。er 是个带有卷舌色彩的央元音 e［ə］，称卷舌元音。发音时，口形略开（比［ɛ］略小），舌位居中，稍后缩，唇形不圆，在发 e［ə］的同时，舌尖向硬腭卷起。er 是用两个字母表示的特殊单韵母。其中 e 表示发音舌位在中央，r 则表示发音时的翘舌动作。韵母 er 只单独构成音节，不与任何声母相拼。例如"儿、而、耳、二"等音节都由 er 构成。

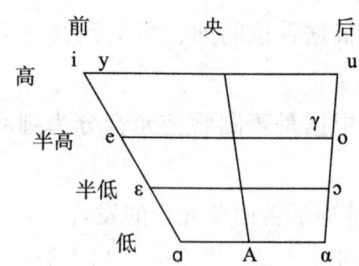

图 1-2-1　元音舌位变化示意图
（竖线左侧为不圆唇元音，右侧为圆唇元音）

（2）复韵母的发音

由两个或三个元音复合而成的韵母叫复韵母。构成普通话的 10 个单韵母的元音音素除 er、-i（前）、-i（后）3 个特殊元音之外，其余 7 个舌面元音都可以在一定条件下复合成为复韵母。普通话有 13 个复韵母，其中口腔开口度大，因而发音响亮的音素在前的，称其为前响复韵母，即 ai、ei、ao、ou；发音响亮的音素在后的，称其为后响复韵母，即 ia、ie、ua、uo、üe；其他的是中响复韵母，即 iao、iou、uai、uei。

复韵母的发音特点为从一个元音的舌位逐渐滑动到另一个元音的舌位，舌位、唇形要逐渐变动，自然连贯，形成整体。

发音中各元音的响度不同，其中有一个元音读起来比较清晰响亮，韵腹是韵母的主干，是开口度最大、声音最清晰响亮的元音。韵腹前面的元音是韵头（又称"介音"，其介于声母与韵腹之间），发音较轻且短，往往只表示发音的起点，由高元音 i、u、ü 充当；韵腹后面是韵尾，元音韵尾由 i、u（o）充当，音值含混而不固定，往往表示舌位滑动的方向。

前响复韵母：ai、ei、ao、ou，举例如下。

ai：爱戴　开采　摘菜　外来　买卖　海外
ei：蓓蕾　黑煤　肥美　违背　配备　卑微
ao：报到　早操　逃跑　号召　高超　牢靠
ou：豆蔻　后头　欧洲　丑陋　收购　走漏

后响复韵母：ia、ie、ua、uo、üe，举例如下。

ia：加价　假牙　下架　加压　狭小　家教
ie：贴切　结业　结界　姐姐　结节　趔趄
ua：呱呱　耍滑　花袜　挂花　说话　画画

uo：懦弱　国货　骆驼　过错　脱落　做作
üe：决绝　约略　缺略　雪月　绝学　雀跃

这两种复韵母都是由两个元音复合而成，又称"二合复韵母"。

中响复韵母：iao、iou、uai、uei，由三个元音组成，又称"三合复韵母"。举例如下。

iao：渺小　娇小　逍遥　巧妙　苗条　疗效
iou：绣球　秋游　牛油　优秀　悠久　求救
uai：外快　败坏　摔坏　怀揣　乖乖　徘徊
uei：归罪　推诿　追随　退位　回归　退回

复韵母是由两个或三个元音复合而成的韵母。复合元音的发音绝不是单元音的简单相加，而是从起始元音开始，口形和舌位逐渐向后面的元音滑动。第一个音素是发音的起点，最后一个音素是终点，如果是中响复韵母，中间的舌位最低。理论上说，这中间有无数个过渡音。在复韵母的发音中，作为韵腹的元音应发得响亮清晰，时间相对长些，而韵头和韵尾就显得轻短且模糊。

（3）鼻韵母的发音

鼻韵母：在元音之后带有鼻辅音收尾的韵母叫鼻韵母。充当鼻韵母韵尾的鼻辅音有两个，分别是 n 和 ng，n 是舌尖浊鼻音，由于比 ng 位置靠前，又叫前鼻音，后者叫后鼻音，它们各有 8 个。

发音特点：由口音逐渐转化成鼻音，由发元音的舌位逐渐转化成鼻辅音状态；一定要用鼻音收尾，而且是不除阻的鼻音。

前鼻韵母：an、en、in、ün、ian、uan、uen、üan，举例如下。

an：漫谈　难堪　展览　感叹　勘探　盘缠
en：沉闷　深沉　根本　振奋　认真　审慎
in：濒临　辛勤　拼音　信心　金银　亲近
ün：军训　均匀　逡巡　菌群　芸芸　遵循
ian：连绵　偏见　惦念　简练　天线　简便
uan：传唤　婉转　软缎　贯穿　宦官　专断
uen：温存　温顺　春笋　混沌　昆仑　论文
üan：渊源　源泉　全权　圆圈　轩辕　原谅

后鼻韵母是由元音加上鼻辅音 ng 作韵尾的韵母，有：ang、eng、ing、ong、iang、iong、uang、ueng，举例如下。

ang：苍茫　商场　帮忙　厂房　当场　榜样
eng：整风　丰盛　承蒙　生成　风筝　更正
ing：姓名　情形　命令　宁静　明星　平定
ong：隆重　工农　轰动　从容　空洞　总统
iang：响亮　想象　像样　向阳　亮相　橡皮
iong：汹涌　穷困　兄弟　胸腔　凶残　困窘
uang：狂妄　状况　装潢　闯荡　双簧　碰撞
ueng：醉翁　老翁　家翁　富翁　渔翁　翁仲

普通话中充当韵尾的鼻辅音有 n 和 ng。不过充当韵尾的 n 在发音时没有"除阻音"，这是与声母 n 的发音略有不同的地方。ng 为舌根鼻音，普通话中只用它作韵尾而不用它作声母。发 ng 时，口腔可自然略开，舌根后缩抵住软腭形成阻碍，发音时声带颤动，气流从鼻腔通过，ng 为舌根鼻浊音。

二、普通话声母

（一）声母的分类

声母是音节开头的辅音，如果一个音节开头没有辅音，则该音节为零声母。辅音的音值是由其发音部位和发音方法决定的，因此，对声母进行分类，可以从发音部位和发音方法两个角度进行声母发音（如表1-2-2所示）。

1. 按发音部位划分

根据辅音声母发音时气流受阻部位的不同，可以把声母分为如下几类。
（1）双唇音
发音时，上唇和下唇接触，构成阻碍，气流或冲破阻碍或从鼻腔通过而成音。这样的声母就是双唇音声母。普通话中的双唇音声母有 b、p、m。
（2）唇齿音
发音时，上齿接近下唇，气流从中间摩擦而成音。普通话中的唇齿音声母有 f。
（3）舌尖前音
舌尖前端接近或抵住上齿背，气流从中摩擦或冲开一道窄缝再摩擦而成音。普通话中的舌尖前音声母有 z、c、s。
（4）舌尖中音
舌尖抵住上齿龈，气流或冲开阻碍，或从舌面两边流过，或从鼻腔通过而成音。普通话中的舌尖中音声母有 d、t、n、l。
（5）舌面音
舌面前部贴近或接触口腔上部的硬腭，气流从中摩擦或冲开阻碍后摩擦成音。普通话中的舌面音声母有 j、q、x。
（6）舌尖后音
又叫卷舌音、翘舌音。发音时，舌尖上翘，接近或接触硬腭，气流从中摩擦或冲破阻碍再摩擦而成音。普通话中的舌尖后音声母有 zh、ch、sh、r。
（7）舌面后音
也称舌根音。舌面后部隆起，与软腭接近或接触，气流或从中摩擦，或完全冲破阻碍而发音。普通话中的舌面后音声母有 g、k、h。

按发音方法划分，发音方法指构成、持续、解除阻碍的方法。具体包括三个方面：成阻、持阻、除阻的方式，气流的强弱，声带是否颤动。

2. 从阻碍方式看

从成阻、持阻、除阻的方式看可分为以下五类。

（1）塞音

又称爆破音、破裂音。发音时，发音部位完全接触，气流完全冲破阻碍而成音。普通话中的塞音声母有 b、p、d、t、g、k。

（2）擦音

发音部位接近，气流从窄缝中摩擦成音。普通话中的擦音声母有 f、s、x、sh、r、h。

（3）塞擦音

发音时，成阻部位先是完全接触，气流只是冲开一道缝，从中摩擦成音。普通话中的塞擦音声母有 z、c、j、q、zh、ch。

（4）鼻音

发音时，成阻部位完全闭合，气流从鼻腔中流出，共鸣成音。普通话中的鼻音声母有 m、n，另有鼻音 ng，但只能作为韵尾。

（5）边音

舌尖前面抵住上齿龈后面一点，舌面两边下垂，气流从舌面两边流出，摩擦成音。普通话中的边音声母只有一个 l。

3. 从气流的强弱看

气流冲破阻碍而成音时，有个强弱的问题，也就是说发塞音、塞擦音的气流有强有弱。气流强的称为送气音，如 p、t、k；气流弱的称为不送气音，如 b、d、g。

4. 从声带是否颤动看

发音时声带颤动的辅音，是浊辅音。普通话单念时的浊辅音声母有 m、n、l、r。在连续发音时，产生的音变中有些浊辅音。

表 1-2-2　普通话辅音声母发音表

发音部位	发音方法						
	塞音		塞擦音		擦音		鼻音	边音
	清音		清音		清音	浊音	浊音	浊音
	不送气	送气	不送气	送气				
双唇音	b [p]	p [p']					m [m]	
唇齿音					f [f]			
舌尖前音			z [ts]	c [ts']	s [s]			
舌尖中音	d [t]	t [t']					n [n]	l [l]
舌尖后音			zh [tʂ]	ch [tʂ']	sh [ʂ]	r [ʐ]		

续表

发音部位	发音方法						
	塞音		塞擦音		擦音		鼻音	边音
	清音		清音		清音	浊音	浊音	浊音
	不送气	送气	不送气	送气				
舌面音			j [tɕ]	q [tɕ']	x [ɕ]			
舌根音	g [k]	k [k']			h [x]			

下面对普通话的21个辅音声母的发音逐一加以说明。

① b、p的发音。发b时，双唇闭合，软腭上升，堵塞鼻腔通道，然后气流冲破双唇的阻碍，声带不颤动，气流较弱。发p时，除气流较强外，其他的发音特点都与b相同。例如下列词语的声母。

b：背包　颁布　包办　宝贝　卑鄙　北部

p：批评　偏僻　瓢泼　拼盘　乒乓　评判

② m的发音。发音时，双唇闭合，软腭下降，打开鼻腔通道，声带颤动，气流从鼻腔通过。例如下列词语的声母。

m：麻木　埋没　盲目　茂密　美满　弥漫

③ f的发音。发音时，下唇接触或接近上齿，软腭上升堵塞鼻腔通道，然后气流从下唇和上齿之间的缝隙中通过，摩擦成声，声带不颤动。例如下列词语的声母。

f：反复　犯法　仿佛　吩咐　发放　发疯

④ z、c的发音。发z时，舌尖与上齿背形成闭塞，软腭上升，堵塞鼻腔通道，紧接着松开舌尖，形成一道窄缝，然后气流从舌尖和上齿背之间的缝隙中挤出，摩擦成声，声带不颤动，气流较弱。发c时，除气流较强外，其他发音特点都与z相同。例如下列词语的声母。

z：宗族　罪责　自尊　栽赃　咂嘴　枣子

c：层次　苍翠　从此　参差　粗糙　猜测

⑤ s的发音。发音时，舌尖接近上齿背，形成一道缝隙，软腭上升，堵塞鼻腔通道，然后气流从舌尖和上齿背之间的缝隙中挤出，摩擦成声，声带不颤动。例如下列词语的声母。

s：松散　诉讼　琐碎　洒扫　思索　色素

⑥ d、t的发音。发d时，舌尖抵住上齿龈，软腭上升，堵塞鼻腔通道，然后气流冲破舌尖的阻碍，声带不颤动，气流较弱。发t时，除气流较强外，其他发音特点都与d相同。例如下列词语的声母。

d：道德　大胆　等待　奠定　打断　跌倒

t：探讨　淘汰　天堂　疼痛　铁蹄　妥帖

⑦ n的发音。发音时，舌尖抵住上齿龈，软腭下降，打开鼻腔通道，声带颤动，气流从鼻腔通过。例如下列词语的声母。

n：男女　农奴　恼怒　能耐　奶牛　泥泞

⑧ l 的发音。发音时，舌尖抵住上齿龈，软腭上升，堵塞鼻腔通道，然后声带颤动，气流从舌尖两边通过。例如下列词语的声母。

l：劳累　嘹亮　拉拢　冷落　轮流　领略

⑨ zh、ch 的发音。发 zh 时，舌尖上翘，接触硬腭前部，软腭上升，堵塞鼻腔通道，紧接着松开舌尖，形成一道窄缝，然后气流从舌尖和硬腭前部之间的缝隙中挤出，摩擦成声，声带不颤动，气流较弱。发 ch 时，除气流较强外，其他发音特点都与 zh 相同。例如下列词语的声母。

zh：指针　政治　助长　战争　茁壮　郑重
ch：长城　超产　车床　踌躇　穿插　初春

⑩ sh、r 的发音。发 sh 时，舌尖上翘，接近硬腭前部，形成一道窄缝，软腭上升，堵塞鼻腔通道，然后，气流从舌尖和硬腭前部之间的缝隙中挤出，摩擦成声，声带不颤动，气流较弱。发 r 时，舌尖上翘，接近硬腭前部，形成窄缝，软腭上升，关闭鼻腔通道，声带振动，气流从窄缝中挤出，摩擦成声。例如下列词语的声母。

sh：事实　上市　身世　深水　生疏　说书
r：仍然　柔软　如若　忍让　容忍　荣辱

⑪ j、q 的发音。发 j 时，舌面前部抵住硬腭前部，软腭上升，堵住鼻腔通路，声带不颤动，舌面放松，让气流微弱地冲开舌面阻碍，从窄缝中挤出，摩擦成声。发 q 时，除气流较强外，其他发音特点都与 j 同。例如下列词语的声母。

j：坚决　经济　家具　军舰　捷径　阶级
q：亲切　全球　欠缺　祈求　情趣　恰巧

⑫ x 的发音。发音时，舌面前部接近硬腭前部，形成一道窄缝，软腭上升，堵塞鼻腔通道，然后气流从舌面前部和硬腭前部之间的缝隙中挤出，摩擦成声，声带不颤动。例如下列词语的声母。

x：虚心　小学　欣喜　新鲜　宣泄　星宿

⑬ g、k 的发音。发 g 时，舌根（舌面后部）隆起，抵住软腭，软腭上升，堵塞鼻腔通道，然后气流冲破舌根的阻碍，声带不颤动，气流较弱。发 k 时，除气流较强外，其他发音特点都与 g 相同。例如下列词语的声母。

g：改革　高贵　拐棍　灌溉　巩固　骨干
k：可靠　宽阔　苛刻　慷慨　坎坷　刻苦

⑭ h 的发音。发音时，舌根接近软腭，形成一道窄缝，软腭上升，堵塞鼻腔通道，然后气流从舌根和软腭之间的缝隙中挤出，摩擦成声，声带不颤动。例如下列词语的声母。

h：好汉　航海　呼唤　挥霍　缓和　花卉

除了以上 21 个辅音声母之外，普通话里还有一些音节没有辅音声母，如"昂"（ang）、"讴"（ou）等，这类音节的声母，语音学上称为零声母。

构音语音障碍治疗的对象及流程

构音语音障碍治疗是目前国际上言语治疗（SLP）的重要组成部分，SLP 是由美国言语语言听力协会（ASHA）在国际范围内所制定的规范，也就是我国通称的 ST（Speech Therapy）。所以，构音语音障碍治疗也是 SLP 的核心环节，主要是对患者的构音和语音功能进行测量评估和康复训练。

一、构音语音障碍治疗的对象

1. 构音障碍

构音障碍是由下颌、唇、舌、鼻腔、软腭和咽喉等构音器官的结构异常、功能障碍或未理解目标音位的发音特征异常引起的声韵调异常，而造成言语清晰度和可懂度的下降。

（1）器质性构音障碍

常由于器官的炎症、外伤、肿瘤和畸形等所致，如牙齿排列异常、鼻咽部的腺样体肥大和腭裂等。这些患者可以采用药物或手术治疗的方法，修复器质性病变部位的结构和功能。构音障碍的典型代表为腭裂，可以通过手术来修补，但由于腭裂修补术前几乎 100% 的患者会出现腭咽闭合不全的情况，腭裂修补术后 5%~20% 的患者仍存在腭咽闭合不全的问题，而腭咽闭合不全会导致患者在发口腔音时口腔内的压力不足，影响正常构音运动的形成，尤其是无法发出压力性辅音，大部分患者术后还会遗留构音障碍，需要通过言语训练来改善或治愈。

（2）运动性构音障碍

运动性构音障碍是由于神经病变以及与言语产生有关的肌肉的麻痹、收缩力减弱或运动不协调所致的言语障碍，从大脑到肌肉本身的病变都可引起言语异常，也指由于外伤、肿瘤压迫和中枢神经性损伤引起的神经性疾病，如三叉神经、面神经、舌咽神经和迷走神经等障碍，使构音器官麻痹而产生末梢神经性构音障碍的现象。如脑外伤引起的神经元损伤、神经肌腱部的障碍和咽部软腭麻痹等引起的构音障碍，可以通过言语治疗改善神经的功能状态。常见病因有脑血管病、脑外伤、脑瘫、多发性硬化。

（3）功能性构音障碍

功能性构音障碍是指在不存在任何运动障碍、听力障碍、相关结构异常和复合型功能异常等情况下，部分发音不清晰和声调异常，可通过言语训练改善或完全恢复，多见于学龄前儿童。

构音障碍的矫治通过口部运动治疗、构音运动治疗、构音音位对比法（PCT）、重读治疗法和现代康复技术来完成。构音PCT法重点强调通过音位诱导、音位习得、音位对比和音位强化训练来提高构音清晰度，重读治疗法的主要目的是提高声韵调的协调能力。

2. 语音障碍

语音障碍是指患者在发出连续语音过程中出现的韵律异常（流畅性异常）、构音不清的现象，包括口吃、呼吸构音综合征等，但从广义上来说，还包括儿童语言发育迟缓和失语症，特别是运动失语症。

口吃（Stuttering）则是典型的说话时字音重复或词句中断的流畅性障碍（Fluency disorder），呼吸构音综合征患者多表现为在单个字时构音表现清晰度高，但在连续语音过程中口齿不清、呼气发音断断续续，都可以通过语音治疗等方法，提高患者的语音清晰度和连续性。

语音障碍通常出现在语言发育迟缓的儿童中，患者多表现为单个字发音正确，但在产生连续语音时则出现某些语音的替代等现象。语言发育迟缓是指由各种原因引起的儿童口头表达能力和（或）语言理解能力明显落后于同龄儿童的正常发育水平。脑瘫、智障、听障、构音器官疾病、中枢神经系统疾病和语言环境不良等均是儿童语言发育迟缓的常见原因，可以采用运动康复、言语康复和听觉康复等综合性的方法进行逐步的分阶段治疗。

语音障碍也通常出现在失语症患者身上，特别是运动失语症。运动失语症常见于大脑损伤的患者。患者多表现为连续语音过程中口齿不清、吸气发音、呼气发音断断续续。大脑左半球额叶损伤会导致运动性失语症。患者虽然发音器官正常，但是完全或部分失去了说话的能力，仍保留听懂别人说话、有写字和阅读的能力。

语音障碍的矫治主要通过语音CRDS法、重读治疗法和现代康复技术来完成。语音CRDS法重点强调通过语音巩固、语音重复、语音切换和语音轮替训练来提高连续语音清晰度，重读治疗法的主要目的是提高连续语音的韵律。语音障碍的矫治是言语治疗的最后阶段，旨在通过训练提高患者连续语音的清晰度和流畅度，为语言学习打下坚实的基础。

上述障碍类型大多同时出现在同一患者身上，但不同的患者表现出来的症状不一样，这就要求言语治疗师根据科学的评估结果，制订符合患者障碍类型和程度的治疗方案，依据言语产生理论，循序渐进地为患者解决言语产生中出现的问题。影响言语产生的疾病如表1-3-1所示。

表 1-3-1　影响言语产生的疾病

临床表现	影响言语产生的疾病
言语呼吸障碍	脑瘫、听力障碍、帕金森病、小脑病变、颈脊髓损伤、机械性通气、嗓音疾病
言语发声障碍	声带良性肿瘤、声带囊肿、喉癌、中风、车祸或枪伤等外伤、肌萎缩性脊髓侧索硬化症、多发性硬化、亨廷顿舞蹈症、脑部肿瘤和创伤性脑损伤
言语共鸣障碍	听力障碍、发育迟缓、脑瘫、延髓性麻痹、脑中风、肌萎缩性侧索硬化症、腭裂、腭咽闭合不全、鼻中隔偏曲、腺样体增生
言语构音障碍	腭裂、脑外伤、肿瘤压迫神经、脑瘫、多发性硬化
言语语音障碍	口吃、发育迟缓、运动性失语症

二、构音语音障碍治疗的流程

构音语音障碍治疗必须按照一定的操作流程进行，这样才能使实际工作有章可循。

本书所呈现的构音语音治疗是在黄昭鸣博士提出的"言语产生RPRAP理论"指导下的言语治疗的一部分，其主要通过"A+T+M"操作模式来实现。其中A即评估（Assessment），T即治疗（Therapy），M即监控（Monitor）。构音语音治疗的整个过程就是通过这样一个评估—治疗—监控的循环过程来完成的，"A+T+M"操作模式具有可操作性、实用性和科学性的优点。它是以言语的产生和构音语音病理研究为基础，利用现代化的实时测量手段，对构音语音功能进行主观和客观的评估，并结合干预的多年临床研究和实践构建而成的，具体的治疗流程如图1-3-1所示。

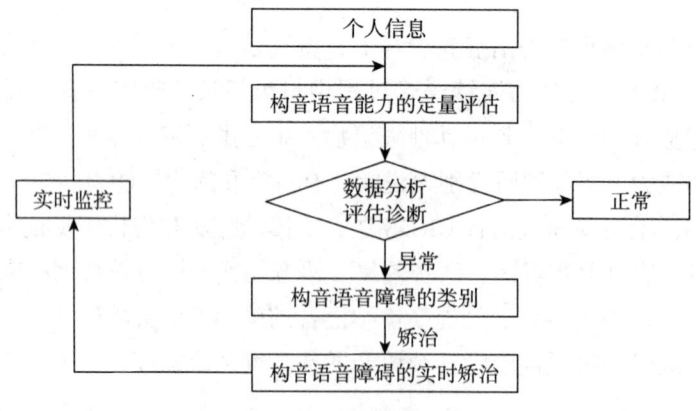

图 1-3-1　言语评估与治疗流程

1. 个人信息

个人信息的输入，主要指将患者的相关信息导入计算机的相应处理模块。构音语音治疗前先要收集患者的一般信息，包括年龄、性别、相关病史及治疗状况、是否接受过相关言语训练及训练情况、有无其他疾病史、主要言语症状等。

2. 构音语音功能的评估

构音语音功能的评估主要包括口部运动功能评估、构音运动功能评估及构音语音功能评估。其中口部运动功能评估能有效地反映出下颌、唇、舌、软腭在自然及模仿状态下的运动情况，构音运动功能评估能有效地反映出构音器官在自然语音状态下的运动情况，构音语音功能评估主要用于评估构音时的声韵调的语音清晰度。构音语音功能评估主要包括字清晰度评估、句清晰度评估及连续语音清晰度评估。字清晰度、句清晰度及连续语音清晰度评估能有效地反映出语音的清晰度及流畅度。

3. 构音语音障碍的治疗

根据构音韵母和声母音位的异常类型，提出可供选择的治疗方案。在诊断明确的基础上，制订相应的治疗计划。每个患者的治疗方案都是根据其障碍的类型、程度和原因制订的，具有针对性，该方案包括构音语音治疗的主要内容、方法与手段、治疗频率、监控指标和预期目标等。

构音障碍的治疗主要包括口部运动治疗、构音运动治疗和构音语音训练三个部分，其中构音语音训练包括了提高韵母构音清晰度和提高声母构音清晰度两个部分。

语音障碍的治疗包括语音重复、语音切换和语音轮替三个部分。言语治疗师在进行临床康复训练时，需要根据患者的实际情况，将多种方法进行有机结合，以便可以在有效的时间内让患者得到最具有针对性的治疗，获得最佳的康复效果。

4. 构音语音治疗的监控

构音语音治疗的过程不是一成不变的，整个治疗过程就是通过评估—治疗—监控这一循环过程来完成的，在尽可能短的时间内使患者的构音音位异常表现出现的次数得以降低或消失。在构音语音治疗过程中采用相应的参数作为监控指标，即用测得的参数与参考标准值之间的距离变化判断疗效，通常以距离缩小作为治疗有效的标志。

构音语音障碍评估与治疗专用设备

构音障碍的评估与训练需要借助相应的仪器设备及辅具来增进评估的精准性和训练的有效性。构音语音评估与治疗仪器具有以下特点：首先是测量评估和康复训练相结合，对患者的言语功能进行定量测量与客观评估，在测量与评估的基础上进行康复训练；其次是言语与语言相结合，仪器应符合患者生理和心理的发展规律，吸收现代康复医学的新理论与新技术，融入言语矫治、语言康复的相关内容，并将二者有机结合起来，从而促进患者的言语与语言发展、提高口语交往沟通能力，为其回归社会奠定基础。医疗机构、民政、残联和特殊教育学校等系统用于构音障碍康复训练的设备属于医用康复产品，不仅应注重设备的有效性，还应强调在使用上的安全性。本节简单介绍了几款符合国家医疗器械产品市场准入审查规定，获得《中华人民共和国医疗器械注册证》的构音障碍评估和治疗的康复设备。构音障碍康复类设备及辅具包括构音障碍评估仪、语音障碍评估仪、构音障碍训练仪、语音障碍训练仪、言语重读干预仪和口部构音运动训练器组件等。

一、评估设备

1. 构音障碍评估仪

构音障碍评估仪是用于评估构音清晰度的设备，如图1-4-1所示，它利用多媒体技术、数字信号处理技术从运动角度和语音角度对患者的构音功能进行科学的评价，从而诊断出患者造成构音障碍的生理和语音水平的双维度原因。适用于听觉障碍、脑性瘫痪、语言发育迟缓、智力发育迟缓、孤独症等伴随有言语障碍的人群。

构音障碍评估仪通过对构音、鼻音信号进行实时检测处理，可实现：第一，构音运动功能评估；第二，构音语音功能评估；第三，下颌距、舌距、舌域距、口腔轮替运动速率等构音运动功能测量；第四，声道形状动态显示及测量；第五，浊音起始时间记录；第六，语音类型判别；第七，构音清晰度等构音语音功能测量；第八，实时口鼻分离式鼻流量测量；第九，采用单一被试技术对言语康复效果进行全程监控。对口部运动、声母构音、韵母构音、声调构音、音位对构音等能力进行评估和检测，为构音障碍的诊断和康复、疗效监控提供相关信息。

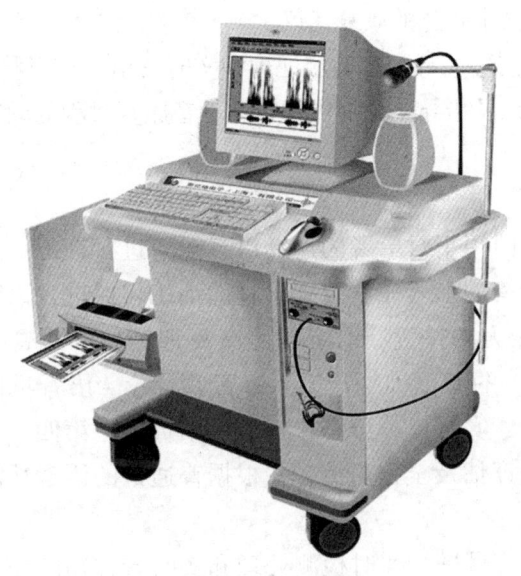

图 1-4-1 构音障碍评估仪

2. 语音障碍评估仪

语音障碍评估仪专门用于对连续语音能力进行评估，通过对语音、鼻音信号进行实时检测处理，评估语音障碍的功能，可开展：第一，超音段音位评估；第二，音段音位评估；第三，超音段音位测量，包括音调变化率，升调、降调、升降调能力评估；第四，混合式音段音位测量，包括发音部位比率、发音方式比率、音征、送气时间比率、清浊音比率；第五，分离式音段音位测量，包括发音部位比率、音征、低频鼻音；第六，采用单一被试技术对言语康复效果进行全程监控。不仅可以对语音、鼻音信号进行实时检测处理和实时语音多维建模，也可进行语音、鼻音、流畅性障碍的评估，为诊断和治疗提供相关信息，适用于语音损伤分级评估。

二、治疗设备

1. 构音障碍训练仪

导致构音障碍的原因是构音器官运动异常或协调运动异常，造成的结果是构音清晰度下降，构音障碍训练仪能够有针对性地提供个别化构音训练手段，通过对构音、鼻音信号进行实时检测处理，用于构音障碍的康复训练。可开展：第一，口部运动治疗（常用60种）；第二，下颌、唇、软腭构音运动的康复训练；第三，构音音位感知、习得的康复训练；第四，构音音位对比、强化的康复训练；第五，实时口鼻分离式视听反馈训练；第六，采用单一被试技术对言语康复效果进行动态评估及全程监控，并根据普通话的构音功能评估标准提供个别化的康复建议。

通过对构音、鼻音信号进行实时检测处理和实时言语声道形状修正，为构音、鼻音障碍提供相应的康复训练及指导，并提供构音、鼻音康复过程的动态评估与效果监控。

2. 语音障碍训练仪

语音障碍训练仪专门用于对患者的连续语音能力进行训练。系统采用特定场景中的词语作为材料，以问答的形式完成连续语音的训练，促进言语障碍患者完成从言语听觉能力到语言表达能力的过渡。语音障碍康复训练，可开展：第一，超音段音位（升调、降调、升降调）的康复训练；第二，音段音位（语音巩固、重复、切换、轮替）的康复训练；第三，实时口鼻分离式视听反馈训练；第四，采用单一被试技术对言语康复效果进行动态评估及全程监控，并根据普通话的语音功能评估标准提供个别化的康复建议。

通过对语音、鼻音信号进行实时检测处理和实时音位矩阵切换轮替，为语音、鼻音、流畅性障碍提供相应的康复训练及指导，并提供语音、鼻音康复过程的动态评估与效果监控。

3. 言语重读干预仪

言语重读干预仪是根据重读治疗法的原理设计而成的综合性训练设备，旨在帮助患者在采用正确呼吸方式的前提下，获得良好的音调变化能力，实现流畅的言语和语言韵律，促进呼吸、发声和共鸣三大系统功能的协调。主要用于言语韵律障碍的诊断评估，提供言语韵律训练、言语重读干预。

言语重读干预仪通过对言语、言语韵律信号进行实时检测处理，用于言语韵律障碍康复训练。包括：通过实时多维建模技术为言语、构音、语音、鼻音功能检测提供技术参数，用于言语韵律、构音、语音、鼻音障碍的康复训练。可开展：第一，超音段音位（升调、降调、升降调）的康复训练；第二，字、词、句、段重读的双屏交互式实时反馈训练；第三，采用重读治疗法（慢板、行板、快板）进行言语诱导及言语韵律训练；第四，采用单一被试技术对言语康复效果进行动态评估及全程监控，并根据言语韵律评估标准提供个别化的康复建议。用于言语韵律障碍的诊断评估，提供言语韵律训练、言语重读干预。

第二章

构音障碍的评估

在构音系统中，下颌、唇、舌、软腭是最为主要的构音器官，这些构音器官通过各自的灵活运动及其之间的协调运动而产生清晰、有意义的言语（语音）。

构音障碍主要指由于听不清或构音器官的运动异常或协调运动障碍或未能理解、掌握构音音位所需的特定运动而导致在发出有意义言语的过程中出现的构音不清和声韵调异常等现象。构音障碍是特殊儿童极易出现的障碍之一，是导致儿童言语清晰度下降的主要原因，而言语清晰度下降势必会影响言语的可懂度，从而影响儿童与他人的正常交流。治疗构音障碍，首先应该对儿童的构音功能进行评估，主要包括口部运动功能评估、构音运动功能评估及构音语音功能评估三部分内容，分别评测主要构音器官（下颌、唇、舌、软腭等）的运动能力水平、发音过程中声韵组合的清晰度。每部分内容的评估均从主观评估和客观测量两个方面入手，通过对评估结果进行综合分析，撰写评估报告，并制订针对性的个别化构音训练方案进行矫治，逐步建立构音器官的正确运动模式，使儿童能够发出清晰的语音。

本章主要介绍如何对儿童构音障碍进行评估，将主要从口部运动功能、构音运动功能及构音语音功能三个维度进行讲述。

构音障碍的临床表现

第一节

构音障碍的临床表现为构音不清，也表现为声韵调或其组合的清晰度下降，直接导致言语可懂度降低。构音障碍的临床表现可从韵母音位构音异常、声母音位构音异常和声调构音异常三个方面进行描述。

一、韵母音位构音异常

1. 韵母鼻音化

韵母鼻音化主要表现为在发元音时存在明显的鼻音化现象，如发 /i/、/u/ 时有鼻音，多由构音器官运动异常所引起。在正常语音产生的过程中，腭咽瓣控制口鼻腔的连通，软腭与咽壁协调运动形成腭咽闭合，气流主要在口腔中形成共鸣，通过唇、舌等构音器官的协调活动，发出清晰的语音，若患者在发音过程中呼出的气流同时进入口腔与鼻腔，会使口腔与鼻腔同时共鸣，元音在听感上带有了鼻音色彩，从而影响元音构音的准确度，尤其是发前高元音 /i/ 和发后高元音 /u/ 时最易受影响。在客观测量中，元音鼻音化主要体现在发 /i/ 和 /u/ 时的鼻流量（评价鼻腔共鸣的主要参数）明显增加，低频共振峰变得明显。

2. 韵母中位化

韵母中位化主要表现为发任何元音时，下颌、唇、舌的运动不明显，特别是舌的运动范围明显受限，如发 /i/ 时舌位靠后，而发 /u/ 时舌位靠前，这多由构音器官运动受限所引起。在客观测量中，元音中位化主要体现在发相应的元音时，第二共振峰 F_2 的值超出正常范围，如发 /i/ 时第二共振峰 F_2 的值变小，发 /u/ 时第二共振峰 F_2 的值变大，最终导致舌距变小。

3. 韵母遗漏

韵母遗漏主要表现为发某些复韵母音时，将其中的某个音位丢失，主要为非主要能量音位的丢失，如 /iɑo/ → /iɑ/，多由构音器官运动不协调或运动控制不稳定，不能保持较长时间所引起。在客观测量中，元音遗漏主要体现在发相应复韵母音时，共振峰转接现象不明显或无转接。

4. 韵母替代

韵母替代主要表现为患者用另外一个韵母音位替代目标韵母音位，如 /e/ → /ɑ/，多由构音器官运动异常或听觉识别发生混淆所引起。在客观测量中，韵母替代主要体现在目标音位的共振峰或鼻流量超出正常范围，如将 /e/ → /ɑ/ 时，第一共振峰 F_1 的值变大，第二共振峰 F_2 的值也变大。

二、声母音位构音异常

1. 声母遗漏

声母遗漏主要表现为患者发声韵组合时，省略声母部分的发音，直接发出后面的韵母发音，如 /gu/ → /u/、/zhu/ → /u/，多由目标声母对应的发音部位运动异常或患者未习得发音方式所引起。在客观测量中，声母遗漏主要体现为发声韵组合时，无法测得目标声母的声学特征参数值，在波形图和语谱图上也无法观察到声母的特征表现。

2. 声母歪曲

声母歪曲主要表现为患者发声韵组合时，将声母部分的发音扭曲，主观听感上并不是只有韵母部分的发音，但又无法找到一个音位可以用来描述患者发出的目标声母，如 /zh/ 发音扭曲，多由目标声母对应的构音运动不成熟所引起。在客观测量中，声母歪曲主要体现为发声韵组合时，目标声母的声学特征参数值超出正常范围。由于声母歪曲的偏向有很多种，如擦音塞音化的歪曲、塞音鼻音化的歪曲等，因此出现异常的声学特征参数也不尽相同，要视具体情况而定。

3. 声母替代

声母替代是声母音位构音异常最主要的错误走向之一，还包括方式替代和部位替代，较为常见的替代方式有：送气塞音与不送气塞音相互替代，即送气音替代不送气音，如 /pao/ → /bao/，不送气音替代送气音，如 /bao/ → /pao/；送气塞擦音与不送气塞擦音相互替代，即送气音替代不送气音，如 /ci/ → /zi/，不送气音替代送气音，如 /zi/ → /ci/；塞音与擦音相互替代，即塞音化，塞音替代擦音，如 /fa/ → /ba/，擦音替代塞音，如 /ba/ → /fa/；塞擦音与擦音相互替代，即塞擦音化，塞擦音替代擦音，如 /xi/ → /ji/，擦音替代塞擦音，如 /ji/ → /xi/；塞音与鼻音相互替代，即鼻音化，鼻音替代塞音，如 /mi/ → /bi/，塞音替代鼻音，如 /bi/ → /mi/。而常见的部位替代有不同构音部位的送气塞音相互替代、不同构音部位的不送气塞音相互替代，一是前进化，舌尖中音前进化，舌根音前进化，二是退后化，舌尖中音退后化，双唇音退后化；舌尖前音与舌尖后音相互替代，一是卷舌化，舌尖后音替代舌尖前音，如 /da/ → /ga/，二是替代卷舌，舌尖前音替代舌尖后音，如 /ga/ → /da/。

声母替代多由目标声母对应的构音运动不成熟导致与另一运动发生混淆所引起。在客观测量中，声母替代主要体现为发声韵组合时，目标声母的声学特征参数值超出正常范围，而位于另一声母声学特征参数值的正常范围。如 /fei/ → /bei/ 时，声母部分的频谱坡度将明显增大，提示擦音塞音化的错误走向。表 2-1-1 是常见的声母构音异常错误走向。

表 2-1-1 常见的声母构音异常错误走向

	目标音	替代音	错误走向描述
第一阶段	/b/	/m/	替代：塞音鼻音化
		/d/	塞音向后替代
	/m/	/b/	替代：鼻音塞音化
		/p/	替代：鼻音塞音化
	/d/	/b/	塞音向前替代
		/g/	塞音向后替代
	/h/	⊖	擦音遗漏
		/k/	替代：擦音塞音化
第二阶段	/p/	/b/	替代：送气塞音不送气化
		/t/	塞音向后替代
	/t/	/p/	塞音向前替代
		/d/	替代：送气塞音不送气化
	/g/	⊖	塞音遗漏
		/d/	塞音向前替代
	/k/	/h/	替代：塞音擦音化
		/t/	塞音向前替代
	/n/	/d/	替代：鼻音塞音化
		/l/	替代：鼻音边音化
第三阶段	/f/	/b/	替代：擦音塞音化
		⊗	擦音歪曲
	/j/	⊖	塞擦音遗漏
		⊗	塞擦音歪曲
	/q/	⊗	塞擦音歪曲
		/x/	替代：塞擦音擦音化
	/x/	⊖	擦音遗漏
		⊗	擦音歪曲

续表

目标音		替代音	错误走向描述
第四阶段	/l/	/n/	替代：边音鼻音化
		⊖	边音遗漏
	/z/	⊗	塞擦音歪曲
		⊖	塞擦音遗漏
	/s/	⊗	擦音歪曲
		/z/	替代：擦音塞擦音化
	/r/	⊗	擦音歪曲
		/n/	替代：擦音鼻音化
第五阶段	/c/	⊗	塞擦音歪曲
		/t/	替代：塞擦音塞音化
	/zh/	⊗	塞擦音歪曲
		⊖	塞擦音遗漏
	/ch/	/t/	替代：塞擦音塞音化
		/k/	替代：塞擦音塞音化
	/sh/	⊗	擦音歪曲
		⊖	擦音遗漏

三、声调构音异常

声调构音异常主要表现为一声调、二声调、三声调和四声调之间的发音混淆，如表 2-1-2 所示。

表 2-1-2 常见声调构音异常错误走向

目标音	替代音	错误走向描述
一声调	二声调	升调化
	四声调	降调化
二声调	一声调	平调化
	四声调	降调化
三声调	一声调	平调化
	四声调	降调化
四声调	一声调	平调化
	三声调	升降调化

构音功能的主观评估

构音功能评估，包括主观评估和客观测量两个部分，其中每个部分均包括口部运动功能评估、构音运动功能评估和构音语音功能评估。口部运动功能评估包括下颌、唇、舌口部运动功能的主观评估和口腔轮替运动速率的客观测量，构音运动功能评估包括下颌、唇、舌构音运动功能的主观评估和下颌距、舌距、舌域图以及声道形状实时监测这些客观测量，构音语音功能评估包括音位习得、音位对比、构音清晰度评估这些主观评估和清浊音检测、浊音鉴别和清音鉴别这些客观测量。通过这些评估项目，可以对患者的构音能力进行综合评价，找出构音障碍的成因，确定构音障碍的类型，根据评估结果，制订科学的康复训练方案。构音功能评估的框架见图 2-2-1。本节主要介绍构音功能的主观评估方法及细节。

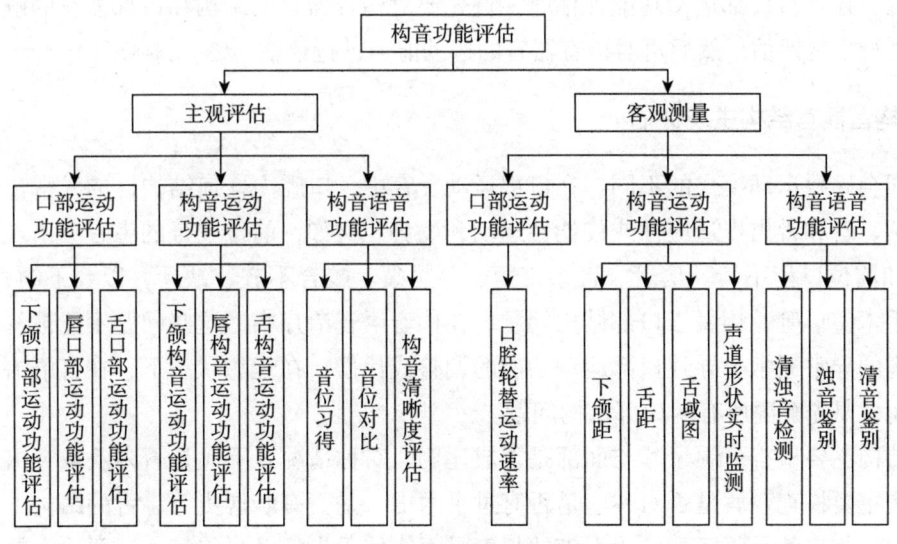

图 2-2-1 构音功能评估框架图

一、构音功能的主观评估

（一）口部运动功能主观评估

下颌、唇、舌作为主要的构音器官，其运动异常会直接影响言语的清晰度和可懂度，因此对下颌、唇和舌的口部运动功能进行评估是十分有必要的。口部运动功能主观评估用来评价下颌、唇、舌在自然放松状态下模仿口部运动状态下的生理运动模式是否正确、存在的问题和达到的能力水平，从而判断运动异常的类型，分析导致运动异常的原因，为治疗提供依据。

口部运动功能评估的分级标准具体参见附录3。根据构音器官运动障碍的程度不同，每个评估的子项目都按障碍程度由重到轻的顺序分成0～4级。其中0级表示接受评估的构音器官几乎没有运动能力；1级表示该构音器官有运动意识，但不能按要求完成动作，需要其他器官辅助完成；2级表示该构音器官能按要求做运动，无须辅助，但活动范围未达到正常水平，或者控制不稳定；3级表示该构音器官能按要求做运动，无须辅助，运动范围达到正常水平，运动位置也可，但运动保持的时间有限；4级表示该构音器官能按照要求完成动作，且运动范围、位置及维持的时间均能达到标准。

某些患者构音器官的运动异常可能与其构音器官本身的结构和口部的触觉能力有一定关系。所以，在进行口部运动功能评估时，首先要对构音器官的结构和口部器官的触觉感知能力进行主观评估，然后再对构音器官的运动能力进行评估。

1. 口部构音器官结构主观评估

结构不同会导致运动模式的不同，在口部运动发育中，口腔内任何结构性的异常都可能导致下颌、唇和舌出现适应性或代偿性运动和姿势。比如，前位咬合的患者会出现舌前位姿势和前位口齿不清。瘘管、舌系带短、唇腭裂、咬合不齐、缺牙，以及下颌、唇或上颚的手术整形等，均属于口部结构问题，在构音语音治疗中，这些问题不能被忽视，口部结构的异常通常会导致口部运动功能的调整或代偿，在理想状态下，在言语治疗之前或期间，要先解决所有的口部结构问题。

下颌的结构主要检查下颌尺寸与面部是否成比例、对称情况及下颌是否内收或突出等；唇的结构主要检查双唇是否对称、是否有过手术史、是否有麻痹史等；舌的结构主要检查舌的大小与口腔是否匹配、舌系带的长度是否能使舌尖活动自如等；还要检查软腭的结构，主要看悬雍垂两边是否对称、大小是否正常、是否偏离中线等。对口部构音器官结构的主观评估是口部运动功能评估的第一步。

2. 口部触觉功能主观评估

如果患者出现了构音障碍，并非一定是骨头、肌肉或神经之间的接触出了问题，也有可能是皮肤或黏膜的问题。皮肤和黏膜覆盖整个口部结构的内表面和外表面，当舌尖接触上齿龈时，舌肌表面的黏膜首先接触上腭表面的黏膜。

皮肤（或黏膜）与皮肤（或黏膜）接触就是构音的关键所在。如果儿童在感觉运动阶段口部运动功能发育正常，那么他就会玩丰富的口部探索游戏，进食、口部清洁或不同的发声游戏，而这些游戏又给他们带来了丰富的口部触觉学习经验。这种丰富的口部触觉学习经验不但有助于儿童触觉感知能力的发展，而且有助于触觉定位、触觉分辨和触觉记忆能力的发展。当这些能力发育完全时，儿童就知道怎样发出特定的言语声。如果这些能力发育不完全，那么儿童在习得言语过程中就会出现构音问题。在接受构音语音障碍治疗的患者中，许多儿童有触觉敏感性和触觉感知的问题。尤其是患有表达性言语障碍的儿童都存在口部触觉敏感性障碍和触觉感知障碍。

（1）口部触觉敏感性分类

口部触觉敏感性可以分为口部触觉超敏性、口部触觉弱敏性和混合性口部触觉敏感性。

口部触觉超敏性指的是对口部触觉刺激的过度敏感。此类患者的口外或口内一旦遭到他人触摸，就会做出各种反应，例如躲避、作呕、回缩嘴唇、紧闭嘴巴、扭头、拒绝触碰等，甚至会有近似疯狂的举止。其反应非常强烈、迅速且果断。口部触觉超敏性儿童的嘴部常常处于"高度警惕"的状态，其下颌和双唇稍稍内收，舌亦后缩并在口腔内处于高位，舌后缩将导致元音和辅音的构音异常。

口部触觉弱敏性是指当触及患者的口内或口周时，其表现出对触觉刺激的不敏感。此类儿童特别喜欢口部触觉刺激，甚至渴望得到刺激。他们爱把东西放在嘴里玩。吃饭时，他们常常在嘴里塞满了饭，却不能很好地咀嚼，有些饭就从嘴里漏出。此类儿童通常并没有认识到嘴里塞满食物会引起的问题，吃完饭后也没感觉到嘴里尚有食物残留。

混合性口部触觉敏感性指的是有些存在言语障碍的患者同时伴有口部触觉超敏和弱敏。即在口部结构中，部分触觉超敏，部分触觉弱敏。例如，外部的脸颊和双唇可能超敏，口腔内则弱敏；也有可能在全身都存在这种混合性的感受模式。

（2）口部触觉敏感性评估

口部触觉敏感性评估包括两部分，分别是病史询问和直接评估。

① 病史询问。

病史询问是获取口部触觉敏感性信息的第一来源。它应当包括以下内容：刷牙、洗脸、吃饭习惯、所吃食物的质地和温度、婴儿期喂养史、口部触觉问题的诊断、全身触觉问题的诊断、感觉统合状况、口部行为史、发声史、口部习惯史、口部外伤史、出牙史及口部手术史。

病史将反映口部触觉敏感性的模式，这些模式与通过直接评估获取的信息共同反映口部触觉敏感性情况。

② 直接评估。

口部触觉敏感性的直接评估指观察患者口部结构各部分对触觉刺激的反应程度。至少应对以下部位的触觉反应进行直接评估：面部、颈部、双唇、齿龈、脸颊内表面、硬腭和口腔后部的口咽区域，用来明确患者口内或口周对触觉刺激的反应情况。

- 面部和颈部的直接评估。

刺激方法：用手掌、手指或布轻轻地刺激患者的面部和颈部，包括脸颊、鼻子、咀嚼肌、下颌以及下颌下区域。

正常反应：患者应当容易耐受这种刺激，甚至会喜欢由此而产生的感觉。容易产生痒的感觉也应当是在预料之中的。

超敏反应：患者拒绝触碰或允许触碰但表现出不适、推开、害怕、面部扭曲或唇部收缩的状态。情况严重的时候，有些患者可能会出现呕吐的现象。

弱敏反应：患者可能根本没意识到自己被触摸了，忽视了触摸，或者根本没有任何反应，或者还渴望接受更多的触觉刺激。

- 双唇的直接评估。

刺激方法：用手指或布轻轻地先后或同时刺激患者的上唇和下唇。

正常反应：患者应当容易耐受这种刺激，甚至会喜欢由此而产生的感觉。容易产生痒的感觉也应当是在预料之中的。

超敏反应：患者拒绝触碰或允许触碰但表现出不适、推开、害怕、面部扭曲或唇部收缩的状态。情况严重的时候，有些患儿可能会出现呕吐的现象。

弱敏反应：患者可能根本没意识到自己被触摸了，忽视了触摸，或者根本没有任何反应，或者还渴望接受更多的触觉刺激。

- 齿龈的直接评估。

刺激方法：把牙具或口腔专用棉签置于上门牙上方的牙龈处，并从中间位置开始向左右两侧摩擦上齿龈。然后，以同样的方法摩擦下齿龈。

正常反应：患者应当容易耐受这种刺激，没有不适感，当治疗师把检查用具放进他的嘴里时，他可能会表现得较配合。

超敏反应：患者拒绝触碰，或者允许触碰但表现出不适、推开、面部扭曲或唇部收缩的状态。严重时，有些患者可能会出现呕吐的现象。

弱敏反应：患者可能根本没意识到自己被触摸了，忽视了触摸，或者根本没有任何反应，或者还渴望接受更多的触觉刺激，或者由于他还没有感觉到刺激而不接受这种刺激。

- 脸颊内表面的直接评估。

刺激方法：如上所述，在刺激牙龈时就可以连带刺激脸颊内表面。当牙具到达一侧后方的臼齿部位时，摩擦脸颊内表面。两侧脸颊内表面都要受到刺激。

正常反应：患者应当容易耐受这种刺激，没有不适感，当治疗师把检查用具放进他的嘴里时，他可能会表现得较配合。

超敏反应：患者拒绝触碰，或者允许触碰但表现出不适、推开、面部扭曲或唇部收缩的状态。严重时，有些患儿可能会出现呕吐的现象。

弱敏反应：患者可能根本没意识到自己被触摸了，忽视了触摸，或者根本没有任何反应，或者还渴望接受更多的触觉刺激，或者由于他还没有感觉到刺激而不接受这种刺激。

- 硬腭的直接评估。

刺激方法：用牙具或棉签摩擦硬腭。

正常反应：患者几乎不能耐受这种刺激，表现出诸如推开等厌恶的反应，或表现出瘙痒的反应，甚至试图用舌舔上腭来减轻这种感觉。

超敏反应：患者拒绝触碰，或者允许触碰但表现出明显的厌恶反应或呕吐反应。

弱敏反应：患者可能没有任何反应，或者还渴望接受更多的触觉刺激，或者由于他没有感觉到刺激而不接受这种刺激。

- 口咽部的直接评估。

口咽部的触觉刺激应当能够诱导出呕吐反射。呕吐反射是婴儿出生时就存在的保护性反射，大约在8个月时，呕吐反射的力量将减弱，但直到成人期仍然存在该反射。由于呕吐反射是判断口腔内部触觉敏感性的最好方法，所以对它的描述要比其他5项更为详细。

我们评估呕吐反射是为了明确刺激哪里可以引起呕吐反射和在什么条件下可以引起呕吐反射。通过呕吐反射可以看出，在进行言语、进食等口部运动的过程中，患者应对有感觉构音器官运动所产生的触觉刺激的能力。

诱导呕吐反射有两种基本方法。

第一种方法：将压舌板、医用棉签或牙具放在患者舌尖，然后沿着舌正中线由舌尖向舌根部滑行，当到达约舌中、后1/3交界处时，呕吐反射就应当能被诱导出来。由于许多人都可以抑制该反射，所以事先不要告诉患者治疗师的目的，而是在评估其他部位口部触觉敏感性时，悄悄进行呕吐反射的诱导。

第二种方法：刺激其他口部结构。可以刺激悬雍垂、软腭。在这些点的任何地方进行刺激都会诱发呕吐反射。同样，事先不要告诉患者治疗师的意图。

由于呕吐反射会让人有点不舒服的感觉，令患者感到惊慌，所以诱导出呕吐反射后要安抚患者。例如说："对不起，感觉奇怪，对吧？"

正常反应：不同文献针对呕吐反射的正常表现有不同的描述。综合呕吐的特征我们可以将呕吐反射的全过程描述为下颌向前下方运动；舌向前下方运动；舌骨和喉上抬；喉咽的前部和后部沿中线运动；悬雍垂抬高保护鼻腔；舌呈现槽状，其中间形成深沟，两侧缘抬高。

对于口部触觉敏感性存在问题的患者而言，他们要么对呕吐刺激反应过度，要么反应低下。

超敏反应：如果患者对呕吐刺激较敏感，那么刺激其舌前部或舌前2/3处就能诱导出该反射。对于过度敏感的患者，只要刺激其舌前1/2处、脸颊、双唇或齿龈前部，就可以诱导出呕吐反射。有些患者只要一张嘴或其上肢被触碰，呕吐反射就能被诱导出来了。

过度的呕吐反射将会阻碍舌和其他口部器官获得必要的触觉经验。口部触觉超敏很容易使患者在进行口部运动、进食和说话时也发生呕吐，所以患者就会逃避这些活动。因此，患者失去了从探索性的口部活动中获得正常反应的机会，继而，会阻碍患者口部运动的发育。

对于触觉超敏的患者，必须使他们的触觉感受正常化。只有这样，他们才能在口部接受本体感觉和触觉刺激时，做出正常的反应，并由此完成一系列的口部运动。

弱敏反应：如果在患者口内给予触觉刺激后，其呕吐反射并不明显，那么说明该患者对该刺激感知不够清楚，所以对其所做出的反应也较慢。当对该患者施以第一种或第二种刺激方法时，其表现为呕吐反射缺失、延迟或微弱。由于患者触觉感知欠佳，所以就会遗漏口部感觉运动的经历，而这些经历又是口部运动发育所必需的。

对于触觉弱敏的患者来说，必须使他们的触觉感知正常化，提高口部触觉感知和触觉分辨的能力。

另外在进行触觉敏感性评估时还要考虑两种情况。一种是触觉敏感性的波动性，另一种是要将触觉防御与触觉超敏区别开来。

所有人都存在轻微的触觉敏感性波动。有时我们喜欢被触摸，有时我们又不喜欢。言语障碍和口部运动不足的儿童，随着心情和情绪的改变，其对触觉刺激反应的差异性很大。有时他们喜欢口部触觉刺激，有时又讨厌。明显的触觉感受波动将导致儿童不能稳定地做出准确的触觉判断，这也会妨碍其口部触觉分辨和记忆能力的获得。

另外，不能将触觉防御和触觉超敏混淆。长期以来，人们将触觉防御和触觉超敏相互混用，但是，这两个词意义并不完全相同。触觉防御是指对触觉输入做出的一种强烈、消极的情绪和抵抗行为反应。有触觉防御行为的儿童不喜欢触觉刺激，因而会推开它、逃避它，采用强烈的消极行为来进行抵抗。有触觉防御行为的儿童可以表现为触觉超敏，但并不是有触觉防御行为的儿童就一定存在触觉超敏的情况。不管是触觉超敏或触觉弱敏的患儿，还是触觉敏感性正常的儿童都可以有触觉防御行为。引起触觉防御行为的原因有很多，如触觉过敏史、身体或性虐待、进食障碍等。

因此，对每位患者进行触觉敏感性评估时，要根据患者情况的不同，全面考虑各种因素，分析造成触觉超敏、触觉弱敏、触觉防御、混合性触觉敏感性的原因，来制订个别化的治疗方案。

由于上述方法很容易让人产生痒的感觉或变得烦躁，所以在直接评估的整个过程中，只要施以轻柔的触觉刺激就可以诱导出最明显的反应。评估口部触觉敏感性的目的是观察患者口部结构中各部分对触觉刺激的反应。不过，从病史中获取的信息则有助于促成和更改评估。例如，病史反映患者有明显的触觉超敏，则完全没必要再进行直接评估，而是直接采用设计好的活动去矫治这个问题，并使触觉敏感性正常化。

3. 口部运动功能主观评估

（1）下颌口部运动功能主观评估

① 设计原理。

从发育角度来看，下颌是口部结构中功能发育最早的部分，下颌运动的发育水平决定着唇和舌运动的成熟水平。下颌可以在各个方向上进行运动：向上、向下、向左、向右、向前、向后和旋转，遵循下颌运动的发育规律和下颌异常运动模式形成的规律，选取能够反映下颌运动能力的检测动作，通过患者模仿这些动作时的表现来判断下颌运动的发育和受障碍的程度。

② 评估的内容。

下颌在自然状态下的评估是指在患者不讲话、不进食、不做口部运动时观察其下颌的结构、位置和口腔开合度，从而判断下颌在放松状态下的位置和结构、颞颌关节的紧张程度、咬肌的肌张力、下颌的控制能力情况等。下颌在模仿口部运动状态下的评估共有8个项目，包括咬肌肌力、下颌向下运动、下颌向上运动、下颌向左运动、下颌向右运动、下颌前伸运动、下颌上下连续运动以及下颌左右连续运动。其中1项检测下颌的基础运动能力，2项检测下颌的连续运动能力。评估时由治疗师给出指导语，并做示范动作，由患者模仿，下颌口部运动功能评估内容见图2-2-2。通过评估，评价下颌各种运动模式是否习得，诊断下颌运动障碍类型，分析下颌运动异常的原因，为制订下颌运动治疗方案提供依据。

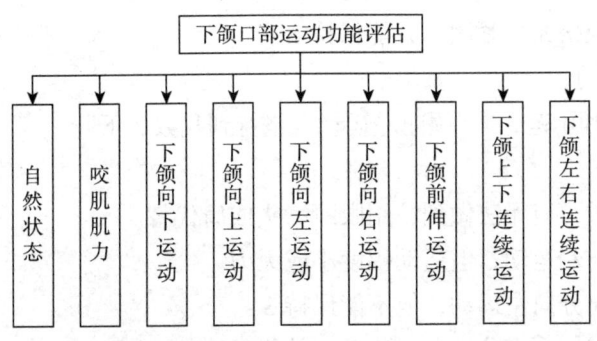

图 2-2-2　下颌口部运动功能评估框架图

③ 评估分级操作。

● 自然状态下的评估。

指导语：下颌在自然放松状态下，静观3 s，然后记录下颌的位置及运动。

0级：下颌处于开位或上下牙紧密接触，下颌不会上下运动。

1级：下颌处于全开位或上下牙紧密接触，偶能瞬间向上、下、左、右运动。

2级：下颌处于半开位，但下颌在水平位上左右歪斜，或前突或后缩。

3级：下颌处于水平正中，上下牙无接触，有楔形缝隙，但不能保持3 s。

4级：下颌处于姿势位，水平正中，上下牙均无接触，上下牙之间从前向后有一个楔形间隙，能保持3 s。

● 咬肌肌力。

指导语：治疗师自己示范，"咬紧牙关，让咬肌凸起来，坚持到我数3下"。

0级：没反应。

1级：下颌有咬的意识，但无法做到，只能用眼睛、头或肩代替。

2级：仅能咬住单侧，或咬时无力。

3级：能紧紧咬住，但不能保持3 s。

4级：能紧紧咬住，并保持3 s。

● 下颌向下运动。

指导语：治疗师示范，"嘴巴尽可能张大，坚持到我数3下"。

0级：下颌运动受损程度最严重，几乎没有运动能力。

1级：下颌有向下运动的意识，但无法做到，只能用眼睛、头或肩代替。

2级：下颌不能完全打开，在运动过程中伴有向左或向右歪斜。

3级：下颌能充分打开，但不能保持3 s。

4级：下颌能轻松充分打开，并能保持3 s。
- 下颌向上运动。

指导语：治疗师示范，"闭紧下颌，坚持到我数3下"。

0级：没反应。

1级：有意识做，但无法做到，用眼睛、头或肩代替。

2级：下颌不能完全闭合，有急动，或伴有向左或向右歪斜。

3级：下颌能充分紧闭，但不能保持3 s。

4级：下颌能轻松充分紧闭，并能保持3 s。
- 下颌向左运动。

指导语：治疗师示范，"下颌向左运动，坚持到我数3下"。

0级：没反应。

1级：有意识做，但无法做到，用眼睛、头或肩代替。

2级：下颌能向左运动，但运动幅度小或无力。

3级：下颌能充分向左运动，但不能保持3 s。

4级：下颌能轻松、充分地向左运动，并能保持3 s。
- 下颌向右运动。

指导语：治疗师示范，"下颌向右运动，坚持到我数3下"。

0级：没反应。

1级：有意识做，但无法做到，用眼睛、头或肩代替。

2级：下颌能向右运动，但运动幅度较小或无力。

3级：下颌能充分向右运动，但不能保持3 s。

4级：下颌能轻松、充分地向右运动，并能保持3 s。
- 下颌前伸运动。

指导语：治疗师示范，"下颌向前运动，坚持到我数3下"。

0级：没反应。

1级：有意识做，但无法做到，用眼睛、头或肩代替。

2级：下颌能向前运动，但运动幅度小或无力。

3级：下颌能充分向前运动，但不能保持3 s。

4级：下颌能轻松、充分地向前运动，并能保持3 s。
- 下颌上下连续运动。

指导语：治疗师示范，"连续打开和闭合下颌，重复3次"。

0级：没反应。

1级：有意识做，但无法做到，用眼睛、头或肩代替。

2级：下颌只能做向上或向下运动，不能连续做3次。

3级：下颌能连续上下运动3次，但运动不充分，缺乏力度。

4级：下颌能轻松、充分地连续打开闭合3次。
- 下颌左右连续运动。

指导语：治疗师示范，"下颌连续向左向右运动，重复3次"。

0级：没反应。
1级：有意识做，但无法做到，用眼睛、头或肩代替。
2级：只能连续向一侧运动，或不能连续做3次运动，或用唇运动代替。
3级：下颌能连续左右运动3次，但运动不充分，缺乏力度。
4级：下颌能轻松、充分地连续左右运动3次。
④ 评估结果记录与分析。

治疗师须经过严格培训，根据患者下颌运动的临床表现，参照"下颌口部运动功能评估分级标准"中的5级评分标准，来判断下颌运动中的各个单项目处于哪一级运动水平。下颌运动功能共有9个评估项目，每一个满分为4分，级别与评估分数相统一，即0级计为0分，1级计为1分，2级计为2分，3级计为3分，4级计为4分。最后将单项目的评分结果统计出来，填在"下颌运动功能分析记录表"上，用来分析判断下颌运动的能力水平。

评估结束后，检测者要根据记录表上评分等级和计分来判断下颌各个单项目的运动能力，不同项目、不同级别代表不同的运动能力。具体如下。

0级表示下颌运动受损程度最严重，几乎没有运动能力，提示：年龄或认知能力导致患者无法理解指导语；患者可能患有运动性失调，导致无法完成动作；患者口部无力，无法完成示范动作；患者肌肉僵直阻碍了下颌的运动；发育失调或行为失常。

1级表示下颌有模仿运动的意识，但不能按要求完成动作，而用唇、头、眼睛或肩膀运动来代替或辅助。说明用唇、头、肩膀和眼睛代替，患者无法感知到自己的下颌运动有别于身体其他部分的运动；许多患者在向下运动下颌时把头往后仰，这是运动发育不成熟的表现。

2级表示下颌能按要求做运动，不需要辅助，但活动范围未达到正常水平；或者下颌控制不稳，运动时向左或向右歪斜。说明下颌力量不足或下颌运动意识缺乏；出现探索行为说明对于下颌运动位置的意识受限；抖动现象表明肌力过高，运动缓慢和运动困难表明肌力过低。

3级表示下颌能按要求做运动，不需要辅助，运动范围达到正常水平，下颌在运动中始终保持中位，无左右歪斜，但该运动不能保持3 s。表示患者在打开下颌时，力量和控制能力不充分。

4级表示下颌能轻松自如地按要求完成动作，运动范围正常，下颌在运动中始终保持中位，无左右歪斜，该运动能保持3 s。表示患者在打开下颌时，有充分的控制能力。

治疗师根据评估项目、级别和分值确定患者下颌运动障碍的类型和障碍的严重程度，综合分析造成下颌运动障碍的原因，制订康复方案。

（2）唇口部运动功能主观评估
① 设计原理。

唇是口腔开合的阀门，唇的运动能力直接影响进食、流涎以及构音语音的清晰度。唇可以做圆唇、展唇、唇齿接触、圆展交替等运动。在成熟言语中，有些元音和辅音都需要唇的各种运动模式。唇运动功能评估主要通过8个单项目来进行，每个单项目根据程度分为5个级别。

② 评估的内容。

唇口部运动功能评估用于检查唇的感知觉和肌张力情况以及唇的运动能力。

唇在自然状态下的评估是指在患者不讲话、不进食、不做口部运动时观察唇的结构、位置和形状，从而判断唇在放松状态下唇的位置和结构、唇和面部的肌张力情况，以及唇的控制能力。唇在模仿口部运动状态下的评估共有 8 个项目，包括自然状态、流涎、唇面部肌力、展唇运动、圆唇运动、唇闭合运动、圆展交替运动、唇齿接触运动。评估时由治疗师给出指导语，并做示范动作，患者模仿。唇口部运动功能评估的内容见图 2-2-3。

通过评估，评价唇各种运动模式是否习得，诊断唇运动障碍类型，分析导致唇运动异常的原因，为制订唇运动治疗方案提供依据。

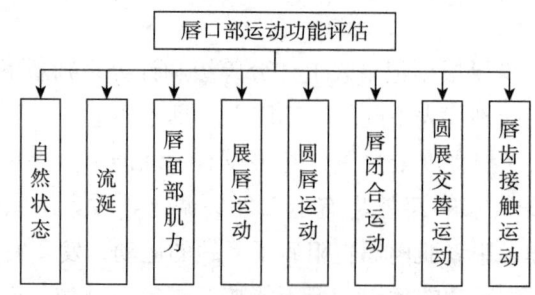

图 2-2-3　唇口部运动功能评估框架图

③ 评估分级操作。

● 自然状态。

指导语：唇在自然放松状态下，静观 1 分钟，然后记录。

0 级：双唇严重不对称，位置几乎不变化。

1 级：上唇回缩严重，或下唇回缩严重，上唇或下唇在放松状态时有抖动，但患者不知复位。

2 级：上唇或下唇在放松状态时有轻微的抖动，但患者偶尔试图复位；或双唇不对称。

3 级：上唇轻微回缩或下唇轻微回缩，或轻微不对称，不易观察。

4 级：唇自然地处于水平正中位，左右对称，微微闭合。

● 流涎。

指导语：放松状态下静观 1 min。

0 级：无法控制。

1 级：身体前倾或分散注意力时流涎，略微能控制。

2 级：嘴角流涎，略微能控制。

3 级：嘴角偶有潮湿，喝水或咀嚼时轻微流涎。

4 级：没有流涎。

● 唇面部肌力。

指导语：治疗师示范，"让我摸摸你的脸，你给我做个鬼脸好吗"？

0级：拒绝做。
1级：脸颊摸上去又紧又硬，或长期保持笑的样子，或肌肉摸上去紧，做鬼脸时困难。
2级：脸颊肌肉松软，或做鬼脸时很容易。
3级：上唇回缩或下唇回缩。
4级：脸颊在静止状态时是放松的，肌力是正常的。
- 展唇运动。

指导语：治疗师示范，"跟我做笑的动作，把牙齿都露出来，坚持到我数 3 下"。
0级：没反应。
1级：努力向外展但做不到，用眼睛、头或肩代替或辅助。
2级：双唇外展时需努力，嘴角不能上提；或外展幅度小，或外展时僵硬、无力。
3级：双唇能咧嘴笑，但不能持续 3 s。
4级：双唇能轻松、充分地外展并上提，咧嘴笑，并保持 3 s。
- 圆唇运动。

指导语：治疗师示范，"跟我做圆唇的动作，坚持到我数 3 下"。
0级：没反应。
1级：努力圆唇但做不到，用眼睛、头或肩代替或辅助。
2级：双唇圆唇时需努力；圆唇幅度小；圆唇时僵硬或无力。
3级：双唇能充分紧紧地圆起来，但不能保持 3 s。
4级：双唇能轻松紧紧地圆起来，并保持 3 s。
- 唇闭合运动。

指导语：治疗师示范，"用双唇把压舌板夹住，坚持到我数 3 下"。
0级：没反应。
1级：能做闭唇动作，努力夹但夹不住压舌板，用牙齿咬。
2级：双唇紧闭时需努力；夹住 1 s 就掉下来。
3级：双唇紧紧夹住压舌板，不能保持 3 s。
4级：双唇紧紧夹住压舌板，并能保持 3 s。
- 圆展交替运动。

指导语：治疗师示范，"跟我做笑的动作，再做圆唇动作，连续 3 次"。
0级：没反应。
1级：努力做圆唇或展唇的动作，但无法完成，用眼睛、头或肩代替或辅助。
2级：只能做一项；双唇连续做圆展交替运动，但运动幅度小，速度慢或无力，或不能按序做 3 次。
3级：双唇可以连续做圆展交替运动，但不能连续做 3 次。
4级：双唇能轻松、充分地做圆展交替运动，连续做 3 次。
- 唇齿接触运动。

指导语：治疗师示范，"跟我做上齿接触下唇的动作，坚持到我数 3 下"。
0级：没反应。
1级：努力做圆唇或展唇动作，但无法完成，用眼睛、头或肩代替或辅助。

2 级：上齿不能咬住下唇内侧，但能咬住下唇。
3 级：上齿可以接触下唇内侧，但不能保持 3 s。
4 级：上齿能轻松、自如地接触到下唇内侧，并保持 3 s。
④ 评估结果记录与分析。

治疗师须经过严格培训，根据患者的唇运动的临床表现，参照"唇口部运动功能评估分级标准"中的 5 级评分标准，来判断唇运动中的各个单项目处于哪一级运动水平。唇口部运动功能共有 8 个评估项目，每一个满分为 4 分，共计 32 分。其中级别与评估分数相统一，即 0 级计为 0 分，1 级计为 1 分，2 级计为 2 分，3 级计为 3 分，4 级计为 4 分。最后将单项目的评分结果统计出来，填在"唇运动功能分析记录表"上，分析判断唇运动功能的水平。

评估结束后，治疗师要根据记录表上评分等级和计分来判断唇各个单项目的运动能力，不同项目、不同级别代表不同运动能力。具体如下。

0 级表示唇运动无反应，提示：年龄或认知能力导致患者无法理解指导语；患者可能患有运动性失调，导致无法完成动作；患者口部无力，无法完成示范动作；患者唇面部肌僵直阻碍了唇的运动；发育失调或行为失常。

1 级表示唇有模仿运动的意识，但无法按要求完成动作，而用头、眼、下巴或肩膀运动来代替或辅助。说明患者的唇运动还未从其他器官中分化出来，无法独立于其他器官运动；或者存在结构性问题限制了唇的运动，如口部畸形、唇裂、唇损伤，严重的唇皲裂等造成唇不能做示范动作。

2 级表示唇能按要求做运动，不需要辅助，但活动范围未达到正常水平，只能部分、僵硬或无力地做示范动作；或者能保持 3 s，但未达到正常水平。表明唇运动力量低下或缺乏做该种唇运动的意识。唇做探索运动表明患者不知道唇该放在何处。做示范动作时出现唇颤动或不对称性表明肌张力异常。

3 级表示唇能按要求做运动，不需要辅助，运动范围达到正常水平，但该动作不能保持 3 s。面部肌肉的力量不足或缺乏做该动作的经验。患者可以通过多次尝试完成该动作。

4 级表示唇能轻松自如地完成所要求达到的动作，该运动能保持 3 s，表示面部肌肉有充分的力量和控制能力。

治疗师根据评估项目、级别和分值确定唇运动障碍的类型和障碍的严重程度，综合分析造成唇运动障碍的原因，制订康复方案。

（3）舌口部运动功能主观评估
① 设计原理。

舌是口部结构中最灵活和最重要的器官。舌的运动功能直接影响进食、吞咽和构音的清晰度。成熟的舌可以向前后、左右、上下、口内口外任何方向运动，在口内可以接触到口腔内部的各个部位。所有元音和辅音都需要舌运动的参与。如果舌运动不成熟，言语表达则表现为不成熟。舌的口部运动功能的评估主要遵循舌运动的发育规律和舌异常运动模式形成的规律，选取能够反映舌运动能力的 16 个检测动作，其中 11 项检测舌尖运动能力，通过患者模仿这些动作时的表现来判断其舌运动的发育和受障碍的程度。

② 评估的内容。

舌口部运动功能评估用于检查舌的感知觉和肌张力情况，以及舌的运动能力。

舌在自然放松状态下是指在患者不讲话、不进食、不做口部运动时观察舌的结构、位置和形状，从而判断舌在放松状态下舌的肌张力的情况和舌的控制能力。舌在模仿口部运动状态下的评估共有16个项目，包括检测自然状态、舌肌肌力、舌尖前伸、舌尖下舔下颌、舌尖上舔上唇、舌尖上舔齿龈、舌尖左舔嘴角、舌尖右舔嘴角、舌尖上舔硬腭、舌尖前后交替、舌尖左右交替、舌尖上下交替、马蹄形上抬、舌两侧缘上抬、舌前部上抬、舌后部上抬。评估时由治疗师给出指导语，并做示范动作，患者模仿，舌口部运动功能评估的内容见图2-2-4。

通过评估，判断舌肌张力有无异常以及异常的类型，判断舌运动有无异常以及异常的程度，判断舌运动的运动范围、舌的运动控制能力、舌的运动速度等是否存在异常，分析舌运动障碍的原因，为制订舌运动治疗方案提供依据。

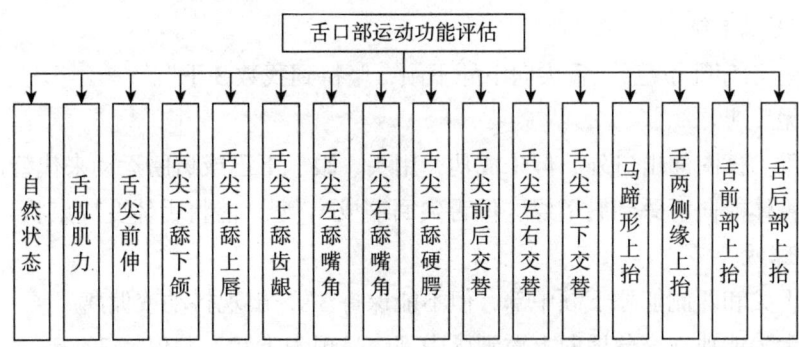

图2-2-4　舌口部运动功能评估框架图

③ 评估分级操作。

● 自然状态。

指导语：微张嘴，静观1分钟，张嘴困难，用压舌板辅助。

0级：舌瘫软无力伸出口外或瘫软无力充满整个口腔；或舌体挛缩呈现为球状后缩下陷到咽部。

1级：舌体偏离明显，或舌一直在抖动，舌沿中线隆起，舌两侧松软。

2级：舌伴有不随意运动或舌尖回缩，舌叶隆起，但舌中后部还未挛缩。

3级：舌呈现为碗状，偶尔伴有不随意运动或微小的偏离。

4级：舌能保持静止不动，舌呈现为碗状。

● 舌肌肌力。

指导语：治疗师示范，"将舌尖伸出来，我用压舌板用力向里顶，你的舌头用力向外顶"。

0级：拒绝做。

1级：舌瘫软无力或挛缩，需要伸进口内进行检测，有意识做抵抗运动，但不能，用头、眼、下巴或肩膀运动代替。

2级：舌能伸出口外，舌尖与舌叶未分离，用舌叶向外顶压舌板，但肌力弱，舌很容易缩回口内，持续时间短暂，坚持不到1 s。

3级：舌能伸出口外，能努力向外用力抵抗，并能随着外力大小的变化而变化，但坚持不到3 s。

4级：舌能根据外力随意调整肌力进行抵抗，能保持3 s。

- 舌尖前伸。

指导语：治疗师示范，"将舌尖向前伸，坚持到我数3下"。

0级：无反应。

1级：舌尖努力向前伸，但未成功，用唇、头、眼、下巴或肩膀运动来代替或辅助。

2级：舌能独立伸出，但舌尖回缩，能将舌体变成束状，但看起来有点松软或呈现为球状。

3级：舌尖能充分向前伸，但不能保持3 s，出现轻微抖动或偏离。

4级：舌尖能独立充分地向前伸，并保持3 s。

- 舌尖下舔下颌。

指导语：治疗师示范，"舌尖向下舔下颌，坚持到我数3下"。

0级：无反应。

1级：舌尖试图伸出口外，但未成功，用头、眼、下巴或肩膀运动来代替。

2级：舌体能向下舔到唇下缘，但舌尖回缩成W型，能将舌体变成束状，但有点松软或呈现为球状。

3级：舌尖和两侧能舔下颌中部，但不能保持3 s，出现抖动或偏离。

4级：舌尖能独立充分地向上舔到唇中部，呈现为尖状，并保持3 s。

- 舌尖上舔上唇。

指导语：治疗师示范，"舌尖向上舔上唇，坚持到我数3下"。

0级：无反应。

1级：舌尖试图伸出口外，但未成功，用头、眼、下巴或肩膀运动来代替。

2级：舌体能向上舔到唇边缘，但舌尖回缩，能将舌体变成束状，但看起来有点松软或呈现为球状。

3级：舌尖能充分向上舔到唇中部，呈现为尖状，但不能保持3 s。

4级：舌尖能独立充分地向上舔到唇中部，呈现为尖状，并保持3 s。

- 舌尖上舔齿龈。

指导语：治疗师示范，"舌尖上舔齿龈，坚持到我数3下"。

0级：无反应。

1级：舌尖试图向上舔，但未成功，用头、眼、下巴或肩膀运动来代替。

2级：用舌叶代替舌尖向上舔到齿龈，或舌尖卷在牙齿下，舌尖无力或抖动。

3级：舌尖能轻松上舔齿龈，但不能保持3 s。

4级：舌尖能轻松上舔齿龈，并保持3 s。

- 舌尖左舔嘴角。

指导语：治疗师示范，"舌尖用力向左舔唇角，并保持3 s"。

0级：无反应。

1级：舌尖试图去舔，但未成功，用头、眼、下巴或肩膀运动代替。

2级：舌尖回缩或无力，用舌叶代替舌尖向左舔嘴角，能将舌体变成束状，有点抖动，松软。

3级：舌尖能充分向左舔到左唇角，但不能保持3 s。

4级：舌尖能充分向左舔到左唇角，并保持3 s。

- 舌尖右舔嘴角。

指导语：治疗师示范，"舌尖用力向右舔右唇角，并保持3 s"。

0级：无反应。

1级：舌尖试图去舔，但未成功，用头、眼、下巴或肩膀运动代替。

2级：舌尖回缩或无力，用舌叶代替舌尖向右舔右唇角，能将舌体变成束状，有点抖动，松软。

3级：舌尖能充分向右舔到右唇角，但不能保持3 s。

4级：舌尖能充分向右舔到右唇角，并保持3 s。

- 舌尖上舔硬腭。

指导语：治疗师示范，"舌尖从上齿龈正中位向后沿硬腭中线扫到软硬腭交界处"。

0级：无反应。

1级：舌尖试图去舔，但未成功，用头、眼、下巴或肩膀运动代替。

2级：舌尖回缩或无力，用舌叶代替舌尖去做，或舌尖从后向前做上述运动。

3级：舌尖可以做该动作，运动慢，力量稍差，有轻微抖动。

4级：舌尖能轻松自如地从上齿龈扫到软硬腭交界处。

- 舌尖前后交替。

指导语：治疗师示范，"舌尖前后交替，来回3次"。

0级：无反应。

1级：舌太僵硬了不能伸出口外，或舌瘫在口外不能将其缩进口内，或由头、肩膀代替其做交替运动。

2级：舌尖回缩或无力，用舌叶代替舌尖做交替运动，运动不规则，无节律。

3级：舌尖能完成这种交替模式，但不能持续3次，运动速度慢，力量稍差，有轻微抖动。

4级：舌尖能轻松自如地伸出口外又缩进口内，来回交替3次。

- 舌尖左右交替。

指导语：治疗师示范，"舌尖左右交替，来回3次"。

0级：无反应。

1级：舌尖试图做，但根本不会做侧向运动，用头、眼、下巴或肩膀运动代替。

2级：舌尖回缩或无力，用舌叶代替舌尖做交替运动，运动不规则，无节律。

3级：舌尖能完成这种交替模式，但不能持续3次，运动速度慢，力量稍差。

4级：舌尖能轻松自如地做左右交替运动3次。

- 舌尖上下交替。

指导语：治疗师示范，"舌尖上下交替，来回3次"。

0级：无反应。

1级：舌尖试图做，但根本不会做侧向运动，用头、眼、下巴或肩膀运动代替。

2级：舌尖回缩或无力，用舌叶代替舌尖做上下交替运动，运动不规则，无节律。

3级：舌尖能完成这种交替模式，但不能持续3次，运动速度慢，力量稍差，有轻微抖动。

4级：舌尖能轻松自如地舔到上下齿龈中位，并交替运动3次。

- 马蹄形上抬。

指导语：治疗师示范，用压舌板沿中线刺激患者舌前1/3，观察患者的反应。

0级：无反应。

1级：舌有主动意识，舌瘫软，压下没反应。

2级：舌尖与舌叶未分离，多次刺激后舌两侧缘上抬，仅舌尖上抬或仅舌两侧缘上抬。

3级：多次给予刺激才会出现舌碗反射，马蹄形模式形成。

4级：只要给予刺激就立即出现舌碗反射，马蹄形模式形成。

- 舌两侧缘上抬。

指导语：治疗师示范，"嘴张开，舌两侧缘上抬，紧贴在上牙齿上"。

0级：无反应。

1级：努力做了，但舌两侧缘不能做到与上牙接触。

2级：努力做了，只能舌尖与上齿接触，两侧缘不能与上齿接触，或借助外力能短暂接触。

3级：舌两侧缘可以与上齿接触，但保持时间短暂，只有1 s。

4级：嘴张开，舌两侧缘能轻松地与上齿紧密接触，并保持3 s。

- 舌前部上抬。

指导语：治疗师示范，"舌前部向上抬起，与硬腭接触"。

0级：无反应。

1级：舌前部努力上抬，但未成功，用头、眼、下巴或肩膀运动代替。

2级：舌前部不能完全自主上抬，必须借助外力辅助。

3级：舌前部可以上抬，但持续时间只有1 s。

4级：舌后部能轻松上抬，并能持续3 s。

- 舌后部上抬。

指导语：治疗师示范，"舌后部向上抬起，与软腭接触"。

0级：无反应。

1级：舌后部努力上抬，但未成功，用头、眼、下巴或肩膀运动代替。

2级：舌后部不能完全自主上抬，必须借助外力辅助。

3级：舌后部可以上抬，但持续时间只有1 s。

4级：舌后部能轻松上抬，并能持续3 s。

④ 评估结果记录与分析。

检测者须经过严格培训，根据患者舌运动的临床表现，参照"舌口部运动能力评估分级标准"中的5级评分标准，来判断舌运动中的各个单项目处于哪一级运动水平。舌口部运动能力共有16个评估项目，每一个满分为4分，共计64分，级别与评估分数相统一，即0级计为0分，1级计为1分，2级计为2分，3级计为3分，4级计为4分。最后将单项目的评分结果统计出来，填在"舌口部运动能力评估记录表"上，分析判断舌运动能力水平。

评估结束后，治疗师要根据评估记录表上评分等级和计分来判断舌各个单项目的运动能力，不同项目、不同级别代表不同运动能力。具体如下。

0级表示舌运动无反应，提示：年龄或认知能力导致患者无法理解指导语；患者可能患有运动性失调，导致无法完成动作；患者舌无力，无法完成示范动作；患者舌肌僵直阻碍了舌的运动；发育失调或行为失常。

1级表示舌有模仿运动的意识，但不能按要求完成动作，而用唇、头、眼、下巴或肩膀运动来代替或辅助。说明患者舌的运动还未从其他器官中分化出来，无法独立于其他器官运动；或者存在结构性问题限制了舌尖的运动，比如舌系带短、舌有创伤、舌畸形等。

2级表示舌尖能独立按要求完成动作，但运动不充分，未达到正常水平；或者舌尖回缩，舌叶回缩。舌看上去松软或呈现为球状。如果舌尖运动幅度未达到要求，可能是由于舌肌张力低，或者是舌尖肌张力高导致运动僵硬。舌尖扁平或回缩表示舌从咽部到舌尖的运动发育不充分，也可能是患者对要求动作缺乏经验，患者可以通过多次尝试完成动作。

3级表示舌能按要求完成运动，不需要辅助，运动范围达到正常水平，但舌有轻微抖动，不能保持3 s。说明舌肌张力有点低，也可能是患者对要求动作缺乏经验，患者可以通过多次尝试完成动作。舌尖抖动说明肌力弱。

4级表示舌能轻松自如地按要求做运动，运动范围正常，该运动能保持3 s，说明舌肌有充分的力量和控制能力。

治疗师根据评估项目、级别和分值确定舌运动障碍的类型和障碍的严重程度，综合分析造成舌运动障碍的原因，制订康复方案。

（二）构音运动功能主观评估

构音运动主要指下颌、唇、舌等器官为发出语音而产生的运动，是言语状态时的口部运动，是以下颌、唇、舌的精细分级运动模式为主的运动，反映构音器官在构音中精细的控制能力和协调运动能力，而口部运动是构音运动的基础，其以粗大运动为主。构音运动从语音学角度来说，主要分为元音构音运动和辅音构音运动。从现代汉语语音角度来说，分为声母构音运动和韵母构音运动。从构音器官的角度来说，分为下颌构音运动、唇构音运动和舌构音运动。

构音运动功能的主观评估旨在通过主观形式评价下颌、唇、舌在言语状态下的生理运动是否正确,判断运动异常的类型,分析导致运动异常的原因,为治疗提供依据。根据构音器官运动障碍的程度不同,每个评估的子项目都按障碍程度由重到轻的顺序分成 0~4 级。下面就主要构音器官下颌、唇、舌的构音运动功能的主观评估手段进行一一分述。

1. 下颌构音运动功能主观评估

下颌构音运动功能主观评估主要围绕 6 个子项目开展,分别是上位构音运动、下位构音运动、半开位构音运动、上下转换构音运动、下上转换构音运动,上下上转换构音运动(见图 2-2-5)。

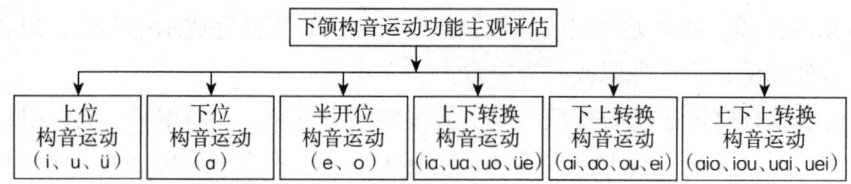

图 2-2-5 下颌构音运动功能评估框架图

(1)评估的目的

旨在检查患者下颌的各种构音运动模式是否习得,下颌的运动是否达到了特定音位所需要的动作技能水平,从而为制订构音训练计划提供依据。

其中前三项主要评估下颌单一构音运动功能,核心韵母为 /i/、/ɑ/、/u/、/o/、/e/、/ü/。下颌上位构音运动功能是指正常人在自然舒适状态下发 /i/ 音时下颌所处的位置,这个运动反映了在构音中下颌的最小开合度以及在此位置时的稳定控制能力;下颌下位构音运动功能是指正常人在自然舒适状态下发 /ɑ/ 音时下颌所处的位置,这个运动反映了在构音中下颌的最大开合度以及在此位置时的稳定控制能力;下颌半开位构音运动能力是指正常人在自然舒适状态下发 /e/ 音时下颌所处的位置,这个运动反映了在构音中下颌的半开位以及在此位置时的稳定控制能力。

后三项主要评估下颌转换构音运动功能,其中下颌下位 /ɑ/ 与上位 /i/ 相互间的转换,此运动对诊断下颌上位与下位、下位与上位的转换速度和幅度,考查下颌稳定性和协调性具有重要意义;下颌上位 /i/ 与半开位 /e/ 相互间的转换,此运动对诊断下颌上位与半开位、半开位与上位的转换速度和幅度,考查下颌稳定性和协调性具有重要意义;下颌下位 /ɑ/ 与半开位 /e/ 相互间的转换,此运动对诊断下颌下位与半开位、半开位与下位的转换速度和幅度,以及考查下颌稳定性和协调性具有重要意义。

(2)评估标准及计分

下颌上位构音运动、下颌下位构音运动及下颌半开位构音运动这三项单一构音运动评估均由同一构音运动模式的单韵母或单音节词作为评估的目标词,分别为 /i/、/u/、/o/、/ɑ/、/e/、/ü/;下颌上下转换运动、下颌下上转换运动及下颌上下上转换运动这三项构音转换运动评估均由同一构音运动模式的双音节词作为评估的目标词,建议选择的目标词为"娃娃、阿姨"等，通过这些词的发音来判断该患者是否掌握了某个构音运动模式，还存在哪些运动问题，下颌的运动范围、控制能力、运动速度是否正常及停留的水平等。

检测者须经过严格培训，根据患者下颌构音运动的临床表现，参照"下颌言语状态评估分级标准"的5级评分标准，来判断下颌构音运动中的各个单项目处于哪一级运动水平。下颌构音运动功能共有6个评估项目，每一个满分为4分，共计24分，级别与评估分数相统一，即0级计为0分，1级计为1分，2级计为2分，3级计为3分，4级计为4分。评估结束后，治疗师要根据评估记录表上评分等级和计分来判断下颌在各个单项目上的构音运动能力，不同项目、不同级别代表不同构音运动能力。具体如表2-2-1所示。

表2-2-1 下颌言语状态评估分级标准

分级	能力	临床提示
0级	下颌完全不动，不会发音。	同下颌口部运动0级说明。
1级	下颌处于闭合位或大幅打开不运动，发音时下颌不运动，在颈、头和肩协助下可运动。	下颌在构音过程中张开幅度过大或过小，下颌控制能力和稳定性差，提示下颌与头、肩、颈或眼睛的运动未完全分离。
2级	下颌处于半开中位，发音时下颌向左或向右歪斜，语速缓慢，构音不清。	在构音过程中，下颌能保持在半开位，但下颌转换速度缓慢，精细控制能力还不完善。
3级	下颌处于半开中位，运动速度尚可，运动幅度小，1~2个字构音不清。	在构音过程中，下颌力量和控制能力尚未发育成熟。
4级	下颌运动充分到位，构音清晰准确，语速适中。	在构音过程中，下颌有充分的力量和控制能力。

（3）下颌构音运动评估分级举例

指导语：让患者模仿或看图片发出"/he/ 喝"音，然后观察患者下颌的运动状态。

0级：发音时下颌完全不动，不会发音。

1级：下颌能够有意识去做，但打开幅度过小或过大，且需要颈、头和肩的辅助。

2级：发音时下颌能够处于半开位，但伴有向左或向右歪斜，语速较慢，构音不清晰。

3级：发音时下颌能够处于半开位，运动速度尚可，但稳定性不够，1~2个字构音不清。

4级：发音时下颌运动充分到位，构音清晰准确，语速适中。

治疗师根据评估项目、级别和分值确定下颌运动障碍的类型和障碍的严重程度，综合分析造成下颌运动障碍的原因，制订康复方案。

2. 唇构音运动功能主观评估

唇构音运动功能主观评估主要是对唇韵母构音运动功能和唇声母构音运动功能进行评估，共有7个评估项目，包括圆唇构音运动、展唇构音运动、圆展转换构音运动、唇闭合与圆唇构音运动、唇闭合与展唇构音运动、唇闭合与展圆构音运动以及唇齿接触构音运动，见图2-2-6。

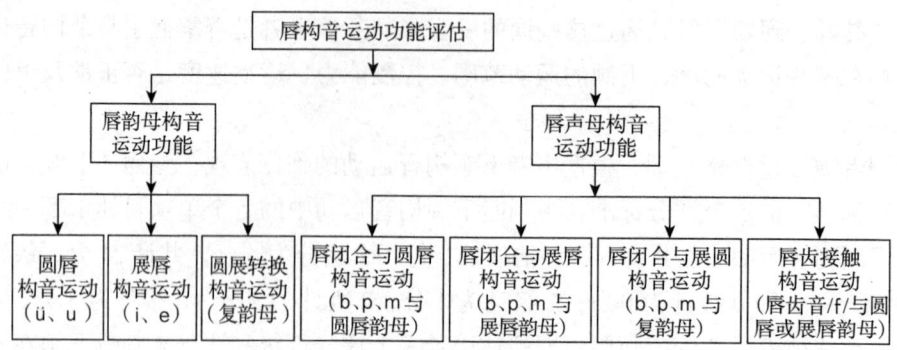

图 2-2-6　唇构音运动功能评估框架图

（1）评估的目的

检查唇运动是否达到了普通话语音构音所需要的动作技能水平，从而为制订构音计划提供依据。

圆唇构音运动旨在检查发音时患者双唇需圆起并用力向前突出的发音能力，是发出元音 /ü/、/u/ 时双唇所需要的运动能力，这种能力反映了唇在构音中能够圆起并能用力前突的运动能力和控制能力；展唇构音运动能力是指发音时唇向两嘴角拉伸，发出 /i/、/e/ 以及含有 /-i/ 时所需要的运动能力，这种运动对汉语齐齿呼韵母的构音非常重要，反映了在构音中唇展开的运动能力和控制能力；圆展转换构音运动能力是圆唇 /ü/ 与展唇 /i/ 相互间的转换，此运动对诊断圆唇与展唇的转换，以及考查唇稳定性和协调性具有重要意义。

唇声母构音运动功能旨在检查唇声母与圆唇韵母、唇声母与展唇韵母、唇声母与展唇圆唇复韵母及唇齿音 /f/ 与圆唇或展唇韵母组合时的构音运动能力。

（2）评估标准及计分

每一个项目中均由同一构音运动模式的单音节词、双音节词和三音节词以及四五个字组成的短句作为目标词、词语或短句。通过这些词的发音来判断唇运动是否达到了该构音运动模式所需要的技能水平，还存在哪些运动问题，唇的精细分级控制能力如何、运动速度是否正常等运动状况。

评估时由治疗师给出指导语，并做示范动作，患者模仿。

治疗师须经过严格培训，根据患者唇构音运动的临床表现，参照"唇言语状态评估分级标准"的 5 级评分标准，来判断唇构音运动中的各个单项目处于哪一级运动水平。唇构音运动功能共有 7 个评估项目，每一个满分为 4 分，共计 28 分，级别与评估分数相统一，即 0 级计为 0 分，1 级计为 1 分，2 级计为 2 分，3 级计为 3 分，4 级计为 4 分。评估结束后，治疗师要根据记录表上评分等级和计分来判断唇在各个单项目上的构音运动能力，不同级别代表不同构音运动能力。具体如表 2-2-2 所示。

表 2-2-2　唇言语状态评估分级标准

分级	能力	临床提示
0 级	唇完全不动，不会发音。	同唇的口部运动 0 级说明。

续表

分级	能力	临床提示
1级	发音时，双唇不运动或运动幅度很小，在颈、头和肩的协助下可运动。	唇在构音过程中，唇运动未与身体其他部分分离或存在结构性问题。
2级	发音时，唇运动不充分，语速缓慢，大多构音不清。	在构音过程中，唇运动的幅度、力度和速度均未达到对应的运动模式中的要求。
3级	唇运动幅度尚可，但保持不稳定，有1~2个字构音不清。	在构音过程中，唇已具备了一定肌力，但不足；或缺乏做动作的经验，但唇能控制不稳定的状态。
4级	唇运动充分到位，构音清晰准确，语速适中。	唇运动能力达到了该运动模式的要求，面部和唇部有充分的肌力和较好的控制能力。

3. 舌构音运动功能主观评估

舌构音运动功能主观评估包含舌韵母、舌声母构音运动功能评估两个部分。舌韵母构音运动功能评估共有6项，包括舌前位构音运动、舌后位构音运动、舌前后转换构音运动、舌尖鼻韵母构音运动、舌根鼻韵母构音运动、鼻韵母转换构音运动。舌声母构音运动功能评估共有6项，包括马蹄形上抬构音运动、舌根部上抬构音运动、舌尖上抬下降构音运动、舌前部上抬构音运动、舌两侧缘上抬构音运动、舌叶轻微上抬构音运动。见图2-2-7。

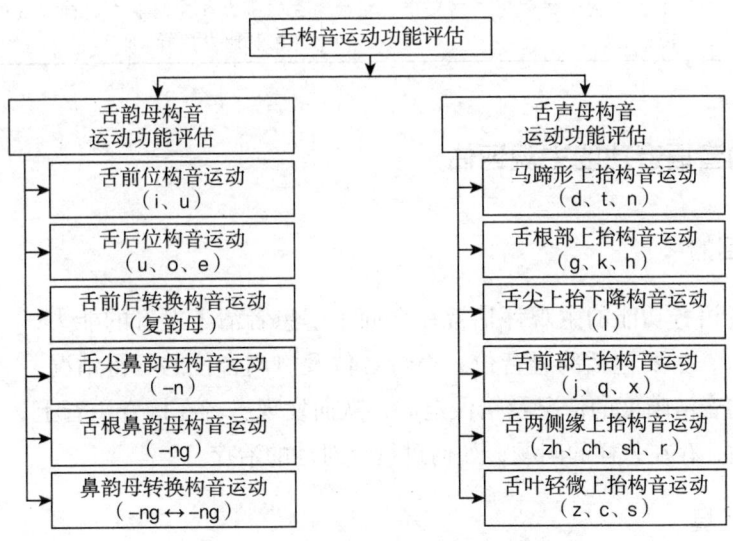

图2-2-7 舌构音运动功能评估框架图

（1）评估的目的

让患者模仿或自主发音每一评估项目中的单音节词、双音节词、三音节词以及短句来判断舌的精细分化运动以及精细分级控制能力，判断舌的运动是否达到了普通话中舌韵母及舌声母构音所需要的基本运动技能和模式。

（2）评估标准及计分

治疗师须经过严格培训，根据患者舌构音运动的临床表现，参照"舌言语状态评估分级标准"的5级评分标准，来判断舌构音运动中的各个单项目处于哪一级运动水平。舌韵母构音运动功能评估与舌声母构音运动功能评估分别包括6个评估项目，共12个评估项目，每一个满分为4分，共计48分，级别与评估分数相统一，即0级计为0分，1级计为1分，2级计为2分，3级计为3分，4级计为4分。评估结束后，治疗师要根据评估记录表上评分等级和计分来判断舌在各个单项目上的构音运动能力，不同项目、不同级别代表不同构音运动能力。具体如表2-2-3所示。

表2-2-3 舌言语状态评估分级标准

分级	能力	临床提示
0级	舌完全不运动，不会发音。	同舌的口部运动原因分析。
1级	舌能够运动，但舌的各种运动模式还未习得，舌的运动功能还未完善，说话含混不清，舌运动还需辅助。	舌以粗大运动为主，还未与下颌、唇、头等器官分离开来，舌还未进行精细分化。
2级	舌能发出一些音，但构音不清，响度偏低、语速缓慢。	舌的精细运动能从大运动中分离一部分，但还未完全分离，舌肌无力或肌张力高，使舌存在运动障碍。
3级	舌运动达到各种构音运动模式的要求，但是不稳定，需要进行强化和精细分级。	舌的精细分级和控制还未习得。
4级	舌运动达到了各种构音运动模式的要求，运动范围充分，构音准确。	舌的肌力和控制能力较强，舌的精细分级运动和控制能力良好。

（三）构音语音功能主观评估

1. 评估目的

儿童构音语音功能的主观评估旨在全面了解患者清晰发音的能力，就普通话而言，主要包括韵母音位、声母音位及声调音位的习得情况、对比情况，构音清晰度的情况及错误走向，从而发现患者在构音语音上是否存在问题、存在怎样的问题，如何进行针对性的治疗。

视 频

下颌、唇、舌运动能力与构音语音评估示范

2. 评估工具

儿童构音语音功能主观评估主要采用黄昭鸣和韩知娟博士设计的评估词表（见表2-2-4）来进行，该词表主要用于评估患者清晰发音的能力，包括韵母音位和声母音位的习得情况、对比情况及构音清晰度的得分情况。测验材料包含52个单音节词，每个词均都有配套的图片。要求患者每个音发3遍（具体使用指南见附录1）。整个音节的发音时间及音节之间的间隔都约为1s。为诱导出自发语音，治疗师可以采用提问、提示或模仿的形式，要求患者说出图片所表达的词。

表 2-2-4　构音语音能力评估词表（黄昭鸣构音词表）

序号	词	目标音	序号	词	目标音		序号	词	目标音	序号	词	目标音
1	包 bāo	b	14	吸 xī	x	i	27	壳 ké	k	40	一 yī	i
2	抛 pāo	p	15	猪 zhū	zh		28	纸 zhǐ	zh	41	家 jiā	ia
3	猫 māo	m	16	出 chū	ch		29	室 shì	sh	42	浇 jiāo	iao
4	飞 fēi	f	17	书 shū	sh		30	字 zì	z	43	乌 wū	u
5	刀 dāo	d	18	肉 ròu	r		31	刺 cì	c	44	雨 yǔ	ü
6	套 tào	t	19	紫 zǐ	z		32	蓝 lán	an	45	椅 yǐ	i
7	闹 nào	n	20	粗 cū	c		33	狼 láng	ang	46	鼻 bí	i
8	鹿 lù	l	21	四 sì	s		34	心 xīn	in	47	蛙 wā	1
9	高 gāo	g	22	杯 bēi	b		35	星 xīng	ing	48	娃 wá	2
10	铐 kào	k	23	泡 pào	p		36	船 chuán	uan	49	瓦 wǎ	3
11	河 hé	h	24	稻 dào	d		37	床 chuáng	uang	50	袜 wà	4
12	鸡 jī	j	i	25	菇 gū	g	38	拔 bá	a	51	酪 lào	l
13	七 qī	q	26	哭 kū	k		39	鹅 é	e	52	入 rù	r

3. 评估记录与分析

（1）评估记录

诱导患者发出目标语音的方式有三种，分别为提问、提示和模仿。模仿是指让患者模仿治疗师的发音。治疗师可结合患者的实际情况选择其中一种，52个词的提问、提示如附录1所示。就构音能力而言，只要能模仿，任务就完成了。一般来说，为了保证分析结果的准确性，要求患者每个字发音3遍，每个音的发音时间以及音与音之间的间隔时间均约1 s，治疗师通过听觉感知来判断患者构音的正误，记录3次发音中较为稳定的听觉感知结果。记录时有四种情况：正确记为"√"，歪曲记为"⊗"，遗漏记为"⊖"，替代记为实际的发音。表 2-2-5 为记录表实例。

表 2-2-5 构音语音功能主观评估记录表示例

序号	词	目标音	序号	词	目标音		序号	词	目标音	序号	词	目标音
1	包 bāo	b √	14	吸 xī	x ⊗	i ⊗	27	壳 ké	k √	40	一 yī	i √
2	抛 pāo	p √	15	猪 zhū	zh ⊗		28	纸 zhǐ	zh ⊗	41	家 jiā	ia √
3	猫 māo	m √	16	出 chū	ch √		29	室 shì	sh s	42	浇 jiāo	iao ⊗
4	飞 fēi	f ⊗	17	书 shū	sh s		30	字 zì	z ⊗	43	乌 wū	u ⊗
5	刀 dāo	d t	18	肉 ròu	r ⊗		31	刺 cì	c ⊗	44	雨 yǔ	ü √
6	套 tào	t √	19	紫 zǐ	z ⊗		32	蓝 lán	an √	45	椅 yǐ	i √
7	闹 nào	n √	20	粗 cū	c ⊗		33	狼 láng	ang an	46	鼻 bí	i √
8	鹿 lù	l ⊖	21	四 sì	s √		34	心 xīn	in √	47	蛙 wā	1
9	高 gāo	g ⊖	22	杯 bēi	b b		35	星 xīng	ing in	48	娃 wá	2 1
10	铐 kào	k ⊖	23	泡 pào	p √		36	船 chuán	uan ⊗	49	瓦 wǎ	3 1
11	河 hé	h √	24	稻 dào	d t		37	床 chuáng	uang ⊗	50	袜 wà	4 √
12	鸡 jī	j q	i ⊗	25	菇 gū	g ⊖	38	拔 bá	a √	51	酪 lào	l ⊗
13	七 qī	q √	26	哭 kū	k ⊖		39	鹅 é	e √	52	入 rù	r ⊗

评估测试完前 21 个词时，可根据患者能力情况选择是否进行后面的测试，若患者前 21 个词的正确数目大于或等于一半可选择继续测试，若患者前 21 个词的正确数目低于一半则可选择结束测试。

（2）评估分析

① 音位习得情况分析。

在获得患者语音后，对其进行主观分析，通过治疗师的听觉感知判断患者发音，正确记为"√"，歪曲记为"⊗"，遗漏记为"⊖"，替代记为实际情况，即分析患者的声母构音语音功能水平，包括声、韵、调音位习得情况，声、韵、调音位对比情况，构音清晰度得分及错位走向。

将患者的年龄和音位习得结果与正常儿童声母音位习得顺序表相比（如表2-2-6所示），可以观察出患者当前本应习得却未习得的音位，正常儿童声母音位习得顺序，大约可分为五个阶段，对于儿童患者，康复过程须遵循发育顺序的原则，即遵循正常儿童声母音位习得的顺序。表中的纵轴为21个声母音位和习得顺序，横轴为相对应音位的习得年龄（表中阴影表示所有正常儿童中90%能正确发出目标音位的年龄）。

表2-2-6 正常儿童声母音位习得顺序记录表

	声母	声母音位习得与否	错误走向	年龄				
				2；7—2；12	3；1—3；6	3；7—3；12	4；1—5；12	6；1—6；6 <90%
第一阶段	b			■				
	m			■				
	d			■				
	h			■				
第二阶段	p				■			
	t				■			
	g				■			
	k				■			
	n				■			
第三阶段	f					■		
	j					■		
	q					■		
	x					■		
第四阶段	l						■	
	z						■	
	s						■	
	r						■	
第五阶段	c							■
	zh							■
	ch							■
	sh							■
声母音位习得个数				/（21个）				

注：1. 阴影表示所有正常儿童中90%能正确发出目标音位的年龄。2. 年龄：岁；月表示几岁几个月，后文同。

以表2-2-5的构音语音功能主观评估记录表为示例，该测试者是一名4岁3个月的男性患儿，通过记录表可知，该患儿已经习得的声母音位有/b、m、h、p、t、n、q、s、ch/，韵母音位/a、u、e、ia/和四个声调音位。参考普通儿童声母音位习得顺序，该名患儿本应习得却未习得的声母音位有/d、g、k、f、j、x、l、z、r、c、zh、sh/，这应是该患儿进行构音语音训练的主要目标，同时从评估结果可以知道该名儿童在构音语音方面与同龄儿童相比存在的延迟情况。如，/d/延迟将近2年，/g、k/延迟将近1.5年等（如表2-2-7所示）。

表2-2-7 某患儿声母音位习得评估分析表

	声母	声母音位习得与否	错误走向	年龄				
				2; 7—2; 12	3; 1—3; 6	3; 7—3; 12	4; 1—5; 12	6; 1—6; 6 < 90%
第一阶段	b	√						
	m	√						
	d		t	延迟将近2年				
	h	√						
第二阶段	p	√						
	t	√						
	g		⊖		延迟将近1.5年			
	k		⊖		延迟将近1.5年			
	n	√						
第三阶段	f		⊗			延迟将近1年		
	j		q			延迟将近1年		
	q	√						
	x		⊗			延迟将近1年		
第四阶段	l		⊗					
	z		⊗					
	s	√						
	r		⊗					
第五阶段	c		⊗					
	zh		⊗					
	ch	√						
	sh		s					
声母音位习得个数				9 /（21个）				

② 音位对比情况分析。

根据音位习得的评判结果，可以进一步进行音位对比分析，深入考查普通话中19

项音位对比、38个最小音位对（包括25对声母音位对、10对韵母音位对和3对声调音位对）的习得情况。对比分析最小音位对的习得差异，即同一音位对中的两个音位发音均正确、均不正确及一个正确一个不正确的情况，进行记录（如表2-2-8所示），为进一步分析错误走向奠定基础。以下为最小音位对比评估记录表。

表 2-2-8　最小音位对比评估记录表

音位对比	语音对序号	最小音位对比	卡片编号	目标音	实发音	对比结果	错误走向
送气塞音与不送气塞音（替代）	1 双唇音	送气	2	p			送气化：送气音替代不送气音 替代送气*：不送气音替代送气音
		不送气	1	b			
	2 舌尖中音	送气	6	t			
		不送气	24	d			
	3 舌根音	送气	26	k			
		不送气	25	g			
送气塞擦音与不送气塞擦音（替代）	4 舌面音	送气	13	q			送气化：送气音替代不送气音 替代送气*：不送气音替代送气音
		不送气	12	j			
	5 舌尖后音	送气	16	ch			
		不送气	15	zh			
	6 舌尖前音	送气	31	c			
		不送气	30	z			
塞音与擦音（替代）	7 舌根音	塞音	27	k			塞音化*：塞音替代擦音 替代塞音：擦音替代塞音
		擦音	11	h			
	8 唇音	塞音	22	b			
		擦音	4	f			
塞擦音与擦音（替代）	9 舌面音	塞擦音	12	j			塞擦音化：塞擦音替代擦音 替代塞擦音：擦音替代塞擦音
		擦音	14	x			
	10 舌尖后音	塞擦音	15	zh			
		擦音	17	sh			
	11 舌尖前音	塞擦音	30	z			
		擦音	21	s			
塞音与鼻音（替代）	12 双唇音	塞音	1	b			鼻音化：鼻音替代塞音 替代鼻音：塞音替代鼻音
		鼻音	3	m			
	13 舌尖中音	塞音	24	d			
		鼻音	7	n			
擦音与无擦音（遗漏）	14 舌根音	擦音	11	h			声母/h/遗漏*
		无擦音	39	无擦音			

续表

音位对比	语音对序号	最小音位对比	卡片编号	目标音	实发音	对比结果	错误走向
不同构音部位的送气塞音（替代）	15 送气塞音	双唇音	23	p			前进化*：舌尖中音前进化，舌根音前进化 退后化：舌尖中音退后化，双唇音退后化
		舌尖中音	6	t			
	16 送气塞音	双唇音	23	p			
		舌根音	10	k			
	17 送气塞音	舌尖中音	6	t			
		舌根音	10	k			
不同构音部位的不送气塞音（替代）	18 不送气塞音	双唇音	1	b			前进化*：舌尖中音前进化，舌根音前进化 退后化：舌尖中音退后化，双唇音退后化
		舌尖中音	5	d			
	19 不送气塞音	双唇音	1	b			
		舌根音	9	g			
	20 不送气塞音	舌尖中音	5	d			
		舌根音	9	g			
舌尖前音与舌尖后音（替代）	21 不送气塞擦音	舌尖后音	28	zh			卷舌化：舌尖后音替代舌尖前音 替代卷舌*：舌尖前音替代舌尖后音
		舌尖前音	19	z			
	22 送气塞擦音	舌尖后音	16	ch			
		舌尖前音	20	c			
	23 擦音	舌尖后音	29	sh			
		舌尖前音	21	s			
不同构音方式与部位的浊音（替代）	24 浊音	鼻音	7	n			边音化：边音替代鼻音、舌尖后音 鼻音化：鼻音替代边音
		边音	51	l			
	25 浊音	舌尖后音	52	r			
		舌尖中音	8	l			
前鼻韵母与后鼻韵母（替代）	26 开口呼	前鼻韵母	32	an			鼻韵母前进化*：后鼻韵母前进化 鼻韵母退后化：前鼻韵母退后化 监控：鼻流量
		后鼻韵母	33	ang			
	27 齐齿呼	前鼻韵母	34	in			
		后鼻韵母	35	ing			
	28 合口呼	前鼻韵母	36	uan			
		后鼻韵母	37	uang			
鼻韵母与无鼻韵母（遗漏）	29 齐齿呼	前鼻韵母	34	in			鼻韵母遗漏* 监控：鼻流量
		无鼻韵母	14	i			
	30 齐齿呼	后鼻韵母	35	ing			
		无鼻韵母	14	i			
三元音、双元音与单元音（遗漏）	31 双元音	三元音	42	iao			韵母遗漏* 监控：F1，F2
		双元音	41	ia			
	32 单元音	双元音	41	ia			
		单元音	12	i			

续表

音位对比	语音对序号	最小音位对比	卡片编号	目标音	实发音	对比结果	错误走向
前元音与后元音（替代）	33 高元音	前元音	40	i			单元音前进化*：后元音前进化 单元音退后化：前元音退后化 监控：F1，F2
		后元音	43	u			
高元音与低元音（替代）	34 前、中低元音	高元音	46	i			单元音升高化*：低元音升高化 单元音下降化：高元音下降化 监控：F1，F2
		低元音	38	a			
圆唇音与非圆唇音（替代）	35 前高元音	圆唇音	44	yu			圆唇化：圆唇音替代非圆唇音 替代圆唇*：非圆唇音替代圆唇音 监控：F1，F2
		非圆唇音	45	yi			
一声与二声（替代）	36 一、二声	一声	47	1			二声化：二声替代一声替代二声*：一声替代二声
		二声	48	2			
一声与三声（替代）	37 一、三声	一声	47	1			三声化：三声替代一声替代三声*：一声替代三声
		三声	49	3			
一声与四声（替代）	38 一、四声	一声	47	1			四声化：四声替代一声替代四声*：一声替代四声
		四声	50	4			

注：符号*代表常见问题。

在音位对比分析的基础上，可以进一步结合最小音位对的临床含义（如表2-2-9至2-2-11所示），分析受测儿童的构音语音功能水平。如以某患儿声母音位习得评估分析为例，该名被测儿童的发音部位闭合后短时释放气流及较长时间释放气流的能力均有待提高，软腭的升降能力也有待提高等。

表2-2-9 声母音位对比的临床含义

	对比项目	陪衬项目	最小语音对	临床含义
1	AUS 不送气塞音与送气塞音	双唇音 舌尖中音 舌根音	b/p d/t g/k	发音部位闭合后短时释放气流及较长时间释放气流能力的比较
2	AUA 不送气塞擦音与送气塞擦音	舌面音 舌尖后音 舌尖前音	j/q zh/ch z/c	发音部位闭合后短时释放气流及较长时间释放气流能力的比较
3	SF 塞音与擦音	舌根音 唇音	k/h b/f	形成阻塞及窄缝能力的比较
4	AF 塞擦音与擦音	舌面音 舌尖后音 舌尖前音	j/x zh/sh z/s	暂时和持续控制能力的比较

续表

	对比项目	陪衬项目	最小语音对	临床含义
5	SN 塞音与鼻音	双唇音 舌尖中音	b/m d/n	软腭的升降能力的比较
6	FN 擦音与无擦音	舌根音	h/–	喉部形成窄缝的能力
7	ASP 送气塞音的构音部位	双唇音/舌尖中音 双唇音/舌根音 舌尖中音/舌根音	p/t p/k t/k	不同发音部位闭合后较长时间释放气流的能力比较
8	USP 不送气塞音的构音部位	双唇音/舌尖中音 双唇音/舌根音 舌尖中音/舌根音	b/d b/g d/g	不同发音部位闭合后短时间释放气流的能力比较
9	RU 舌尖后音与舌尖前音	不送气塞擦音 送气塞擦音 擦音	zh/z ch/c sh/s	舌尖卷起与平放能力的比较

表 2-2-10　韵母音位对比的临床含义

	对比项目	陪衬项目	最小语音对	临床含义
1	FBN 前鼻音与后鼻音	开口呼 齐齿呼 合口呼	an/ang in/ing uan/uang	软腭开放，舌尖上抬与舌后部上抬能力的比较
2	FNN 鼻韵母与无鼻韵母	前鼻韵母 后鼻韵母	in/i ing/i	软腭开放与闭合的比较
3	TDM 三元音、双元音与单元音	三与双 双与单	iao/ia ia/i	舌位两次滑动、一次滑动的控制能力
4	FBV 前元音与后元音	高元音	i/u	舌向前与向后运动能力的比较
5	HLV 高元音与低元音	前元音	i/a	下颌开合能力的比较
6	RUV 圆唇与非圆唇	前高元音	i/ü	唇部的圆唇与展唇能力的比较

表 2-2-11　声调音位对比的临床含义

	对比项目	最小语音对	临床含义
1	一声与二声	uā/uá	声带持续平稳振动与逐渐加速振动能力的比较
2	一声与三声	uā/uǎ	声带持续平稳振动与先减速后加速振动能力的比较
3	一声与四声	uā/uà	声带平稳振动与快速减速振动能力的比较

③ 构音清晰度分析。

在对比最小音位对时，若同一音位对中的两个音位发音均正确，则认为该音位对已经习得，记为 1 分；若同一音位对中的两个音位中有一个音位发音错误，则认为该音位对未习得，记为 0 分。将该结果填入音位对比表，填表示例见表 2-2-12，将声母、韵母、声调音位对比的得分进行计算,只计算全对的音位对,即可得到构音清晰度得分,将计算结果填入构音清晰度表(如表 2-2-13 和表 2-2-14 所示),与构音清晰度的参考标准进行比较(如表 2-2-15 所示),如果发现患者整体构音清晰度低于同龄水平,则说明存在构音障碍,需要及时进行干预。

表 2-2-12 音位对比评估记录表示例

语音对序号	最小音位对比	卡片编号	目标音	实发音	对比结果	错误走向
1	送气	2	p	√	1	
双唇音	不送气	1	b	√		送气化:送气音替代不送气音
2	送气	6	t	√	0	
舌尖中音	不送气	24	d	t	送气化	替代送气*:不送气音替代送气音
3	送气	26	k	⊖	0	
舌根音	不送气	25	g	⊖	不明	

表 2-2-13 构音清晰度分析表

声母音位对比			韵母音位对比			声调音位对比		
序号		声母音位对比得分	序号		韵母音位对比得分	序号		声调音位对比得分
C1	不送气塞音与送气塞音	/(3 对)	V1	前鼻韵母与后鼻韵母	/(3 对)	T1	一声与二声	/(1 对)
C2	送气塞擦音与不送气塞擦音	/(3 对)	V2	鼻韵母与无鼻韵母	/(2 对)	T2	一声与三声	/(1 对)
C3	塞音与擦音	/(2 对)	V3	三、双元音与单元音	/(2 对)	T3	一声与四声	/(1 对)
C4	塞擦音与擦音	/(3 对)	V4	前元音与后元音	/(1 对)	声调音位对比合计		/(3 对)
C5	塞音与鼻音	/(2 对)	V5	高元音与低元音	/(1 对)			
C6	擦音与无擦音	/(1 对)	V6	圆唇音与非圆唇音	/(1 对)			
C7	不同构音部位的送气塞音	/(3 对)	韵母音位对比合计		/(10 对)			
C8	不同构音部位的不送气塞音	/(3 对)						
C9	舌尖前音与舌尖后音	/(3 对)						
C10	不同构音方式与部位的浊音	/(2 对)						
声母音位对比合计		/(25 对)						
构音清晰度(%): /(38 对)= (%)						相对年龄:		

表 2-2-14 构音清晰度评估表示例

声母音位对比		韵母音位对比		声调音位对比		
序号		声母音位对比得分	序号		韵母音位对比得分	序号		声调音位对比得分

序号		声母音位对比得分	序号		韵母音位对比得分	序号		声调音位对比得分
C1	不送气塞音与送气塞音	1/（3对）	V1	前鼻韵母与后鼻韵母	0/（3对）	T1	一声与二声	0/（1对）
C2	送气塞擦音与不送气塞擦音	0/（3对）	V2	鼻韵母与无鼻韵母	1/（2对）	T2	一声与三声	0/（1对）
C3	塞音与擦音	1/（2对）	V3	三、双元音与单元音	1/（2对）	T3	一声与四声	1/（1对）
C4	塞擦音与擦音	0/（3对）	V4	前元音与后元音	1/（1对）	声调音位对比合计		1/（3对）
C5	塞音与鼻音	1/（2对）	V5	高元音与低元音	1/（1对）			
C6	擦音与无擦音	1/（1对）	V6	圆唇音与非圆唇音	1/（1对）			
C7	不同构音部位的送气塞音	1/（3对）	韵母音位对比合计		5/（10对）			
C8	不同构音部位的不送气塞音	0/（3对）						
C9	舌尖前音与舌尖后音	0/（3对）						
C10	不同构音方式与部位的浊音	0/（2对）						
声母音位对比合计		5/（25对）						
构音清晰度（%）：11/（38对）= 28.95（%）						相对年龄：3岁以下		

表 2-2-15 构音清晰度参考标准

年龄	平均值（%）	标准差
3 岁	81.58	18.23
4 岁	85.88	19.44
5 岁	92.34	9.90
6 岁	88.55	5.84

将评估得到的构音清晰度得分对照构音清晰度得分转换表（如表 2-2-16 所示），若某个患者的构音清晰度得分相对于其年龄来说，处于构音清晰度得分转换表的横纹区域，说明需要立即干预；处于斜纹区域说明可以考虑跟踪监控一段时间；处于格纹区域说明符合该年龄的构音发育特征，暂不需要进行构音方面的干预。

表 2-2-16　构音清晰度得分转换表

原始分数（%）	百分等级				原始分数（%）	百分等级			
	3岁	4岁	5岁	6岁		3岁	4岁	5岁	6岁
32					68	35	15	7	
34					70	35	15	7	
36					72	40	22	8	
38					74	40	22	8	
40	2				76	40	22	8	2
42	2				78	40	22	10	2
44	2				80	52	25	22	3
46	3				82	52	25	22	3
48	3				84	52	25	27	17
50	3				86	58	28	33	18
52	10	2			88	58	48	40	92
54	10	2			90	58	48	40	92
56	10	2			92	65	55	45	92
58	10	2			94	65	55	45	98
60	13	3			96	65	55	48	98
62	13	3			98	65	55	48	98
64	13	3			100	100	100	100	100
66	35	15	7						

以表 2-2-14 为例，假设还是前述 4 岁 3 个月的男性患儿。通过上述音位对比表的结果，可以看出该名患儿在 38 对核心音位对中仅有 5 对声母音位对比、5 对韵母音位对比和 1 对声调音位对比通过评估，构音清晰度得分为 28.95%，该得分在患儿的年龄组处于横纹区域，说明该名患儿应立即进行有针对性的构音语音训练。

二、其他常用的主观评估方法

构音障碍的评价对于确定患者是否具有构音障碍、障碍的分类、错误所在等均具有重要的意义，科学的评价直接关系着治疗计划的制订、实施及治疗效果。尤其是对于发育期的儿童，科学的评价就显得尤为重要。但目前尚无统一的评价方法，华东师范大学的黄昭鸣团队在这方面做了积极的尝试，其关于构音语音功能的主观评估手段得到了业内人士的认可。此外，国内常用的主观评价方法有以下两种。

1. 改良的弗朗蔡（Frenchay）构音障碍评定法

改良的弗朗蔡构音障碍评定法通过解剖、生理和感觉特征的检查达到多方面描述神经性言语障碍的目的。评定内容包括反射、呼吸、舌、唇、下颌、软腭、喉、言语可懂度8大项目，29个分测验，每个分测验都设立了5个级别的评分标准，用于评价神经性言语障碍的严重程度。评价完成后，患者的障碍类型清楚可见，不仅易于发现哪些功能未受损，哪些功能受损严重，也易于横向比较和进行疗效分析。

该评价的不足之处在于评价的描述和测定简易、粗略，不能观察到各言语子系统中具体的功能异常。为了有效地、有针对性地开展构音障碍的康复治疗和训练，还需要进行更有指导意义的主观评估和客观测量。

河北省人民医院康复中心于1988年对该评价法中的言语可懂度分测验进行了适当的修改，目前已在国内得到较为广泛的应用。

2. 中国康复研究中心评定法

李胜利等依据日本构音障碍检查法和其他发达国家构音障碍评定方法的理论，按照普通话语音的发音特点，于1991年研制了该评定法。包括两大项目：构音器官检查和构音检查。此方法可用于神经性言语障碍、器质性构音障碍和功能性构音障碍等言语障碍的评定。

构音功能的客观测量

构音功能的主观评估多侧重对于症状的描述，测定往往简易、粗略，有时不能准确反映患者构音中具体的功能异常以及异常的程度。构音功能的客观测量，是通过言语声学分析对构音器官的运动能力以及各构音器官相互之间的协调运动能力进行定量测量。其科学的量化依据，往往能为分析导致构音运动异常的原因、制订治疗方案提供科学的依据；同时监控治疗效果，为及时调整治疗方案起导向作用。构音功能的客观测量主要针对口部运动功能、构音运动功能及构音语音功能进行。有效的客观测量结果在很大程度上受到选用的测量指标的影响。构音功能的客观测量的常用指标主要包括口腔运动速率、下颌距、舌距、舌域图、声道形状实时监测、清浊音监测、浊音鉴别及清音鉴别。其中口腔运动速率主要反映口部运动功能，下颌距、舌距、舌域图、声道形状实时监测主要反映构音运动功能，清浊音监测、浊音鉴别及清音鉴别主要反映构音语音功能。此外频谱图和语谱图也可以用来监测构音语音功能。下面主要介绍几个常用的监控指标的测量。

一、口部运动功能的客观测量

（一）口腔轮替运动速率

目前常用的检测构音器官间交替运动灵活性的参数为口腔轮替运动速率（DR），即每4秒钟最多能发出特定音节的总数。口腔轮替运动速率反映了舌的运动状态、口部肌群运动的协调水平，它是衡量言语清晰度的一个重要指标，例如：每4秒钟最多能发出 /pa/ 音节的总数就是口腔轮替运动 /pa/ 的速率，这里记为 DR（pa）。在普通话中，口腔轮替运动速率包括七个指标，即 DR（pa）、DR（ta）、DR（ka）、DR（pataka）、DR（pata）、DR（paka）以及 DR（kata）。发 /pa/ 音时，双唇紧闭，然后口腔张开；发 /ta/ 音时，舌尖抵住齿龈，然后口腔张开；发 /ka/ 音时，舌根隆起与软腭接触，随后口腔张开；其他四项是这三个音节的组合，主要考查发音时唇、舌以及下颌交替运动的灵活性。

　　口腔轮替运动速率的测量，首先要求被试者深吸气，然后尽可能快地一口气连续发出指定的音节，音调与响度适中，各个音节必须完整，记录被试者每4秒钟发 /pa/、/ta/、/ka/、/pataka/、/pata/、/paka/ 及 /kata/ 的数量。每一个特定音节均测试两次，取其中较大的值作为此次的测试结果，并将该结果填入结果记录表中（如表2-3-1所示）。将测试的结果与口腔轮替运动速率参考标准（如表2-3-2所示）进行比较（此参考标准儿童与成人患者均适用，其中包括了4—40岁年龄段的参考标准，40岁以上暂无），如果测试结果低于对应性别和年龄段的参考标准，则说明下颌、舌、唇的交替运动灵活性差。

表 2-3-1　口腔轮替运动速率结果记录表

日期	DR（pa）	DR（ta）	DR（ka）	DR（pata）	DR（paka）	DR（kata）	DR（pataka）

表 2-3-2　口腔轮替运动速率参考标准

年龄（岁）	口腔轮替运动速率（DR）的最低要求 （单位：次/4秒）						
	DR（pa）	DR（ta）	DR（ka）	DR（pataka）	DR（pata）	DR（paka）	DR（kata）
4	12	12	12	2	5	4	5
5	13	13	13	2	5	4	5
6	14	14	14	3	7	6	7
7	15	15	15	3	7	6	7
8	16	16	16	3	10	8	7
9	17	17	17	4	10	8	7
10	18	18	18	4	11	10	10
11	18	18	18	4	11	10	11
12	18	18	18	4			
13	19	19	19	5			
14	19	19	19	5			
15	19	19	19	5			
16	20	20	20	6			
17	20	20	20	6			
18—40	20	20	20	6			

　　口腔轮替运动速率进行测试时，如果仅需要粗略的测量结果，准备一个秒表也可；如果需要获得精确的结果，则需要使用专业的言语声学分析设备进行精确测量。测试环境噪音控制在40 dB（A）以下，口部距离话筒约为10 cm。如前面介绍，要求被试者深吸气，然后尽可能快地一口气连续发出指定的音节，音调与响度适中，各个音节完整，

记录被试者每 4 秒钟发 /pa/、/ta/、/ka/、/pataka/、/pata/、/paka/ 及 /kata/ 的数量。言语测量仪可以通过录音记录患者的发声，得到波形图，有助于更为精准地判断患者每秒钟发声的次数和准确计算患者口腔轮替运动速率。图 2-3-1 是使用言语测量仪测试的 4 秒钟发 /pa/ 的次数，结果显示该患者的 DR（pa）为 18 次；图 2-3-2 是使用言语测量仪测试的 4 秒钟发 /pataka/ 的次数，结果显示该患者的 DR（pataka）为 6 次。

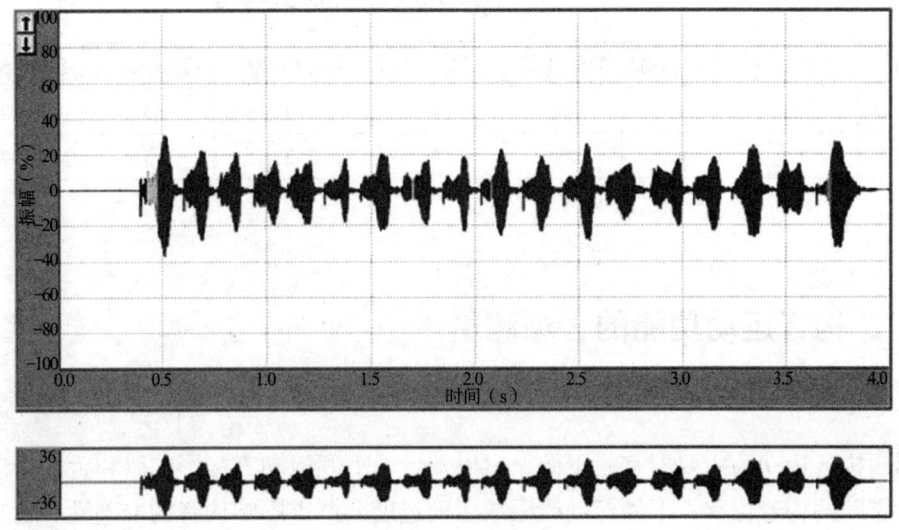

图 2-3-1　/pa/ 的测试

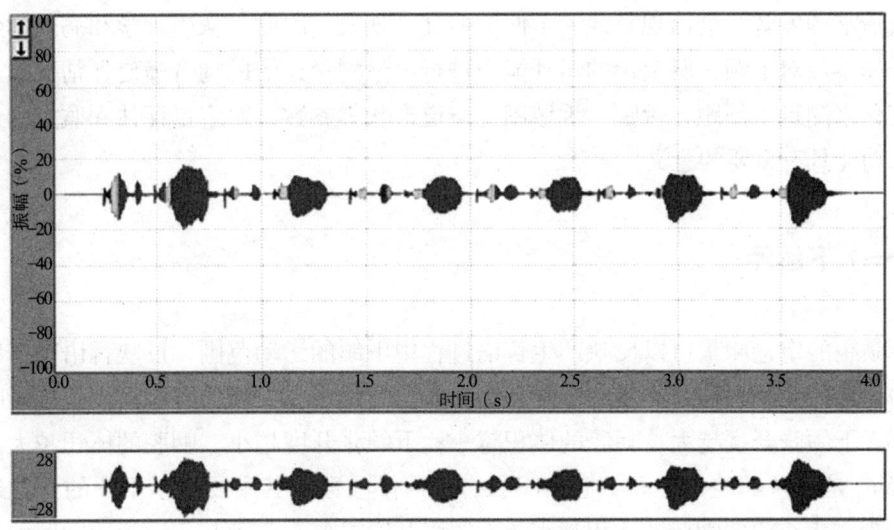

图 2-3-2　/pataka/ 的测试

表 2-3-3 是某患者的填表示例，假设这是一个 6 岁的男性患者进行两次口腔轮替运动速率测试的结果，根据取较大值的分析原则，3 月 18 日，该患者的 DR（pa）为 8 次，DR（ta）为 7 次，DR（ka）为 5 次，DR（pata）为 4 次，DR（paka）为 4 次，DR（kata）为 3 次，DR（pataka）为 2 次。由参考标准可知（如表 2-3-2 所示），6 岁的男

性儿童口腔轮替运动速率（DR）的最低要求分别为 DR（pa）为 14 次，DR（ta）为 14 次，DR（ka）为 14 次，DR（pata）为 7 次，DR（paka）为 6 次，DR（kata）为 7 次，DR（pataka）为 3 次，与参考标准相比较，该患者各项口腔轮替运动速率均低于同年龄段 DR 正常值的最低要求，说明该患者发音时唇、舌以及下颌交替运动的灵活性较差，需结合口部运动主观评估，制订针对性的治疗方案。

表 2-3-3 某患儿口腔轮替运动速率结果记录表

日期	DR（pa）	DR（ta）	DR（ka）	DR（pata）	DR（paka）	DR（kata）	DR（pataka）
3月18日	8	7	5	4	4	3	2
3月19日	6	6	5	3	3	3	2

二、构音运动功能的客观测量

影响构音运动的主要器官是下颌、唇以及舌。下颌运动直接影响唇和舌的运动以及舌和上腭间的构音位移，下颌运动受限或运动过度会严重影响构音的准确性。舌是最重要的构音器官，舌前后位之间的运动转换能力直接影响元音的构音。唇的圆展运动直接影响双唇音、唇齿音和后元音等构音的准确性。若下颌、舌、唇的运动功能异常，则不能形成清晰的发音，会出现替代、歪曲、遗漏等现象。因此，从生理学和病理学角度出发，选择参数对下颌、唇及舌的运动能力进行定量测量，借助构音障碍评估仪通过共振峰的变化来测量下颌距、舌距、舌域图、声道形状等参数，对定量评估和监控构音器官的运动功能具有重要的意义。

（一）下颌距

下颌距的定量测量可以反映产生言语过程中下颌的运动范围，反映言语中下颌的运动能力。它的测量对构音异常的定量评估起着重要作用。下颌的开合运动直接影响咽腔的大小。下颌张开度越大，咽腔的体积越小；下颌张开度越小，咽腔的体积越大。第一共振峰 F_1 是反映咽腔大小和咽腔共鸣状态的声学参数，其主要揭示下颌的开合运动情况。F_1 值越大，说明咽腔的体积越小，下颌张开度越大；F_1 值越小，说明咽腔的体积越大，下颌张开度越小。

在普通话中，核心韵母 /a/ 是最低位元音，发此音时下颌张开度最大，咽腔的体积最小，F_1 值最大；核心韵母 /i/ 是最高位闭元音，发此音时下颌张开度最小，咽腔的体积最大，F_1 值最小。而对其余韵母运动以及所有声韵组合的运动，下颌的运动范围都在 /a/ 和 /i/ 之间。所以，用 F_1（a）和 F_1（i）两者的差值反映下颌的开合范围，即下颌距 $\Delta F_1 = F_1（a） - F_1（i）$，单位为 Hz。可借助言语障碍测量仪来记录下颌距，如图 2-3-3 和

2-3-4 所示，将患者的声音输入言语测量仪，分别提取患者 /ɑ/、/i/、/u/ 的共振峰频率（F_1 和 F_2），通过计算 $\Delta F_1 = F_1(ɑ) - F_1(i)$，就可以得到患者的下颌距，按照该算法，两图中患者的下颌距 ΔF_1 为 320 Hz。

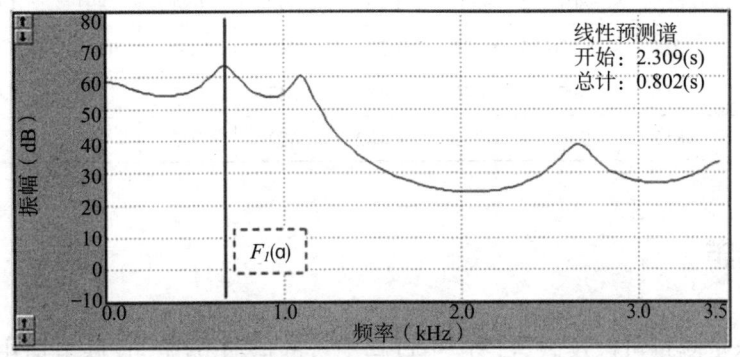

图 2-3-3　单韵母 /ɑ/ 的线性预测谱（F_1=660 Hz，F_2=1 100 Hz）

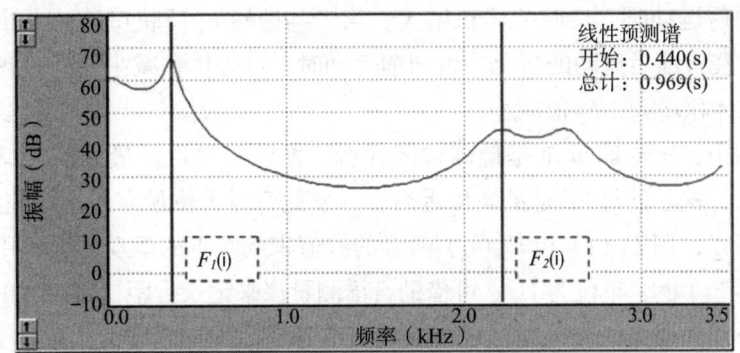

图 2-3-4　单韵母 /i/ 的线性预测谱（F_1=340 Hz，F_2=2 220 Hz）

测量结果可以用来分析下颌开合运动是否正常。对于儿童患者而言，如果 ΔF_1 值小于相应年龄段的参考标准，说明下颌运动受限；如果 ΔF_1 值大于相应年龄段的参考标准，说明下颌运动过度；如果 ΔF_1 的标准差偏大，说明下颌运动有急动现象，下颌的自主控制运动能力差。将测得的下颌距与同年龄、同性别组的参考标准（如表 2-3-4 所示）进行比较（该参考标准适用于 3—6 岁的患者），同时结合下颌运动主观评估的结果，以确定下颌运动异常的性质与程度。

同样对于成人患者而言，将测得的下颌距与同性别组的参考值进行比较。如果 ΔF_1 值小于相应性别组参考值的 20%，患者可能存在下颌运动受限的情况；如果 ΔF_1 值大于或等于相应性别组参考值的 20%，患者可能存在下颌运动过度的情况。同时结合主观评估的结果，以确定下颌运动异常的性质与程度。

表 2-3-4 中国学龄前儿童下颌距参考标准（$m\pm\sigma$）

单位：Hz

年龄/岁	男					女				
	$m-2\sigma$	$m-\sigma$	m	$m+\sigma$	$m+2\sigma$	$m-2\sigma$	$m-\sigma$	m	$m+\sigma$	$m+2\sigma$
3	437	620	802	984	1 167	498	694	891	1 088	1 284
4	988	1 082	1 176	1 270	1 364	949	1 095	1 240	1 386	1 531
5	612	755	897	1 040	1 182	645	793	940	1 087	1 234
6	689	812	936	1 059	1 182	622	806	989	1 173	1 356

（二）舌距

舌距的定量测量可以反映言语产生过程中舌的运动范围，反映言语中舌的运动能力。舌是最重要的构音器官，能够向各个方向做运动，在言语中，舌的前后运动能改变声道的形状和共振峰频率，是影响言语清晰度最重要的因素。舌向前运动时，口腔的体积减小；舌向后运动时，口腔的体积增大。第二共振峰 F_2 反映口腔的大小和口腔共鸣状态，主要解释舌前后运动的情况。舌向前运动时，口腔体积减小，F_2 值增大；舌向后运动时，口腔体积增大，F_2 值减小。

在普通话中，核心韵母 /i/ 是最高位闭元音，发此音时舌位最靠前，口腔的体积最小，F_2 值最大；核心韵母 /u/ 是最高位舌后音，发此音时舌位最靠后，口腔的体积最大，F_2 值最小。所以，用 F_2(i) 和 F_2(u) 两者的差值来反映舌的运动能力，用公式表示为 $\Delta F_2 = F_2(i) - F_2(u)$，单位为 Hz。可借助言语测量仪来记录舌距，将患者的声音输入言语测量仪，分别提取患者 /ɑ/、/i/、/u/ 的共振峰频率 F_2，通过计算 $\Delta F_2 = F_2(i) - F_2(u)$，就可以得到患者的舌距，如图 2-3-5 所示，按照该算法，图中所示患者的舌距 ΔF_2 为 1 520 Hz。

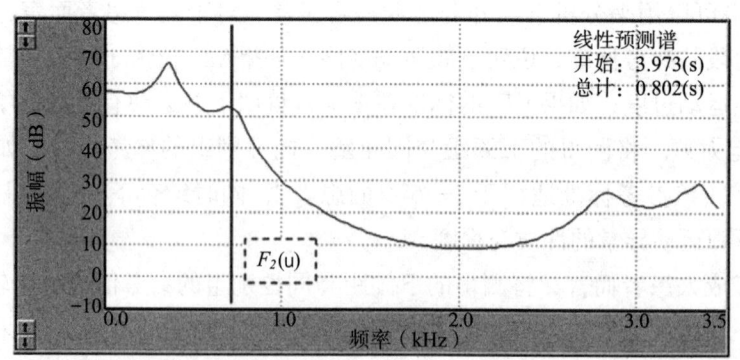

图 2-3-5 单韵母 /u/ 的线性预测谱（F_1=360 Hz，F_2=700 Hz）

可根据测量结果来分析舌的前后运动功能是否正常。对于儿童患者而言，如果 ΔF_2 值小于相应年龄段的常模，说明舌运动受限；如果 ΔF_2 值大于相应年龄段的常模，说明舌运动过度；如果 ΔF_2 的标准差偏大，说明舌运动有急动现象，舌的自主控制运动能力差。将测得的舌距与同年龄、同性别组的参考标准（如表2-3-5所示）进行比较（该参考标准适用于3—6岁的患者），同时结合舌运动主观评估的结果，以确定舌运动异常的性质与程度。

同样，对于成人患者而言，将测得的下颌距与同性别组的参考值进行比较。如果ΔF_2值小于相应性别组参考值的20%，患者可能存在舌运动受限的情况；如果ΔF_2值大于或等于相应性别组参考值的20%，患者可能存在舌运动过度的情况。同时结合舌运动主观评估的结果，以确定舌运动异常的性质与程度。

表2-3-5 中国学龄前儿童舌距参考标准（$m\pm\sigma$）

单位：Hz

年龄（岁）	男					女				
	$m-2\sigma$	$m-\sigma$	m	$m+\sigma$	$m+2\sigma$	$m-2\sigma$	$m-\sigma$	m	$m+\sigma$	$m+2\sigma$
3	1 262	1 730	2 197	2 664	3 132	1 498	1 990	2 482	2 974	3 466
4	1 872	2 183	2 494	2 806	3 117	2 041	2 411	2 781	3 152	3 522
5	1 708	2 138	2 569	3 000	3 431	2 113	2 429	2 745	3 060	3 376
6	1 988	2 343	2 699	3 055	3 411	2 058	2 335	2 612	2 889	3 166

（三）舌域图

舌域图的测量可以反映构音协调运动能力。通过连续发三个核心韵母，即最前上位的 /i/、最下位的舌中音 /ɑ/、最后上位的 /u/，三者共振峰所在点构成的面积作为舌域图的测量指标，单位为 Hz^2。若已知三个核心韵母的坐标（横坐标为 F_2，纵坐标为 F_1），分别为 (x_1, y_1)、(x_2, y_2) 和 (x_3, y_3)，舌域图的计算公式如公式2.1所示。

$$S=\text{ABS}(mm \times pp - nn \times qq)/2 \qquad (公式2.1)$$

其中，$mm=x_2-x_1$，$nn=y_2-y_1$，$pp=x_3-x_1$，$qq=y_3-y_1$

在临床上可使用言语测量仪来获得舌域图。如图2-3-6所示。让患者连续发三个核心韵母，最前上位的 /i/、最下位的舌中音 /ɑ/、最后上位的 /u/。将声音输入言语测量仪，按照舌域图的计算公式，就可以得到患者的三个韵母共振峰所在点构成的图形的面积，即舌域图。

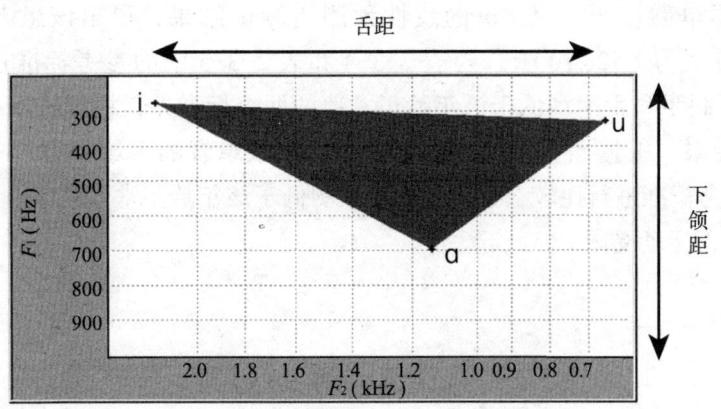

图2-3-6 舌域图测试示意图

可根据测量结果来分析构音器官的协调能力是否异常。对于儿童患者而言，如果舌域图的面积 S 值小于相应年龄段的常模，说明口部运动受限，患者的下颌距或舌距异常，或者同时异常；如果舌域图的面积 S 值大于相应年龄段的常模，说明口部运动过度；如果 S 值等于相应年龄段的常模，说明口部运动正常；如果舌域图的标准差偏大，说明口部的自主控制运动功能差。将测得的舌域图与同年龄、同性别组的参考标准（如表 2-3-6 所示）进行比较（该参考标准适用于 3—6 岁的儿童患者），同时结合构音运动主观评估的结果，以确定构音运动异常的性质与程度。

表 2-3-6　中国学龄前儿童舌域图参考标准（$m \pm \sigma$）

年龄（岁）	男					女				
	$m-2\sigma$	$m-\sigma$	m	$m+\sigma$	$m+2\sigma$	$m-2\sigma$	$m-\sigma$	m	$m+\sigma$	$m+2\sigma$
3	14	50	85	121	157	26	66	106	146	186
4	61	81	101	121	141	64	94	123	152	181
5	60	86	112	137	163	68	96	123	151	178
6	66	95	123	151	179	52	87	122	156	191

上述参数下颌距、舌距及舌域图均从不同角度反映患者构音运动功能，临床实践中往往综合分析这些指标，将下颌距、舌距和舌域图的测量结果填入构音运动功能的客观测量结果记录表（如表 2-3-7 所示），并分别与各自的参考标准相比较，如果测试结果低于对应性别和年龄段的参考标准或对应性别的参考值，则说明患者可能存在下颌、唇、舌的运动灵活度差等情况，其构音运动功能相对较差。

表 2-3-7　构音运动功能的客观测量结果记录表

日期	下颌距	舌距	舌域图	解释

表 2-3-8 是下颌距、舌距和舌域图测量结果记录表的填表示例，一名 6 岁的男性患者，根据单韵母 /ɑ/、/i/、/u/ 的线性预测谱测试结果，得出该患者的下颌距为 324.50 Hz，舌距为 1 526.70 Hz，与表 2-3-4 和表 2-3-5 中的参考标准进行比较，发现该患儿的下颌距和舌距均低于该年龄正常值的两个标准差，提示该患者下颌运动受限和舌运动受限。根据元音舌位图的测试，得出该患者的舌域图为 65.78 Hz^2，与表 2-3-6 中的参考标准进行比较，该患者的舌域图低于该年龄正常值的两个标准差，提示该患者存在口部运动受限。

表 2-3-8 构音运动功能的客观测量结果记录表填表示例

日期	下颌距	舌距	舌域图	解释
3月18日	324.50 Hz	1 526.70 Hz	65.78 Hz^2	下颌运动受限 舌运动受限 口部协调运动受限

（四）声道形状和运动测量

人们发出有意义言语声的过程是十分复杂和精细的，这个过程涉及许多肌肉的协调运动。在肉眼看来，每个运动过程都十分短暂和迅速，不易被观察到，特别是舌的运动过程。为了更好地评价构音器官的运动过程，利用高级工程技术对声道形状进行仿真是十分必要的。

根据输入的语音（或者参数文件）进行声道形状的仿真，大致包括以下几个步骤：首先导入语音参数文件或者导入 wav 文件，并显示相关波形。然后依次是分析—语音反向滤波—激励指定—合成。用户可以在输入语音目标共振峰轨迹的任意一个地方进行标记，语音反向滤波可以决定语音模型参数，从而使目标共振峰和模型共振峰的误差达到最小。用户可以指定用来合成的激励类型。最后，完成语音合成，合成选项提供了一个声道平面仿真，这样就可以直观地看到发不同音时，声道的形状有何异同，从而为口部运动障碍的综合诊断提供客观依据。

声道仿真中计算的一系列参数均以极坐标或直角坐标的形式给出。极坐标系是一个二维坐标系统，极坐标有两个坐标轴，r 是半径坐标，表示与极点的距离。θ 是角坐标，也叫方位角，表示按逆时针方向坐标距离极轴（也称 0°射线）的角度。极轴就是平面直角坐标系中的 x 轴正方向。极坐标系中，$x = r\cos\theta$，$y = r\sin\theta$，如图 2-3-7 所示。

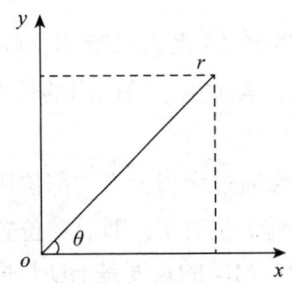

图 2-3-7 极坐标和直角坐标的换算

在声道形状仿真的过程中，通过共振峰的值可以计算出一系列的参数，用来描述声道中各个构音器官的运动情况，图 2-3-8 表示构音模型中用来指定声道相对位置的参数变量。

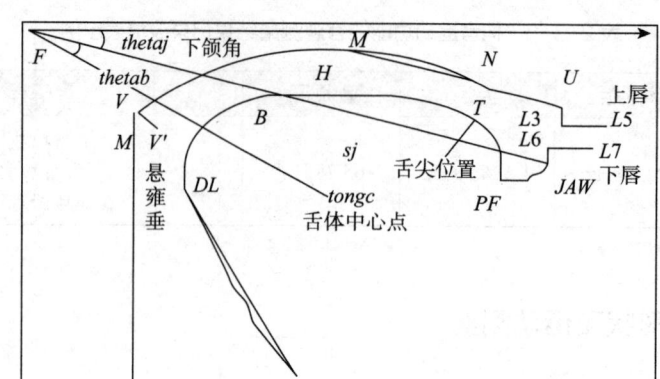

图 2-3-8　构音模型中的参数变量

舌体中心点：用一段具有固定半径和移动圆心的弧（$\overset{\frown}{DLB}$）来表示，舌体中心（tongc）相对于固定点 F 的极坐标是（sc，thetaj+thetab）。实际应用中一般采用其直角坐标（tbodyx，tbodyy），以便于显示和优化。舌体中心点的位置可以反映发音时舌的运动情况。

舌尖位置：用直角坐标系中的点 T（tipx，tipy）来表示，$\overset{\frown}{BT}$ 和 $\overset{\frown}{TPF}$ 表示舌体边缘的外廓。由于 B 点位置随着舌体中心 tongc 和下颌角的位置改变而改变，可见，舌体边缘的运动依赖于舌体和下颌的位置。舌尖位置可以用来反映发音时舌的运动情况。

下颌角：在极坐标中，点 JAW（sj，thetaj）用来表示下颌的位置，参数 JAW 用来表示∠thetaj。下颌角可以反映发音时下颌的开合度和前后运动情况。

唇开距：图 2-3-8 中以点 L5 和 L7 来表示嘴唇，嘴唇的坐标用（lipp，lipo）来表示，可以使用 lipo 作为独立变量，表示上下唇打开的距离，唇开距同时也可以反映下颌的开合度。

唇凸距：图 2-3-8 中以点 L5 和 L7 来表示嘴唇，嘴唇的坐标用（lipp，lipo）来表示，可以使用 lipp 作为独立变量，表示上下唇凸出的长度，唇凸距可以反映发音时圆唇的情况。

悬雍垂位置：声道前部的轮廓通过牙齿上方的部位用 U 来表示，硬腭曲线 $\overset{\frown}{UMN}$，上颌骨最高点 M，软腭 $\overset{\frown}{MV}$，（悬雍垂）位置 V，咽后壁位置 W，构状软骨最高点 G，在硬腭曲线上，点 N 位于曲线 MU 上，MN 的长度是 NU 长度的两倍。前部曲线和后部曲线中除了 V 点都是固定的，为了指定鼻咽通道的开放区域，一般把 velum 看作语音参数。悬雍垂的状态是通过沿着小舌顶端 VV' 运动的点 V 来表示的。设定软腭开放面积和 v，velum 估计点之间的距离成比例，这个距离通过变量 velum 来指定。悬雍垂的位置可以反映发音时软腭及悬雍垂的运动情况。

通过测量上述参数，可以对发音过程中声道的运动形状进行实时监测，从而评价构音器官运动的情况。这个过程可以分为言语分析、功能诊断和参数优化三个模块。

1. 言语分析模块

言语分析模块的主要任务是清浊音类型判断和共振峰提取。在进行语音分析之前，首先对语音的清浊类型进行判断，其中 1 代表浊音，0 代表清音，如图 2-3-9 所示。

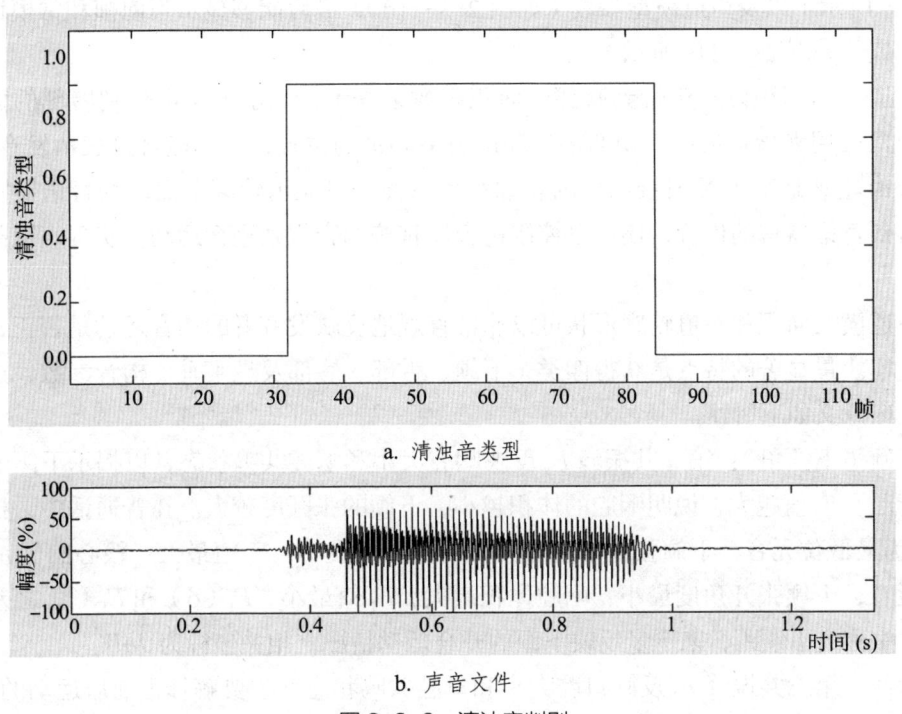

图 2-3-9　清浊音判别

清浊音判别之后，再对浊音信号提取共振峰，如图 2-3-10 所示，用四种不同深浅程度的线代表四个共振峰，垂直虚线为使用者自行添加的帧标记。

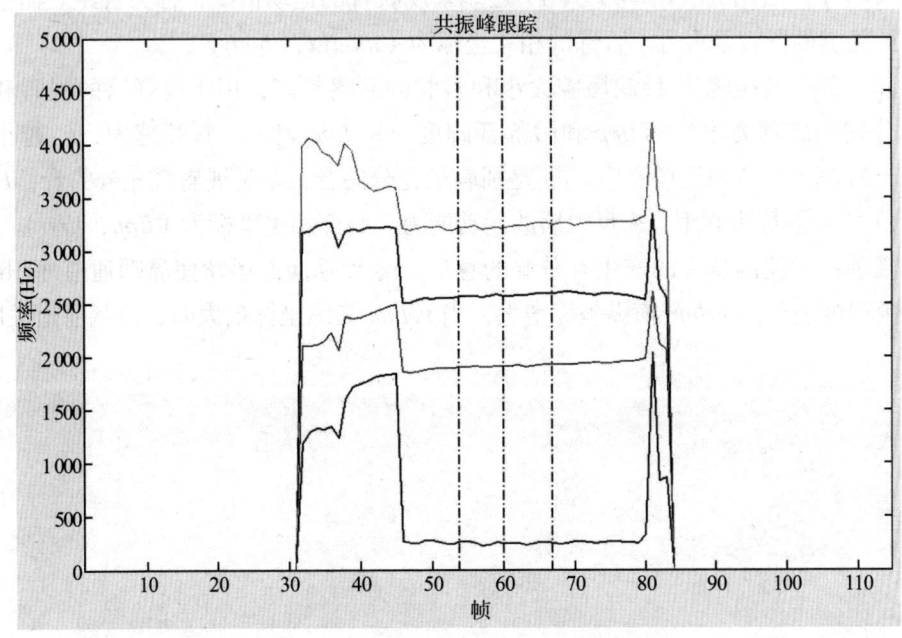

图 2-3-10　共振峰波形

2. 功能诊断模块

功能诊断模块如图 2-3-11 所示，该模块可以显示每帧的声道截面面积图（如图 2-3-11a 所示），声道轮廓（如图 2-3-11b 所示），言语信号的共振峰和帧标记（如图 2-3-11c 所示）以及声道模型参数（如图 2-3-11d），最后能够显示当前帧和常模比较后的误差值（如图 2-3-11e 所示）。

声道截面面积以从声带到唇部的面积函数来表示，显示了从声带到唇部的面积变化，通常被用来指定最小面积的部位和声道中心轴的位置，并不能直接表示发音参数。声道外形轮廓是基于 X 射线图像的轮廓距离平面，可显示轮廓平面内的言语器官的运动，得到言语器官的位置，还可以控制构音器官按构音规则进行运动，实现声道剖面的可视化。

声道横截面积和声道轮廓形状可以非常直观地反映发音者的构音运动是否正常，功能诊断模块最显著的特点是获得四类（下颌、舌部、唇部及悬雍垂）构音参数，这些参数的临床意义如下所述。

下颌（下颌角）：第一共振峰 F_1 反映咽腔大小和咽腔共鸣状态，以揭示下颌的开合运动情况。F_1 值越大，说明咽腔的体积越小，下颌的张开度越大。在普通话中，核心韵母 /ɑ/ 为最低位元音，下颌张开角度最大，咽腔体积最小，F_1 值最大；核心韵母 /i/ 为最高位元音，下颌张开角度最小，咽腔体积最大，F_1 值最小。$F_1(ɑ)$ 和 $F_1(i)$ 之差在构音评估中称为下颌距，来定量反映下颌的开合运动情况。相关坐标为 *JAW*。

舌部：第二共振峰 F_2 反映口腔大小和口腔共鸣状态，主要解释舌前后运动的情况，是影响构音清晰度的重要因素。舌向前运动时，口腔体积减小，F_2 增加；舌向后运动时，口腔体积增大，F_2 减小。核心韵母 /i/ 是最高位闭元音，发此音时舌位最靠前，口腔体积最小，F_2 最大；核心韵母 /u/ 是最高位舌后音，发此音时舌位最靠后，口腔体积最大，F_2 最小。故用 $F_2(i)$ 与 $F_2(u)$ 之差来反映舌的运动情况，称为舌距。而控制舌部运动最关键的器官是舌骨。舌部的相关坐标为（*tbodyx*，*tbodyy*）。

唇部：第三共振峰 F_3 反映唇腔大小和唇腔的共鸣状态，用于解释唇的展唇和圆唇能力，分别用唇部突出坐标 *lipp* 和唇部开阔度坐标 *lipo* 表示。唇腔越大，F_3 越小；唇腔越小，F_3 越大。普通话构音中，/ü/ 是圆唇最充分的音，/i/ 是展唇最充分的音，$F_3(ü)$ 与 $F_3(i)$ 之差被称为唇距，来反映唇的运动能力。唇部相关坐标为（*lipp*，*lipo*）。

悬雍垂：对控制鼻音的产生有重要的意义。悬雍垂向上运动使鼻咽通道面积减小，鼻音减少程度表现为 *velum* 横纵坐标增大，当 *velum* 横纵坐标最大时，鼻咽通道关闭。

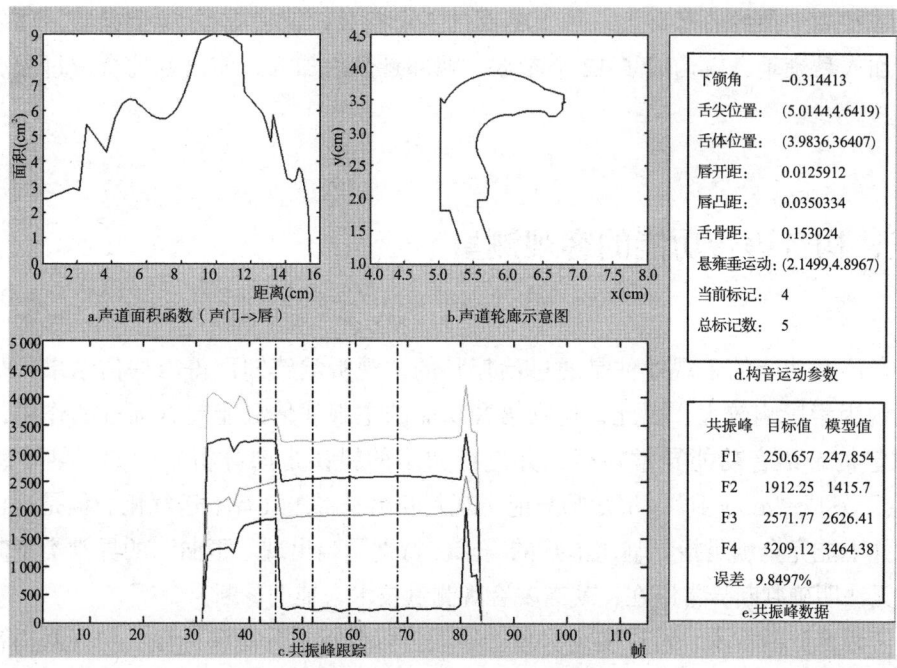

图 2-3-11　声道运动形状的测量

3. 参数优化模块

为了纠正当前模型参数，使得声道轮廓图更精确地反映患者的构音状况，需要将患者的声道形状进行优化，优化参数设置界面如图 2-3-12 所示。

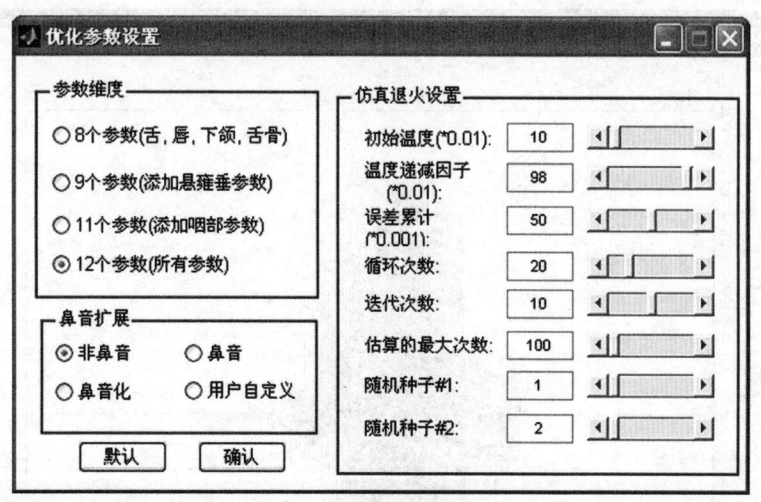

图 2-3-12　优化参数设置界面

关于图中所示的设置参数一般设为默认值，在语音合成时，一般使用舌体中心坐标 1、舌体中心坐标 2、舌尖坐标 1、舌尖坐标 2、下颌角、舌骨距、唇开距和唇凸距共计 8 个参数就可以合成全部的非鼻音。若需合成鼻音，则需要加入悬雍垂，构成 9 个参数。

另外，若在 8 个参数的基础上，加上咽部的 3 个参数，就构成了 11 个参数。如果在此基础上加入悬雍垂，就构成了 12 个参数。咽部参数的加入，使语音的合成过程更加清晰准确。

三、构音语音功能的客观测量

构音语音功能的主观评估是通过治疗师的主观听觉感知而得出评估结果，受治疗师的主观因素影响较大，因此，构音语音功能的主观评估只能起到筛查的作用，即大体上确定构音语音功能异常与否，并进行初步的错误走向分析。例如，某个患者把"/tào/ 套"发成"/dào/ 到"，治疗师只能主观判断出是将送气音不送气化。但是这样的评估结果并不能完全满足指导临床治疗的需求。特别是当出现"歪曲"的异常类型时，主观听感无法明确判断异常所在，就需要客观测量技术来辅助诊断。

基于语音分割技术，可以实现对单音节词进行分析、分割和标注，实现对构音语音功能进行客观测量，弥补主观评估的不足。构音语音功能的客观测量包括清浊音检测、浊音鉴别、清音鉴别三个主要部分。

进行构音语音功能测量时，首先将录制好的高质量声音文件输入构音测量与训练仪中，系统将显示该单音节词的时域声波图，如图 2-3-13 所示。首先将语音信号进行预处理，再运用端点检测技术将语音信号的有声段和无声段（包括背景噪声）区分开来，然后将有声段进行声韵母分离。

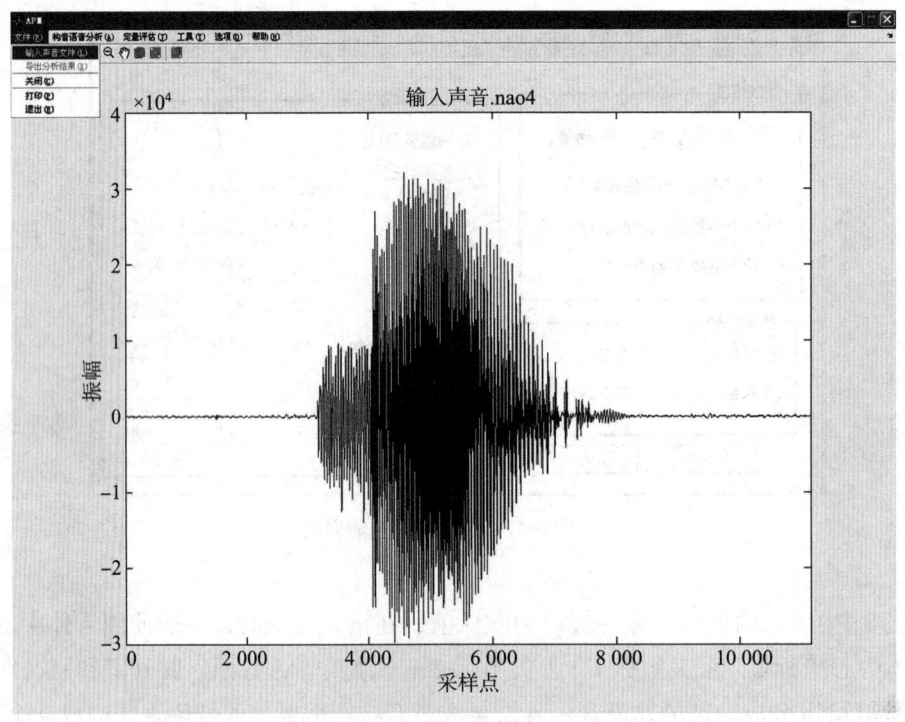

图 2-3-13　显示波形图（输入声音为"/nào/ 闹"）

(一)清浊音检测

普通话中的单音节词一般由声母和韵母组成,其中声母可能是清音也可能是浊音,而韵母肯定是浊音。如果声母是清音的话,通过对语音信号进行清浊音检测就能将清音声母与韵母进行分离;反之,则需要其他的算法将浊音声母与韵母进行分离。这里,采用语音信号的短时自相关函数来进行语音信号的清浊音判别,通过检测自相关函数是否有峰值就可以判断是清音还是浊音。由于浊音信号具有准周期性,因此其短时自相关函数也是同周期的周期函数,并且会在基音周期的整数倍位置上存在较大的峰值;而清音的短时自相关函数没有明显的峰值出现,表明清音信号中缺乏周期性,一般找出第一最大峰值的位置就可以估计出基音周期。

单节词每个语音段的清浊类型,2 代表浊音,1 代表清音,0 代表静音、无声。清浊类型可以反映发音过程中声带的振动情况。在进行清浊音检测(VUS Detection)时,计算每一帧的能量函数。根据构音语音信号的声学特征,设定临界值,对声音信号的每一帧进行初步的清浊检测(公式 2.2):

$$VU\_Score(i) = \begin{cases} 2 & V(i) \geq T \\ 0 & V(i) < T \end{cases} \quad (公式\ 2.2)$$

但是,这样的检测结果并没有区分静音与清音,而是将所有的静音都归为了清音,为了进一步区分静音与清音,设定语音信号的前 100 ms(20 帧左右)为背景噪声(静音),首先计算这 20 帧信号的平均能量值和标准差(公式 2.3、2.4):

$$BMP_{mean} = \frac{1}{20} \sum_{n=1}^{20} p(n) \quad (公式\ 2.3)$$

$$BNP_{std} = \sqrt{\frac{1}{20} \sum_{n=1}^{20} [p(n) - BMP_{mean}]^2} \quad (公式\ 2.4)$$

设定 $T_{U/S} = BMP_{mean} + (k)BNP_{std}$,$k = 2 \times \text{nor}$,将静音从清音中分离出来(公式 2.5):

$$VUS\_Score(i) = \begin{cases} 1 & 20\lg[V(i)] \geq T_{U/S} \\ 0 & 20\lg[V(i)] < T_{U/S} \end{cases} \quad (公式\ 2.5)$$

对声音信号的每一帧进行 VUS 检测(0 代表静音,1 代表清音,2 代表浊音)的结果是进行后面的每个语音段的参数计算的基础。如图 2-3-14 所示,输入声音为"/sǎo/ 扫",上面为该单音节词的波形图,下面为该单音节词的清浊音分析结果,显示该单音节词可以按照清浊类型分为四段,第一段为静音,第二段为清音,第三段为浊音,第四段为静音。

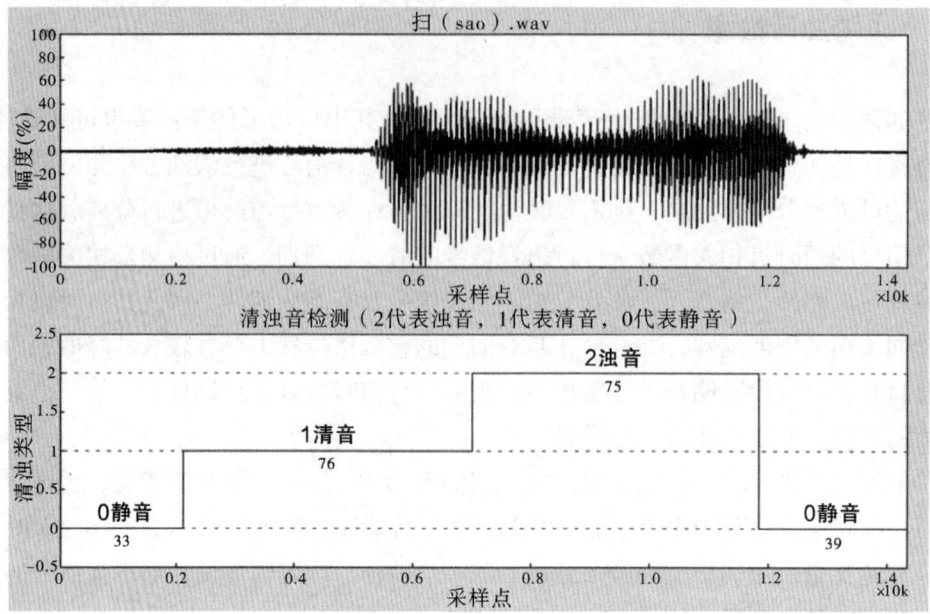

图 2-3-14 构音语音测量（清浊音检测，输入声音为"/sǎo/ 扫"）

（二）浊音鉴别

1. 共振峰幅度比进行鼻音检测，鉴别鼻音 /m、n/ 与非鼻音

普通话中的韵母都是浊音，声母中只有四个浊音，分别是 /m、n、l、r/，按发音方式来分，/m、n/ 是鼻音，/l、r/ 是非鼻音。每个浊音类型的语音段中，第二共振峰的幅度与第一共振峰的幅度的比值被称为共振峰幅度比。鼻音的生理特征决定了在声学上第一共振峰能量较大，第二共振峰能量很小，因此，共振峰幅度比可以用来鉴别浊音中的鼻音与非鼻音。

为了进行鼻音检测，首先要对语音信号进行共振峰描迹，求得 LPC 谱的前四个峰值的频率值和幅度值，即 F_1、F_2、F_3、F_4、A_1、A_2、A_3、A_4，然后设定 $T_{Nl}=0.05$，$T_{Nh}=0.2$，可以计算每一帧的鼻音得分（公式 2.6、2.7）：

$$NR(i)=\frac{A2(i)}{A1(i)} \quad \text{（公式 2.6）}$$

$$N\_Score(i)=\begin{cases} 0 & NR(i) \geq T_{Nh} \\ 1 & NR(i) < T_{Nl} \\ \frac{T_{Nh}-NR(i)}{T_{Nh}-T_{Nl}} & T_{Nl} \leq NR(i) < T_{Nh} \end{cases} \quad \text{（公式 2.7）}$$

2. 响音比值进行响音检测，鉴别元音和浊擦音 /r/

响音包括元音、鼻音和边音，三者的相同点是都具有周期性频谱、响度大；不同点

是鼻音和边音的低频与高频能量差比元音的大。响音比值指每个语音段低频能量与高频能量的比值,可以用来鉴别浊音中的擦音和元音,当患者将响音和非响音发音混淆时(如将元音和浊擦音混淆),响音比值可以较为敏感地表现出异常。

根据这种原理,可以将声音信号依次通过 98—898 Hz 和 3 691—5 500 Hz 的带通滤波器,然后求得能量函数的比值,即响音比值,设定 $T_{SO}=10$,可以计算每一帧构音语音信号的响音得分,即响音的可能性(公式 2.8、2.9):

$$SOR(i)=\frac{LFV(i)}{HFV(i)} \quad \text{(公式 2.8)}$$

$$SO\_Score(i)=\begin{cases} 0 & SOR(i) \geqslant T_{SO} \\ 1 & SOR(i) < T_{SO} \end{cases} \quad \text{(公式 2.9)}$$

3. 元音比值进行元音检测,鉴别元音和边音 /l/

进行响音检测后,要对被检测为响音的语音段进行进一步检测,元音是属于响音的,但是也有其特有的声学特征,那就是频率主要集中在中低频。将响音信号依次通过 20—996 Hz 和 1 016—5 500 Hz 的带通滤波器,然后求得能量函数的比值,即元音比值,元音比值可以用来判断语音中有多少是属于元音成分。

根据这种原理,进行元音检测,将响音信号依次通过 20—996 Hz 和 1 016—5 500 Hz 的带通滤波器,然后求得元音比值。设定 ,可以计算每一帧的元音得分(公式 2.10、2.11):

$$VowR(i)=\frac{LFV(i)}{HFV(i)} \quad \text{(公式 2.10)}$$

$$Vow\_Score(i)=\begin{cases} 0 & VowR(i) \geqslant T_{VOWh} \\ 1 & VowR(i) < T_{VOWl} \\ \dfrac{T_{VOWh}-VowR(i)}{T_{VOWh}-T_{VOWl}} & T_{VOWl} \leqslant VowR(i) < T_{VOWh} \end{cases} \quad \text{(公式 2.11)}$$

4. 频率集中区进行浊擦音检测,鉴别浊擦音 /r/

能量集中的频段,简称频区。可以用来鉴别浊音中的浊擦音,以及清音中的擦音。普通话中的擦音共 6 个,其中 1 个是浊擦音(/r/),5 个是清擦音(/f、s、sh、x、h/),擦音的频率集中于高频,频谱具有高频、随机等声学特征,这是区别擦音与非擦音的特征参数,若患者将擦音发音错误,如擦音塞音化或擦音边音化,所发出音的频率集中区会发生明显的降低,因此测试频区,可以判断擦音发音的准确性,或对发音擦音化的现象进行诊断。频区的计算如公式 2.12 所示,设定 $T_{MFl}=2\,400$,$T_{MFh}=3\,200$,就可以确定高频得分:

$$HF\_Score(i) = \begin{cases} 1 & MF(i) \geq T_{MFh} \\ 0 & MF(i) < T_{MFl} \\ \dfrac{MF(i)-T_{MFl}}{T_{MFh}-T_{MFl}} & T_{MFl} \leq MF(i) < T_{MFh} \end{cases} \quad \text{（公式 2.12）}$$

确定了高频得分，就可以确定浊 / 清擦音得分：

$$F\_Score(i) = \begin{cases} 1 & VUS=2\ \&\ SO\_Score=0 \\ HF\_Score & VUS=2\ \&\ SO\_Score=1 \\ 0 & VUS=2\ \&\ dur < 15ms \end{cases} \quad \text{（公式 2.13）}$$

与浊音检测中的共振峰幅度比、响音比值、元音比值和频率集中区有关的构音异常错误走向包括：元音鼻音化，鼻辅音塞音化，鼻辅音与边音的替代，鼻辅音与浊擦音的替代，边音与浊擦音的替代，如图 2-3-15 所示。

一些高位元音容易出现鼻音化的现象，此时，参数共振峰幅度比和元音比值会出现异常；鼻辅音与边音容易出现双向替代，特别是 /n/ 和 /l/ 之间，此时，参数共振峰幅度比会出现异常；鼻辅音容易被相同发音部位的塞音所替代，此时清浊音检测结果会出现异常；浊擦音 /r/ 较容易出现 /r/ → /n/ 的错误走向，此时，参数共振峰幅度比、响音比值和频率集中区会出现异常；浊擦音和边音之间容易出现双向替代，此时，参数共振峰幅度比、响音比值和频率集中区会出现异常。

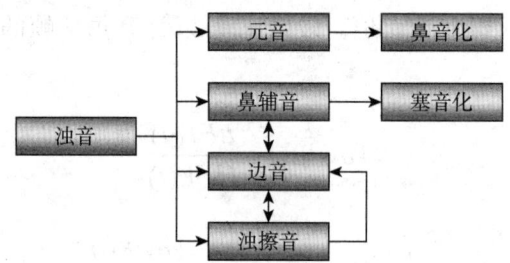

图 2-3-15　与浊音检测参数有关的常见错误走向示意图

（三）清音鉴别

高频能量和能量坡度进行清音检测，鉴别清音中的塞音。清音语音段频谱拟合线的斜率，反映某个清音语音段能量瞬时爆破的情况，可以用来鉴别清音中的塞音。塞音又称瞬音，语谱图上表现为极短时程的充值条，在极短时间内，能量发生陡峭的变化，即瞬时下降，因此频谱坡度较大，而普通话中的擦音和塞擦音则不存在上述能量瞬时下降的现象，因此对塞音进行频谱坡度的测量，即可判断塞音发音的准确性，也可对发音塞音化的现象进行诊断。

在普通话体系中，如果某个语音段在清浊音检测时被判定为清音，那么它不是清塞音，就是清擦音。这两种清音类型的频率也都集中在高频，并且具有随机的特征，为了进一步区分这两种语音段，还要进行频率集中区的计算，方法同浊擦音检测时相同，只是此处 T_{MFl}=2 400，T_{MFh}=3 800。

考虑到塞音的时程较短，而擦音的时程较长，其能量函数拟合线的斜率可能不同，因此在计算完高频能量后，还要计算能量对数的坡度得分 M_Score，从而求得清塞音和清擦音得分（公式 2.14、2.15）：

$$UF\_Score(i)=M\_Score(i) \quad (公式\ 2.14)$$

$$US\_Score(i)=K_S M\_Score(i) \quad (公式\ 2.15)$$

与清音检测中的频率集中区和频谱坡度有关的构音异常错误走向包括鼻辅音与塞音的替代；清擦音与塞音之间的替代；塞擦音与塞音的替代等。如图 2-3-16 所示。

一些塞音容易被相同发音部位的鼻音所替代，此时，清浊音检测结果出现异常；塞音与擦音容易出现双向替代的情况，此时，参数频率集中区和频谱坡度比会出现异常；塞擦音容易被相同发音部位的塞音所替代，此时，参数频率集中区和频谱坡度会出现异常。

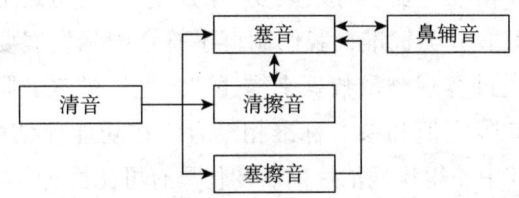

图 2-3-16 与清音检测参数有关的常见错误走向示意图

基于 ICF 的儿童构音功能评估

ICF 即《国际功能、残疾和健康分类》,被称为世界卫生组织(WHO)近三十年来最伟大的成就之一,成为现代康复科学的理论基础,是康复领域唯一的金标准。ICF 是分类标准,不是评估工具。需要开发测量、评估工具对其限定值进行判断,基于 ICF 建立包括构音在内的言语语言功能评估标准和临床应用,将言语障碍 ICF 核心分类组合,使儿童构音障碍康复领域的相关评估结果标准化。

目前,ICF 应用于言语康复时,存在两个问题:一是功能评估中,ICF 限定值跨度太大,过于定性;二是疗效监控中,ICF 限定值跨度太大。目前,秉承"精准评估、有效康复"的理念,运用人工智能技术和云计算技术,基于 ICF 分类标准,我们制订了符合国际发展要求的言语康复整体解决方案。通过客观测量数据来描述"定性"的 ICF 限定值,细化 ICF 限定值,将 ICF 限定值和参考标准相结合,在功能评估中指导日常康复治疗,在疗效监控中使得疾病治疗前后变化具有可比性。

一、基于 ICF 的儿童构音功能评估

ICF 框架下的儿童构音功能评估主要是对患者的构音能力进行全面而细致的评估,帮助治疗师、特教老师和家长全面了解患者的构音能力情况,确定患者处于哪一阶段,为后续的构音治疗提供训练起点,主要包括口部运动功能评估和构音功能评估。通过口部运动功能评估得到口部感觉、下颌运动、唇运动和舌运动四个指标的结果,通过构音功能评估得到声母音位习得、声母音位对比、构音清晰度三个指标的结果。

(一)ICF 口部运动功能评估

1. 口部感觉功能评估

口部感觉功能评估共 8 项,分为颊部触觉反应,鼻部触觉反应,唇部

触觉反应，牙龈触觉反应，硬腭触觉反应，舌前、中、后部触觉反应。

2. 口部运动功能评估

口部运动功能评估包括：下颌运动功能评估，即评估下颌在自然放松状态下、模仿口部运动状态下、言语状态下的生理运动，共 9 个项目，前 7 项是检测下颌的单一运动能力，后 2 项是检测下颌的连续运动能力；唇运动功能评估，即评估唇在自然放松状态下、模仿口部运动状态下、言语状态下的生理运动，自然状态下观察唇的结构、位置和形状，模仿口部运动状态，从而判断唇面部肌张力情况，以及唇的控制能力；舌运动功能评估，评估舌在自然放松状态下、模仿口部运动状态下、言语状态下的生理运动，模仿口部运动状态，共 15 个项目，判断舌在不同状态下舌的肌张力情况及舌的控制能力。

3. 口部运动的 ICF 功能损伤程度转换

将口部感觉和口部运动功能评估结果，通过 ICF 转换器进行转换，检查口部感觉损伤程度、下颌运动损伤程度、唇运动损伤程度、舌运动损伤程度。

以一名 5 岁孤独症男性患者为例，其听力状况正常，言语上，呼吸支持不足，说话时偶有异常停顿；音调偏低；构音上下颌运动受限、构音清晰度较差；语言上理解能力正常，日常生活以口语表达为主；认知方面上各项功能基本发育正常。对其口部感觉、下颌运动、唇运动、舌运动能力分别进行了精准评估，评估结果发现这几项指标值分别为 84%、61%、59%、47%（如表 2-4-1 所示）。使用 ICF 转换器将评估结果进行转换，发现该名儿童的口部感觉和下颌运动损伤程度为 1 级，为轻度损伤；唇运动与舌运动损伤程度为 2 级，中度损伤（如表 2-4-2 所示）。

表 2-4-1 口部感觉及口部运动功能评估示例表

	口部感觉	下颌运动	唇运动	舌运动
结果记录	84%	61%	59%	47%

表 2-4-2 ICF 口部感觉及口部运动功能评估示例表

身体功能，即人体系统的生理功能损伤程度			无损伤	轻度损伤	中度损伤	重度损伤	完全损伤	未特指	不适用
			0	1	2	3	4	8	9
b320	构音功能 Articulation functions	口部感觉	☐	☒	☐	☐	☐	☐	☐
		下颌运动	☐	☒	☐	☐	☐	☐	☐
	构音功能 Articulation functions	唇运动	☐	☐	☒	☐	☐	☐	☐
		舌运动	☐	☐	☒	☐	☐	☐	☐
产生言语声的功能，包含构音清晰功能，构音音位习得（获得）功能。 功能受损时表现为痉挛型、运动失调型、弛缓型神经性言语障碍等神经损伤导致的构音障碍。 不包含语言心智功能（b167）；嗓音功能（b310）。									

续表

身体功能，即人体系统的生理功能损伤程度	无损伤	轻度损伤	中度损伤	重度损伤	完全损伤	未特指	不适用
	0	1	2	3	4	8	9
b320	信息来源：☒病史　□问卷调查　□临床检查　☒医技检查 问题描述： 　　口部感觉：得分为84%↓。 　　患者较喜欢被刺激的感觉，甚至不想让治疗师停下来，口部感觉处于轻度损伤。 　　下颌运动：得分为61%↓。 　　相对年龄3岁以下，能完成目标动作，但控制略差，下颌运动轻度损伤。 　　唇运动：得分为59%↓。 　　相对年龄3岁以下，存在结构异常，或运动范围未达到正常水平，或无法连续运动，或用其他构音器官的动作代偿或辅助目标动作，唇运动中度损伤。 　　舌运动：得分为47%↓。 　　相对年龄3岁以下，存在结构异常，或运动范围未达到正常水平，或无法连续运动，或用其他构音器官的动作代偿或辅助目标动作，唇运动中度损伤。							

（二）ICF 构音语音功能评估

1. 构音语音功能的精准评估

对患者进行构音语音功能评估，了解患者的声母音位习得、声母音位对比以及构音清晰度的情况。记录声母音位习得的个数、声母音位对比的个数，计算构音清晰度得分。

2. 构音语音功能的 ICF 功能损伤程度转换

将构音语音功能精准评估结果，通过 ICF 转换器进行转换，检查声母音位习得、声母音位对比、构音清晰度损伤程度如何。

以一名 6 岁发育迟缓的男性患者为例，其听力状况正常，言语上，说话气短，一字一顿，音调偏低；构音器官动作范围小；构音清晰度较差。对其构音语音功能进行精准评估，评估结果发现声母音位习得个数为 14 个、声母音位对正确了 16 对，构音清晰度为 65.79%（如表 2-4-3 所示）。使用 ICF 转换器将评估结果进行转换，发现该名儿童的声母音位习得和声母音位对比损伤程度为 2 级，属于中度损伤；构音清晰度损伤程度为 1 级，属于轻度损伤。（如表 2-4-4 所示）

表 2-4-3　构音功能精准评估结果示例表

	声母音位习得（个）	声母音位对比（对）	构音清晰度（%）
结果记录	14	16	65.79

表 2-4-4 ICF 构音语音功能评估示例表

身体功能,即人体系统的生理功能损伤程度			无损伤	轻度损伤	中度损伤	重度损伤	完全损伤	未特指	不适用
			0	1	2	3	4	8	9
b320	构音功能 Articulation functions	声母音位习得	☐	☐	☒	☐	☐	☐	☐
		声母音位对比	☐	☐	☒	☐	☐	☐	☐
		构音清晰度	☐	☒	☐	☐	☐	☐	☐
	产生言语声的功能,包含构音清晰功能、构音音位习得功能。功能受损时表现为痉挛型、运动失调型、弛缓型神经性言语障碍等神经损伤导致的构音障碍。不包含语言心智功能(b167);嗓音功能(b310)。									
	信息来源: ☒ 病史 ☐ 问卷调查 ☐ 临床检查 ☒ 医技检查									
	问题描述: 声母音位习得:已掌握声母个数 14 个 ↓。 相对年龄 3 岁;声母音位习得能力属于中度损伤。 声母音位对比:已掌握声母个数 16 对 ↓。 声母音位对比能力属于中度损伤。 构音清晰度:构音清晰度为 65.79% ↓。 相对年龄 4 岁;构音能力属于轻度损伤。									

构音功能的整体评估,记录在表 2-4-5 中,可同时反映口部触觉、口部运动功能及构音语音功能,经过 ICF 转换器进行转换,得到损伤的程度。

表 2-4-5 ICF 构音功能评估表

身体功能,即人体系统的生理功能损伤程度			无损伤	轻度损伤	中度损伤	重度损伤	完全损伤	未特指	不适用
			0	1	2	3	4	8	9
b320	构音功能 Articulation functions	声母音位习得(获得)	☐	☐	☐	☐	☐	☐	☐
		声母音位对比	☐	☐	☐	☐	☐	☐	☐
		构音清晰度	☐	☐	☐	☐	☐	☐	☐
		口部感觉	☐	☐	☐	☐	☐	☐	☐
		下颌运动	☐	☐	☐	☐	☐	☐	☐
		唇运动	☐	☐	☐	☐	☐	☐	☐
		舌运动	☐	☐	☐	☐	☐	☐	☐
	产生言语声的功能,包含构音清晰功能、构音音位习得(获得)功能。功能受损时表现为痉挛型、运动失调型、弛缓型神经性言语障碍等神经损伤导致的构音障碍。不包含语言心智功能(b167);嗓音功能(b310)。									
	信息来源: ☐ 病史 ☐ 问卷调查 ☐ 临床检查 ☐ 医技检查									
	问题描述:									

二、基于 ICF 的儿童构音功能评估示例

以 5 岁听障男童秦某某为例，对其进行构音语音功能、口部运动功能的精准评估完成之后，将评估结果填到对应的 ICF 构音功能评估表 2-4-6 中。

表 2-4-6　秦某某的 ICF 构音功能评估表示例

身体功能，即人体系统的生理功能损伤程度			无损伤 0	轻度损伤 1	中度损伤 2	重度损伤 3	完全损伤 4	未特指 8	不适用 9
b320	构音功能 Articulation functions	声母音位习得（获得）	□	□	□	☒	□	□	□
		声母音位对比	□	□	□	☒	□	□	□
		构音清晰度	□	□	□	☒	□	□	□
		口部感觉	□	□	☒	□	□	□	□
		下颌运动	□	☒	□	□	□	□	□
		唇运动	□	☒	□	□	□	□	□
		舌运动	□	□	☒	□	□	□	□
	产生言语声的功能，包含构音清晰功能、构音音位习得（获得）功能。 功能受损时表现为痉挛型、运动失调型、弛缓型神经性言语障碍等神经损伤导致的构音障碍。 不包含语言心智功能（b167）；嗓音功能（b310）。									
	信息来源：☒ 病史　□ 问卷调查　□ 临床检查　☒ 医技检查									
b320	**问题描述：** 　1. 已掌握声母个数为 9 个，相对年龄 3 岁以下；声母音位习得能力重度损伤。 　2. 已掌握声母音位对 5 对，相对年龄 3 岁；声母音位对比能力属于重度损伤。 　3. 构音清晰度为 28.94%，相对年龄 3 岁以下；构音语音能力重度损伤。 　4. 口部感觉得分为 68.75%，相对年龄 3 岁以下；患者允许刺激，但是有明显的消极反应（如呕吐，将头部向后撤，远离刺激）；口部感觉处于中度损伤。 　5. 下颌运动得分为 77.78%，相对年龄 4 岁；能完成目标动作，但控制略差；下颌运动轻度损伤。 　6. 唇运动得分为 81.25，相对年龄 3 岁以下；能完成目标动作，但控制略差；唇运动轻度损伤。 　7. 舌运动得分为 54.69%，相对年龄 3 岁以下；存在结构异常，或运动范围未达到正常水平，或无法连续运动，或用其他构音器官的动作代偿或辅助目标动作；舌运动中度损伤。									

第三章

构音障碍的治疗

构音障碍的治疗是构音障碍康复的重要环节，一般认为构音障碍治疗的效果在所有语言障碍治疗中最为明显，尤其是功能性构音障碍的治疗效果。通过科学的训练，多数功能性构音障碍患者均会取得令人满意的治疗效果。构音障碍的矫治同样遵循"A+T+M"的操作模式，即在科学评估的基础上，对患者构音障碍进行定性和定量诊断，并制订科学合理的针对性治疗方案，在治疗过程中对治疗效果进行跟踪监控，随时调整康复进程，以达到最佳的康复效果。

构音障碍的治疗与评估应保持一致性，本书第二章构音障碍的评估章节，系统地从口部运动功能、构音运动功能及构音语音功能几个方面全面评价患者的构音语音功能。本章构音障碍的治疗亦从这几个方面着手，主要包括口部运动治疗、构音运动治疗、构音语音训练。其中口部运动治疗和构音运动治疗均主要针对下颌、唇、舌进行，构音语音训练主要包括音位诱导、音位习得和音位对比三项内容。其基本治疗框架如下图所示。

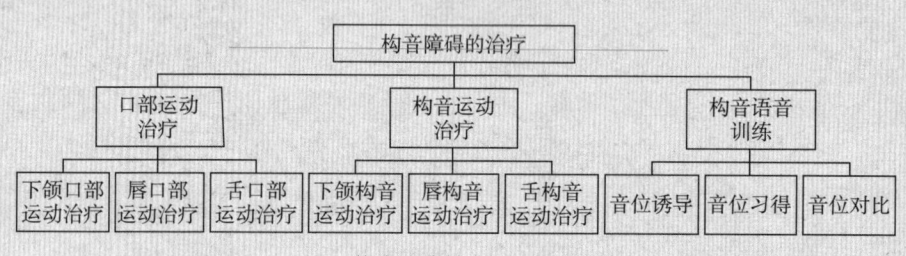

构音治疗基本框架图

构音障碍治疗旨在提高声母、韵母及声韵调组合的构音清晰度，这主要通过构音语音训练完成，但是下颌、唇、舌的运动异常是导致构音不清的主要原因，构音运动异常必然会造成声母和韵母音位的构音异常，所以在进行构音障碍的矫治时，除了对某个音进行构音语音训练以外，还要对口部运动和构音运动进行治疗，在矫治的过程中，必须以构音语音训练为主线，根据患者的实际需要加入必要的口部运动治疗和构音运动治疗，最终使患者掌握目标音位。

口部运动治疗

PART 1
第 一 节

口部运动治疗是利用触觉和本体感觉技术，遵循运动技能发育的原理，提高患者下颌、唇、舌等口部器官的感知觉能力，促进口部结构感知觉的正常化，抑制其异常的运动模式，并逐步建立正常的口部运动模式，帮助患者形成正常言语所必需的口部运动技能，从而为准确、清晰的构音语音奠定生理基础。

视 频

下颌、唇、舌运动治疗主要治疗方法示范

口部运动治疗被广泛应用于构音语音障碍、吞咽障碍、进食障碍、神经发育障碍、感觉统合失调等多个领域，其本身并不能作为一种独立的治疗手段，而是主要服务于构音语音治疗，因为单纯地进行口部运动治疗并不能消除患者在构音、语音方面的障碍，口部运动治疗须和其他构音语音治疗方法同步进行，目的是为准确和清晰地构音奠定生理基础，形成必需的口部运动技能。所以本章仅对构音障碍治疗中相关的口部运动治疗方法做简单介绍，更多的口部运动治疗技术可参见《口部运动治疗学》（华东师范大学出版社）一书。

口部运动治疗技术从形式上又可分为被动治疗和自主运动治疗两种，前者强调通过不同的手法、用具给予患者相对被动的治疗；后者强调诱导患者主动进行口部运动，以促进正确的口部运动模式的形成。

在本章中，口部运动障碍治疗主要针对下颌运动、唇运动和舌运动治疗，即针对下颌、唇以及舌的运动范围、运动速度、运动控制、精细运动分化等运动障碍进行治疗，促进控制它们运动的肌张力正常化，抑制异常的口部运动模式，促进正常的口部运动模式产生。临床发现，口部感知觉障碍与口部运动障碍存在较高的相关性，感知觉出现障碍往往运动上也存在障碍。在治疗中，首先应促进感知觉正常化，然后促进运动正常化，具体如下。

一、下颌口部运动治疗

构音障碍患者常见一种或几种下颌异常运动模式：下颌运动受限、下颌运动过度、下颌分级控制障碍和下颌转换运动障碍。其中下颌运动受限包括下颌上下运动受限、左右运动受限和前伸后缩运动受限,主要表现为下颌在上、下、左、右、前、后6个方向上运动不充分或运动不能。下颌分级控制障碍包括下颌急动,下颌分级控制不能或控制不稳等临床表现。下颌转换运动障碍包括下颌转换运动不能、转换速度缓慢或转换无节律等临床表现,主要表现为下颌只能做单一运动,不能做连续运动,或者能在不同位置之间进行转换,但运动速度缓慢或者转换过程中出现急动、抖动等现象。

下颌口部运动障碍的治疗主要包括促进治疗和自主运动治疗。促进治疗旨在提高下颌的感知觉和下颌运动肌群力量,延长下颌持续运动的时间,扩大下颌的运动范围,提高下颌的控制力,增强下颌的稳定性和灵活性,抑制下颌的异常运动模式,建立下颌的正常运动模式;自主运动治疗是在患者具有自主控制能力的情况下,监控、学习和巩固新习得的下颌运动模式。因此,促进治疗技术主要是用来习得新的运动模式,而自主运动技术则是对所习得的新的运动模式进行强化和巩固练习。

根据口部运动发育规律和治疗的运动原理,下颌口部运动障碍的治疗分为三个层次,分别是增强下颌感知觉、用促进治疗技术提高咀嚼肌肌力、利用促进治疗技术阻断下颌的异常运动模式,使下颌运动正常化,从而习得各种运动,为下颌的构音运动奠定生理基础。下颌口部运动障碍的治疗流程如图3-1-1所示。

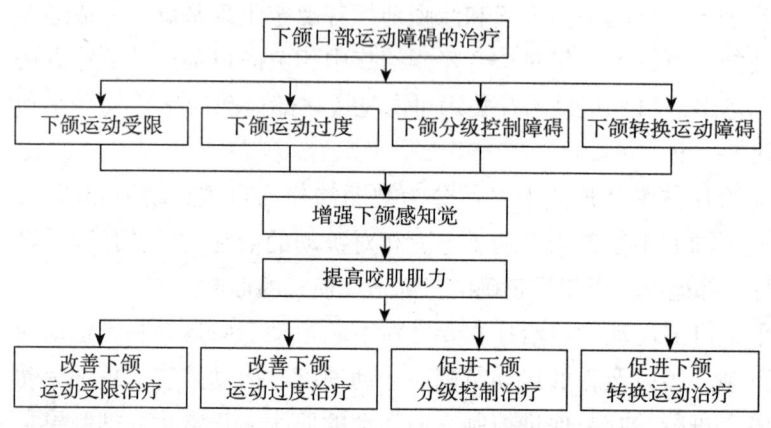

图3-1-1 下颌口部运动障碍的治疗框架图

(一)增强下颌感知觉

增强下颌感知觉治疗技术包括指尖控制法和手掌控制法,这两种方法均可用来提高患者的感知觉能力,增加患者对下颌的自主控制能力,属于自主运动治疗技术。

1. 指尖控制法

将大拇指置于下巴尖处,其余四指指尖置于颞下颌关节处;下颌上下运动,手指体验下颌运动时关节打开、关闭的感觉。如图3-1-2a所示。

2. 手掌控制法

将手掌置于下颌，手掌的根部放在下巴上，手指指尖置于颞下颌关节处，下颌上下运动，体验下颌运动时关节打开、关闭的感觉。如图 3-1-2b 所示。

a. 指尖控制法　　　　　b. 手掌控制法

图 3-1-2　增强下颌感知觉治疗技术

（二）提高咬肌肌力

提高咬肌肌力，可以增强下颌的感知觉、扩大下颌的运动范围，是下颌构音运动障碍治疗的基础，也是任何一种下颌构音运动障碍类型首选的治疗方法。对肌张力过高的患者，可先降低肌张力，再提高肌力；对肌张力过低的患者，可先提高肌张力，再提高肌力。

提高咬肌肌力的治疗包括 4 种方法：深压咬肌法、敲打咬肌法、拉伸咬肌法和振动咬肌法，均是被动治疗技术。

1. 深压咬肌法

治疗师与患者面对面就座，要求患者一直咬紧牙关，治疗师用双手触摸患者的咬肌，然后用食指、中指及无名指的指腹缓缓深压患者的咬肌。患者在咀嚼或咬东西的时候，深压咬肌效果更好。如图 3-1-3a 所示。

短暂而间歇地压肌腹可促使肌肉兴奋，压完肌腹后再向两端拉伸该肌肉也可以促使肌肉兴奋，压肌肉的附着处将抑制肌肉兴奋。

2. 敲打咬肌法

治疗师与患者面对面就座，要求患者一直咬紧牙关，治疗师用双手触摸患者咬肌，随后用食指、中指及无名指的指腹反复敲打患者的咀嚼肌，这可使松弛的肌肉紧张，提高肌力。在患者咀嚼或咬东西的时候，治疗师敲打咬肌效果更好。如图 3-1-3b 所示。

短暂而间歇地轻敲肌腹可促使肌肉兴奋，敲完肌腹后再向两端拉伸该肌肉也可以促使肌肉兴奋，敲肌肉的附着处将抑制肌肉兴奋。

3. 拉伸咬肌法

治疗师与患者面对面就座，要求患者一直咬紧牙关，治疗师用双手触摸患者的咬肌，然后用食指、中指及无名指的指腹快速上下按摩患者的咬肌，起到拉伸咬肌的作用。患者在咀嚼或咬东西的时候，拉伸咬肌效果更好。治疗师要告诉患者平常用咬肌部位咬东西。如图 3-1-3c 所示。

快速拉伸肌肉会向该肌肉传递兴奋信息，而向其拮抗肌则传递抑制信息。肌肉被拉伸得越快，其兴奋得也就越快。相反，缓慢拉伸则会放松肌肉。按摩时，大多是沿着肌肉走行，采用缓慢拉伸的方式来进行治疗。

4. 振动咬肌法

治疗师与患者面对面就座，患者咬紧牙关，治疗师用双手触摸患者咬肌，将振动器套在自己右手食指上，左手托住患者的下颌，振动器可在咬肌的任意部位移动，振动头的接触面不同，所产生的力度和刺激强度也会不同。注意不要损坏颞颌关节，要轻轻地、慢慢地振动咬肌，治疗师要注意观察患者对振动器的反应，并鼓励他们适应振动器。如图 3-1-3d 所示。

通过振动可以人为地刺激皮下肌肉。缓慢振动有助于放松患者的口部肌肉。快速振动可以"激活"口部系统，并提高其全身的肌张力。

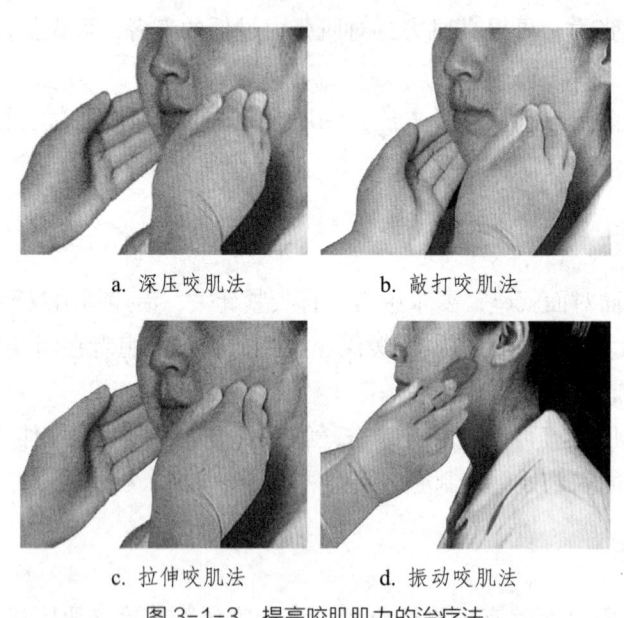

a. 深压咬肌法　　　　b. 敲打咬肌法

c. 拉伸咬肌法　　　　d. 振动咬肌法

图 3-1-3　提高咬肌肌力的治疗法

（三）改善下颌运动受限治疗

下颌运动受限治疗主要针对下颌向下运动受限、向上运动受限、向左运动受限、向右运动受限等进行。其治疗顺序一般遵循下颌运动发育规律，首先增大下颌上下运动的幅度，然后进行左右运动的治疗，最后进行前后运动的治疗。在构音障碍的治疗中，更多进行下颌上下运动受限的治疗，当下颌同时存在运动受限和侧向偏移问题时，首先要解决下颌运动受限的问题，即先通过治疗技术打开下颌，再解决侧偏问题。

针对下颌上下运动受限的治疗方法有：咀嚼法、高位抵抗法和高低位交替抵抗法。其中，高位抵抗法和高低位交替抵抗法属于被动治疗技术，咀嚼法是两种治疗形式的混合；咀嚼法主要适用于发音时下颌运动受限，高位抵抗法主要适用于下颌总处于高位的下颌向下运动受限患者。

1. 咀嚼法

治疗师先通过按摩的方法将患者颞颌关节和周围的肌肉放松，再帮助做下颌放松训练，观察其下颌发音时和咀嚼时的紧张程度。根据下颌打开的幅度和咀嚼肌的力度选择咀嚼器类型，将咀嚼器一端放入患者口中，让患者张大嘴咬住咀嚼器，并大幅度地咀嚼，在咀嚼的同时发元音 /ɑ、i、u/、数数，或在咀嚼的同时发 /wɑ/ 开头的词语，如"娃娃、娃娃的袜子、娃娃的玩具"等等。如图 3-1-4a 所示。

a. 咀嚼法

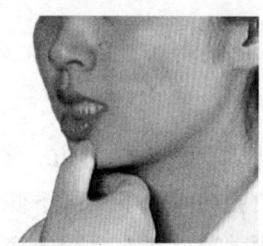
b. 高位抵抗法

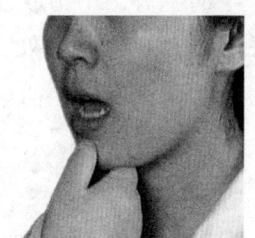
c. 高低位交替抵抗法

图 3-1-4　下颌运动受限的口部运动治疗

2. 高位抵抗法

治疗师与患者面对面就座，治疗师将大拇指指尖放在患者下颌缘上侧，将食指弯曲放在患者下颌缘下侧，把下颌控制在稳定的位置，食指用力向上提患者的下颌，同时让患者用力向下进行抵抗。如图 3-1-4b 所示。

3. 高低位交替抵抗法

治疗师与患者面对面就座，治疗师将大拇指指尖放在患者的下颌缘上侧，将食指弯曲放在下颌缘下侧。当患者下颌处于高位时，治疗师食指用力上提患者的下颌，同时患者用力向下进行抵抗；在患者下颌处于低位时，治疗师大拇指用力下压患者的下颌，患者用力向上抵抗，下颌又处于高位，如此反复交替。治疗师先用一种治疗方法，再用另一种，随着患者嘴巴张开和闭合程度的改善，可逐步加快高低位交替速度。如图3-1-4c所示。

（四）改善下颌运动过度治疗

下颌运动过度包括下颌向下运动过度、侧向运动过度、前伸运动过度和后缩运动过度四类。抵抗法和下颌控制法是常用的治疗方法，下颌控制法可用来培养口部感知觉，提高下颌的稳定性和灵活性。下颌控制法可以增加颞颌关节负重能力、提高下颌的感知觉，增加下颌的运动量、提高咬肌力量。治疗过程中，常用低位抵抗法治疗下颌向下运动过度，侧向控制法治疗侧向运动过度，前位控制法治疗下颌前伸运动过度。

1. 低位抵抗法

治疗师与患者面对面就座，治疗师将大拇指指尖放在患者的下颌缘上侧，将食指弯曲放在患者的下颌缘下侧，治疗师用拇指用力向下压患者的下颌，同时让患者用力向上进行抵抗。如图3-1-5a所示。

2. 侧向控制法

治疗师坐在患者旁边或侧后方，若患者下颌向左侧歪斜，治疗师用左手摆出"V"字的手势，中指放在患者的下颌缘下侧，食指放在患者的下颌缘上侧，大拇指固定在患者的左侧脸颊颞颌关节处，右手固定患者头部，然后向右推下颌。若患者的下颌向右侧歪斜，治疗师用右手摆出"V"字的手势，中指放在患者的下颌缘下侧，食指放在患者的下颌缘上侧，大拇指固定在右侧脸颊颞颌关节处，左手固定患者的头部，然后向左推下颌。如图3-1-5b所示。

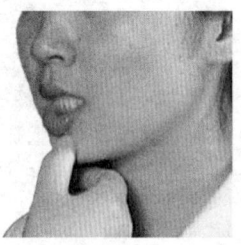

a. 低位抵抗法

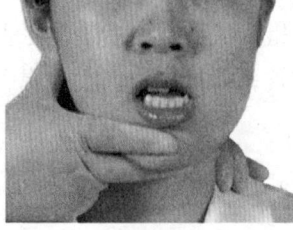

b. 侧向控制法

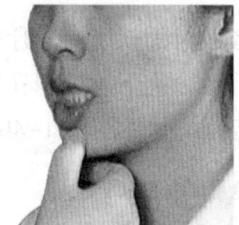

c. 前位控制法

图3-1-5　下颌运动过度的口部运动治疗

3. 前位控制法

治疗师与患者面对面就座，治疗师将大拇指的指尖放在患者的下颌缘上侧（帮其下颌张开），食指弯曲放在下颌缘下侧（帮其下颌关闭），大拇指用力向下，打开下颌，食指用力向上，闭合下颌，反复交替。如图 3-1-5c 所示。

（五）促进下颌分级控制治疗

下颌分级控制治疗主要通过咬住不同物体的方法来调节下颌的开合度，从而促进下颌的分级控制，增强下颌的外部稳定，主要是针对下颌控制不稳的患者。下颌分级控制障碍治疗方法多为自主运动治疗方法，主要包括低位控制法、大半开位控制法、小半开位控制法和高位控制法。

1. 低位控制法

治疗师与患者面对面就座，让患者张大嘴巴用臼齿咬住一个大的、结实的物体来稳定下颌，同时发 /ɑ/ 音，保持 10 s，让患者用手指触摸颞颌关节位置，增加低位时下颌的感知觉，提高触觉反馈，进而提高下颌在低位时的控制能力。可一边臼齿先咬，也可两边同时咬。可以咬婴儿咀嚼器、结实的塑料食物，也可以咬大木块等。如图 3-1-6a 所示。

a. 低位控制法

b. 大半开位控制法

c. 小半开位控制法

d. 高位控制法

图 3-1-6　下颌分级控制治疗法

2. 大半开位控制法

治疗师与患者面对面就座，让患者张开嘴巴用臼齿咬住一个稍小的、结实的物体来稳定下颌，如将压舌板竖起来，同时发 /o/ 音，保持 10 s，让患者用手指触摸颞颌关节位置，增加下颌在大半开位或更窄时的感知觉。可用压舌板、各种大小不等的麦秆吸管、牙签、咖啡搅拌棍、供咬用的小木块、结实的橡皮管、小的咀嚼玩具等。如图 3-1-6b 所示。

3. 小半开位控制法

治疗师与患者面对面就座，让患者张开嘴巴用臼齿咬住一个更小的、结实的物体稳定下颌，如将软性咀嚼物水平放进嘴里，同时发 /e/ 音，并保持 10 s，让患者用手指触摸颞颌大半开位或更窄位时的控制。可用压舌板、各种大小粗细不等的麦秆吸管、牙签、咖啡搅拌棍、供咬用的小木块、结实的橡皮管、更小的咀嚼玩具等。如图 3-1-6c 所示。

4. 高位控制法

治疗师与患者面对面就座，让患者张开嘴巴用臼齿咬住一个很薄的、结实的物体，稳定下颌，如用双唇水平夹住压舌板，同时发 /i/ 音，保持 10 s，让患者用手指触摸颞颌大半开位或更窄位时的控制。可用压舌板、各种大小粗细不等的麦秆吸管、牙签、咖啡搅拌棍、供咬用的小木块、结实的橡皮管、更小的咀嚼玩具等。如图 3-1-6d 所示。

（六）促进下颌转换运动治疗

下颌转换运动障碍的治疗是在下颌运动受限、下颌运动过度以及下颌分级控制障碍得到基本解决的前提下，针对下颌在不同位置之间的转换能力而设计的。常用的方法是将前面提到的四种下颌分级控制法综合起来，通过不同位置的转换运动进行治疗。

二、唇口部运动治疗

构音障碍患者可能出现的唇异常运动模式包括圆唇运动障碍、展唇运动障碍、唇闭合运动障碍、唇齿接触运动障碍、圆展交替运动障碍。唇口部运动障碍的治疗包括促进圆唇运动治疗、促进展唇运动治疗、促进唇闭合运动治疗、促进唇齿接触运动治疗、促进圆展交替运动治疗。其主要使用增强唇感知觉、提高唇肌肌力和促进唇各种运动的针对性治疗技术，以达到促进唇感知觉正常化、唇肌力正常化，刺激唇的各种运动，增强唇运动的自主控制能力，为唇声母和唇韵母的构音奠定好生理基础的治疗目的。唇口部运动障碍的治疗流程见图 3-1-7。

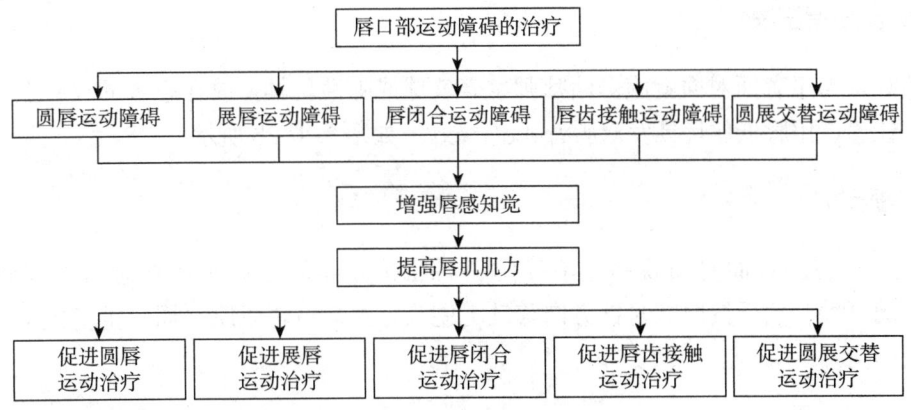

图 3-1-7 唇口部运动障碍的治疗框架图

（一）增强唇感知觉

常见的增强唇感知觉的被动治疗技术有协助指压法、自助指压法、振动法和吸吮法。

1. 协助指压法

治疗师与患者面对面就座，治疗师食指弯曲放在患者下颌缘下侧，大拇指指腹平放在患者的口轮匝肌上，稍用力向下按压口轮匝肌，维持数秒。然后治疗师用大拇指按顺时针方向按压患者口轮匝肌一周，重复数次。如图 3-1-8a 所示。

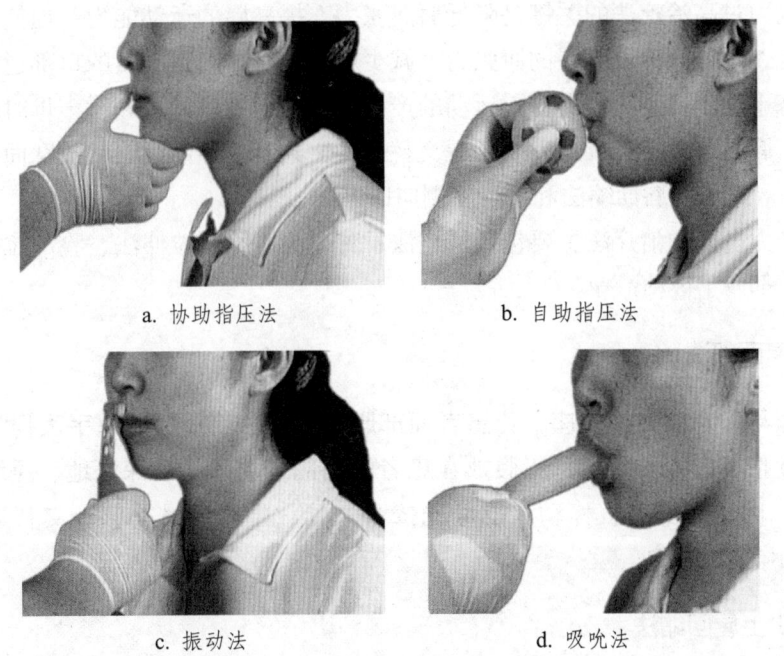

a. 协助指压法　　　　　　b. 自助指压法

c. 振动法　　　　　　d. 吸吮法

图 3-1-8 增强唇感知觉的被动治疗技术

2. 自助指压法

治疗师与患者面对面就座。治疗师拿着软球或弹性玩具，放在患者的双唇上，轻压双唇，让患者用唇抵住玩具发双唇音 /ba/、/pa/。如图 3-1-8b 所示。

3. 振动法

治疗师与患者面对面就座。治疗师将唇肌按摩器的毛刷头放在患者的口轮匝肌上，启动开关，然后按照顺时针方向移动毛刷头，振动口轮匝肌一周，重复数次。如图 3-1-8c 所示。

4. 吸吮法

治疗师与患者面对面就座。治疗师手持圆形冰棒，让患者用双唇用力夹住冰棒，然后吸吮。若患者不能主动吸吮，可先用冰水刺激双唇，诱导患者做吸吮动作，然后再让患者吸吮冰棒。也可将香蕉、大磨牙器或冰块等圆形物体作为吸吮工具。如图 3-1-8d 所示。

（二）提高唇肌肌力

唇的所有运动都离不开一定的唇肌力量，因此提高唇肌肌力是唇运动治疗中最基本和最重要的方法。提高唇肌肌力的治疗分为肌张力过高治疗法和肌张力过低治疗法。

唇肌张力过高治疗法的关键是降低唇肌张力，提高唇的运动能力，促使口部触觉敏感性正常化，降低面部和双唇的肌张力，减少唇部回缩，纠正不良的口部运动习惯，建立放松状态下的闭唇姿势，促进唇运动的产生，促进做发唇韵母和唇声母时所需要的圆唇、展唇、唇闭合、唇齿接触以及圆展交替运动，共有 4 种治疗法：按摩面部法、减少上唇回缩法、减少下唇回缩法和减少唇侧向回缩法。

唇肌张力过低的治疗法主要包括抵抗法、对捏法、唇部拉伸法、脸部拉伸法。增强唇肌肌力，都属于被动治疗。

1. 按摩面部法

治疗师与患者面对面就座，让患者面部肌肉放松，治疗师将双手大拇指稳定在患者下颌，食指、中指和无名指指腹放在患者的面部远端，然后深深地、缓缓地按摩紧张的面部肌肉，逐步向唇移动。也可先按摩一侧，再按摩另一侧，交替进行。如图 3-1-9a 所示。

2. 减少上唇回缩法

治疗师与患者面对面就座，治疗师先将大拇指放在患者鼻翼两侧，其余手指放在患者下颌缘处，大拇指沿鼻翼两侧向两口角按摩，重复数次；然后，将大拇指移到患者颧骨中央处，从颧骨中央处向两口角按摩，重复数次；最后治疗师再将大拇指移到上唇上方，对平行肌进行间歇性按压，重复数次。如图 3-1-9b 所示。

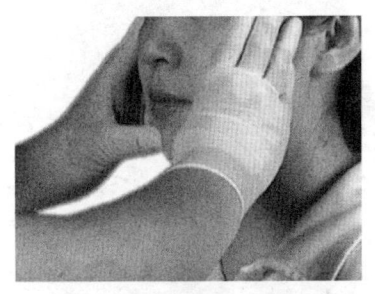 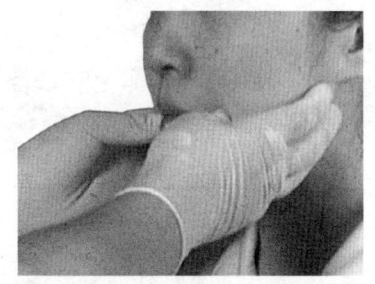

a. 唇肌张力过高的治疗——按摩面部法　　b. 唇肌张力过高的治疗——减少上唇回缩法

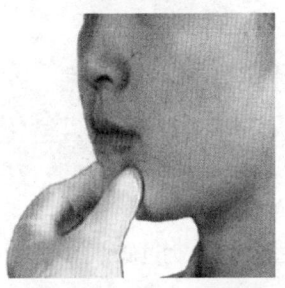 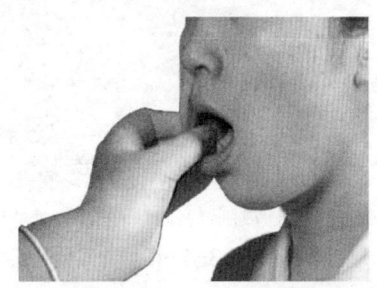

c. 唇肌张力过高的治疗——减少下唇回缩法　　d. 唇肌张力过高的治疗——减少唇侧向回缩法

图 3-1-9　提高唇肌肌力治疗法之唇肌张力过高的治疗

3. 减少下唇回缩法

治疗师与患者面对面就座。治疗师将大拇指和食指分别放在患者下唇中线两侧，然后大拇指和食指分别向中线方向按摩肌肉，重复数次。如图 3-1-9c 所示。

4. 减少唇侧向回缩法

治疗师与患者面对面就座。治疗师首先将两个大拇指放在患者脸颊内侧壁的上下臼齿间，其余手指放在口外部的脸颊上，向唇角方向轻轻拉动脸颊肌肉；然后把双手分别放在患者两侧脸颊上，轻轻地向前方拉动面部肌肉。最后，将一只手的大拇指放在患者一侧面颊上，其余手指放在另一侧，轻轻地向前拉动面部肌肉。如图 3-1-9d 所示。

5. 抵抗法

治疗师与患者面对面就座。治疗师用压舌板向上推患者上唇，让患者用力向下进行抵抗，重复数次。然后，治疗师用压舌板向下推患者下唇，让患者用力向上进行抵抗，重复数次。如图 3-1-10a 所示。

6. 对捏法

治疗师与患者面对面就座，治疗师将大拇指和食指分别放在患者的人中两侧，轻轻对捏，并向前拉伸；同时要求患者做微笑动作。重复数次。注意叮嘱患者用唇微笑，不能用头后仰来做微笑动作。如图 3-1-10b 所示。

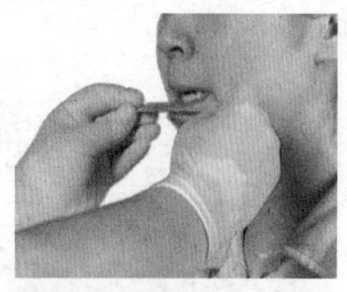 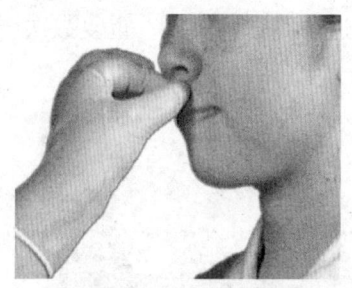

a. 唇肌张力过低的治疗——抵抗法　　b. 唇肌张力过低的治疗——对捏法

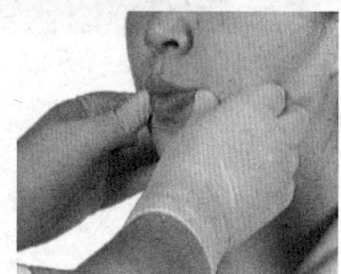 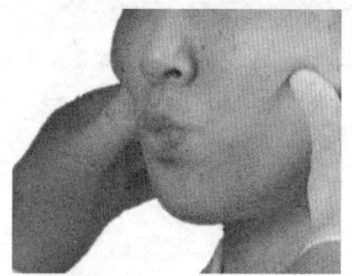

c. 唇肌张力过低的治疗——唇部拉伸法　　d. 唇肌张力过低的治疗——脸部拉伸法

图 3-1-10　提高唇肌肌力治疗法之唇肌张力过低的治疗

7. 唇部拉伸法

治疗师与患者面对面就座。治疗师将两个大拇指放在患者口轮匝肌中线两侧，其余手指放在下颌缘处，大拇指用力向两侧拉伸口轮匝肌，同时让患者收缩双唇进行抵抗，重复数次。如图 3-1-10c 所示。

8. 脸部拉伸法

治疗师与患者面对面就座。治疗师将两个大拇指指腹放在患者两口角处，其余手指放在下颌角处，然后向两耳方向拉伸唇肌，同时让患者收缩双唇进行抵抗。如图 3-1-10d 所示。

（三）促进圆唇运动治疗

圆唇运动治疗技术十分丰富，其中既有被动治疗技术，也有自主运动治疗方法，主要包括吸管进食法、做感觉酸的表情法、夹住吹哨管法、吹卷龙法、吹泡泡法、吹棉球法、拉纽扣法、唇操器圆唇法、面条练习法、唇运动训练器法（如图 3-1-11 所示）。因为吸管进食法等前 6 种方法操作较为简单就不一一介绍，在此重点介绍后 4 种方法的实施步骤。

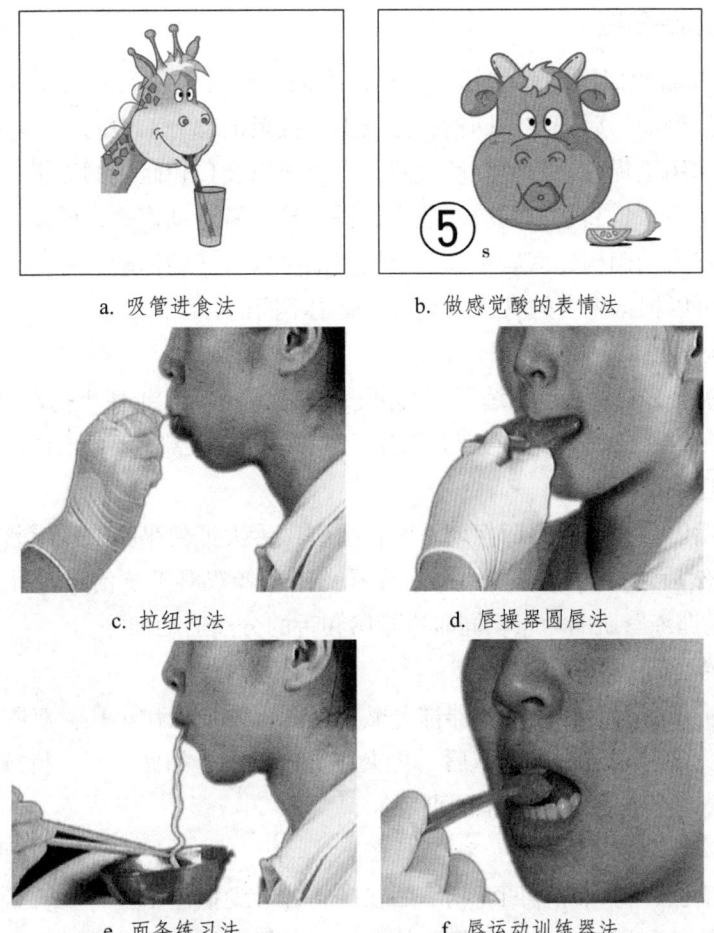

a. 吸管进食法　　b. 做感觉酸的表情法

c. 拉纽扣法　　　d. 唇操器圆唇法

e. 面条练习法　　f. 唇运动训练器法

图 3-1-11　促进圆唇运动治疗技术

1. 拉纽扣法

治疗师与患者面对面就座。治疗师将系有牙线的纽扣放进患者唇内侧与牙齿之间的空隙内，患者用双唇将纽扣包住，然后治疗师用力向外拉牙线，患者则用双唇用力地把纽扣包住，使其不被拉出。若患者双唇不能包住纽扣，治疗师可辅助。

2. 唇操器圆唇法

治疗师与患者面对面就座。治疗师将唇操器的一边放在患者的双唇之间，让患者用双唇包住，然后治疗师用力向外拉唇操器的另一边，患者双唇用力将唇操器保持原位不动。若患者双唇不能包住唇操器，治疗师可辅助。根据患者的喜好和唇肌力的大小，选择颜色、大小不同的唇操器来训练。

3. 面条练习法

面条练习法主要用来提高口轮匝肌的力量，促进圆唇及唇内收运动。治疗师与患者面对面就座。治疗师将煮熟的面条一端放在患者的双唇之间，要求患者双唇用力将面条夹住，并用双唇将面条吸进嘴内。

4. 唇运动训练器法

唇运动训练器形似汤勺，前部为手柄，手柄后端有一膨大如橄榄的部分，表面粗糙，为双唇的接触面；后部有一凹槽，是与上腭接触的部分，中间有一小孔，用来稳定舌尖。其主要作用是提高唇横肌、唇直肌、唇角肌以及口轮匝肌的力量，增加它们运动的灵活性和稳定性，提高它们的协调能力，矫正异常唇运动模式，诱发并建立正确的唇运动模式，最终为精确构建双唇音以及圆展唇韵母服务。唇运动训练器至少有 5 种使用方法，治疗师可以根据患者的具体情况选择使用不同的方法。

（1）辅助运动

患者张开嘴巴，将唇运动训练器凹面朝下贴在上腭，舌尖抵住小孔，在治疗师的辅助下用双唇紧紧夹住唇运动训练器的膨大部分。注意唇和膨大部分不能有缝隙，坚持 10 s。

（2）抵抗运动训练

患者张开嘴巴，将训练器凹面朝下贴在上腭，舌尖抵住小孔，双唇紧紧夹住训练器的膨大部分，然后治疗师用力往外拉训练器，让患者双唇抵抗治疗师外拉的力，持续 10 s。其目的是训练唇肌的力量，同时进行唇和舌的分离运动训练。

（3）运动范围训练

患者张开嘴巴，将唇运动训练器部分贴在上腭，舌尖抵住小孔，双唇紧紧夹住唇运动训练器的膨大部分，然后松开双唇，再夹住，再松开，如此反复，持续 20 s。其目的是通过交替收缩进行唇肌运动范围的训练。

（4）精确构音训练

患者张开嘴巴，将训练器凹面朝下贴在上腭，舌尖抵住小孔，双唇紧紧夹住训练器的膨大部分，然后利用"声母—韵母"的轮替练习促进神经肌肉协调能力的提高，最后进行声韵组合训练。其目的是做到唇构音准确（如发 /pa/ 和 /ba/ 等双唇音），为精确语音的形成打下基础。

（5）吞咽训练

在口咽腔内进行所有的口部肌肉运动训练。

（四）促进展唇运动治疗

唇运动障碍的被动治疗大都相对较为简单、易操作，因此可以通过自主运动的形式体现，主要包括杯子进食法、模仿大笑、咧开嘴角、/i/–/u/ 交替发音，如图 3-1-12 所示。

a. 杯子进食法　　　　　　b. 模仿大笑

图 3-1-12　展唇运动治疗技术

（五）促进唇闭合运动治疗

唇闭合运动治疗技术包括勺子进食法、唇部按摩、发啊舌音、出声吻、夹住压舌板，如图 3-1-13 所示。

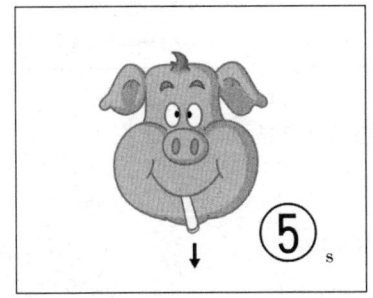

a. 勺子进食法　　　　　　　　b. 出声吻

图 3-1-13　唇闭合运动治疗技术

（六）促进唇齿接触运动治疗

唇齿接触运动治疗技术包括夹饼干、舔果酱、发唇齿音，如图 3-1-14 所示。

图 3-1-14　唇齿接触运动治疗技术——发唇齿音

（七）促进圆展交替运动治疗

圆展交替运动治疗技术包括亲吻—微笑，亲吻—皱眉，微笑—噘嘴，/i/-/u/ 交替发音，如图 3-1-15 所示。

a. 亲吻—微笑

b. 亲吻—皱眉

图 3-1-15　圆展交替治疗技术

三、舌口部运动治疗

构音障碍患者舌异常运动模式主要包括舌向前运动障碍、舌向后运动障碍、舌前后转换运动障碍、马蹄形上抬运动障碍、舌根上抬运动障碍、舌侧缘上抬运动障碍、舌尖上抬与下降运动障碍、舌叶上抬运动障碍。

舌口部运动障碍的治疗是通过触觉刺激技术提高舌的感知觉，进而利用本体感觉刺激技术提高舌肌肌力和促进舌后侧缘稳定，然后在此基础上抑制舌的异常运动模式，采用被动治疗和自主运动的方法，最终达到舌运动灵活、稳定、有力的效果，从而建立舌在构音中的正常运动模式。舌口部运动障碍的治疗流程见图 3-1-16。

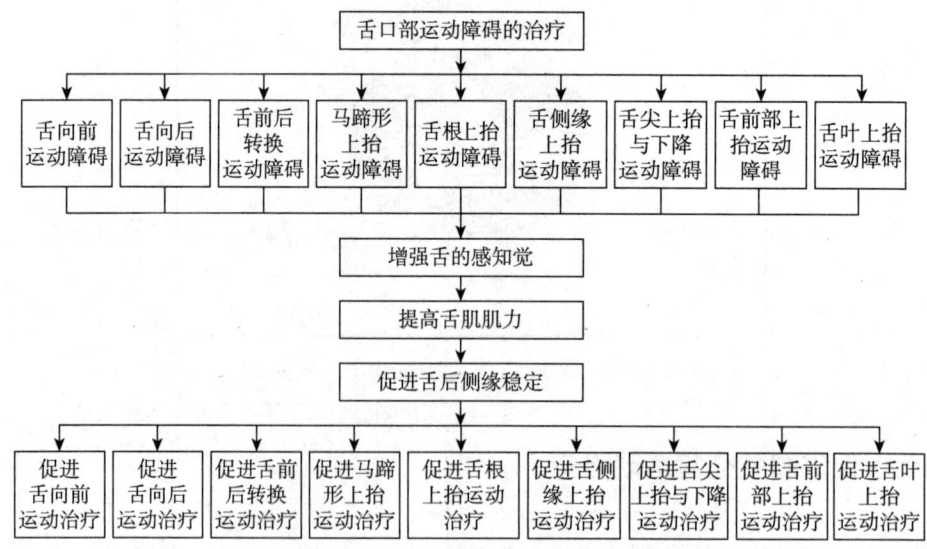

图 3-1-16　舌口部运动障碍治疗框架图

（一）增强舌的感知觉

增强舌的感知觉的治疗技术比较有趣、简单，主要让患者在游戏中就能够达到治疗目标，因此大都以自主运动的治疗形式呈现，通过对舌尖、舌面、舌两侧缘等部位间歇性地施以适当的机械刺激来提高舌触觉灵敏性以及提高舌内肌感受自身运动的感知觉。常用的增加舌感知觉的治疗方法有 6 种：向上刷舌尖法、横向刷舌尖法、前后刷舌尖法、后前刷舌尖法、后前刷舌侧缘法和一二三拍打我法。如图 3-1-17 所示。

a. 向上刷舌尖法

b. 横向刷舌尖法

c. 前后刷舌尖法

d. 后前刷舌尖法

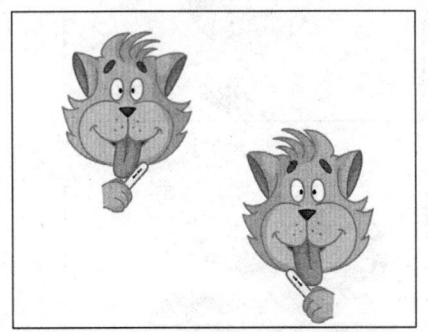

e. 后前刷舌侧缘法

f. 一二三拍打我法

图 3-1-17　增强舌感知觉治疗技术

（二）提高舌肌肌力

提高舌肌肌力是舌运动治疗中最基本和最重要的方法，因为舌运动都依靠舌肌的力量来完成。提高舌肌肌力的被动治疗技术包括推舌法、挤舌法、挤推齿脊法、挤推联用法、侧推舌尖法、下压舌尖法、上推舌体法、侧推舌体法、下压舌体法、左右两半上抬法，如图 3-1-18 所示。

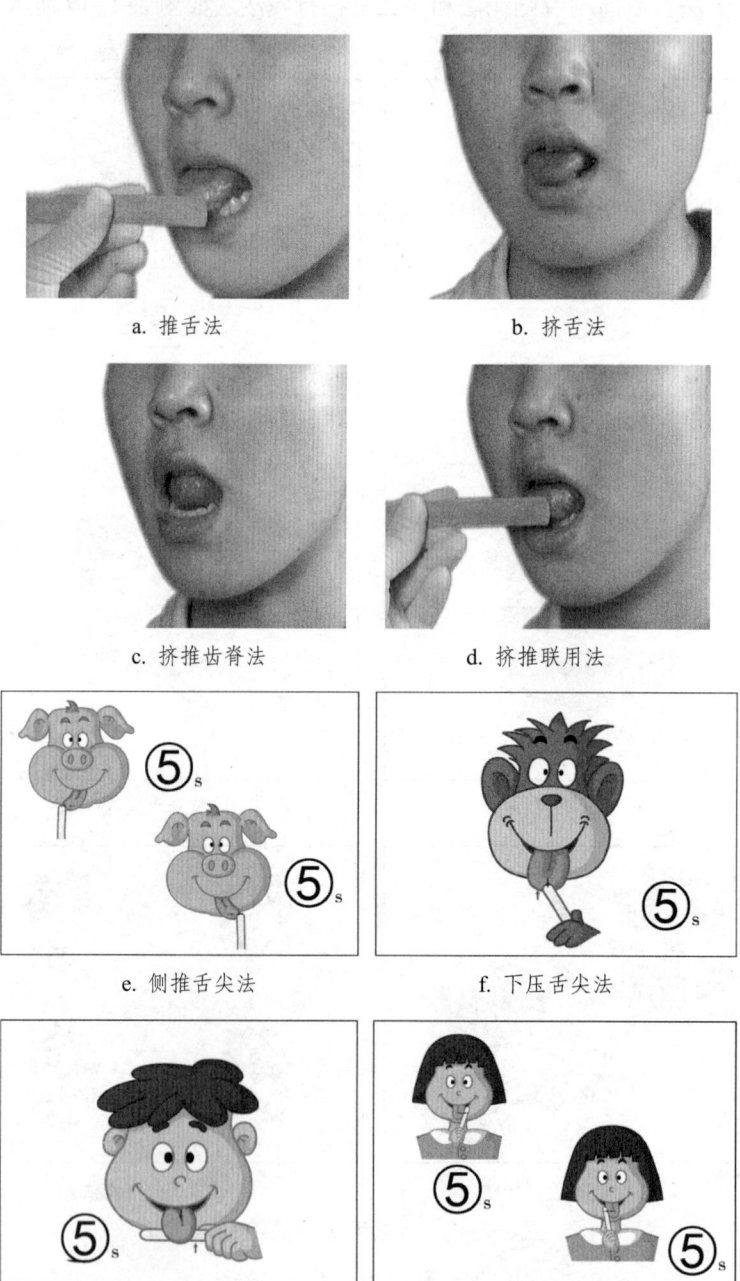

a. 推舌法　　　　　　　　b. 挤舌法

c. 挤推齿脊法　　　　　　d. 挤推联用法

e. 侧推舌尖法　　　　　　f. 下压舌尖法

g. 上推舌体法　　　　　　h. 侧推舌体法

 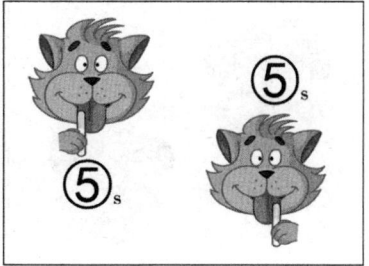

i. 下压舌体法　　　　　　　j. 左右两半上抬法

图 3-1-18　提高舌肌肌力治疗技术

(三) 促进舌后侧缘稳定

促进舌后侧缘稳定是发出清晰语音的前提，被动治疗的方法有刷舌后侧缘法和舌后侧缘上推法，如图 3-1-19 所示，首先教患者轻轻地用臼齿咬住舌后侧缘，然后被咬住的部分向上用力推上臼齿，这时舌两边上抬，舌中间凹陷，形成"蝴蝶位"。从"蝴蝶位"开始练习发音，患者舌头向上顶得越高，嘴张得越大，能够更好地促进舌后侧缘的稳定。

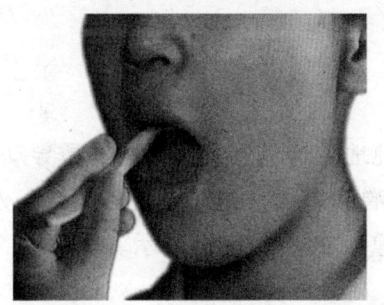 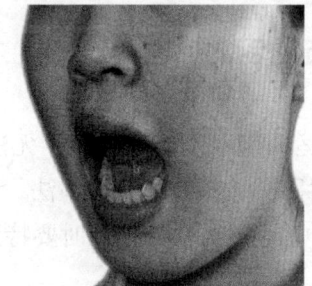

a. 刷舌后侧缘法　　　　　　b. 舌后侧缘上推法

图 3-1-19　促进舌后侧缘稳定治疗技术

(四) 促进舌向前运动治疗

舌向前运动治疗技术主要包括自主运动治疗法中的舌尖向下伸展法、舌尖向上伸展法、舌尖舔嘴角法、舌尖洗牙面法、舌尖顶脸颊法、舌尖上卷法，如图 3-1-20 所示。这几种治疗方法相对简单，不再详述。

a. 舌尖向下伸展法　　　　　　b. 舌尖向上伸展法

c. 舌尖舔嘴角法

d. 舌尖洗牙面法

e. 舌尖顶脸颊法

f. 舌尖上卷法

图 3-1-20　舌向前运动治疗技术

（五）促进舌向后运动治疗

舌向后运动肉眼不容易看到，无法单纯地通过观看自主运动的诱导动画完成。因此，需要使用一些被动治疗的手法，如咀嚼器刺激法、深压舌后部法、发 /u/ 音、发 /ou/ 音，其中前两种方法在使用时要特别慎重。如图 3-1-21 所示。

1. 咀嚼器刺激法

治疗师与患者面对面就座。患者张开嘴巴，治疗师将舌前位训练器凹面朝下贴其上腭放入，将舌前位训练器后端正好放在上齿龈处，让患者将舌前部向前伸至勺后端的凹槽中，并顶住磨砂面，然后将舌前位训练器向下压，让患者用力向上抵抗来训练舌前部的肌力，持续 10 s。或者将舌前部放下，再向前高抬，再放下，通过舌前部的升降交替运动来训练其前位的运动，持续 20 s。也可在上述训练的同时，进行舌前位音练习。

2. 深压舌后部法

治疗师与患者面对面就座。治疗师首先引导患者张开嘴巴，把食指指腹放在患者舌后部中央，向下用力把舌压向咽部。然后持续轻压，让患者向上顶治疗师的手指。做这个动作时要提醒患者不要咬手指。

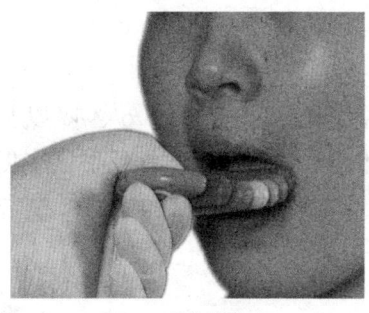
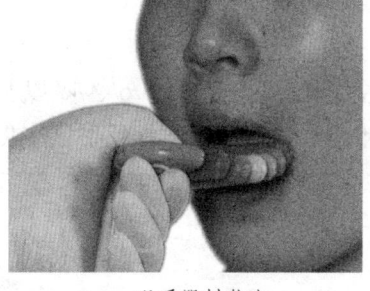

a. 咀嚼器刺激法　　　　　b. 深压舌后部法

图 3-1-21　舌向后运动治疗技术

（六）促进舌前后转换运动治疗

舌前后转换运动治疗技术主要用来建立舌前后连续运动的模式，为普通话中的复韵母发音奠定生理基础，其治疗方法包括舌前伸后缩交替运动，/i/、/u/ 交替训练等。

（七）促进马蹄形上抬运动治疗

马蹄形上抬模式是舌运动发育成熟的重要体现，马蹄形上抬运动治疗技术主要用来促进患者形成舌尖和舌两侧缘上抬而中间下降呈碗状的运动模式。该模式是舌尖中音 /d/、/t/、/n/ 构音所必需的口部运动技能，共有 7 种被动治疗方法：舌与上齿龈吸吮、舌尖发音、压舌板刺激法、吸管刺激法、按摩刷刺激法、勺底压舌法、敲击舌中部法，图 3-1-22 仅展示了部分。

下面以压舌板刺激法为例介绍实施步骤。治疗师与患者面对面而坐。要求患者张开嘴巴，治疗师用压舌板轻轻刺激患者舌前 1/3，如果患者的触觉反应正常，则舌尖和舌两侧缘上抬，中间下降呈碗状。如果患者的触觉反应异常，不能马上做出这种反应，就需要治疗师多次强化刺激。

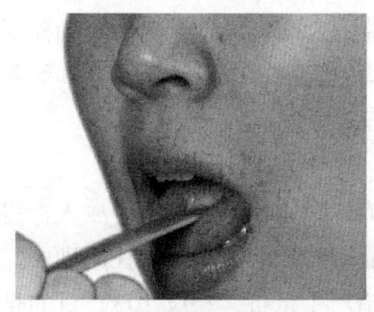
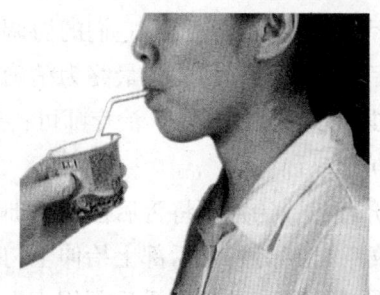

a. 压舌板刺激法　　　　　b. 吸管刺激法

图 3-1-22　马蹄形上抬运动治疗技术

(八)促进舌根上抬运动治疗

舌根上抬模式是构音中重要的运动模式,该模式是舌根音 /g/、/k/ 以及音位组合所需要的构音运动模式。舌根上抬运动治疗技术是通过刺激舌收缩反射区来促进患者形成舌向后隆起呈球状的舌后缩反应,该模式共有三种被动治疗的方法:敲击舌中线刺激法、舌后位运动训练器法、发 /k/ 音。如图 3-1-23 所示。

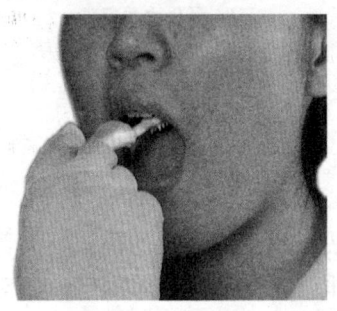 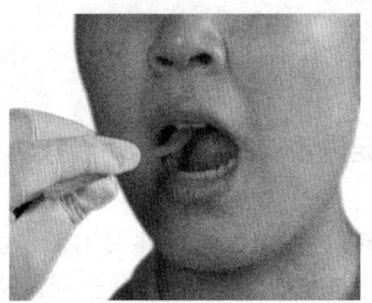

a. 敲击舌中线刺激法　　　　b. 舌后位运动训练器法

图 3-1-23　舌根上抬运动治疗技术

1. 敲击舌中线刺激法

治疗师与患者面对面而坐。患者张开嘴巴,治疗师用按摩刷轻轻敲击舌中线的中央位置。如果患者的触觉反应正常,则舌向后缩并向上隆起形成球状,完全充满口腔后部,阻塞声道。如果患者的触觉反应异常,则患者不能马上做出这种反应,需要治疗师多次强化刺激。治疗师可用手指、婴儿牙刷、脆饼干或其他食物、咀嚼玩具等敲击患者舌中线中部。

2. 舌后位运动训练器法

舌后位运动训练器形似汤勺,前端向上凸起将前端封闭,并带有磨砂面。其主要作用是增强舌外肌中的腭舌肌、茎突舌肌、舌骨舌肌、颏舌肌以及舌内肌的力量,增加它们运动的灵活性和稳定性,提高它们的协调能力,矫正异常舌后位运动模式,诱发并建立正确的舌后位运动构音模式,最终为精确构建舌根音以及舌后位运动服务。舌后位运动训练器至少有 3 种使用方法,治疗师可自行选择。

(1) 抵抗运动训练

患者张开嘴巴,治疗师将舌后位运动训练器凹面朝下贴其上腭放入,将其后端正好放在上齿龈处,让患者将舌后部上抬伸至勺前端的凹陷中,并顶住磨砂面,然后将舌后位运动训练器向下压,让患者舌后部用力上抬产生抵抗,持续 10 s。目的是训练舌后部肌肉组织的力量。

(2) 运动范围训练

患者张开嘴巴,治疗师将舌后位运动训练器凹面朝下贴其上腭放入,将其后端正好放在上齿龈处,让患者将舌后部向上抬起,伸至勺前端的凹陷中,然后将舌后部放下,再向上抬，再放下，通过舌后部升降交替动作来促进舌后位的运动，持续 20 s。目的是通过交替运动进行舌后部肌肉组织的训练。

（3）精确构音训练

患者张开嘴巴，治疗师将舌后位运动训练器凹面朝下贴其上腭放入，将其后端正好放在上齿龈处，让患者将舌后部抬起，伸至勺前端的凹陷中，利用声母—韵母的轮替练习进行舌后位音的训练，最后进行声韵组合训练。目的是做到舌后位构音准确，为精确语音的形成打下基础。

（九）促进舌侧缘上抬运动治疗

舌侧缘上抬模式标志舌两侧缘从舌体中分化出来能够独立上抬，可以与上齿接触。它是舌声母构音所必需的运动模式（/l/、/r/ 除外）。如果舌两侧缘不能上抬，构音时气流会从舌两侧溢出，导致舌侧位构音不清。舌侧缘上抬运动治疗技术用来促进患者舌两侧上抬运动，共有 7 种被动治疗的方法：舌侧边刺激法、向中线压舌法、向下压舌侧缘法、刺激上腭法、刺激马蹄形反应区法、食物转送法、臼齿咀嚼法，图 3-1-24 仅展示部分。

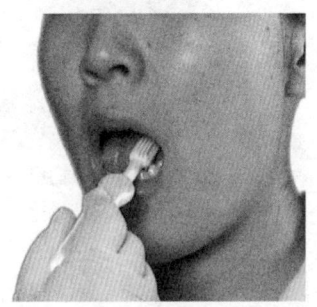 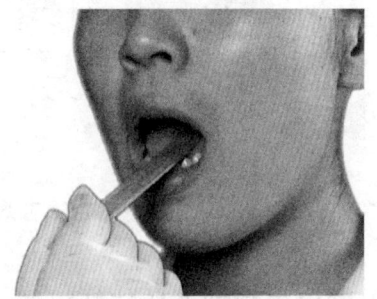

a. 舌侧边刺激法　　　　b. 向下压舌侧缘法

图 3-1-24　舌侧边缘上抬运动治疗技术

（十）促进舌尖上抬与下降运动治疗

舌尖上抬模式是指舌尖能从舌体和舌侧缘分离出来单独上抬。该模式是 /l/ 及其音位组合所必需的口部运动模式。舌尖上抬与下降运动治疗技术主要用来促进患者舌尖单独上抬的模式，共有三种被动治疗的方法：舌尖舔物法、舌前位运动训练法、舌尖上下运动法，如图 3-1-25 所示（仅展示部分）。其中舌前位训练器对增强舌外肌中的颏舌肌以及舌内肌的力量，增强它们运动的灵活性和稳定性，提高它们的协调能力，矫正异常舌前位运动模式，诱发并建立正确的舌前位运动构音运动模式有着很大的作用。

舌前位运动训练器至少有 3 种使用方法，治疗师可以根据患者的具体情况进行选择。

（1）抵抗运动训练

患者张开嘴巴，治疗师将舌前位运动训练器凹面朝下贴其上腭放入，将其后端正好放在上齿龈处，让患者将舌前部向前伸至勺后端的凹槽中，并顶住磨砂面，然后将舌前位运动训练器向后推，让患者用力向前进行抵抗来训练舌前部的肌力，持续 10 s。目的是训练舌前部肌肉组织的力量。

（2）运动范围训练

患者张开嘴巴，治疗师将舌前位运动训练器凹面朝下贴其上腭放入，将其后端正好放在上齿龈处，让患者将舌前部向前上方抬，舌前端贴着勺后端的凹槽，然后将舌前部放下，再向前高抬，再放下，通过舌前部的升降交替运动来训练舌前位的运动，持续 20 s。目的是通过交替运动进行舌前部肌肉组织的训练。

（3）精确构音训练

患者张开嘴巴，治疗师将舌前位运动训练器凹面朝下贴其上腭放入，将其后端正好放在上齿龈处，让患者将舌前部向前上方抬至舌前位运动训练器的凹陷中，利用"声母—韵母"的轮替练习进行舌前位音的训练，最后进行声韵组合训练。目的是做到舌前位构音准确，为精确语音的形成打下基础。

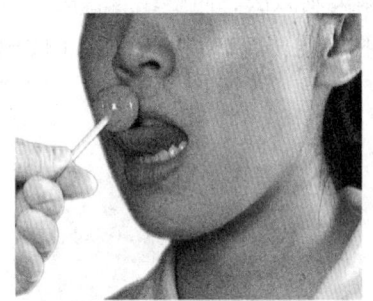
a. 舌尖舔物法

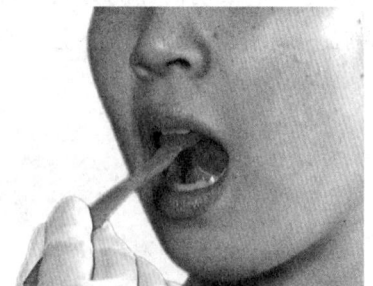
b. 舌前位运动训练法

图 3-1-25　舌尖上抬运动治疗技术

（十一）促进舌前部上抬运动治疗

舌前部上抬运动模式是 /j/、/x/、/q/ 及其音位组合所必需的口部运动模式，该治疗技术包括舌前位运动训练法和舌前部拱起法，如图 3-1-26 所示。

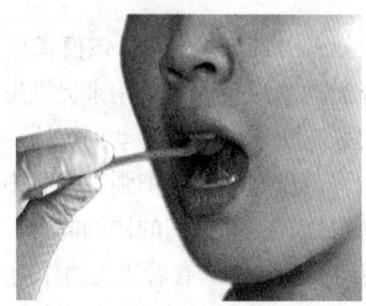
a. 舌前位运动训练法

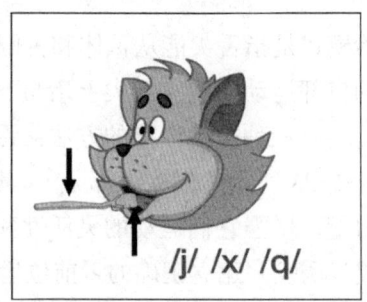
b. 舌前部拱起法

图 3-1-26　舌前部上抬运动治疗技术

（十二）促进舌叶上抬运动治疗

舌叶上抬运动模式是 /z/、/c/、/s/ 及其音位组合所必需的口部运动模式，舌叶轻微上抬治疗技术主要是促进患者舌两侧缘和舌叶同时与上腭接触，舌尖独立舌叶不与上腭接触，但发 /z/、/c/、/s/ 音时舌中线离开上腭形成缝隙。

构音运动治疗

构音运动治疗是在口部运动治疗的基础上,促进已经建立的口部运动准确地应用于构音,进一步强化下颌、唇、舌的各种构音运动模式,促进口部运动与构音运动的统一,为准确的构音奠定良好基础。

构音运动治疗的材料丰富,配以重读训练,可进一步提高口部运动功能,使之顺利过渡到清晰的发音。

构音运动治疗主要包括下颌构音运动治疗、唇构音运动治疗和舌构音运动治疗三部分,三者又都包括单一运动模式构音运动治疗和转换运动模式构音运动治疗。

单一运动模式指下颌、唇或舌处于某一构音位置,如下颌上位、圆唇、舌前位等,单一运动模式的构音运动治疗主要强调"点"治疗,旨在提高下颌、唇或舌在构音过程中所对应位置的准确性。一个单韵母即可看作一个点,如图3-2-1所示的大小圆圈内的单韵母 /ɑ/、/o/、/e/、/i/、/u/、/ü/,每一个单韵母对应的点都有一特殊的构音器官位置,如单韵母 /ɑ/ 对应着下颌低位、自然唇形和舌中下位,即下颌、唇和舌的三种单一运动模式。

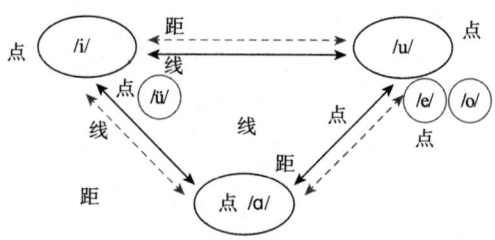

图 3-2-1 构音运动治疗中的"点""距""线"

相邻两个单韵母的距离即为"距",又可称为音节间转换,如阿姨(/ɑ/-/i/),对两个单一运动模式构音运动的转换治疗则强调"距"的治疗,旨在提高下颌、唇或舌在构音过程中两种对应位置间进行灵活的切换能力,如图3-2-1所示的实线。

普通话中的复韵母均由两个或三个单韵母组成,从构音运动的角度看,则是某两个或三个点之间连续、协调运动的结果,如复韵母 /ai/ 即为单韵母 /ɑ/ 和单韵母 /i/ 两点之间的连线,因此对复韵母的构音运动治疗也称转换运动模式的构音运动治疗,又称音节内转换,主要强调"线"的治疗,旨在提高两种构音运动模式之间平滑、连续的过渡,从而提高复韵母的构音清晰度，如图 3-2-1 中虚线所示。

一、下颌构音运动治疗

下颌构音运动主要体现为下颌韵母的构音运动，主要包括：下颌上位运动、下颌下位运动、下颌半开位运动和下颌转换运动模式。这在本书的第二章中已有讲解。其中下颌上位运动指发 /i/、/u/ 等上位音时，下颌需保持在高位水平，并能维持一定时间，完成单韵母的发音；下颌下位运动指发 /a/ 时，下颌需保持在低位水平，并能维持一定时间，完成单韵母的发音；下颌半开位运动指发 /o/、/e/ 等半开位音时，下颌需保持在半开位的水平，并能维持一定时间，完成单韵母的发音，这对很多构音运动障碍患者来说是较难完成的一个构音运动；下颌转换运动指下颌从一个位置顺利过渡到另外一个位置，通常又分为音节内的转换和音节间的转换两种，音节内的转换指在发 /ia/、/ei/ 等复韵母或含有这些复韵母的单音节词时，下颌需要从一个位置顺利过渡到另外一个位置，并完成发音，这不仅要求起点和终点的位置要准确，还要求转换的时间和幅度要恰到好处；音节间的转换指在发"踢打（/i/-/a/）""妈咪（/a/-/i/）"等双音节词时，下颌的位置从前一个音节的某一个位置顺利过渡到下一个音节的另外一个位置。下颌构音运动的四种模式均可以通过定量测量的手段直观地表现出来。下颌构音运动的治疗就是要通过训练达到下颌单一运动模式和转换运动模式下的构音运动要求。

下颌韵母的构音运动治疗方法中，重读治疗是一种非常重要且有效的方法，构音重读治疗作为其中的一个分支，对构音运动治疗的意义尤为重大，它能极大地提高构音运动的灵活性和协调性。构音重读治疗主要通过在一定的节奏和韵律下，重读慢板节奏二和行板节奏一，配合设计好的词语，从而达到建立某种构音运动的目的。图 3-2-2 为下颌韵母构音运动障碍的治疗流程图。

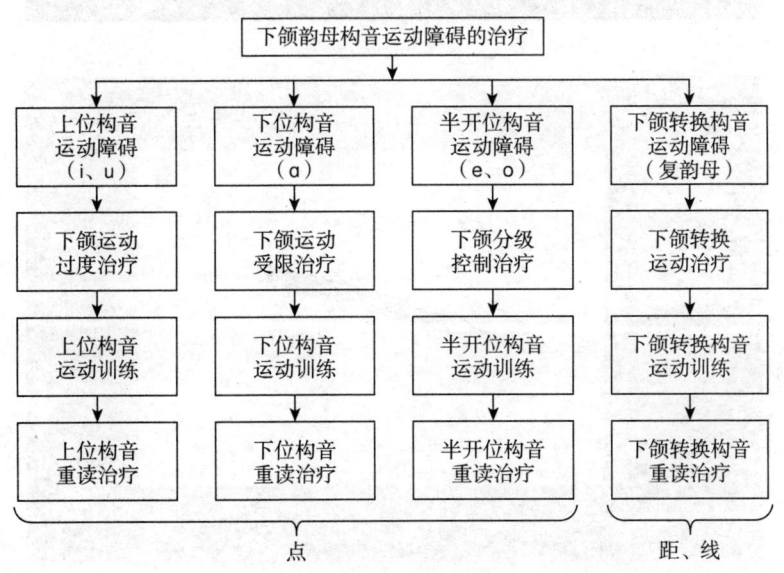

图 3-2-2　下颌韵母构音运动障碍的治疗流程图

（一）下颌构音运动训练

下颌构音运动训练主要围绕下颌韵母，通过设计下颌上位运动，下颌下位运动，下颌半开位运动和下颌转换运动的单音节词、双音节词、三音节词来进行。

在下颌构音运动治疗中，应遵循先易后难、先简单后复杂的治疗顺序，先训练下颌下位运动、上位运动，然后是半开位运动，最后再进行下颌上下转换运动训练，如图 3-2-3 所示。由于下颌构音运动训练不但力求下颌能够保持在某一特定位置，而且以期达到随着音节数量的增加，下颌在单位时间内打开的次数能够增加的目的，为后期的构音语音奠定基础。单音节词的构音运动训练中下颌保持在某一特定位置的时间较短，双音节词、三音节词的构音运动训练中下颌在不同位置的打开次数增加，难度加大。所以下颌构音运动训练要同时遵循从单音节词到双音节词再到三音节词的训练顺序；下颌转换运动训练中的单音节词训练主要针对复韵母的音节内转换运动，双音节词训练则主要针对词语的音节间转换运动。

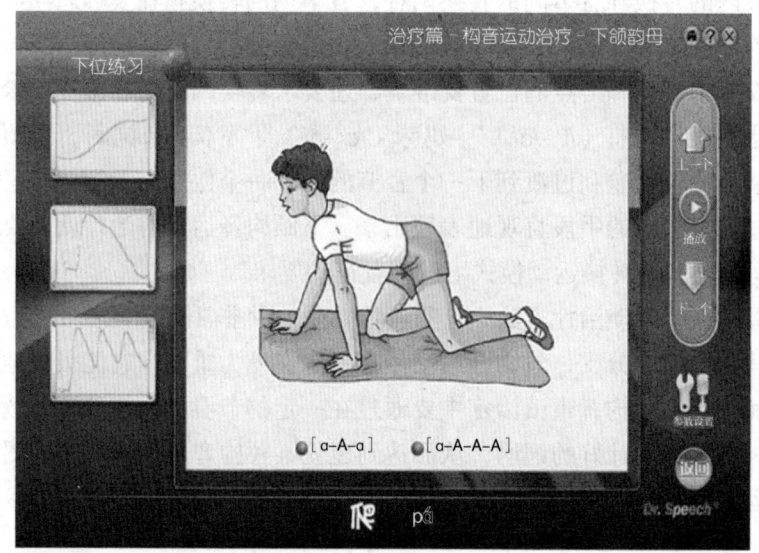

a. 下颌下位运动训练

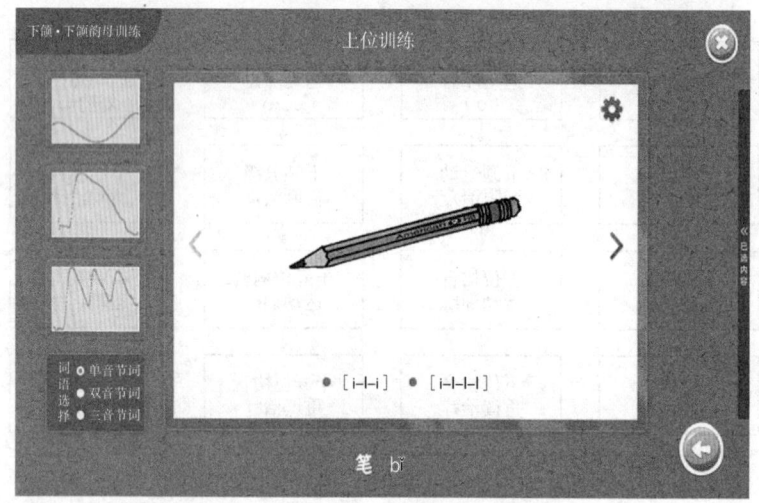

b. 下颌上位运动训练

c. 下颌半开位运动训练

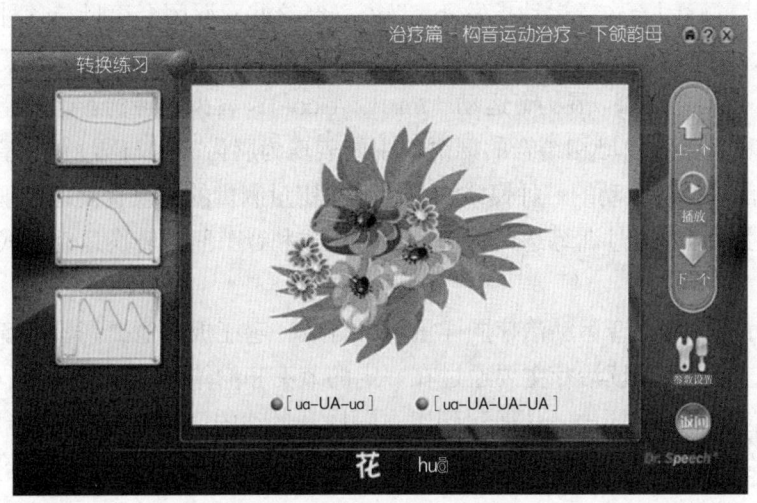

d. 下颌转换运动训练

图 3-2-3　下颌构音运动治疗

（二）下颌韵母构音重读治疗

为了增加发音时下颌运动的灵活性与稳定性，构音训练强调下颌重读治疗，包括核心韵母训练、韵母转换训练、韵母运动训练。训练形式包括［i-A-ɑ］、［ɑ-I-i］、［ü-A-ɑ］、［ɑ-Ü-ü］、［u-A-ɑ］、［ɑ-U-u］、［i-I-A-A］、［ɑ-A-I-I］、［u-U-A-A］、［ɑ-A-U-U］。强调能量法，强调高、低韵母的切换，下颌的运动方式符合高、低韵母的运动。初始训练应以发高元音 /u/ 和 /i/ 为主，最终过渡到声母与韵母的结合，遵循这种系统化训练的模式能取得良好的成效。一般而言，韵母重读训练法以慢板节奏二为主。下颌韵母构音重读治疗的具体策略等详见本章第四节重读治疗的训练方法。

二、唇构音运动治疗

　　唇构音运动主要包括唇韵母的构音运动和唇声母的构音运动两部分。其中唇韵母的构音运动主要包括圆唇运动、展唇运动和圆展唇转换运动模式。唇声母的构音运动主要包括唇闭合构音运动和唇齿接触构音运动。圆唇运动主要指发 /o/、/u/ 等圆唇音时，唇要保持圆形，并维持一定时间，完成单韵母的发音。展唇运动主要指发 /i/、/e/ 等展唇音时，唇需保持展开，并能维持一定时间，完成单韵母的发音。圆展唇转换运动指唇从圆唇顺利过渡到展唇，或从展唇顺利过渡到圆唇，通常又分为音节内转换和音节间转换两种：音节内的转换指在发 /iu/、/uei/ 等复韵母或含有这些复韵母的单音节词时，唇需要从一种形状顺利过渡到另外一种形状，并完成发音，这不仅要求起点和终点的位置要准确，还要求转换的时间和幅度要恰到好处；音节间的转换指在发 "雨衣（/ü/-/i/）" "乌鸦（/u/-/i/）" 等双音节词时，唇从前一个音节的某一种形状顺利过渡到下一个音节的另外一种形状。唇闭合构音运动指发 /b/、/p/、/m/ 这些双唇闭合声母与各种唇形韵母相结合的词语，主要表现为唇闭合与圆唇构音运动（/bu/、/pu/），唇闭合与展唇构音运动（/mi/、/pi/），唇闭合与圆/展构音运动（/miu/、/biao/）；唇齿接触构音运动指发唇齿接触声母 /f/ 与各种唇形的韵母相结合的词语，主要表现为唇齿接触与圆/展构音运动（/fu/、/fe/）等。唇韵母构音运动的三种模式均可以通过定量测量的手段直观地表现出来。唇构音运动的治疗就是要通过训练达到唇单一运动模式和音节间唇转换运动模式下的构音运动要求。

　　重读治疗对于唇构音运动治疗同样重要且有效，它能极大地提高唇构音运动的灵活性和协调性。唇构音重读治疗主要通过在一定的节奏和韵律下，重读慢板节奏二和行板节奏一，配合设计好的词语，从而达到建立唇构音运动的目的。图 3-2-4、图 3-2-5 分别为唇韵母构音运动障碍治疗流程图、唇声母构音运动障碍治疗流程图及治疗目的。

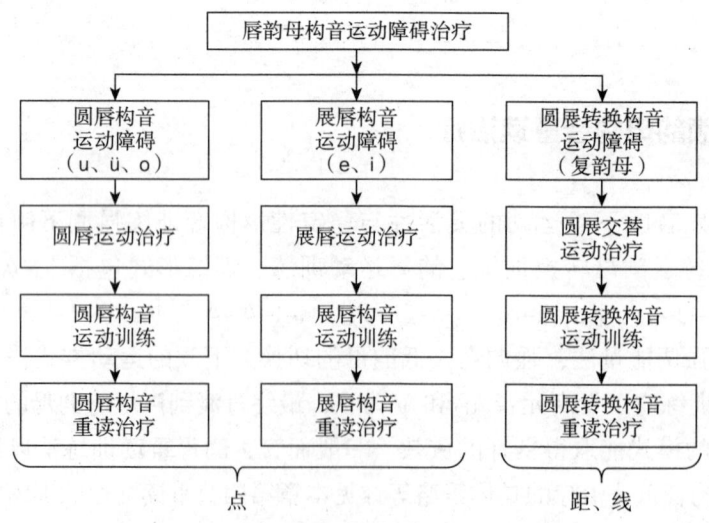

图 3-2-4　唇韵母构音运动障碍治疗流程图

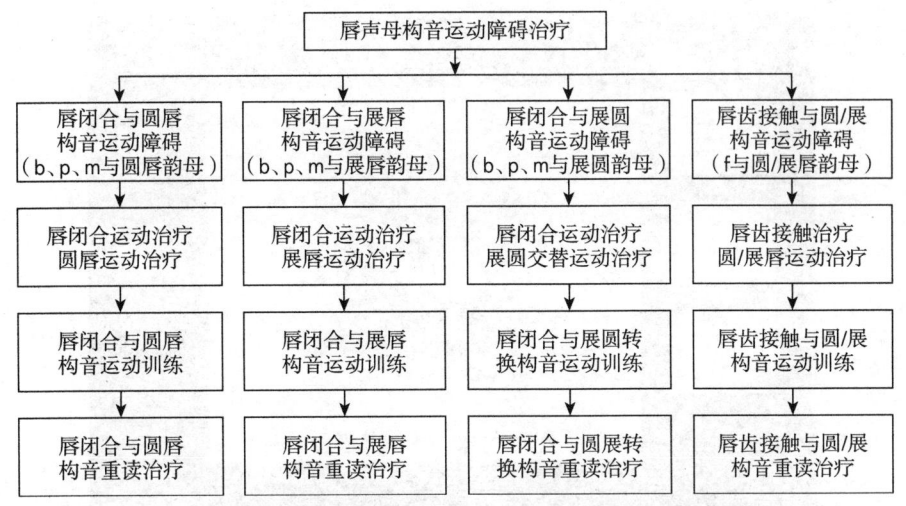

图 3-2-5　唇声母构音运动障碍治疗流程图及治疗目的

（一）唇构音运动治疗

唇构音运动治疗主要通过设计圆唇运动、展唇运动、唇转换运动、唇闭合运动和唇齿接触运动的单音节词、双音节词和三音节词来完成。

在唇构音运动治疗中，也遵循先易后难、先简单后复杂的治疗顺序，先训练圆唇运动、展唇运动、圆展交替运动，然后是唇闭合运动和唇齿接触运动，最后再进行唇闭合运动、唇齿接触运动与各种唇形韵母相结合的运动训练，同时遵循从单音节词到双音节词再到三音节词的训练顺序。圆唇运动和展唇运动的单音节词训练要求唇保持某一特定形状较短的时间，随着音节数的增加，要求唇位于不同位置的次数增加，提高训练难度；唇圆展转换运动训练中的单音节词训练主要针对复韵母的音节内转换运动，双音节词训练则主要针对词语的音节间转换运动；唇闭合运动和唇齿接触运动训练。以上情况如图 3-2-6 所示。

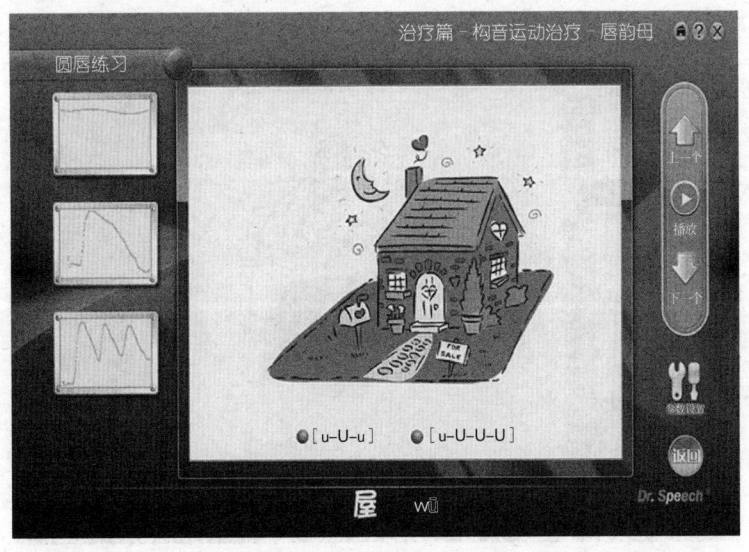

a1. 圆唇运动单音节词训练（/wu/）

a2. 圆唇运动双音节词训练（/wu-wa/）

b1. 展唇运动单音节词训练（/ye/）

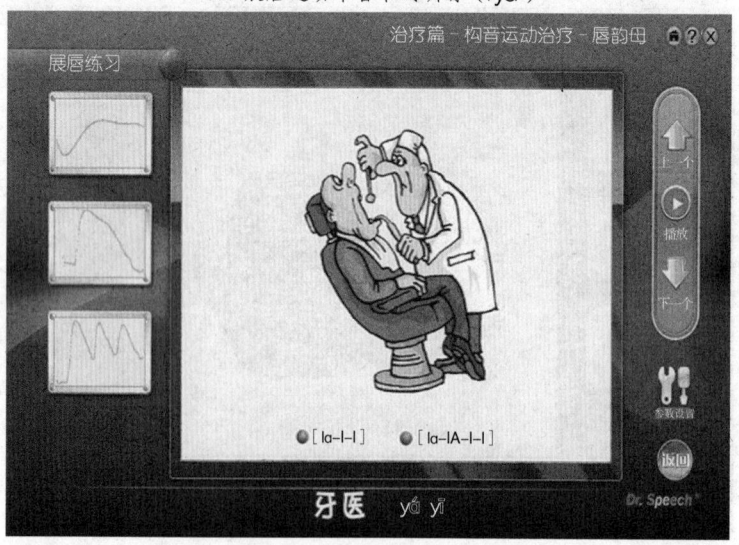

b2. 展唇运动双音节词训练（/ya-yi/）

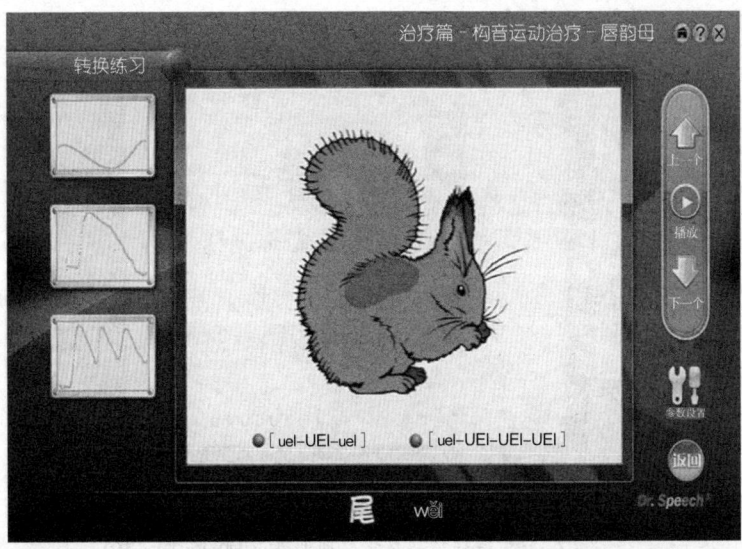

c1. 唇圆展交替运动单音节词训练（/wei/）

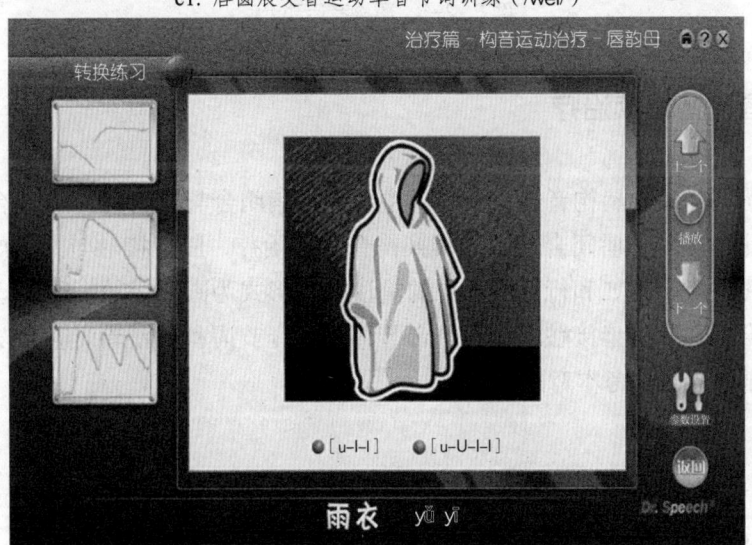

c2. 唇圆展交替运动双音节词训练（/yu-yi/）

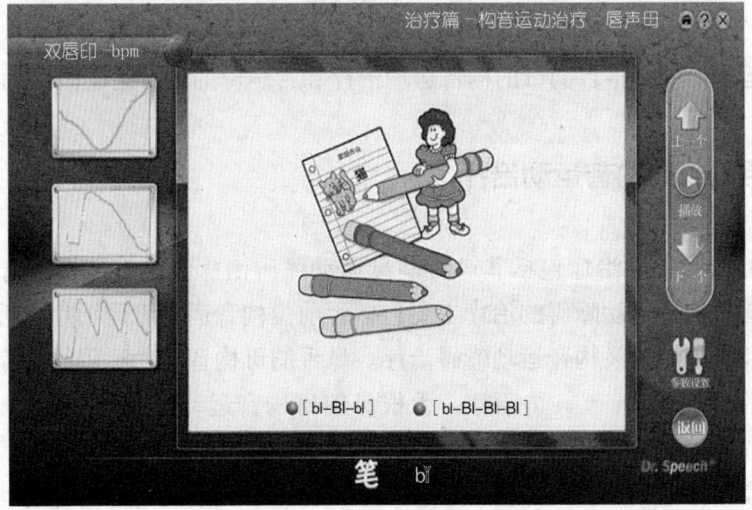

d1. 唇闭合运动单音节词训练（/bi/）

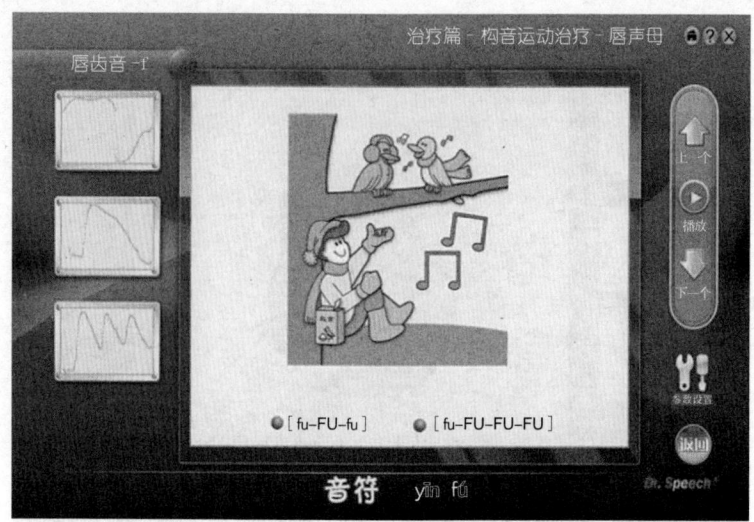

d2. 唇齿接触运动双音节词训练（/yin-fu/）

图 3-2-6　唇构音运动治疗

（二）唇构音重读治疗

重读训练同样适合唇构音运动治疗，主要包括唇闭合与圆唇构音重读治疗、唇闭合与展唇构音重读治疗、唇闭合与圆展转换构音重读治疗、唇齿接触与圆/展构音重读治疗。主要采用慢板节奏二和行板节奏一的重读训练形式为圆唇运动、展唇运动、唇转换运动、唇闭合运动和唇齿接触运动的单音节词、双音节词和三音节词进行设计，反复进行练习。详细内容可参考本章的第四节。

三、舌构音运动治疗

舌构音运动治疗包括舌韵母的构音运动治疗和舌声母的构音运动治疗两个部分。

（一）舌韵母的构音运动治疗

舌韵母的构音运动治疗包括非鼻舌韵母运动障碍治疗和鼻舌韵母构音运动障碍治疗。非鼻舌韵母构音运动障碍的治疗主要包括舌前位构音运动障碍治疗、舌后位构音运动障碍治疗和舌前后转换构音运动障碍治疗。鼻舌韵母构音运动障碍的治疗主要包括舌尖鼻韵母构音运动（/an/、/in/）治疗、舌根鼻韵母构音运动（/ang/、/ing/）治疗、鼻舌韵母转换构音运动（/an/-/ang/、/in/-/ing/）治疗。

重读治疗同样适用于舌韵母构音运动治疗，它能极大地提高舌构音运动的灵活性和协调性。舌构音重读治疗主要通过在一定的节奏和韵律下，重读慢板节奏二和行板节奏一，配合设计好的词语，从而达到建立舌韵母构音运动模式的目的。图 3-2-7 为舌韵母构音运动障碍的治疗流程图。

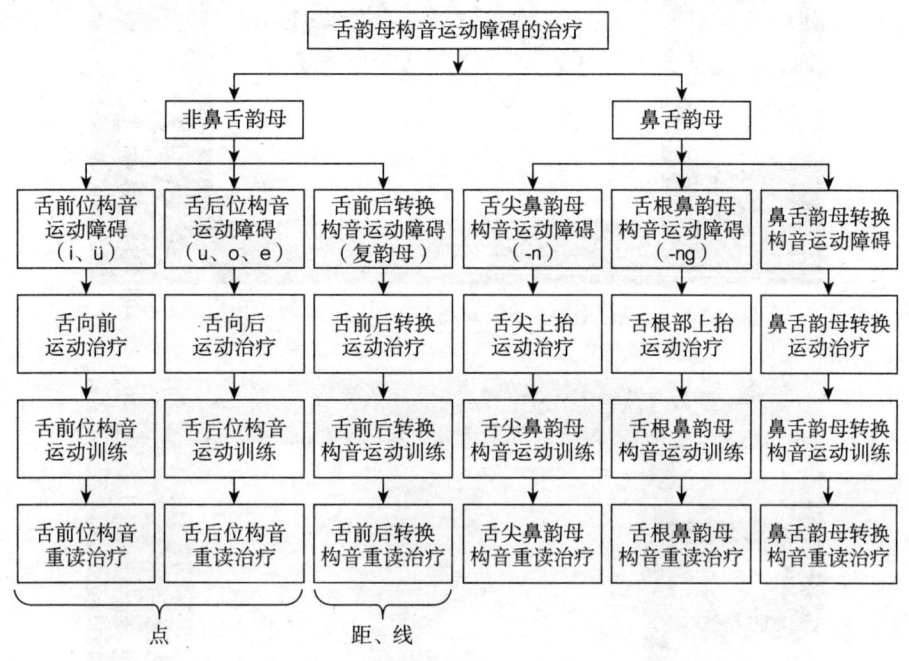

图 3-2-7　舌韵母构音运动障碍的治疗流程图

1. 非鼻舌韵母构音运动障碍治疗

舌前位构音运动障碍治疗、舌后位构音运动障碍治疗和舌前后转换构音运动障碍治疗是非鼻舌韵母构音运动障碍治疗的主要内容。

舌前位构音运动指发 /i/、/ü/ 等音时，舌向前运动，保持在前位一定时间，完成韵母的发音；舌后位构音运动指发 /u/、/e/ 等音时，舌向后运动，保持在后位一定时间，完成韵母发音；舌前后转换构音运动指舌的位置从前向后或从后向前的顺利过渡，如发 /iu/、/ui/ 或"衣物 /yi-wu/"等双音节词，舌的位置先为前位，然后过渡到后位。

在非鼻舌韵母构音运动障碍治疗中，也遵循先易后难、先简单后复杂的治疗顺序，先训练舌前位构音运动、舌后位构音运动，然后是舌前后转换构音运动，同时遵循从单音节词到双音节词再到三音节词的训练顺序，使训练难度不断提高，如图 3-2-8 所示。

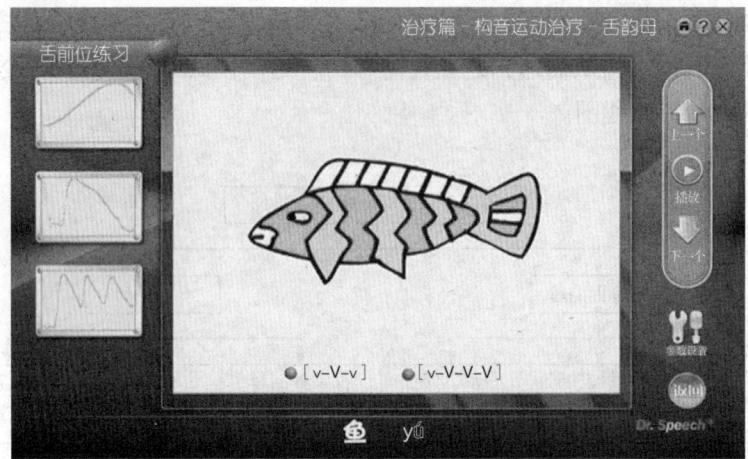

a1. 舌前位运动单音节词训练（/yu/）

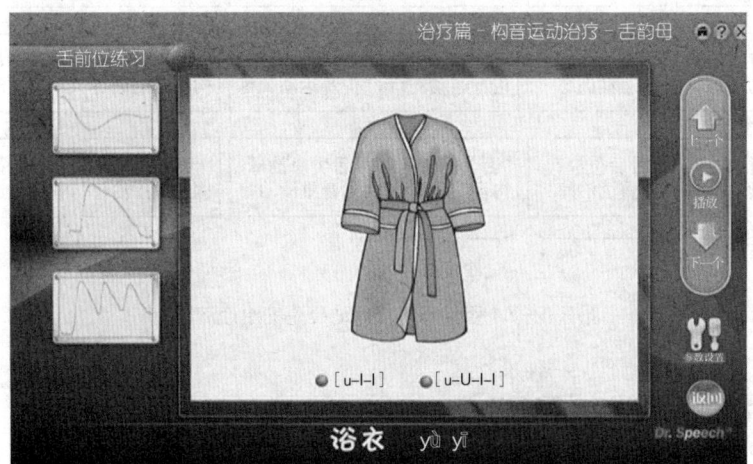

a2. 舌前位运动双音节词训练（/yu-yi/）

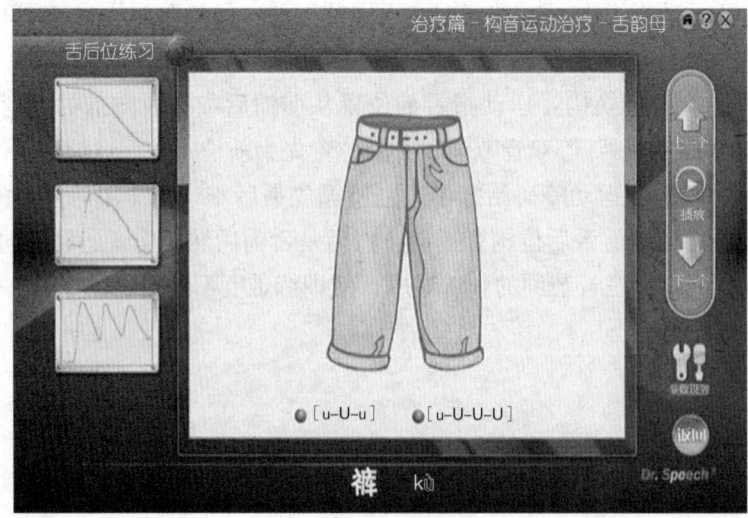

b1. 舌后位运动单音节词训练（/ku/）

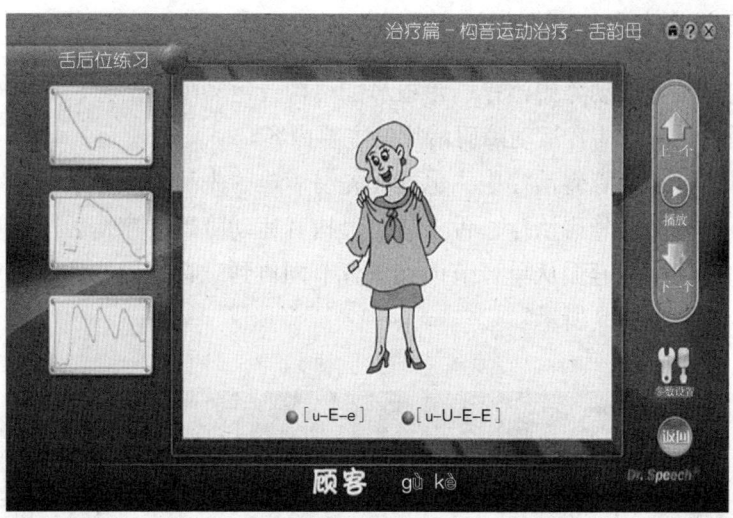

b2. 舌后位运动双音节词训练（/gu-ke/）

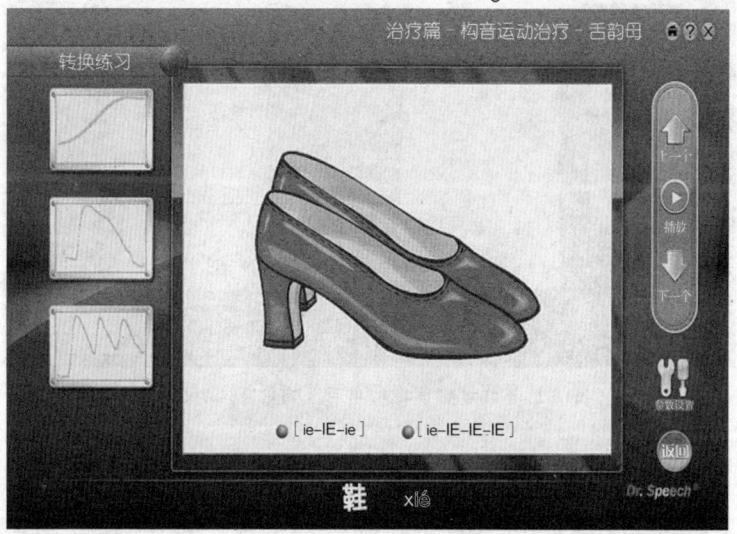

c1. 舌前后转换运动单音节词训练（/xie/）

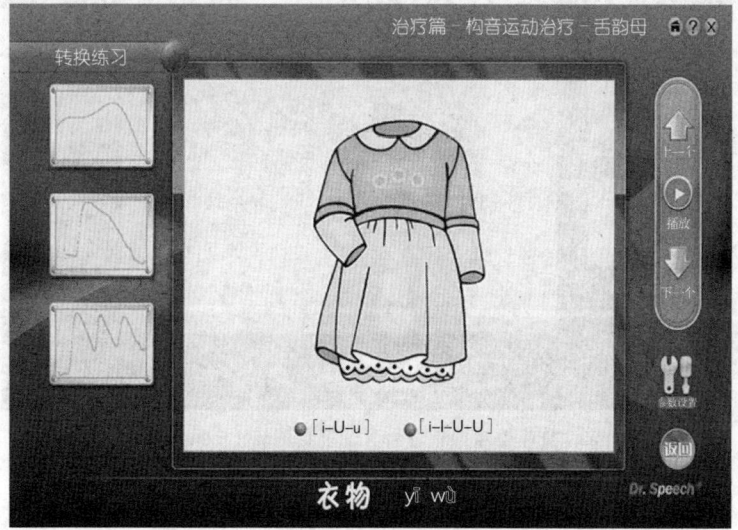

c2. 舌前后转换运动双音节词训练（/yi-wu/）

图 3-2-8　非鼻舌韵母构音运动障碍治疗

2. 鼻舌韵母构音运动障碍治疗

舌尖鼻韵母构音运动障碍治疗、舌根鼻韵母构音运动障碍治疗、鼻韵母转换构音运动障碍治疗是鼻舌韵母构音运动障碍治疗的主要内容。

鼻舌韵母构音运动障碍治疗中，也遵循先易后难、先简单后复杂的治疗顺序，先进行舌尖鼻韵母构音运动障碍治疗、舌根鼻韵母构音运动障碍治疗，后进行鼻韵母转换构音运动障碍治疗。同时遵循从单音节词到双音节词再到三音节词的训练顺序，使训练难度不断提高，如图 3-2-9 所示。

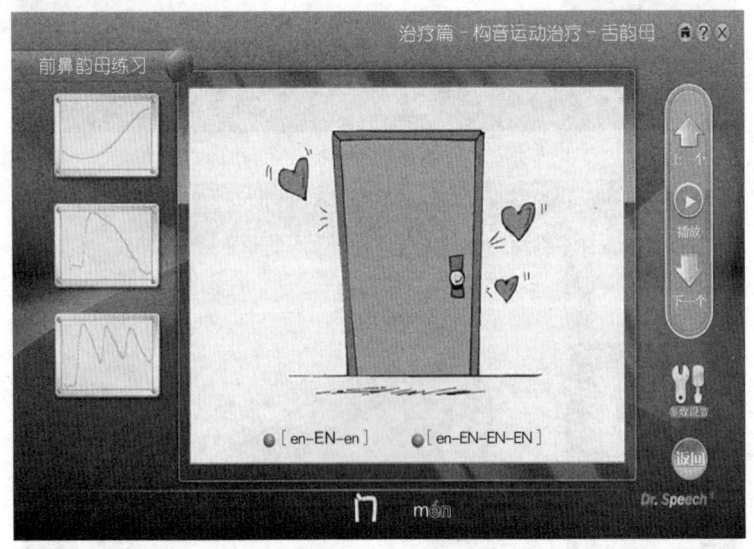

a1. 前鼻韵母构音运动单音节词训练（/men/）

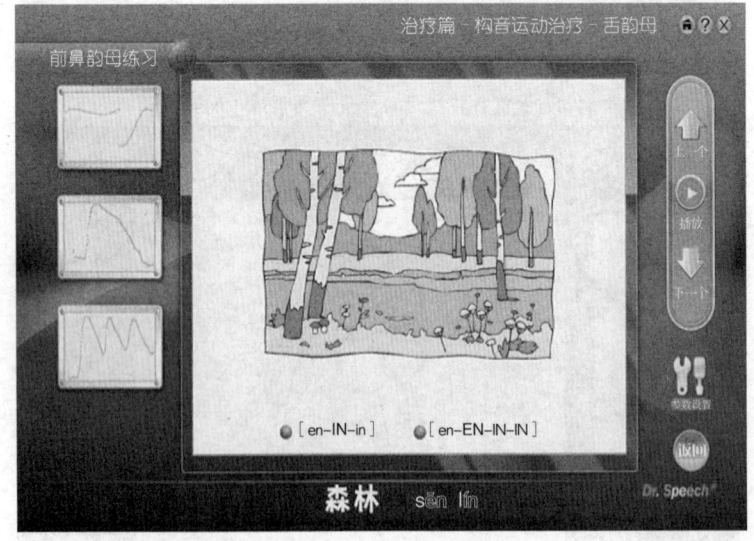

a2. 前鼻韵母构音运动双音节词训练（/sen-lin/）

b1. 后鼻韵母构音运动单音节词训练（/xiong/）

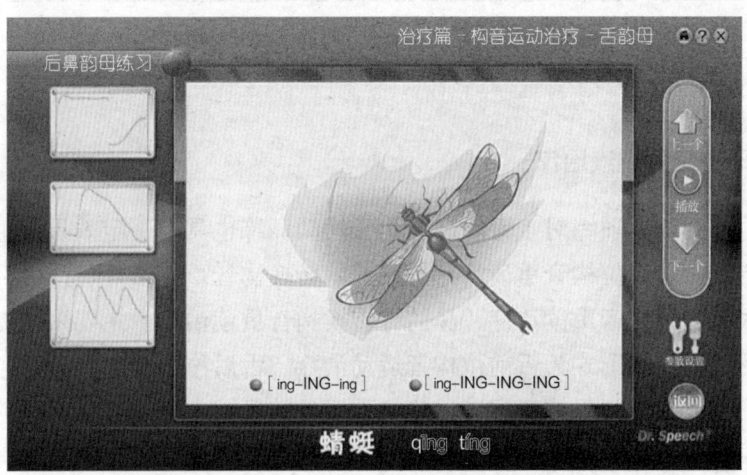

b2. 后鼻韵母构音运动双音节词训练（/qing-ting/）

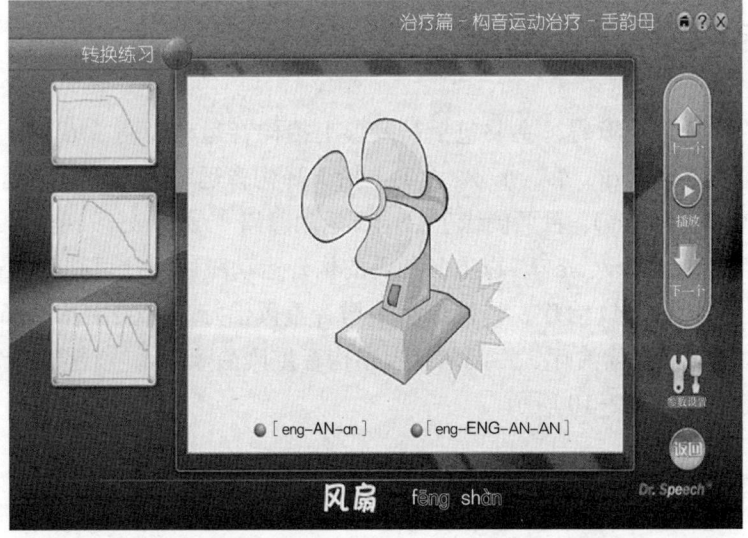

c1. 前后鼻韵母转换运动双音节词训练（/feng-shan/）

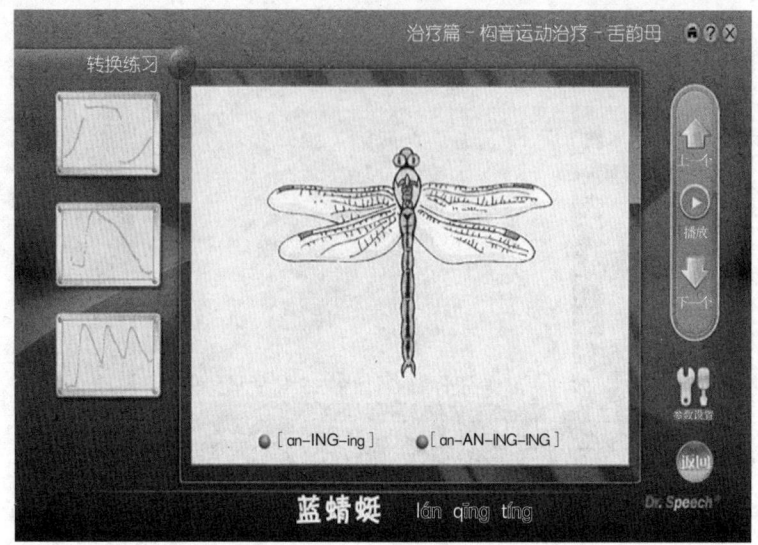

c2. 前后鼻韵母转换运动三音节词训练（/lan-qing-ting/）

图 3-2-9 鼻舌韵母构音运动障碍治疗

3. 舌韵母构音的重读治疗

舌韵母构音的重读训练对于舌韵母的构音运动训练也具有一定效果，主要包括舌前位构音重读治疗、舌后位构音重读治疗、舌前后转换构音重读治疗、舌尖鼻韵母构音重读治疗、舌根鼻韵母构音重读治疗、鼻韵母转换构音重读治疗。主要采用慢板节奏二和行板节奏一的重读训练形式为舌前位构音运动治疗、舌后位构音运动治疗、舌前后转换构音运动治疗、舌尖鼻韵母构音运动治疗、舌根鼻韵母构音运动治疗、鼻韵母转换构音运动治疗的单音节词、双音节词和三音节词进行设计，可反复进行练习。详细内容可参考本章的第四节。

（二）舌声母的构音运动治疗

舌声母的构音运动障碍，主要包括马蹄形上抬构音运动障碍（/d/、/t/、/n/）、舌根部上抬构音运动障碍（/g/、/k/、/h/）、舌尖上抬下降构音运动障碍（/l/）、舌前部上抬构音运动障碍（/j/、/q/、/x/）、舌两侧缘上抬构音运动障碍（/zh/、/ch/、/sh/）、舌叶轻微上抬构音运动障碍（/z/、/c/、/s/）。以上各种舌的构音运动障碍治疗可结合构音重读训练，包括马蹄形上抬构音重读治疗、舌根部上抬构音重读治疗、舌尖上抬下降构音重读治疗、舌前部上抬构音重读治疗、舌两侧缘上抬构音重读治疗、舌叶轻微上抬构音重读治疗。其治疗流程如图 3-2-10 所示。

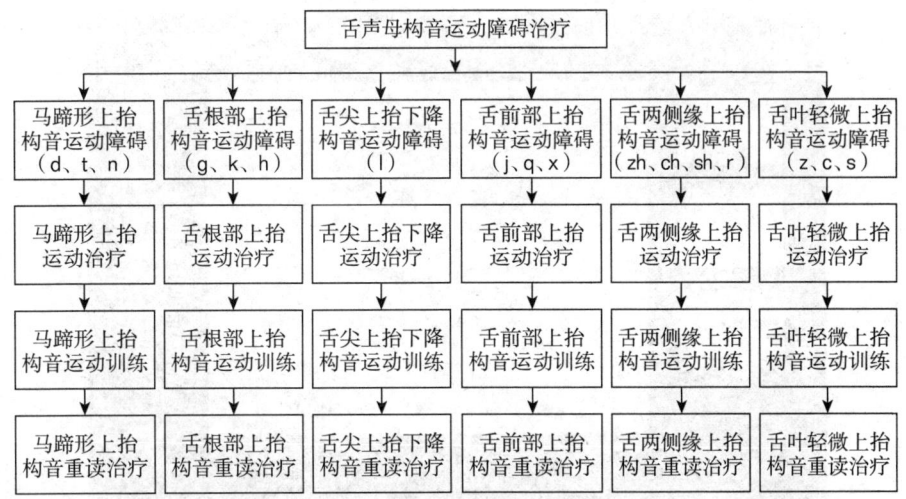

图 3-2-10　舌声母构音运动障碍治疗流程图

舌声母的构音运动障碍治疗中，也要遵循从单音节词到双音节词再到三音节词的训练顺序，使训练难度不断提高，如图 3-2-11 所示。

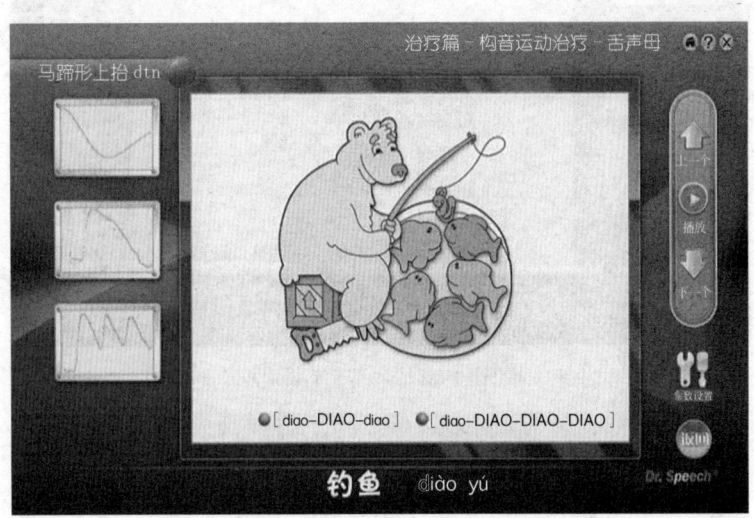

a. 马蹄形上抬构音运动双音节词训练（/diao-yu/）

b. 舌根部上抬构音运动单音节词训练（/gu/）

c. 舌尖上抬下降构音运动双音节词训练（/li-wu/）

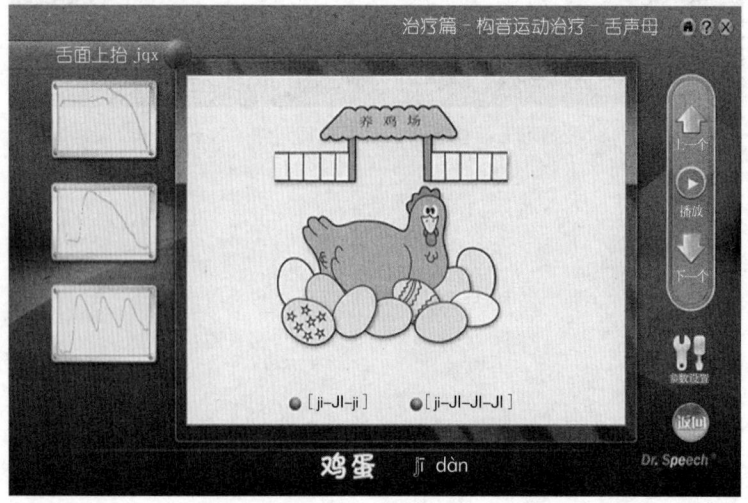

d. 舌前部上抬构音运动双音节词训练（/ji-dan/）

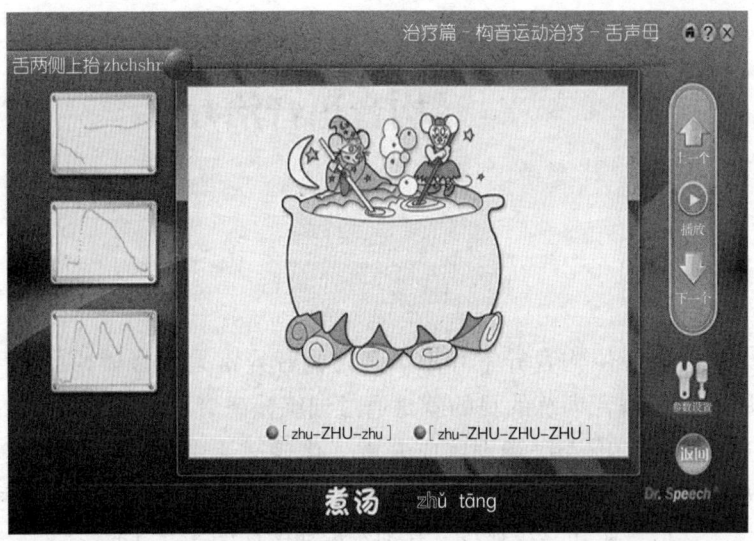

e. 舌两侧缘上抬构音运动双音节词训练（/zhu-tang/）

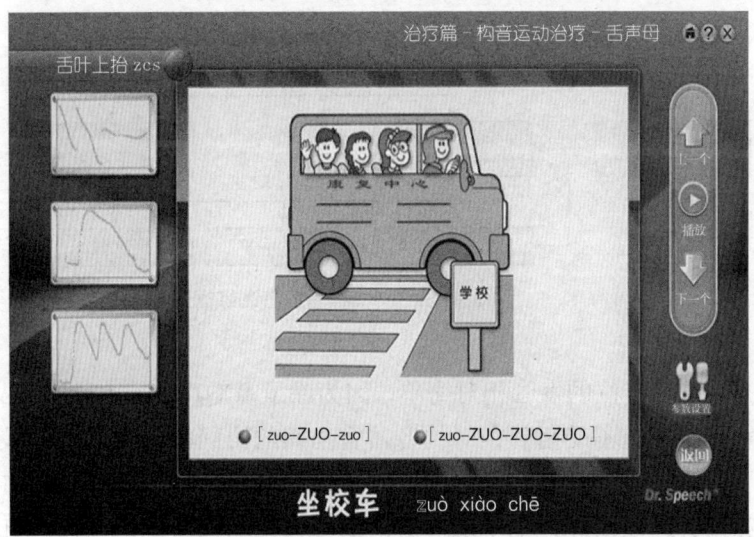

f. 舌叶轻微上抬构音运动三音节词训练（/zuo-xiao-che/）

图 3-2-11　舌声母构音运动治疗

第三节 构音语音治疗

韵母音位构音异常和声母音位构音异常是构音障碍的主要临床表现，所以构音语音训练的目的就是通过训练让患者掌握韵母音位和声母音位的正确构音。构音语音训练应着重强化普通话中 21 个声母的发音，由易到难，以提高声韵组合的构音清晰度。构音语音训练包括音位诱导、音位习得、音位对比和音化强化。其训练框架图如图 3-3-1 所示。

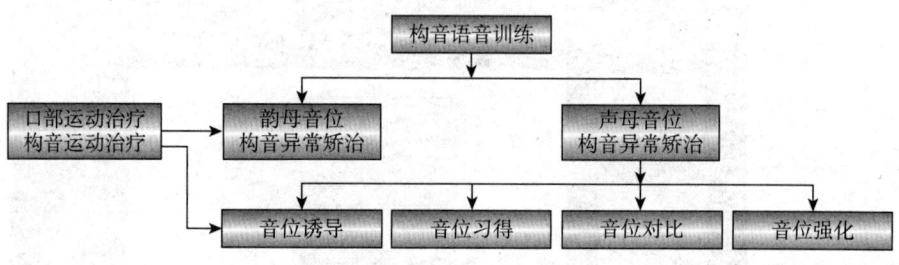

图 3-3-1　构音语音训练框架图

韵母音位的发音相对简单，因为除了鼻韵母外，其余韵母皆为纯元音，发音时声道不受阻碍，对构音器官之间的协同构音能力要求较低，仅涉及下颌、唇、舌不同位置的摆放及转换，因此通过前面介绍的口部运动治疗和构音运动治疗，基本能够解决韵母音位的构音问题。而声母音位的发音则较为复杂，发音部位和发音方式的掌握对声母习得来说缺一不可。声母发音时需要两个不同部位形成不同程度的阻塞或约束，即患者首先必须明确是哪两个部位形成阻塞或约束，其次必须能理解、掌控这两个部位是如何通过特定的运动形成特定程度的阻塞或约束。因此，仅通过口部运动治疗和构音运动治疗不能完全解决声母音位的构音异常，必须对患者进行系统有序的引导和训练。故声母音位构音异常矫治，应包括音位诱导、音位习得、音位对比和音位强化四个主要环节，尤其是前三个环节最为关键。在训练过程中，可根据患者的实际需要，加入相应的口部运动治疗和构音运动治疗，为良好的构音语音奠定生理基础。

一、韵母音位构音异常治疗

（一）韵母音位构音异常治疗顺序

韵母音位构音异常治疗可遵循单韵母（/ɑ/ → /u/ → /i/、/ü/ → /e/、/o/）→后响复韵母→前响复韵母→中响复韵母→前鼻韵母→后鼻韵母的原则进行训练。如图 3-3-2 所示。

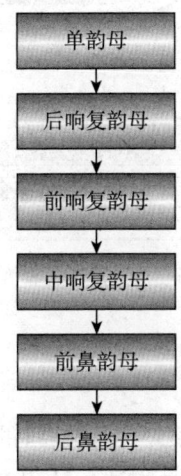

图 3-3-2 韵母音位构音异常治疗顺序

韵母音位构音异常治疗的流程包括发音认识、口部运动治疗和构音运动治疗三部分。其中，发音认识指治疗师通过视觉、听觉、触觉等通道，让患者认识目标韵母的发音过程，意识到自己发音的问题所在；口部运动治疗指通过本章所述口部运动治疗方法对患者构音异常的韵母音位涉及的下颌、唇和舌的运动进行必要的口部运动治疗，为清晰构音奠定生理基础；构音运动治疗指通过本章所述的构音重读治疗法对韵母音位进行构音运动治疗，在正确的口部运动基础上，通过构音运动治疗进一步巩固发音中所需各种构音运动模式的建立。

韵母音位构音异常治疗主要以口部运动治疗为主，相关治疗方法已经在前面的章节进行了具体的讲述，此处，以 /i/ 的构音异常治疗为例，进一步说明韵母音位构音异常的治疗流程。

（二）韵母音位构音异常治疗示例

图 3-3-3 表示为一名 8 岁的男性患者发三个核心韵母 /ɑ/、/i/、/u/ 的线性预测谱分析结果，图的上方区域显示为下方声波区域所框起的 /i/ 的线性预测谱，该患者 /i/ 的第一共振峰 F_1 的值处于正常范围内，而第二共振峰 F_2 的值与同龄同性别儿童的参考范围值相比偏小，说明该患者发 /i/ 时出现了舌位后移，导致主观听感上 /i/ 出现了构音异常。

结合主观评估和客观测量结果，对该患者 /i/ 音位的发音诊断分析结果为：发 /i/ 时舌位靠后，发 /i/ 时有鼻音，软腭运动不协调，舌后缩、舌的控制能力差，发音时下颌紧闭。根据上述韵母音位构音异常的矫治流程，为该患者制订了音位 /i/ 的治疗方案。

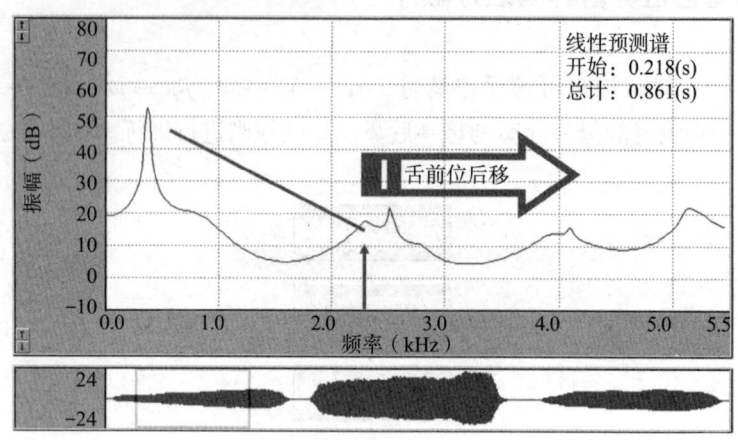

图 3-3-3　一名构音异常患者发 /i/ 的线性预测谱

1. 发音认识

让患者感知、理解 /i/ 音的发音方法，构音器官的相对位置，构音器官之间的协同等。治疗师可通过视觉、听觉和触觉等多种方法，让患者体会发 /i/ 音时，下颌处于高位，但未完全闭合的感觉，唇为展唇，舌前伸，舌位为高位，声带振动气流从口腔中出来。

2. 口部运动治疗

针对该患者的发音异常现象，/i/ 的口部运动治疗主要包括软腭运动治疗和促进舌体前伸的治疗两部分。其中软腭运动治疗包括软腭被动刺激和软腭自主运动；促进舌体前伸的治疗包括舌前伸运动治疗法、舌尖向下伸展运动治疗法和舌尖向上伸展运动治疗法。

3. 构音运动治疗

通过含有 /i/ 的单音节词和双音节词的构音重读治疗，采用慢板节奏二或行板节奏一的形式用于含有韵母音位 /i/ 的单音节词、双音节词和三音节词，反复进行练习，巩固使韵母音位 /i/ 正确的构音运动。如图 3-3-4 所示，构音运动治疗的材料可以选择单音节词如：衣、椅、鼻、笔、臂等，双音节词如：弟弟、一米、秘密、丽丽等，其中图片左侧分别显示的是声调图、慢板节奏二的基频曲线图、行板节奏一的基频曲线图。患者可结合重读治疗进行视听反馈。

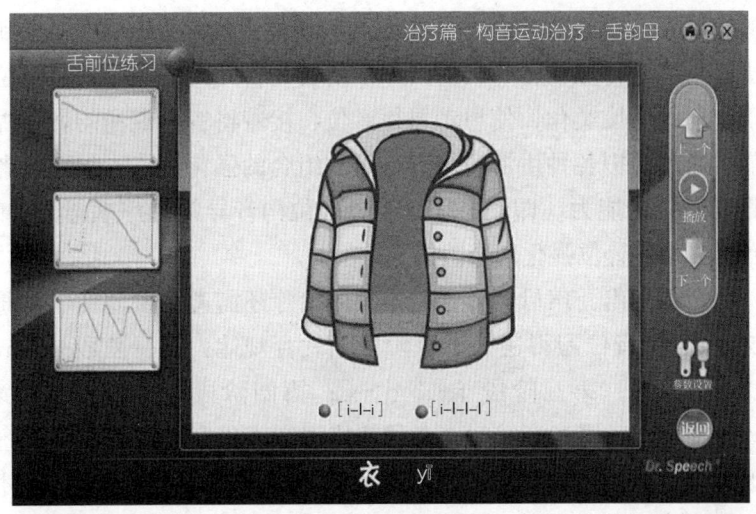

a. 单音节词

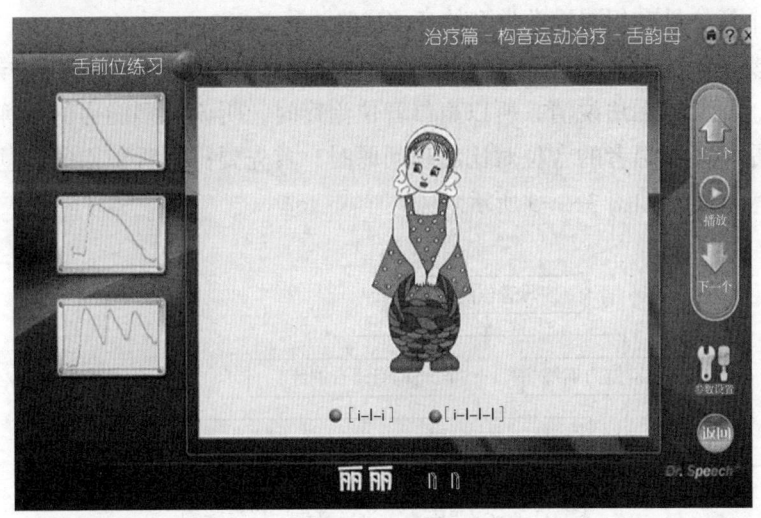

b. 双音节词

图 3-3-4　/i/ 的构音运动治疗

通过上述韵母构音音位异常的矫治，该患儿 /i/ 音位的发音从主观听感上逐渐趋于正常，客观测量结果显示，该患者 /i/ 的第二共振峰 F_2 的值逐渐增大，最终处于正常范围内，发 /i/ 时舌位靠后，有鼻音的现象得到了明显改善。

二、声母音位构音异常治疗

音位诱导、音位习得、
音位对比训练示范

常见的声母音位异常为声母遗漏、声母替代、声母歪曲等。这种异常归根结底与声母构音音位的发音部位和发音方式有关，主要有以下几种情况：一是患者不能认识到目标音位的正确发音部位和发音方式，表现为目标音位遗漏、替代或歪曲；二是能够认识到目标音位的正确发音部位和发音方式,但无法找到正确的发音部位或/和建立正确的发音方式。所以,声母音位构音异常的治疗主要目的首先是诱导出声母音位,然后在音位诱导的基础上进行音位类化,使患者习得音位,接着将容易混淆的音位提取出来进行对比训练,最后通过模拟各种生活情境进行声韵组合的强化训练,加强患者在生活中灵活使用已习得的音位的能力。即图 3-3-5 声母音位构音异常治疗框架图中的音位诱导、音位习得、音位对比、音位强化四个阶段。

黄昭鸣、韩知娟指出,声母构音音位异常的治疗还需遵循普通话中普通儿童声母习得规律,即 21 个声母音位习得遵循五个阶段的发育规律:第一阶段 /b、m、d、h/;第二阶段 /p、t、g、k、n/;第三阶段 /f、j、q、x/;第四阶段 /l、z、s、r/ 和第五阶段 /c、zh、ch、sh/。在进行构音语音训练时,必须严格遵守声母音位习得规律进行训练,只有遵循从易到难的顺序,逐步加大治疗的难度和深度,构音障碍的康复效率才能得到快速提高,否则就会止步不前。此外,声母音位构音异常的治疗还应遵循相同优先的原则,即对与前一个音位具有相同异常类型的音位优先进行治疗。

特别需要说明的是,许多儿童患者,尤其是听障儿童,声母音位构音异常往往是音位无法听清,而导致无法说清,所以声母音位治疗时,听说识别能力的训练也是很有必要的,尤其是当儿童患者的音位对比出现问题时,首先要排除听识别的问题。声母音位构音异常治疗框架图如图 3-3-5 所示。

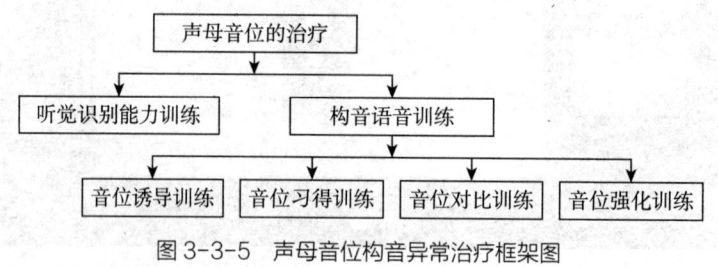

图 3-3-5　声母音位构音异常治疗框架图

(一)声母音位诱导训练

音位诱导训练是声母构音语音训练中最为重要的一个阶段,它的主要目的是帮助患者诱导出本被遗漏、替代或者歪曲的目标声母音位,是一个从无到有的过程。训练的关键是根据目标音位的错误走向,分析未掌握的音位及其错误走向,进行针对性的训练。具体可从如下三个步骤进行。

1. 音位感知训练

诱导患者发出目标音位,需要增强患者对目标音位的感知能力,让患者感受该音位的声学特征,该阶段不需要患者模仿发音或者实际发音十分准确,因此材料无须过多,但选择的材料一定是患者在日常生活中可以轻易见到的。音位感知主要依靠听觉感知,因此可以通过听觉康复训练仪中的听觉分辨和听觉识别模块,让患者感受该音位的各个声学特征。以 /t/ 的音位诱导为例,选择"兔子""手套"等这些在生活中更容易找得到的实物进行视觉、触觉等感知觉的综合认识。每一个音位至少选取一个词语来进行感知训练，这个词语既可以是单音节词，也可以是双音节词或三音节词，选用的图片可以先卡通图片再实物图片。图 3-3-6 展示的是声母音位 /b/ 的感知训练材料。

a. 卡通图片　　　　　　　　　　b. 实物图片

图 3-3-6　/b/ 音位感知材料举例

2. 认识目标音位

认识目标音位重点是认识其正确的发音部位和发音方式，当患者对目标音位有了一定程度的感知后，需要让患者了解该声母音位的生理特征，即了解该目标音位发音时，构音器官如何协调运动，发音部位在哪里，采用了何种发音方式等，让患者对目标音位有一个全方位的认识。在正常言语状态下，由于语速很快，并且大部分的构音运动在口腔内部发生，声母的发音部位和发音方式难以简单地通过眼睛观察到，所以可以借助视频形式（简称发音教育）动态呈现目标音位发音的整个过程。帮助患者准确地观察发音过程中，下颌、唇、舌等重要构音器官的运动、气流呼出的路径、气流的多少及持续时间，图 3-3-7 是声母 /t/ 的发音教育举例。

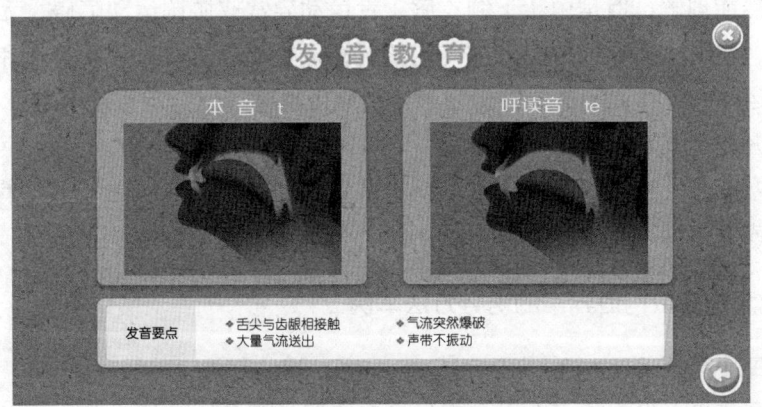

图 3-3-7　声母 /t/ 的发音教育举例

3. 诱导目标音位

诱导目标音位是帮助患者找到正确的发音部位并建立正确的发音方式，同时掌握目标声母的送气特征。一些患者在认识到目标音位的正确发音部位和方式后，经过多次自主模仿，就能发出正确的目标音位。但是大部分患者仍然需要进一步的指导和训练，才能诱导出目标音位的呼读音或者一至两个含有该目标音位的单音节。所以，目标音位的诱导是患者习得该音位的第一步，其训练的核心是结合患者目标音位的口部运动能力水平、构音运动水平、患者的兴趣爱好等帮助患者找到问题所在，成功发出目标音位。如图 3-3-8 所示。

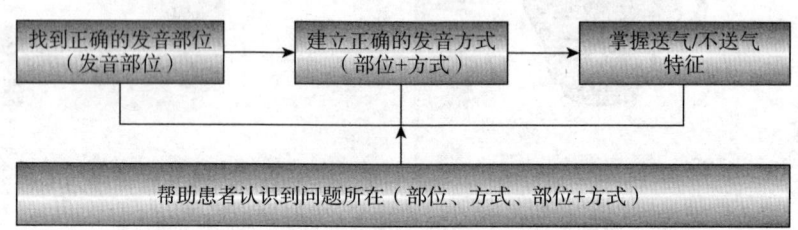

图 3-3-8　目标声母音位的诱导方法

（1）找到目标音位的正确发音部位

任何一个声母的正确发音都需要发音部位和发音方式的完美结合，但发音部位更为基础，发音方式依附于发音部位。一旦发音部位错误，目标音位的发音就必然发生错误，所以首先要帮助患者找到发音时形成阻塞的两个部位，一般可以采用目标音位发音的动态视频，结合视觉、触觉、演示等手段找到正确的发音部位。

（2）建立目标音位的正确发音方式

帮助患者仅仅找到发音时阻塞的两个部位并不能诱导出目标音位，必须让患者理解并掌控这两个部位是如何通过特定的运动产生塞音、擦音和塞擦音。这是音位诱导中最复杂的一步。对目标音位正确运动的理解受患者自身的认知水平影响很大，认知水平较高的患者理解速度较快，而认知水平较低的患者理解起来则较困难。要特别指出的是，很多患者虽然能理解，但是由于下颌、唇、舌运动异常或协调运动障碍，无法掌控发音部位的运动，这时就需要根据患者的特定情况，选择相应的口部运动治疗和构音运动治疗，提高其运动的灵活性和协调性，为最终诱导出目标音位奠定生理基础。

（3）掌握送气或不送气特征

塞音、塞擦音有送气和不送气之分，如果患者存在送气与不送气相混淆的情况，则应进行送气或不送气特征的治疗。

4. 常见声母音位构音异常的诱导方法举例

（1）声母遗漏的诱导方法

声母遗漏指患者发声韵组合时将声母发音遗漏的现象。声母遗漏往往提示我们患者的发音部位和发音方式均有问题，诱导要从头开始，即首先帮助患者找到正确的发音部位，然后建立正确的发音方式。以 /p/ 的发音遗漏为例，首先引导患者观察发音教育视频，发 /p/ 时，双唇闭合，形成阻塞，双唇闭合放开时，气流从口腔呼出。因为 /p/ 发音部位的可视性很高，所以只要治疗师结合视频并做好示范即可，要特别提示患者控制气流从口腔呼出，体会患者发 /p/ 音时双唇的参与及送气的特征。然后，用压舌板帮助患者找到双唇紧闭的感觉，帮助患者找到正确的发音部位。接着进行口鼻分离训练，体会气流从口部呼出的感觉。将纸条放于患者口前，让患者体会深吸一口气将纸条高高吹起的感觉，诱导发音，反复数次，帮助患者建立正确的发音方式。以下是声母构音音位遗漏的诱导举例。

音位 /d/ 遗漏诱导训练。患者无法发出声母 /d/。

第一，音位 /d/ 的错误分析。首先分析患者发 /d/ 音时的遗漏原因，患者不能发出 /d/，说明不能找到发音部位，也未习得发音方式。同时，患者可能舌中后部较高，舌尖肌力较弱；舌尖用力向上抵住齿龈时，突然放开的能力较弱。

第二，设计 /d/ 的音位诱导方案。针对患者未能掌握目标音位的发音部位和发音方式，一是认识目标音位 /d/，认识 /d/ 的舌尖、齿龈塞音的发音特征，引导患者观察舌尖、齿龈的发音部位。二是找到发音部位，认识 /d/ 的舌尖、齿龈塞音的发音特征。三是建立 /d/ 的正确运动，增强舌的整体功能和舌尖肌力，首先可以采用压舌板增强舌尖的感知觉；其次进行增强舌尖肌力的训练，可采用推舌尖法、下压舌尖法，最终体会舌尖向上用力的感觉；要求患者舌尖向上用力抵住齿龈，持续数秒；用手势模仿塞音的发音方式，展示其突然爆发的过程；嘱咐患者舌尖向上用力抵住齿龈，而后将舌尖突然放下，诱导患者发 /dɑ/。

（2）声母替代的诱导方法

声母替代主要指发声韵组合时用与目标音位具有一个维度差异的其他音位进行替代的现象。声母替代往往提示我们，患者要么在发音方式上存在问题，要么在发音部位上存在问题。在诱导目标音位时，应根据患者的错误走向，选择从哪个步骤开始进行音位诱导训练。如患者将 /g/ → /d/，发音方式正确，发音部位错误（/g/ 舌根音，/d/ 舌尖中音），需要首先帮助患者找到正确的发音部位；如患者将 /b/ → /m/，发音部位正确，但目标音位的发音方式错误（/b/ 发音时，双唇突然打开，气流从口腔释放，/m/ 发音时，双唇闭合，气流只能从鼻腔逸出），所以音位诱导从建立目标音位 /b/ 的发音方式开始；如患者将 /p/ → /b/，发音部位正确，目标音位的运动正确，但是未掌握送气特征，所以要从掌握送气特征开始进行训练。一般能够正确诱导出目标音位的呼读音或者一至两个含有该目标音位的单音节就意味着音位诱导训练的完成。虽然针对 21 个不同的声母音位，甚至是同一声母音位的不同错误走向，都有不同的诱导方法，但只要先分析出属于发音部位还是发音方式的问题，随后的诱导才能具有针对性。以下是声母构音替代音位诱导举例。

① 音位 /b/（/b/ → /m/）诱导训练，患者发声母 /b/ 时，用 /m/ 替代。

第一，音位 /b/ 的错误分析。首先分析患者发 /b/ → /m/ 的问题所在，当患者用 /m/ 替代了 /b/，说明患者对 /m/ 音的发音部位掌握准确，而发音方式错误，将塞音的发音方式替代为鼻音的发音方式，那么音位 /b/ 的发音错误在于，患者未能掌握塞音的发音特征。导致的原因可能有两个：一是软腭运动不良，导致发音时软腭不能及时抬向后上方抵住鼻咽通道，致使气流从鼻腔出来；二是不能有意识地控制气流从口腔呼出，故用鼻音替代塞音。

第二，设计 /b/ 的音位诱导方案。针对患者未能掌握塞音的发音特征这一现象，一是认识目标音位 /b/，认识 /b/ 的双唇塞音的发音特征，引导患者观察 /b/ 的非鼻音特征，使用镜面起雾法或捏鼻法，帮助患者认识到 /b/ 的气流从口腔输出，使得患者意识到自身的问题，如图 3-3-9 所示。二是找到 /b/ 的发音方式，可以通过软腭运动功能训练控制气流从口腔呼出，如若不能，则进行口鼻呼吸训练，双唇闭合放开，双唇放开时气流呼出，可捏鼻辅助，诱导发音，可以使用鼻流量检测仪对患者口鼻的气流进行实时反馈，如图 3-3-10 所示。

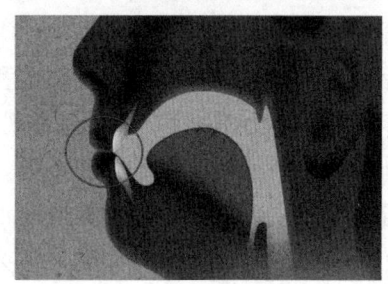

图 3-3-9 /b/ 的发音教育

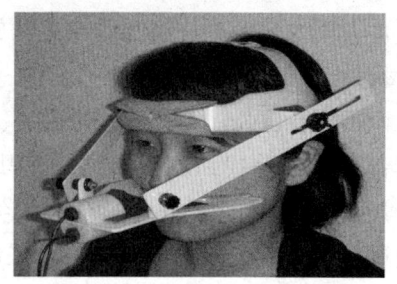

图 3-3-10 /b/ 的鼻流量辅助检测

② 音位 /p/（/p/ → /b/）诱导训练，患者发声母 /p/ 时，用 /b/ 替代。

第一，音位 /p/ 的错误分析。首先分析患者发 /p/ → /b/ 的问题所在，当患者用 /b/ 替代了 /p/，说明患者对 /p/ 音的发音部位掌握准确，但未掌握送气的特征，将不送气塞音的发音方式替代为送气塞音的发音方式。导致的原因可能有两个：一是呼气能力不足，导致发音时，气流不能及时从口腔呼出，尤其是除阻的一瞬间；二是双唇闭合能力不足，发音时不能及时除阻，导致气流不能瞬间从口腔呼出。

第二，设计 /p/ 的音位诱导方案。针对患者未能掌握目标音位的送气特征，一是认识目标音位 /p/，认识 /p/ 的双唇送气塞音的发音特征。引导患者观察 /p/ 发音时伴有大量的气流呼出，意识到问题所在。二是巩固 /p/ 的运动，/p/ 的发音对于双唇闭合的要求大于 /b/，需要巩固和增强患者双唇闭合的能力，可以借助夹住压舌板、唇操器法进行训练。三是掌握送气特征，以较强的气流大幅度吹动纸条（必须是强气流、大幅度），改变纸条距离口外的距离为 10 cm → 20 cm → 30 cm，最终停留在 30 cm 处，要求患者连续多次以较强的气流大幅度持续吹动纸条；要求患者双唇闭合，同样以上述的要求和步骤进行吹纸条的活动，可以观察到大部分患者在吹气的过程中伴有较明显的 /p/ 的气流声。强调在整个吹气过程中都必须保持双唇闭合的姿势。如果某些患者的程度较重，不会进行吹气活动，则可以进行口鼻呼吸分离训练，帮助患者控制气流从口中呼出，学会吹气球、吹泡泡。如果患者能够吹气，但气流少而弱，吹不动纸条，则需给此类患者进行增加肺活量的训练，可以结合蹲起、跑步等体育锻炼，采用用力呼气训练、呼气控制训练和唱音训练，增加患者的肺活量。

③ 声母歪曲的诱导方法。

若患者将声母发音歪曲，那么对该目标声母的诱导也要从头开始，首先帮助患者找到正确的发音部位，然后建立正确的发音方式。以 /n/ 发音歪曲为例，应首先引导患者观看发音教学视频，观察舌尖—齿龈的发音部位，用压舌板轻轻拍打患者的舌尖，并在患者的齿龈上抹上蜂蜜，嘱咐患者用舌尖来回舔蜂蜜，帮助患者找到正确的发音部位。若此类患者舌的整体功能较弱，舌尖肌力较小，或者发音时虽然舌尖接触齿龈，但舌尖并未用力，治疗时，首先，可以采用压舌板增强舌尖的感知觉；其次，进行增强舌尖肌力的训练，可采用推舌尖法、下压舌尖法，体会舌尖向上用力的感觉；要求患者舌尖向上用力抵住齿龈，持续数秒。指导患者控制气流从鼻腔呼出，使镜面起雾。如果患者没有办法控制气流从鼻腔呼出，则需指导患者学会用鼻子吸气和呼气。当患者能够自如地控制气流从鼻腔呼出后，指导患者将舌尖抵住齿龈，下颌处于闭合位，使得气流不至于从口腔溢出，声带振动，延长发 /n——/，可引导患者将手指轻轻按压在鼻翼一侧，感受鼻翼的振动，当患者能够模仿发出 /n——/，可通过延长发 /n——/ 过渡至 /n——ne/，诱导出 /n/ 的呼读音。

（二）声母音位习得训练

音位习得训练旨在促进患者初步习得该音位，将在诱导阶段诱导出的音位进行类化。音位习得训练在音位诱导训练的基础上，通过大量的练习材料巩固发音，将诱导出的音位进行类化，使患者不仅仅能发出目标音位的呼读音或者一至两个含有该目标音位的单音节，而且能够发出更多有意义的声韵组合，这些声韵组合包括单音节词/目标音位＋单韵母/（如 /bà/ 爸），/目标音位＋复韵母/（如 /bái/ 白），/目标音位＋鼻韵母/（如 /bīng/ 冰）；除了能够发出所有的单音节外，治疗师需要变换目标音位所在的位置，可以在双音节（前）、双音节（后）、三音节（前）、三音节（中）和三音节（后），如：瓢虫（piáo chóng）、照片（zhào piàn）、平底鞋（píng dǐ xié）、吹泡泡（chuī pào pao）、扑克牌（pū kè pái）(如图 3-3-11 和表 3-3-1 所示)，使目标音位位于任意位置时，患者都能够正确地发出。另外，为了提高构音语音训练的趣味性，声母音位习得训练也可以采用游戏的形式。

a. 单音节词

b. 双音节词——目标音位前

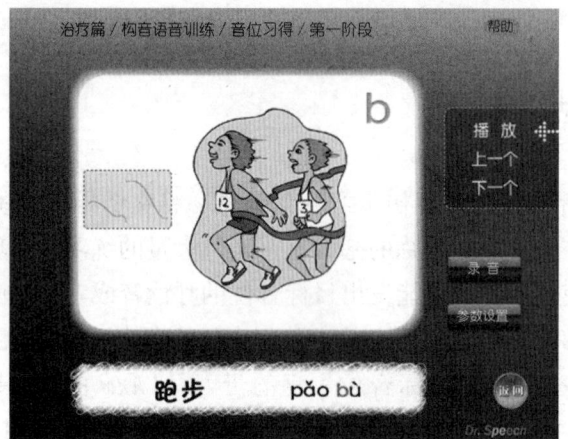

c. 双音节词——目标音位后

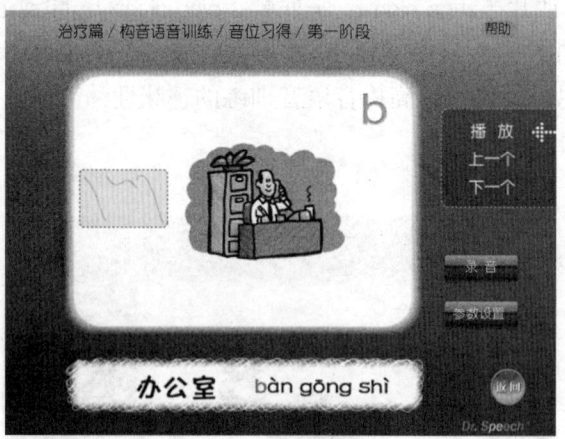

d. 三音节词——目标音位前

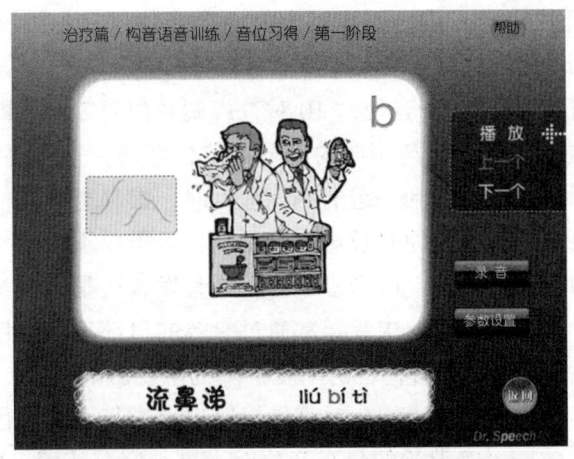

e. 三音节词——目标音位中

f. 三音节词——目标音位后

图 3-3-11　/b/ 音位习得材料举例

表 3-3-1　/p/ 音位习得材料举例

单音节	双音节（前）	双音节（后）	三音节（前）	三音节（中）	三音节（后）
爬	耙子	山坡	怕游泳	小爬虫	弹琵琶
坡	婆婆	手帕	爬山虎	山坡上	老巫婆
皮	皮肤	雨披	泼水节	擦皮鞋	香蕉皮
扑	皮鞋	床铺	皮沙发	扔皮球	小女仆
牌	葡萄	球拍	葡萄干	橡皮擦	扑克牌
抛	排球	气泡	蒲公英	吃葡萄	满地跑
撇	泡沫	玉佩	拍皮球	打排球	电灯泡
票	配饰	车票	跑步机	吹泡泡	红旗飘

（三）声母音位对比训练

从本书第二章构音功能的主观评估部分的内容介绍可知，音位对由具有相似声学和生理学特征的两个音位组成，最小语音对中的两个音位仅有单维度差异，如声母最小语音对"b/p"，两个音位之间仅存在送气与否的差异，所以普通话中有38对核心音位对，其中声母音位对25对，韵母音位对10对，声调音位对3对。即使患者掌握了目标声母音位的发音方法，也经常会与相似的声母音位相混淆，这时要进行音位对比训练。当患者新习得的目标音位没有达到一定的熟练程度时，极易与该目标音位相关的最小音位对产生混淆。其中声母音位因为时长短、能量小，且需要不同的部位形成不同方式的阻塞，最容易出现构音语音异常，声母音位对无论是发音还是听觉辨识，其难度都高于韵母音位对和声调对，韵母音位的构音异常通过有效的口部运动治疗基本上可以得到改善，声母音位构音异常是造成患者构音清晰度下降的主要影响因素。

音位对比训练就是将容易混淆的一对声母提取出来进行专门强化训练，用来进一步巩固新习得的声母音位。对于混淆的最小音位对，进行区分练习，掌握二者的不同点，可以帮助患者进一步巩固和强化新习得的声母音位，减少混淆。音位对比训练又称PCT法，以"音位对比"为训练手段，用语音的最小单位为训练介质，提高患者言语康复的精度，为其打下扎实的语音基础，因此可以说是一种高级的基础训练。患者经过康复训练，虽然各项能力都有显著提升，但其言语清晰度还较差，导致其入学后仍存在语言学习等方面的困难。这些问题如果从一开始就被治疗师和家长所认识并加以重视，提高前期康复训练的精度，对患者的长期发展具有重大意义。

1. 声母音位对比链

普通话声母音位对共有25对，每组音位对均由两个声母音位组成，两个声母音位之间仅具有单维度差异，如声母音位对"g/k"，从发音方式上来说，都是塞音，从发音部位来说，都是舌根音，唯一不同的是/g/是不送气塞音，/k/是送气塞音。黄昭鸣、韩知娟博士对所有的声母音位对进行了梳理，设计了声母音位对比链（如图3-3-12所示），并结合儿童声母构音发育的规律分析了25对核心声母音位对的区别生理特征（如表3-3-2所示），这在本书第二章中已经详述。

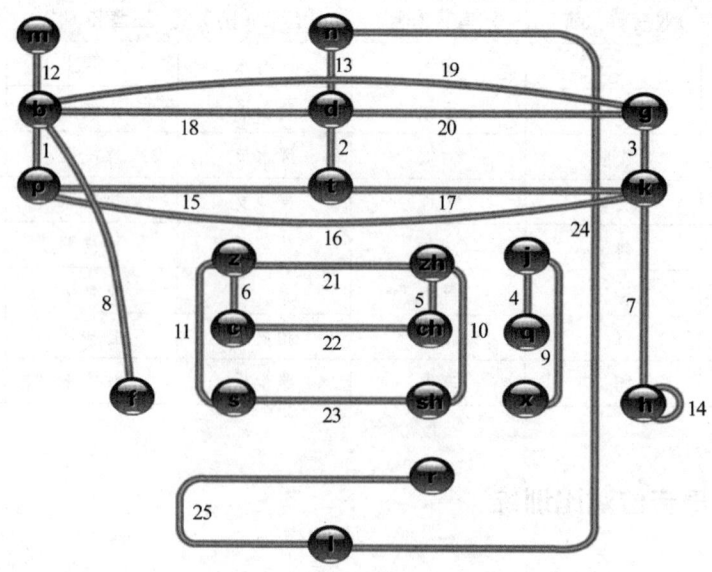

图 3-3-12　声母音位对比链

表 3-3-2　25 对声母音位对的区别生理特征

序号	音位对	区别生理特征	序号	音位对	区别生理特征
1	b/p	塞音：送气 vs 不送气	15	p/t	不同部位送气塞音
2	d/t		16	p/k	
3	g/k		17	t/k	
4	j/q	塞擦音：送气 vs 不送气	18	b/d	不同部位不送气塞音
5	zh/ch		19	b/g	
6	z/c		20	d/g	
7	k/h	擦音 vs 塞音	21	zh/z	舌尖前音 vs 舌尖后音
8	b/f		22	ch/c	
			23	sh/s	
9	j/x	塞擦音 vs 擦音	24	l/n	边音 vs 鼻音
10	zh/sh				
11	z/s				
12	b/m	塞音 vs 鼻音	25	l/r	边音 vs 擦音
13	d/n				
14	h/-	擦音 vs 无擦音			

由表 3-3-2 的 25 对声母音位对的区别生理特征可知，横向为不同的发音部位，分别有唇、舌尖、舌面和舌根；纵向为不同的发音方式，分别有鼻音、塞音、塞擦音、擦音和边音等。观察图 3-3-12 中任一横向相邻或纵向相邻的音位，即可明确对应声母音位对的区别生理特征。如音位对"b/p"中的两个音位：/b/ 和 /p/ 为纵向相邻音位，它们的发音部位相同，均为双唇，唯一的区别是在塞音释放的时候，/b/ 不送气，/p/ 送气；如音位对"l/n"中的两个音位 /l/ 和 /n/ 也为纵向相邻音位，它们的发音部位相同，均为舌尖中音，发音时声带均发生振动，唯一的区别是 /n/ 的气流由鼻腔释放，而 /l/ 则利用舌尖上抬与下降运动通过口腔释放气流。以下是声母音位对比的生理特征对比举例。

（1）音位对 /b/ 和 /m/ 音位对比的生理特征对比

在图 3-3-13 中，/b/ 和 /m/ 为纵向相邻音位，它们的发音部位相同，均为双唇音，发音方式则不同，/b/ 是不送气塞音，发音时声带不振动，/m/ 是鼻音，发音时声带振动，且气流由鼻腔释放。所以，这个最小音位对的区别生理特征为塞音和鼻音的区别。临床上，/b/ → /m/ 是音位 /b/ 常见的构音异常错误走向之一。

（2）音位对"d/g"音位对比的生理特征对比

音位对"d/g"中的两个声母音位 /d/ 和 /g/，在图 3-3-14 和图 3-3-15 中，/h/ 和 /g/ 为横向相邻音位，它们的发音方式相同，均为不送气塞音，唯一的区别为，/d/ 的阻塞部位是舌尖与齿龈，而 /g/ 的阻塞部位是舌后部与软腭。临床上，/d/ → /g/ 是音位 /d/ 常见的构音异常错误走向之一。

2. 声母音位对比训练

（1）音位对比材料设计

音位对比的内容包括音位对的听觉识别训练、音位对比训练、结合重读治疗法进行的视听反馈训练。

根据最小音位对的定义，用于音位对比训练的材料在选择上应该注意选择单音节词，每组两个单音节词，分别以音位对中的两个声母开头，两个单音节词的韵母和声调完全相同，如表3-3-3所示。训练时，将这两个单音节词分别用图片呈现，如图3-3-13所示，治疗师播放录音，让患者模仿发音，注意强调两个声母之间的微小差异，可以先发目标音所在的音节3次，然后发对比音节3次，然后逐渐减小重复发音的次数，难度逐渐增大，让音位对的差异在这样的训练环境中被最大限度地放大，以便患者进行区分，减少错误率，最终掌握目标音的正确构音。该部分可以结合听觉识别训练和本书的语音切换训练进行。

表3-3-3　声母音位对比材料举例

d/t		z/zh		h/-	
点	舔	足	烛	河	鹅
倒	套	足	竹	荷	鹅
刀	掏	揍	皱	鹤	饿
大	踏	奏	皱	虎	五
肚	兔	紫	纸	虎	舞
赌	土	走	帚	花	挖
读	涂	走	肘	花	蛙
堵	土	紫	指	画	袜
岛	讨	籽	指	呼	屋
道	涛	籽	纸	呼	乌
打	塔	早	找	会	喂
搭	踏	澡	找	环	玩

图3-3-13　声母音位对比材料举例

（2）声母音位对比习得规律

声母音位对比习得也具有一定的规律，进行音位对比训练时，必须遵循音位对比习得规律。每对声母音位对对应一个或多个声学参数，这些声学参数是一个音位对中两个声母音位之间的区别特征，如声学参数频率集中区可以用以区分擦音与无擦音。如表 3-3-4 所示。

表 3-3-4 声母音位对比习得规律

语音对序号	最晚习得时间（岁；月）	声母音位对	主要的声学区别参数
14	2；7—2；12	擦音与无擦音	频率集中区
15、16、17	3；1—3；6	不同构音部位的送气塞音	音征
1、2、3	3；7—3；12	送气塞音与不送气塞音	浊音起始时间 VOT
7、8	3；7—3；12	塞音与擦音	频谱坡度
12、13	3；7—3；12	塞音与鼻音	时长、频区、语谱图
18、19、20	3；7—3；12	不同构音部位的不送气塞音	音征
4、5、6	6；1—6；6	送气塞擦音与不送气塞擦音	浊音起始时间 VOT
9、10、11	6；1—6；6	塞擦音与擦音	时长、频区
21、22、23	6；1—6；6	卷舌与非卷舌音	音征
24	4；1—5；12	边音 VS 鼻音	
25	4；1—5；12	边音 VS 擦音	

注：2；7 表示 2 岁 7 个月。

可以通过观察同一声母音位对中两个声母音位的波形图和语谱图来分析两个音位的声学特征及其区别。以音位对"h/k"为例，音位对"h/k"是第 7 对声母音位对，该音位对中的两个音位可以依靠频谱坡度来加以区分，图 3-3-14 所示为单音节词"hé/ 河"的波形图，表现为一小段不规则波形后紧接着一大段规则的周期性波形，前面一段不规则的波形为声母 /h/ 的波形，后面一段规则的周期性波形为韵母 /e/ 的波形。与韵母的周期性波形相比，声母 /h/ 波形的能量较小，持续时间较短。单音节词"ké/ 壳"的声波图也表现为一小段不规则波形后紧接着一大段规则的周期性波形，如图 3-3-15 所示，声母 /k/ 的整段清音波形与 /h/ 相比，能量稍大。

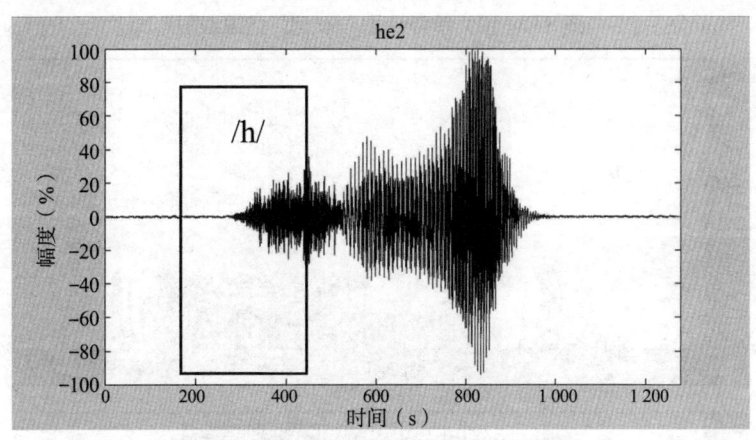

图 3-3-14 单音节词"hé/ 河"的波形图

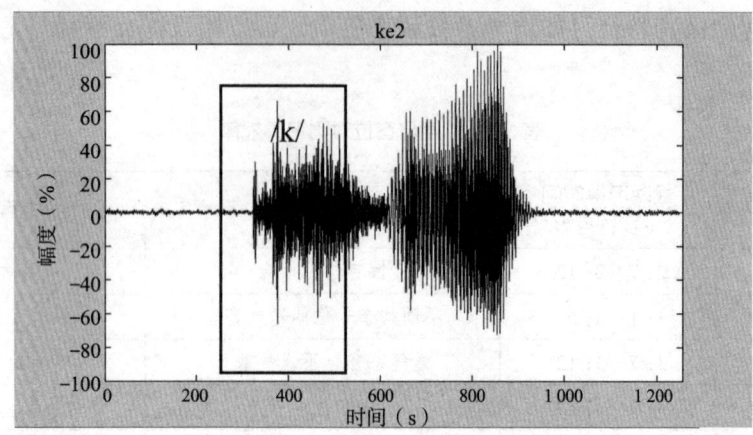

图 3-3-15 单音节词"ké/壳"的波形图

单音节词"hé/河"的语谱图如图 3-3-16 所示,后面周期性的语谱图为韵母 /e/,前面声母 /h/ 表现为杂乱的噪声样,没有明显的谐波出现,并在高频部分有相对的频率集中区,这是擦音能量释放过程的声学表现。单音节词"ké/壳"的语谱图如图 3-3-17 所示,与声母 /h/ 的语谱不同,声母 /k/ 的语谱在最开始有一个明显的冲直条,这是塞音能量爆发的典型声学标志,冲直条后面与擦音的语谱相似,表现为杂乱的噪声样,这是声母 /k/ 送气段的声学表现。

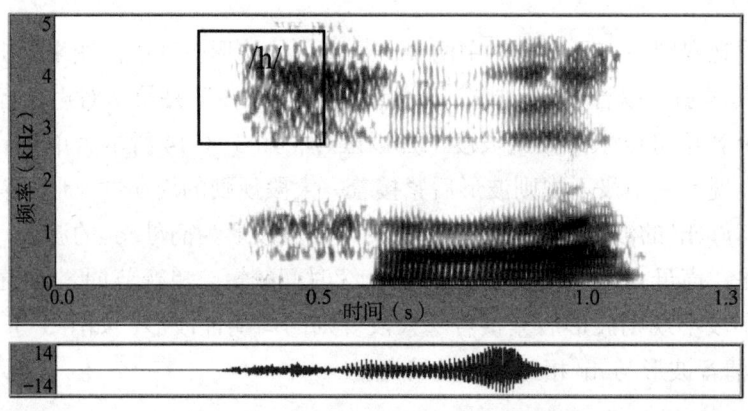

图 3-3-16 单音节词"hé/河"的语谱图

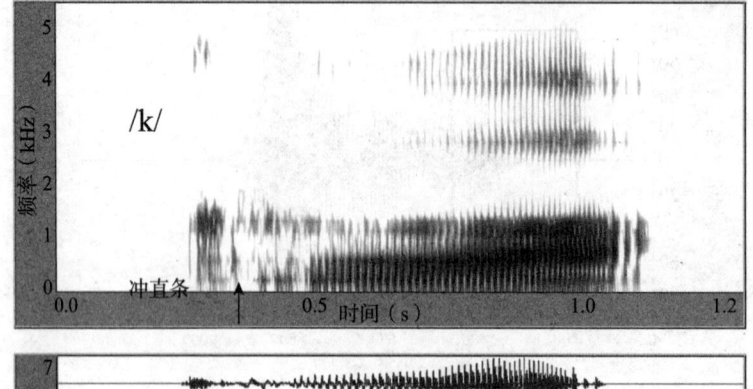

图 3-3-17 单音节词"ké/壳"的语谱图

（3）声母音位对比训练案例，以 /t/ 的音位对比为例进行介绍

① 音位对的听觉识别训练。采用音位对比训练中的"听一听"部分进行训练，让患者从听感上能正确区分"d/t"音位对。如图 3-3-18 所示。

② 音位对比训练。采用音位对比训练中的"说一说"部分进行对比训练，让患者能正确区分"d/t"音位对，并能准确构音。如图 3-3-19 所示。

③ 结合重读治疗法进行视听反馈训练。另外，可结合重读治疗法进行音位对比的语调训练。如图 3-3-20 所示。

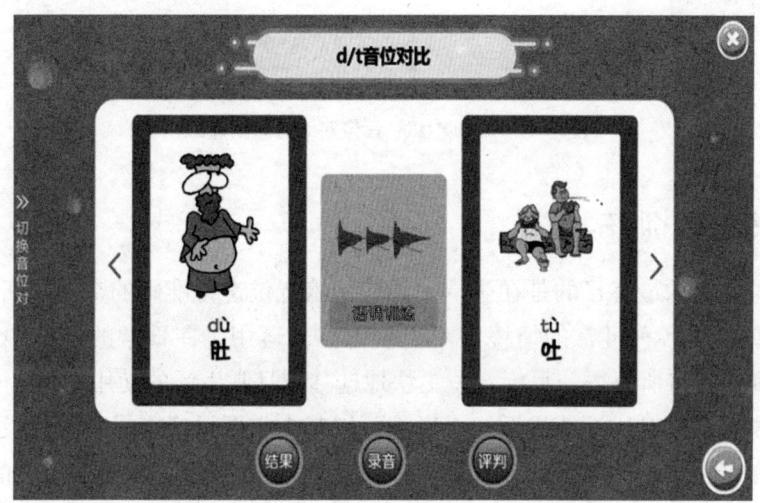

图 3-3-18　"d/t"音位对的听觉识别训练

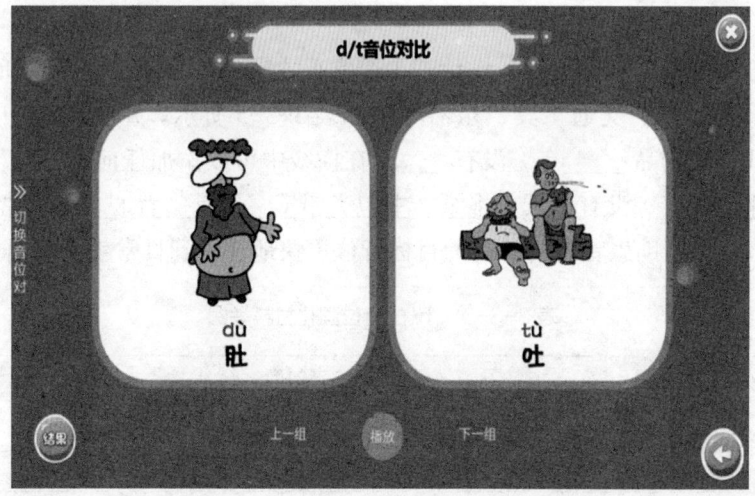

图 3-3-19　"d/t"音位对的音位对比训练

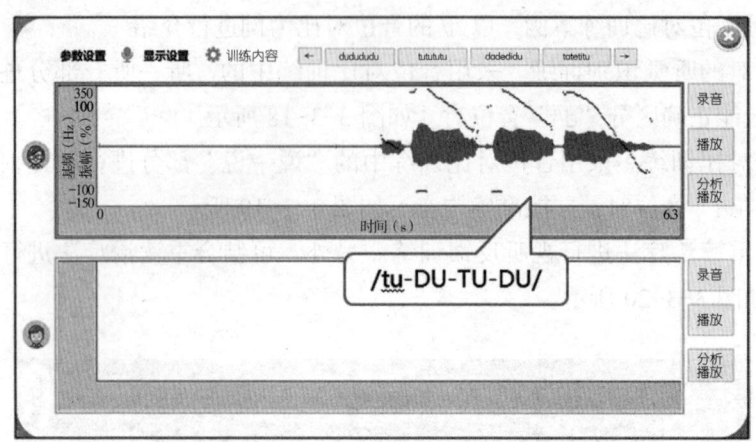

图 3-3-20 "d/t"音位对比的重读训练

4. 声韵组合强化训练

声母音位治疗的最终目的是在生活中能够用该音位进行准确的交流,所以必须通过音位强化训练模仿各种日常的情境中对于该音位的运用,在日常的情境中强化目标音位,可以帮助患者将所习得的目标音位更快地迁移到日常生活的使用中去。

一般来说,音位对比训练过后,患者就可以基本掌握目标声母音位的发音,并可以准确地发出单音节、双音节和三音节词语。但是,这种发音还存在很明显的训练痕迹,而人们学习说话的最终目的是在生活中能够运用该音位进行交流,所以必须进行声韵组合强化训练,通过模拟各种日常情境,加强患者对于该音位的灵活运用。音位强化常用的形式有两种:棋盘游戏和生活言语。另外声韵组合强化训练也是和语文课程相结合的最好切入点。

生活言语可以根据日常生活,设计若干个常见主题,如食品、公共场所、活动、动物、物品、身体部位、交通工具、乐器等,如表 3-3-5 所示。每个主题中都包含生活中常用的句式,如物品:____ 有 / 没有 ____,在横线中可以添加任何含有 /b/ 的主语和宾语,爸爸 / 小宝宝有 / 没有白纸 / 报纸 / 书包 / 铅笔 / 别针 / 背心。在日常的情境中强化目标音位,可以帮助患者将所习得的目标音位更快地迁移到日常生活用语中。

表 3-3-5 /b/ 的音位强化材料举例

主题	练习句型
食品	爸爸 / 小宝宝 吃 / 喜欢 / 讨厌 冰棒 / 面包 / 冰激凌 / 白萝卜 / 胡萝卜。
公共场所	爸爸 / 小宝宝 在 / 不在 宾馆 / 城堡 / 办公室。
活动	爸爸 / 小宝宝 在 / 不在 比赛 / 步行 / 跑步 / 蹦蹦跳 / 变魔术。
动物	动物园里有 / 没有 豹 / 壁虎 / 斑马 / 蝙蝠 / 北极熊。
物品	爸爸 / 小宝宝 有 / 没有 白纸 / 报纸 / 书包 / 铅笔 / 别针 / 背心。
身体部位	爸爸 / 小宝宝 有 / 没有 红鼻子 / 大嘴巴 / 粗手臂 /。

声韵组合强化训练可以结合现代技术,采用语音沟通板,完成上述的训练,患者可

以根据自己的喜好，选择目标词语，组成多种生活情境下的不同表达，充分调动患者的学习积极性，提高康复效率，如图 3-3-21 和 3-3-22 所示。

图 3-3-21　语音沟通训练材料

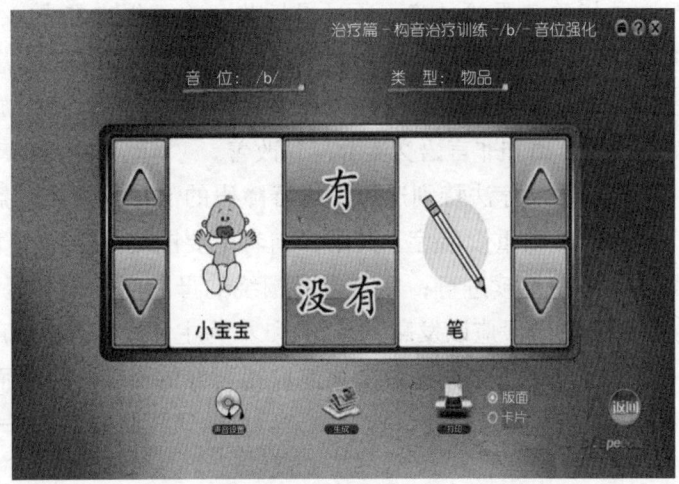

图 3-3-22　/b/ 的音位强化语音沟通板举例

第四节 重读治疗法在构音治疗中的运用

重读治疗法（Accent Method，简称 AM），主要包括慢板节奏训练、行板节奏训练和快板节奏训练三个部分。

重读治疗法可以加强呼吸、发声和构音之间的协调关系，增加呼吸肌群、发声肌群和构音肌群的弹性和灵活性；可以提高构音器官运动的灵活性，尤其是快板节奏训练，其训练的速度和流利的说话速度非常相近；可以促进向相关言语的过渡。通过慢板节奏（每分钟 52 拍）、行板节奏（每分钟 66 拍）、快板节奏（每分钟 132 拍），进行言语训练，患者不会对治疗过程感到困惑或受挫，反而在过程中逐渐建立自信、感到放松自然，从而促使整体的言语和非言语交流都得到改善。

构音重读治疗法特别适用于构音障碍的治疗，主要包括口部运动重读治疗和构音运动重读治疗。其中，前者主要围绕构音器官下颌、唇、舌和软腭等运动的重读进行；后者主要围绕韵母和声母构音运动的重读进行。重读训练开始阶段应以发高元音 /u/ 和 /i/ 为主，最终过渡到声母与韵母的结合，遵循这种系统化训练的模式能取得良好的成效。一般而言，韵母重读训练法以慢板节奏二为主。构音重读治疗法框架图如图 3-4-1 所示。

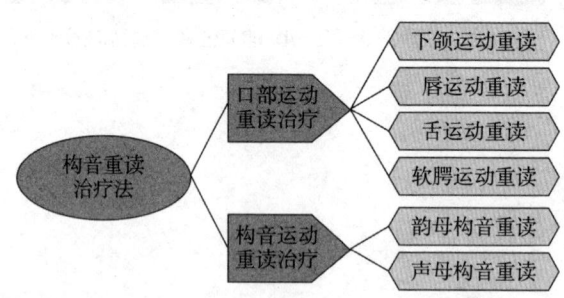

图 3-4-1　构音重读治疗法框架图

一、节奏训练类型

(一) 慢板节奏训练类型

慢板节奏训练主要通过低音调、气息声的方式发高元音来完成。低音调的时候,由于声带的紧张度低,声带获得了最大限度的放松,气流使得声带边缘下的上皮层和固有层浅层之间得到很好的运动。气息式发声则提供了较好的伯努利效应,可以使声带边缘周围的黏膜不受损伤,发高元音时,作用在声带上的压力相对较小。

慢板节奏训练采用慢拍,为 3/4 拍华尔兹节奏,每个小节有 3 拍,一次完整的慢板节奏训练应持续 6 s,其中 3 s 为吸气,3 s 为发音,成人的节奏每分钟 58 拍左右,儿童可稍快(62 拍),老年人可稍慢(54 拍)。慢板节奏训练又分为慢板节奏一、慢板节奏二和慢板节奏三三种节奏类型。

1. 慢板节奏一训练

图 3-4-2 是慢板节奏一的节拍,它通过缓慢的节奏训练,让患者掌握良好的发音方式。训练时,每个元音都伴随着音乐节奏,开始时以高强度发音,中间以较低强度发音,结束时也以低强度发音,形成"吸气,强—弱—弱"的节拍方式,如"吸气,/I-i-i/",这样的节奏训练类似于现在流行的有氧健身运动。

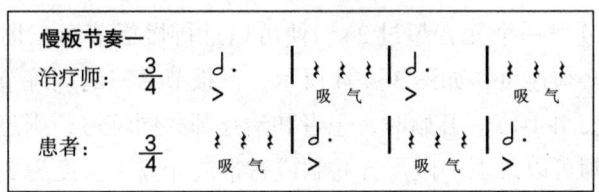

图 3-4-2 慢板节奏一训练

2. 慢板节奏二训练

慢板节奏二训练是慢板节奏训练中最重要的训练方法,慢板节奏二训练中每一个小节有三拍,包括一个非重读的元音和一个紧接其后的重读元音,大写代表重读,为强拍,下同。这种训练的节拍为"吸气,弱—强—弱",如"吸气,/i-I-i/",即第一个和第三个元音非重读,第二个元音重读,要求患者开始时以低强度发音,中间以高强度发音,结束时回到低强度发音。训练期间,每个元音的发音都伴随着音乐节奏,开始时以低强度发音,中间以高强度发音,结束时回到低强度发音,如图 3-4-3 所示。

图 3-4-3　慢板节奏二训练

治疗师可以采用第二章所述的生理腹式呼吸训练中同步训练和交替训练法进行慢板节奏二的重读训练。治疗师和患者并肩站立，双手互握，他（她）们用同一节奏进行呼吸运动，治疗师的躯体跟随患者的躯体运动，吸气时向前运动，发音时向后运动。将自己的手背触及对方的腹部，通过触及对方腹部的手施加的力，治疗师和患者可以互相控制身体。

当患者发音令人满意，身体的运动与发音过程协调一致时，治疗师和患者可以交替地进行练习。治疗师指导患者，首先做出正确呼吸和发音的示范，然后让患者重复进行这项训练。当他们的身体同步向前或向后移动时，他们的呼吸是对立的。为了让患者更进一步地意识到气流量对发音的重要性，治疗师可以建议患者将手放在嘴前感觉气流。与平静呼吸时胸部不能运动相比，发重音时胸部必须向前运动，这点很关键。但是这种向前运动必须处于一种被动状态，这种运动应是由腹肌收缩导致肺内空气的压缩所引起的。在训练中可以观察到，发重音时表现为胸骨上抬。

3. 慢板节奏三训练

当患者可以连续发一个元音超过 2 s，便可以进行慢板节奏三训练，这时可将重音分两部分发出，但必须连贯，如图 3-4-4 所示，慢板节奏三的训练节拍为"吸气，弱—强—强"，如"吸气，/i-l-l/"。开始时，患者和治疗师共同练习，当患者能够独立正确地完成训练后，治疗师可以录下一段声音并制成磁带或光盘（长度为 3—10 min），帮助患者在家进行自助训练。但有一点很关键，治疗师让患者在家进行训练之前，应该先检查患者的练习方式是否正确，这样能够使患者在家训练时避免可能发生的错误。患者应该严格遵循治疗师的指导在家中进行训练，完成家庭作业。

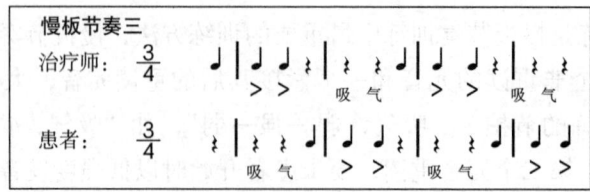

图 3-4-4　慢板节奏三训练

4. 慢板节奏训练中的躯体和手臂运动

慢板节奏训练的呼吸节奏是非常缓慢，并且伴有肢体运动，即在平静呼吸状态下躯体在吸气时稍向前运动，呼气时稍向后运动。这种运动可以借助于手臂的运动来增加其感受性，手臂向前上伸至水平位，然后在发重音时手臂向后下方摆动，此时重音应感觉从身体重心处发出，且手臂运动必须同躯体运动和发音协调一致。可以将慢板节奏二的训练类比为抛物运动。石头被抛出时，手臂先向后运动，然后加速向前做抛物运动至石头被抛出时获得最大的运动速度，手臂的向后运动对应于平静而缓慢地吸气，开始抛物时手臂的紧张度较低，之后紧张度增加至石头被抛出的瞬间，石头被抛出以后，手臂的紧张度再次下降。这好比在发重音时，发音强度由低至高，后又回到低重音位。患者必须感受到声音发出时伴随最大的呼气运动，就好像石头抛出时伴随最大的运动速度，强调发音和抛石头之间的类比关系很有必要，在未达到最大的运动速度时石头不会被抛出。类似的关系同样存在于发音（呼气）与躯体运动之间，在这些训练中手臂和躯体的运动使得肺部呼出的气流得到加强，从而激发了重音的产生。同时平静吸气和无停顿的手臂轻微摇摆运动促进了身体放松。

（二）行板节奏训练

行板节奏训练的目的是增加呼吸肌群、发声肌群和构音肌群运动的灵活性，促进呼吸、发声和构音之间的协调性，从而建立正确的言语呼吸方式，该训练的行板节奏类似于"走路"。

进行行板节奏训练时，要求正常起音、声音响亮。行板节奏训练采用的是进行曲节奏，每小节4拍，对于成年人最自然的节律是每分钟70拍左右，最初用于基本训练。当患者掌握了技巧后，节律可以适当增加。对儿童的训练，节奏可以稍快（76拍），而对老年人的训练节奏应相对慢一些（64拍），行板节奏训练又分为四个部分。

1. 行板节奏一训练

行板节奏一的每次训练从弱起小节开始，第一小节的八分休止符为吸气时间，要求呼吸主动、迅速，吸入的空气要充足，紧接着1个八分音符弱拍和3个四分音符强拍的发音，如图3-4-5所示。治疗师和患者以这种方式轮流进行发音，患者总是比治疗师相差一小节，即治疗师在患者停顿时发音，而患者在治疗师停顿时发音。行板节奏一训练是行板节奏训练中最重要的训练方法，它强调呼吸主动、迅速，要求患者发完最后一个重音之后，腹肌迅速放松，而腹壁在放松期间部分向外运动，同步开始吸气。在行板节奏训练时，由腹腔运动产生重音，从而导致胸腔上部的被动抬升，这种抬升运动在发重元音时能观察到，并且患者自己可以通过分别放在腹部及胸部的手来控制。平静吸气时，放在腹部的手应感到腹部随着呼吸移动，放在胸部的手则感觉不到明显的运动，但在发重音时放在胸部的手应该感到胸部有稍许向前的运动，而发弱音时胸部则不需要运动。

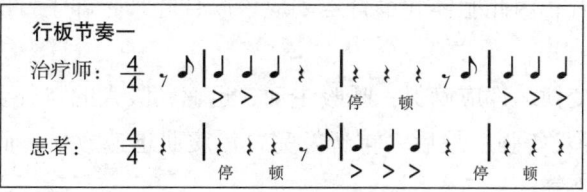

图3-4-5　行板节奏一训练

2. 行板节奏二、行板节奏三、行板节奏四训练

在进行行板节奏一训练后，治疗师可以根据患者的情况，对节奏做一些变换，如果将行板节奏一中的 3 个 1/4 强拍中的 1 个分成 2 个 1/8 强拍，就能获得 4 个强拍，就能产生行板节奏二（图 3-4-6）、行板节奏三（图 3-4-7）和行板节奏四（图 3-4-8）的训练。

图 3-4-6　行板节奏二训练（行板一中的第 1 个 1/4 强拍被分成 2 个 1/8 强拍）

图 3-4-7　行板节奏三训练（行板一中的第 2 个 1/4 强拍被分成 2 个 1/8 强拍）

图 3-4-8　行板节奏四训练（行板一中的第 3 个 1/4 强拍被分成 2 个 1/8 强拍）

3. 行板节奏训练中的躯体和手臂运动

行板节奏训练中的身体运动包括两项同步运动：躯体运动和前臂运动。我们设法让整个躯体围绕矢状轴旋转，如行走时观察到的那样。训练躯体运动时，身体采取直立位，双脚左右分开约 30 cm，身体旋转过程中可或多或少地伴随发音。这项训练表现出明显的个性差异，有些患者显得较为刻板，而另一些患者则较灵活。行板节奏训练时，发重音可以借助前臂的向前平伸运动，从这个姿势开始发重音，前臂往下甩，完成一个躯体的动作。与慢板节奏训练（整个手臂运动参与发音）相比较，行板节奏训练中只有前臂运动参与发重音，因此躯体和手臂运动应该联合起来，即手臂的运动伴随着躯干围绕垂直轴旋转。

无论节奏如何变换，都应确保：呼吸主动、迅速，吸入的空气要充足；弱拍为非重音拍；3 个重音拍等长等强；最后一重音发完之后腹肌迅速放松，而腹壁在放松期间部分向外运动，开始吸气。

二、重读治疗的训练方法

重读治疗常用的训练方法有能量法、支架法、逐步逼近法和运动法等。治疗师可酌情选用。

1. 能量法

能量法主要指重读治疗时，寻找能量集中的位置，强调从声母、韵母到音节、词语、句子的过渡，加强发声诱导。其理论基础是声学能量主要集中在韵母上，因此解决主要能量的发声问题是一个首要问题。如狗，gou，[ou-OU-ou]，吸气，狗；狗和猫，gou he mao，[ou-OU-E-AO]，吸气，狗和猫；狗和猫在跑，gou he mao zai pao，[ou-OU-AI-AO]，吸气，狗和猫在跑。

2. 支架法

支架法主要指中度治疗时，寻找词语和句子的发声支架。主要用于从声母、韵母到音节、词语、句子的过渡。一般超过四个音节。如，以韵母为支架，狗和猫是朋友，gou he mao shi peng you，[ou-AO-ENG-OU]，吸气，狗和猫是朋友；以声母为支架，狗和猫是朋友，gou he mao shi peng you，[gou-MAO-PENG-YOU]，吸气，狗和猫是朋友。

3. 逐步逼近法

从易到难逐步达到发声诱导的目的。一般将逐步逼近法和支架法结合在一起使用。
举例：乌龟
　　　绿色的乌龟
　　　绿色的乌龟在跑

4. 运动法

运动法强调构音功能的复原。主要用于强调以韵母为开头的词语训练和强调以声母为开头的词语训练。
举例：
　　叶子　[ye-YE-ye]
　　爱　　[ai-AI-ai]

三、口部运动重读治疗

口部运动重读治疗主要是运用慢板节奏二和行板节奏一来进行口部构音器官的重读训练。分述如下。

（一）下颌运动重读治疗

下颌运动在言语产生过程中是非常重要的，因此构音训练必须强调下颌运动重读治疗。下颌重读治疗中有一种在高韵母与低韵母之间进行的交替训练，这类训练有助于形成更加灵活的下颌运动。如，慢板节奏二的下颌运动重读治疗，[i-A-ɑ][ɑ-I-i][ü-A-ɑ]，[ɑ-Ü-ü][u-A-ɑ][ɑ-U-u]；行板节奏一的下颌运动重读治疗，[i-I-A-A][ɑ-A-I-I]，[u-U-A-A]，[ɑ-A-U-U]。其中大写部分为强拍，需要重读。

下颌运动与韵律训练相结合。下颌运动的韵律训练强调能量法，高低韵母的切换，下颌的运动方式要符合高低韵母的运动方式，音调的模式要符合重读模式。如，下颌运动+词语诱导+可视音调的例子，蜡笔，là bǐ，重读训练：[ɑ-A-i]，蜡笔；[ɑ-I-A-I]，蜡笔。帽子，mào zi，重读训练：[ɑo-AO-ɑo]，帽子；[ɑo-AO-AO-AO]，帽子。如图 3-4-9 所示。

[ɑ-A-i]，蜡笔；[ɑ-I-A-I]，蜡笔　　　　[ɑo-AO-ɑo]，帽子；[ɑo-AO-AO-AO]，帽子

图 3-4-9　下颌运动可视音调重读训练——蜡笔、帽子

（二）唇运动重读治疗

唇运动重读治疗旨在训练唇部的灵活性，主要在圆唇与非圆唇元音之间进行转换。包括[i-Ü-i][ü-I-ü][e-O-e][o-E-o][i-I-Ü-I][ü-Ü-I-Ü][e-E-O-E][o-O-E-O]，主要的训练节奏形式仍是慢板节奏二与行板节奏一。

唇运动的韵律训练强调能量法，强调高低韵母的切换，唇的运动方式符合圆唇、展唇韵母的运动，音调模式要符合重读模式。

（三）舌运动重读治疗

舌运动在言语产生过程中同样是非常重要的，而与元音构音有关的最为重要的舌部运动是舌在前后两个位置间的运动转换。重读治疗法中，在前、后韵母之间进行转换的所有运动都旨在提高舌部的灵活性。舌运动重读训练主要包括[i-U-u][u-I-i][ü-U-u][u-Ü-ü]，[i-I-U-U][u-U-I-I][ü-Ü-U-U][u-U-Ü-Ü]，主要的训练节奏形式仍是慢板节奏二与行板节奏一。

舌运动的韵律训练强调能量法，强调圆唇、非圆唇韵母的切换，圆唇的运动方式符合前、后韵母的运动，音调模式符合重读模式。如，自行车，zì xíng chē，重读训练：[i-ING-e]，自行车；[i-I-ING-E]，自行车。又如，电灯，diàn dēng，重读训练：[ian-IAN-eng]，电灯；[ian-ENG-IA-ENG]，电灯。如图 3-4-10 所示。

[i-ING-e]，自行车；[i-I-ING-E]，自行车　　　　[ian-IAN-eng]，电灯；[ian-ENG-IA-ENG]，电灯

图 3-4-10　舌运动重读训练——自行车、电灯

四、构音运动重读治疗

构音运动重读治疗主要包括韵母构音运动重读训练和声母构音运动重读训练，其中韵母重读主要包括核心韵母训练、韵母转换训练和韵母运动训练；声母重读包括双唇音、唇齿音、舌间中音、舌根音训练、舌尖前音、舌尖后音、舌面音训练，以及前、后运动训练，上、下运动训练等。

（一）韵母构音运动重读治疗

1. 单韵母重读训练

普通话中有 6 个单韵母，下颌、唇、舌的位置决定了每个单韵母的生理和声学特征。单韵母构音运动重读治疗的作用是促进下颌上位构音运动，提高上位控制能力；促进下颌下位构音运动，提高下位控制能力；促进舌向前的构音运动，提高舌向前的控制能力。单韵母的重读训练可采用慢板节奏二和行板节奏一的训练节奏来进行，如表 3-4-1、表 3-4-2、表 3-4-3 所示。

表 3-4-1　下颌单韵母间的上下运动（结合重读治疗法）

a-i-a	[a-A-i]	[a-A-I-I]	[i-I-a]	[i-I-A-A]
a-u-a	[a-A-u]	[a-A-U-U]	[u-U-a]	[u-U-A-A]
a-o-a	[a-A-o]	[a-A-O-O]	[o-O-a]	[o-O-A-A]

a-e-a	[a-A-e]	[a-A-E-E]	[e-E-a]	[e-E-A-A]
a-ü-a	[a-A-ü]	[a-A-Ü-Ü]	[ü-Ü-a]	[ü-Ü-A-A]

表 3-4-2　唇单韵母间的圆展运动（结合重读治疗法）

i-ü-i	[i-I-ü]	[i-I-Ü-Ü]	[ü-Ü-i]	[ü-Ü-I-I]
o-e-o	[o-O-e]	[o-O-E-E]	[e-E-o]	[e-E-O-O]

表 3-4-3　舌单韵母间的前后运动（结合重读治疗法）

i-u-i	[i-I-u]	[i-I-U-U]	[u-U-i]	[u-U-I-I]
i-o-i	[i-I-o]	[i-I-O-O]	[o-O-i]	[o-O-I-I]
i-e-i	[i-I-e]	[i-I-E-E]	[e-E-i]	[e-E-I-I]
u-i-u	[u-U-i]	[u-U-I-I]	[i-I-u]	[i-I-U-U]
e-i-e	[e-E-i]	[e-E-I-I]	[i-I-e]	[i-I-E-E]
o-i-o	[o-O-i]	[o-O-I-I]	[i-I-o]	[i-I-O-O]

单韵母构音运动重读训练也要遵循从单音节词到双音节词再到三音节词、多音节词的训练顺序。如表 3-4-4、3-4-5、3-4-6 所示。

表 3-4-4　下颌单韵母间的上下运动材料举例

双音节间的上下运动	阿姨：a-yi	沙子：sha-zi	大哥：da-ge
	大叔：da-shu	大鱼：da-yu	爬坡：pa-po
三音节间的上下运动	大哥大：da-ge-da	洗卡车：xi-ka-che	大乌鱼：da-wu-yu
	洗抹布：xi-ma-bu	鹅妈妈：e-ma-ma	
多音节间的上下运动	爸爸喝茶：ba-ba-he-cha	婆婆妈妈：po-po-ma-ma	
	阿姨洗抹布：a-yi-xi-ma-bu	弟弟爬土坡：di-di-pa-tu-po	
	姨妈洗乌发：yi-ma-xi-wu-fa	大哥哥洗卡车：da-ge-ge-xi-ka-che	
	我妈妈去打车：wo-ma-ma-qu-da-che		

表 3-4-5　唇单韵母音节间的圆展运动

双音节间的圆展运动	衣服：yi-fu	母鸡：mu-ji	福气：fu-qi
	礼物：li-wu	桌椅：zhuo-yi	手机：shou-ji
	蜘蛛：zhi-zhu	气球：qi-qiu	西部：xi-bu
	哭泣：ku-qi	淤泥：yu-ni	
三音节间的圆展运动	脱衣服：tuo-yi-fu	鸡啄米：ji-zhuo-mi	一条鱼：yi-tiao-yu
	五只猪：wu-zhi-zhu	出租车：chu-zu-che	五角星：wu-jiao-xing
	玻璃球：bo-li-qiu		

续表

多音节间的圆展运动	宝宝洗澡：bao-bao-xi-zao	母鸡咕咕叫：mu-ji-gu-gu-jiao
	我不出去玩：wo-bu-chu-qu-wan	我和你去踢球：wo-he-ni-qu-ti-qiu
	我替弟弟脱衣服：wo-ti-di-di-tuo-yi-fu	

表 3-4-6　舌韵母音节间的前后运动

双音节间的前后运动	衣裤：yi-ku	皮肤：pi-fu	屁股：pi-gu
	迷雾：mi-wu	溪谷：xi-gu	积木：ji-mu
	西湖：xi-hu	鱼骨：yu-gu	
	哭泣：ku-qi	骨气：gu-qi	努力：nu-li
	苦役：ku-yi	客气：ke-qi	物理：wu-li
	故里：gu-li	河西：he-xi	出息：chu-xi
三音节间的前后运动	去不去：qu-bu-qu	鸡啄米：ji-zhuo-mi	
	鼓励我：gu-li-wo	勿欺负：wu-qi-fu	女护理：nü-hu-li
多音节间的前后运动	我洗裤子：wo-xi-ku-zi	礼物齐了：li-wu-qi-le	
	细腻的皮肤：xi-ni-de-pi-fu	母鸡咕咕叫：mu-ji-gu-gu-jiao	

在构音治疗中，单韵母构音出现问题往往由于舌的前后运动、上下运动和唇的圆展运动异常造成，因此在构音重读治疗中，主要针对上述三种运动切换训练而设计，如表3-4-7、3-4-8、3-4-9 所示。

表 3-4-7　舌前后运动训练

前—后	后—前	前—后	后—前
i-U-u	u-I-i	ü-U-u	u-Ü-ü
i-O-o	o-I-i	ü-O-o	o-Ü-ü
i-E-e	e-I-i	ü-E-e	e-Ü-ü
i-Ü-u	u-I-i	i-Ü-e	e-Ü-i
i-Ü-u		u-Ü-i	
i-Ü-o		o-Ü-i	

表 3-4-8　唇圆展运动训练

展—圆	圆—展	展—圆	圆—展
i-Ü-i	ü-I-ü	e-O-e	o-E-o

表 3-4-9　舌上下运动训练

上—下	下—上	上—下	下—上
i-A-a	a-I-i	ü-A-a	a-Ü-ü
u-A-a	a-U-u	e-A-a	a-E-e
o-A-a	a-O-o	i-A-u	u-A-i

续表

上—下	下—上	上—下	下—上
ü–A–u	u–A–ü	i–A–e	e–A–i
i–A–o	o–A–i	ü–A–e	e–A–ü
ü–A–o	o–A–ü		

训练中标小写字母的表示非重读韵母，标大写字母的则表示重读韵母。表 3-4-7 中的第一列和第三列均为舌向前运动过渡到向后运动，第二列和第四列为舌向后运动过渡到向前运动，分别通过发出不同舌位的元音来完成。如"/i–U–u/"表示通过慢板节奏二来训练舌从前向后运动的能力，第一个小写字母"i"提示治疗师诱导患者首先吸气，从弱拍开始，发出"i"，然后在第二个强拍时发出"U"，最后一个弱拍时也发出"u"，因此，大写字母表示在强拍发音，小写字母表示在弱拍发音。通过这样交替发出 /i/ 和 /u/ 可以有效地训练舌从前向后运动的能力。表 3-4-8 和表 3-4-9 表示为唇圆展运动训练和舌上下运动训练的重读设计形式。

在进行构音运动重读训练时，同样要遵循从易到难的顺序，按照从单音节词到双音节词再到三音节词的顺序进行，如图 3-4-11 所示。

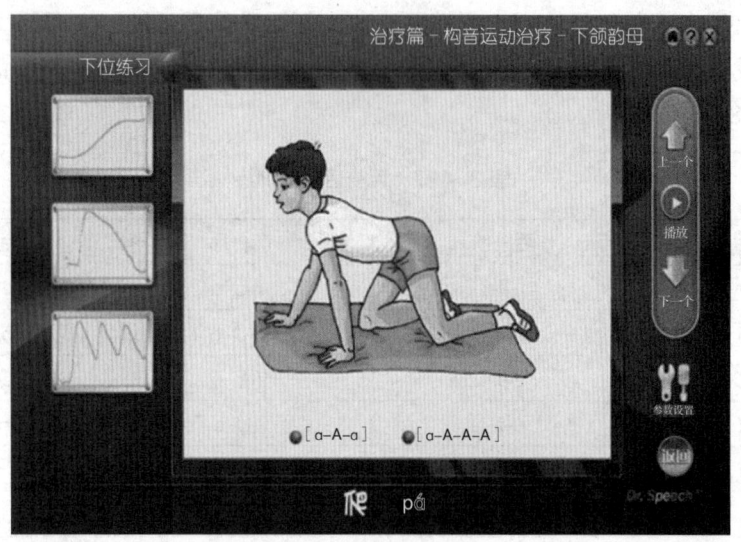

a1. 下颌下位运动单音节词重读训练（/pɑ/）

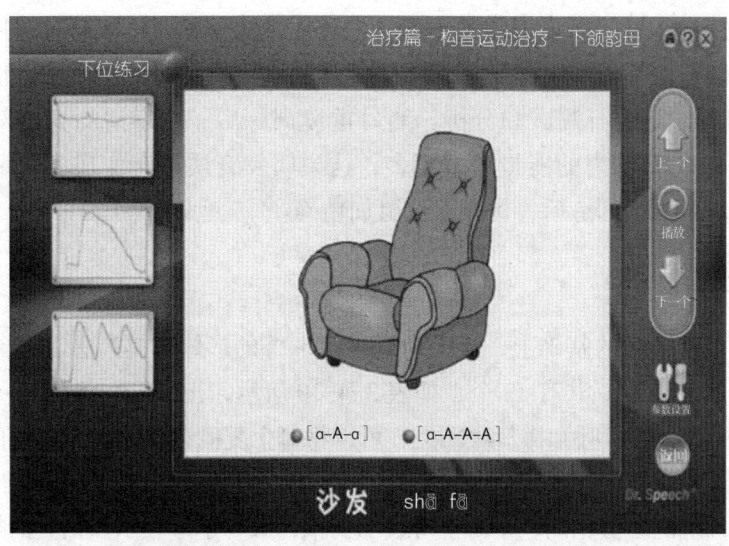

a2. 下颌下位运动双音节词训练（/sha-fa/）

b1. 下颌上位运动单音节词训练（/ti/）

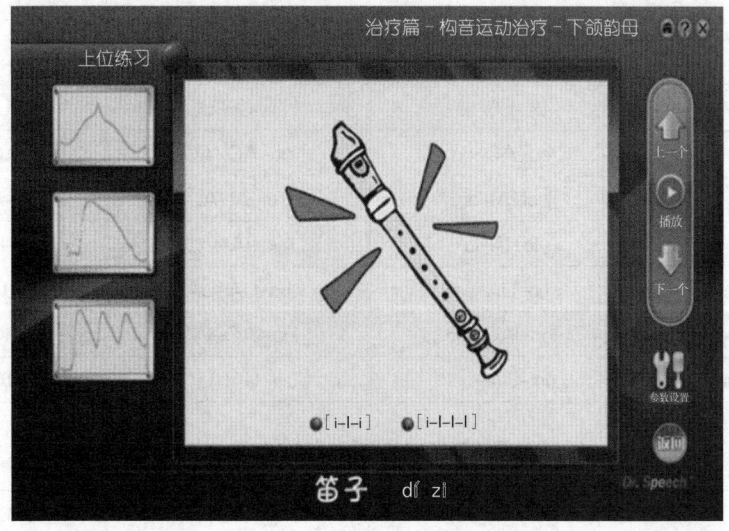

b2. 下颌上位运动双音节词训练（/di-zi/）

图 3-4-11　下颌单韵母构音运动重读训练举例

在韵母重读训练期间所出现的关于韵母发音质量的变化,可以通过采用事先挑选好的词汇和语句进行声学分析,包括基频、强度、频谱、共振峰和语谱图。但要在韵母训练前后同等的条件下进行测试和分析。韵母重读训练后,功率谱的高频部分将更显突出,在 1 000—5 000 Hz 内的能量变得更多,这说明发音质量转变成一种清晰、强烈和洪亮的音色,韵母重读训练后,构音音位更加精确。

2. 复韵母重读训练

在单韵母发音清晰的基础上,还要通过重读训练的形式,提高患者复韵母发音的能力,普通话中的复韵母一共有 13 个,如表 3-4-10 所示,按照开口不同,可将复韵母分为开口呼、齐齿呼、合口呼和撮口呼四类,可以将每个复韵母作为重读训练的材料,以慢板节奏二的训练形式诱导患者发出。如表中的第一个下颌复韵母 /ai/,可以设计为 [ai-AI-ai],与单韵母训练的方法相同,小写字母表示弱拍,大写字母表示强拍。治疗师需要诱导患者通过三个不同强弱的拍子发出复韵母 /ai/,首先是弱拍的 /ai/,然后是强拍的 /AI/,最后以弱拍的 /ai/ 结束。训练时,每个拍子之间停顿 1 s。如表 3-4-11、表 3-4-12、表 3-4-13 所示。

表 3-4-10 复韵母综合课程

开口呼	[ai] 哀	[ei] 欸	[ao] 熬	[ou] 欧
齐齿呼	[ia] 呀	[ie] 耶	[iao] 腰	[iou] 忧
合口呼	[ua] 蛙	[uo] 窝	[uai] 歪	[uei] 威
撮口呼	[üe] 约			

表 3-4-11 下颌复韵母内的上下运动(结合重读治疗法)

e-i-ei	[ei-EI-ei]	[ei-EI-EI]	[ei-EI-EI-EI]
i-e-ie	[ie-IE-ie]	[ie-IE-IE]	[ie-IE-IE-IE]
ü-e-üe	[üe-ÜE-üe]	[üe-ÜE-ÜE]	[üe-ÜE-ÜE-ÜE]
a-o-ao	[ao-AO-ao]	[ao-AO-AO]	[ao-AO-AO-AO]
a-i-ai	[ai-AI-ai]	[ai-AI-AI]	[ai-AI-AI-AI]
i-a-ia	[ia-IA-ia]	[ia-IA-IA]	[ia-IA-IA-IA]
u-a-ua	[ua-UA-ua]	[ua-UA-UA]	[ua-UA-UA-UA]
i-a-o-iao	[iao-IAO-iao]	[iao-IAO-IAO]	[iao-IAO-IAO-IAO]
u-a-i-uai	[uai-UAI-uai]	[uai-UAI-UAI]	[uai-UAI-UAI-UAI]

表 3-4-12 唇复韵母内的圆展运动(结合重读治疗法)

ü-e-üe	[üe-ÜE-üe]	[üe-ÜE-ÜE]	[üe-ÜE-ÜE-ÜE]
i-a-o-iao	[iao-IAO-iao]	[iao-IAO-IAO]	[iao-IAO-IAO-IAO]

表 3-4-13　舌复韵母内的前后运动（结合重读治疗法）

i-o-u-iou	[iou-IOU-iou]	[iou-IOU-IOU]	[iou-IOU-IOU-IOU]
u-e-i-uei	[uei-UEI-uei]	[uei-UEI-UEI]	[uei-UEI-UEI-UEI]

复韵母构音运动的重读训练也要遵循从单音节词到双音节词再到三音节词、多音节词的训练顺序。如表 3-4-14、3-4-15、3-4-16 所示。

表 3-4-14　下颌复韵母间的上下运动材料举例

构音运动		材料举例			
双音节内	上下运动训练一	黑马：hei-ma 大海：da-hai 押韵：ya-yun 教室：jiao-shi	树叶：shu-ye 特好：te-hao 外婆：wai-po	月色：yue-se 大炮：da-pao	打牌：da-pai 挖地：wa-di
	上下运动训练二	欧洲：ou-zhou 宝宝：bao-bao 海带：hai-dai	爷爷：ye-ye 跑道：pao-dao 买卖：mai-mai	姐姐：jie-jie 拜拜：bai-bai 奶奶：nai-nai	黑煤：hei-mei 白菜：bai-cai
	上下运动训练三	落叶：luo-ye 月亮：yue-liang 小猫：xiao-mao	爱我：ai-wo 在家：zai-jia 背包：bei-bao	好坏：hao-huai 戴帽：dai-mao	海洋：hai-yang 小鸭：xiao-ya
三音节内上下运动		抢跑道：qiang-pao-dao 小花猫：xiao-hua-mao 摘白菜：zhai-bai-cai	喂饱猫：wei-bao-mao 黑猫跑：hei-mao-pao 过家家：guo-jia-jia	鱼娃娃：yu-wa-wa 爱宝宝：ai-bao-bao	
多音节内上下运动		妹妹戴帽：mei-mei-dai-mao 姐姐买背包：jie-jie-mai-bei-bao 老爷爷卖白菜：lao-ye-ye-mai-bai-cai 奶奶给宝宝脱棉袄：nai-nai-gei-bao-bao-tuo-mian-ao。			

表 3-4-15　唇复韵母间的圆展运动材料举例

构音运动		材料举例			
双音节内	圆展运动训练一	鲜花：xian-hua 英语：ying-yu 月亮：yue-liang	回家：hui-jia 喝水：he-shui 忘记：wang-ji	夜晚：ye-wan 外婆：wai-po 游戏：you-xi	英雄：ying-xiong 树叶：shu-ye 欢迎：huan-ying	原点：yuan-dian 坏蛋：huai-dan
	圆展运动训练二	娃娃：wa-wa 温暖：wen-nuan	弯弯：wan-wan 玩具：wan-ju	云朵：yun-duo 优秀：you-xiu	惶惶：huang-huang 圆圆：yuan-yuan	关窗：guan-chuang 黄昏：huang-hun
三音节内上下运动		白头翁：bai-tou-weng 玩游戏：wan-you-xi	闻花香：wen-hua-xiang 王叔叔：wang-shu-shu	灰溜溜：hui-liu-liu 汪汪汪：wang-wang-wang		
多音节内上下运动		汪洋大海：wang-yang-da-hai 我喜欢跳舞：wo-xi-huan-tiao-wu 圆圆的气球：yuan-yuan-de-qi-qiu 熊宝宝的窝：xiong-bao-bao-de-wo 宝宝喜欢灰色的小熊：bao-bao-xi-huan-hui-se-de-xiao-xiong			

表 3-4-16　舌复韵母间音节内的前后运动材料举例

构音运动		材料举例				
双音节内	前后运动训练一	秀气：xiu-qi 游戏：you-xi 牛油：niu-you 危急：wei-ji 秋色：qiu-se	气球：qi-qiu 柚子：you-zi 丢球：diu-qiu 伟大：wei-da 回去：hui-qu	犀牛：xi-niu 牛马：niu-ma 修理：xiu-li 自卫：zi-wei 水杯：shui-bei	丢失：diu-shi 舅舅：jiu-jiu 喂食：wei-shi 荟萃：hui-cui	柳树：liu-shu 优秀：you-xiu 围棋：wei-qi
	前后运动训练二	流水：liu-shui 队友：dui-you	吹球：chui-qiu 求救：qiu-jiu	酒水：jiu-shui	秋水：qiu-shui	球队：qiu-dui
三音节内前后运动		溜溜球：liu-liu-qiu　　灰溜溜：hui-liu-liu　　救火队：jiu-huo-dui				
多音节内前后运动		舅舅会吹牛：jiu-jiu-hui-chui-niu 优秀的球员会救球：you-xiu-de-qiu-yuan-hui-jiu-qiu 秀气的妞妞丢溜溜球：xiu-qi-de-niu-niu-diu-liu-liu-qiu 队友休息时，喝酒水，下围棋：dui-you-xiu-xi-shi-he-jiu-shui-xia-wei-qi				

3. 鼻韵母的重读训练

鼻韵母是普通话构音治疗中的难点，也是治疗重点。普通话中的鼻韵母个数较多，其发音质量的高低将在很大程度上影响患者整体的构音清晰度，如表 3-4-17 所示，16 个鼻韵母也可以按照不同开口分为四种类型，可以将每个鼻韵母作为重读训练的材料，以慢板节奏二的训练形式诱导患者发出。如表中的第一个复韵母 /an/，可以设计为 [an-AN-an]，与单韵母训练的方法相同，小写字母表示弱拍，大写字母表示强拍。治疗师需要诱导患者通过三个不同强弱的拍子发出复韵母 /an/，首先是弱拍的 /an/，然后是强拍的 /AN/，最后以弱拍的 /an/ 结束。训练时，每个拍子之间停顿 1 s。

表 3-4-17　鼻韵母综合课程

开口呼	[an] 安	[en] 恩	[ang] 昂	[eng] 	
齐齿呼	[ian] 烟	[in] 因	[iang] 央	[ing] 英	
合口呼	[uan] 弯	[uen] 温	[uang] 汪	[ueng] 翁	[ong]
撮口呼	[üan] 冤	[ün] 晕	[iong] 雍		

（二）声母构音运动重读训练

声母构音运动重读训练主要针对声母构音表中的双唇音、唇齿音、舌尖前音、舌尖中音、舌根音进行，以构建准确的声母构音音位为训练目的，多采用行板节奏一进行训练，见表 3-4-18。训练的重点在于构建准确的声母构音音位，如果患者出现构音困难，则应中止重读训练而返回进行口部运动训练。

表 3-4-18　部分声母构音运动重读训练示例

		a、ia		
舌面音	j/q	jia 夹子		[ia-IA-IA-IA]，夹子 [jia-JIA-JIA-JIA]，夹子
	x	xia 虾	xia 霞	[ia-IA-IA-IA]，虾 [xia-XIA-XIA-XIA]，虾
舌尖前音	z/c		ca 擦	[a-A-A-A]，擦 [ca-CA-CA-CA]，擦
	s	sa 洒	sa 撒	[a-A-A-A]，撒 [sa-SA-SA-SA]，撒
舌尖后音	zh/ch	zha 炸弹	cha 茶杯	[a-A-A-A]，炸弹 [zha-ZHA-ZHA-ZHA]，炸弹
	sh	sha 纱布	sha 鲨鱼	[a-A-A-A]，纱布 [sha-SHA-SHA-SHA]，纱布
	r			

　　普通话中声母音位包含 38 对最小音位对，音位构音障碍患者在进行构音训练时，已习得的声母音位往往会与最小音位对中另一个音位发声混淆，所以构音运动的重读治疗可适当结合最小音位对比来设计重读材料，进行重读治疗，如表 3-4-19、3-4-20 所示。

表 3-4-19　声母构音前后运动的重读训练材料

双唇音 vs 舌根音	b/p/m–g/k	bing gan 饼干	ping guo 苹果	mang guo 杧果	bei ke 贝壳	pu ke 扑克
		bao kan 报刊	gang bi 钢笔	ge bo 胳膊	kan bing 看病	
唇齿音 vs 舌根音	g/k–f	ka fei 咖啡	gao fei 高飞	ke fou 可否	fei ge 飞鸽	
舌尖前音 vs 舌根音	z/c/s–g/k	san ge 三个	ke xi 可惜	ge ci 歌词	gao si 高斯	
舌尖中音 vs 舌根音	d/t/n/l–g/k	dan gao 蛋糕	tie gui 铁轨	tian kong 天空	gan lan 橄榄	gu tou 骨头
		guan tou 罐头	kou dai 口袋	lang gou 狼狗	gao dian 糕点	

表 3-4-20　声母构音前后运动的重读训练举例

双唇音 vs 舌根音	b/p/m–g/k	bing gan 饼干	[ing-ING-AN-AN]，吸气，饼干 [bing-BING-GAN-GAN]，吸气，饼干
		bao kan 报刊	[ao-AO-AN-AN]，吸气，报刊 [bao-BAO-KAN-KAN]，吸气，报刊

续表

唇齿音 vs 舌根音	g/k–f	ka fei 咖啡	[a–A–EI–EI]，吸气，咖啡 [ka–KA–FEI–FEI]，吸气，咖啡
舌尖前音 vs 舌根音	z/c/s–g/k	san ge 三个	[an–AN–E–E]，吸气，三个 [san–SAN–GE–GE]，吸气，三个
舌尖中音 vs 舌根音	d/t/n/l–g/k	dan gao 蛋糕	[an–AN–AO–AO]，吸气，蛋糕 [dan–DAN–GAO–GAO]，吸气，蛋糕
		guan tou 罐头	[uan–UAN–OU–OU]，吸气，罐头 [guan–GUAN–TOU–TOU]，吸气，罐头
舌尖后音 vs 舌根音	zh/ch/sh/r–g/k	chang ge 唱歌	[ang–ANG–E–E]，吸气，唱歌 [chang–CHANG–GE–GE]，吸气，唱歌
		shui guo 水果	[ui–UI–UO–UO]，吸气，水果 [shui–SHUI–GUO–GUO]，吸气，水果
		guai zhang 拐杖	[uai–UAI–ANG–ANG]，吸气，拐杖 [guai–GUAI–ZHANG–ZHANG]，吸气，拐杖
舌面音 vs 舌根音	j/q/x–g/k	jun guan 军官	[un–UN–UAN–UAN]，吸气，军官 [jun–JUN–GUAN–GUAN]，吸气，军官
前后鼻音	n–m	nong min 农民	[ong–ONG–IN–IN]，吸气，农民 [nong–NONG–MIN–MIN]，吸气，农民

在言语治疗中，韵母和声母都需进行变换。训练开始阶段，构音治疗只进行韵母的变换练习，之后才逐渐加入声母训练，如表3-4-21所示。训练后，声母的发音变得更强有力，而且更加清晰。这是因为此项训练增强了呼气力量和提高了构音音位的精确程度。言语重读治疗后的一般情况是声母的发音更有力度，更加清楚，甚至表现为一个长句的最后一个声母的发音都很清晰。这与韵母训练的效果相同，即增加了言语的清晰度。

表3-4-21 声母/b、p、m/的行板节奏一训练

声母/b/+ 单韵母	声母/p/+ 复韵母（开口呼）	声母/m/+ 鼻韵母（开口呼）
ba–BA–BA–BA（ba 巴）	pai–PAI–PAI–PAI（pai 拍）	man–MAN–MAN–MAN（man 蛮）
bo–BO–BO–BO（bo 玻）	pei–PEI–PEI–PEI（pei 胚）	men–MEN–MEN–MEN（men 冈）
bi–BI–BI–BI（bi 逼）	pao–PAO–PAO–PAO（pao 抛）	mang–MANG–MANG–MANG（mang 忙）
bu–BU–BU–BU（bu 不）	pou–POU–POU–POU（pou 剖）	meng–MENG–MENG–MENG（meng 盟）

第四章

语音障碍的评估

构音障碍治疗的最终目的是使患者能够自然、舒适、清晰、流利地发出37个韵母音位、23个声母音位（包括2个零声母）、4个声调，以及由以上音位组合而成的音节。但是日常交流中的语音交流则是连续变化的音流，音节与音节之间的流畅结合才能实现语义表达的功能。因此构音障碍的治疗重在强调构音的清晰度，即声母音位、韵母音位及相关声韵组合的清晰度。而如果想准确地表达语义，音节与音节之间的节律性、流畅性非常关键，如音节与音节之间的停顿、拖延、音调变换过大或变小等都会影响语义的表达。

语音障碍就是指患者发出连续语音的过程中出现的韵律（流畅性）异常、构音不清的现象，包括口吃、呼吸构音综合征等，从广义上讲，儿童语言发育迟缓、失语症，尤其是运动失语症均属于语音障碍的范畴。患者的语音能力，尤其是语音清晰度、语音韵律异常情况，直接关系着后续语言的可懂度。

语音障碍概述

一、语音障碍的特征

语音障碍主要是在连续语音过程中表现出流畅性异常、构音不清等，口吃、呼吸构音综合征、儿童语言发育迟缓和运动性失语症等都属于语音障碍。

口吃又叫语流障碍，口吃患者常常存在说话时字音重复、中断等而致语言不流畅的现象。对于口吃的定义，目前尚不统一，但明确的是，口吃是一种言语表达或言语产生过程中的流畅性障碍。它基本包含三个方面的特点：一是异常的言语行为，存在音素或音节的重复、拖长，应该连续说出的词语出现中断，发音用力过猛，只有发音动作而无法发出声音；二是有意掩饰自己的障碍；三是存在情绪方面的困扰，表现在生理方面有紧张反应。

呼吸构音综合征患者多表现为单字的构音清晰度高，但在连续语音过程中口齿不清、呼气发音断断续续。这些问题都可以通过语音治疗来提高患者的语音清晰度和连续性。

儿童语言发育迟缓患者的语音障碍多表现为单字发音正确，但在产生连续语音时则出现某些语音的替代等现象，语言不连贯，单词、片语、不成句等特点较为明显。脑瘫、智障、听障、构音器官疾病、中枢神经系统疾病和语言环境不良等因素均是儿童语言发育迟缓的常见原因，可以采用运动康复、言语康复和听觉康复等综合性的方法进行逐步的分阶段治疗。

语音障碍在各类失语症患者的身上均有不同程度的体现。失语症患者的语音障碍是在发音器官不存在运动障碍的情况下，无法发出自己想表达的语音。这与运动性构音障碍所表现的语音错误的发声机制不同，这种语音障碍多是由于言语失用所致，有的仅能发声，有的表现为随意说话和有意表达的分离，还有的表现为韵律失调和四声错误。运动性失语症常见于大脑损伤的患者，完全或部分失去了说话的能力。患者多表现为连续语音过程中口齿不清，吸气发音、呼气发音断断续续。运动性失语症是由于患者大脑左半球额叶损伤导致的，患者发音器官正常，虽然失去了相应的说话能力，但仍保留听懂别人说话的能力，有写字和阅读的能力。

语音障碍的评估是语音障碍治疗的关键，目前对于语音障碍的针对性评估还不多见，多包含在具体类型的评估之中，主要包括口吃的评估、语言发育迟缓的评估、失语症的评估等。如口吃的评估，评估过程要考虑许多因素，要考虑患者词或"词片段"的重复、延长、停顿以及伴随的挣扎行为情况，还要考虑言语不流利情况发生的频率、环境的一致性、诱因事件和随后的听众反应等。口吃评估的前提是要区分正常的言语不流利和有治疗必要的不流利。

无论是哪种类型的语音障碍，都存在语音流畅性和清晰度上的问题，所以在本书中语音障碍评估与矫治的重点将放在连续语音的语音清晰度和语音韵律两个维度的评估上。

二、语音障碍的临床表现

语音障碍是指说话者单个音节能够清楚发出，但在句子中需要协同构音时则有困难，临床上通常表现为说话断断续续或不清晰，严重影响了患者的言语可懂度。语言发育迟缓、智力障碍、听力障碍、脑性瘫痪、孤独症和失语症患者的语音障碍均存在这些表现。语音障碍的矫治包括"CRDS"训练和重读治疗法两部分，前者重点强调通过语音巩固、语音重复、语音切换和语音轮替训练提高连续语音清晰度，后者通过重读治疗法提高连续语音的韵律。

三、语音功能评估框架

语音障碍的矫治关键是对语音功能的评估，语音功能评估主要是针对连续语音的评估，包括语音清晰度评估和语音韵律评估两个部分。如图 4-1-1 所示。

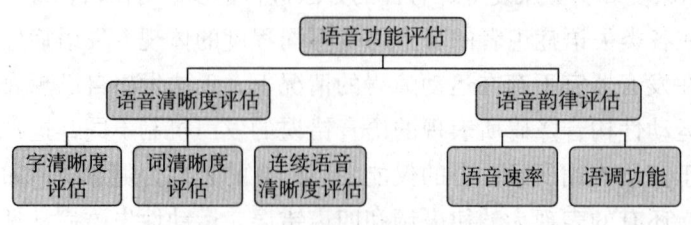

图 4-1-1　语音功能评估框架图

语音功能的评估建立在构音功能评估的基础之上，良好的构音清晰度为语音清晰度打下了良好的基础。因此儿童语音障碍的评估内容、评估框架同样遵循黄昭鸣博士提出的"言语产生 RPRAP 理论"指导下的言语评估治疗框架，即主要通过"A+T+M"的操作模式来实现。其中 A 即评估（Assessment），T 即治疗（Therapy），M 即监控（Monitor），如图 4-1-2 所示。语音障碍治疗的整个过程就是通过这样一个评估—治疗—监控的循环过程来完成的，"A+T+M"操作模式具有可操作性、实用性和科学性。它以言语的产生和言语病理研究为基础，利用现代化的实时言语测量手段，对言语功能进行主观和客观的评估，并结合言语干预的多年临床研究和实践构建而成。语音障碍的评估与治疗包括两个模块，即连续语音的语音清晰度和语音韵律。语音障碍的评估与治疗必须按照一定的操作流程进行，这样才能使实际工作有章可循。

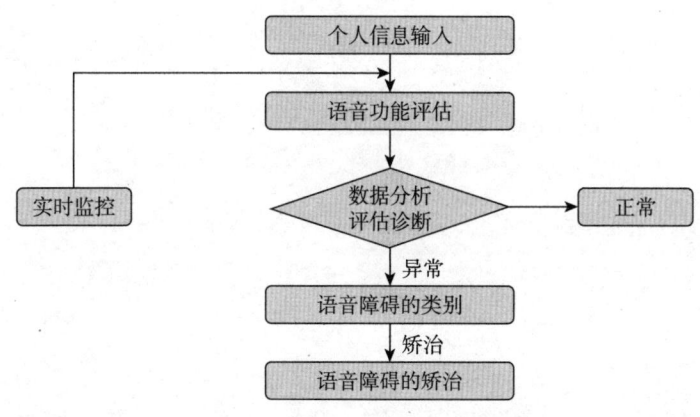

图 4-1-2　语音障碍的评估流程图

1. 个人信息输入

个人信息输入，主要指把患者的相关信息导入计算机的相应处理模块。言语治疗之前首先要收集患者的一般信息，包括年龄、性别、相关病史和治疗状况、是否接受过言语训练和训练情况、有无其他疾病史、主要言语症状等，尤其是儿童接受言语康复的情况，包括呼吸、发声、共鸣、构音等言语功能的整体情况等，均要详细记录，甚至儿童的家庭康复的情况、喂养情况、个人喜好等也要记录下来，作为个人的辅助信息。

2. 语音功能评估

语音功能评估主要包括字清晰度评估、句清晰度评估及连续语音清晰度评估。字清晰度、句清晰度及连续语音清晰度评估能有效反映出语音过程中的清晰度及流畅度。此外语音韵律的评估也是重要的评估内容，儿童在连续语音中的停顿能力、语速、语调的变化情况均关系着语音的听感，所以语音韵律的评估也是语音障碍评估的重要内容。

3. 语音障碍治疗

语音障碍治疗包括语音重复、语音切换和语音轮替三个部分。治疗师在进行临床康复训练时,需要根据患者的实际情况,将多种方法进行有机结合,以便在有限时间内让患者得到最有针对性的治疗,获得最佳的康复效果。

4. 语音治疗监控

就像言语治疗的过程不是一成不变的,整个言语治疗过程遵循评估—治疗—监控的科学程序,在尽可能短的时间内使患者的言语异常表现得到缓解或消失。语音障碍治疗也要遵循评估—治疗—监控这一程序,在治疗过程中采用相应的参数作为监控指标,即用测得的参数与参考标准值之间的距离变化来判断疗效,通常以距离缩短作为治疗有效的标志。

语音障碍的评估

语音障碍的评估主要是对连续语音的评估，连续语音包括语音清晰度和语音韵律两个维度。因此，语音功能评估又分为语音清晰度评估和语音韵律评估两部分，语音清晰度的评估指标主要指测试材料的词清晰度、句清晰度和连续语音清晰度，语音韵律评估指标为测试语句的语速、语调，其中语调主要通过测试平均基频（F_0）、基频标准差（F_0SD）、基频范围（F_0Range）来获得。语音障碍的矫治过程是将评估、训练与监控三者有机结合在一起，上述指标不仅可以为语音障碍类型和程度的评价提供依据，而且可以通过对这些指标进行动态监控，为下一步的训练计划提供依据，从而提高训练的效果。

一、语音清晰度评估

（一）评估内容

语音清晰度评估是指利用特定的材料，对患者所发出连续语音的清晰度进行评价。刘巧云、黄昭鸣等综合国内外连续语音评估方面的研究成果，根据普通话语音的特点，研发了一套连续语音能力评估材料，设计了七篇具有等价性的短文，分别为《春天篇》《刷牙篇》《唱歌篇》《生日篇》《家庭篇》《社区篇》《玩具篇》。表 4-2-1 以《春天篇》和《刷牙篇》为例（加粗字体为目标词）。

表 4-2-1　刘巧云连续语音清晰度评估词表

《春天篇》
美丽的**春天**来了，天气晴朗，柳絮纷飞。姐姐和妹妹手拿着背包，高兴地走在去**教室**的路上。道路边都是漂亮的**高楼**，嫩绿的草地，红色的**榕树**花，真好看！小鸟在树上叽叽喳喳地**唱歌**，真动听！
《刷牙篇》
一天，小牛在家里吃了一根**甘蔗**、喝了一罐**蜂蜜**，牙突然很疼，于是妈妈陪他去看医生。原来，他吃的甜东西太多，又不刷牙，所以长了**两颗蛀牙**，医生费了好大力气，才把小牛的蛀牙都拔下来。从此，小牛每天坚持刷牙，再也不感觉疼了。

刘巧云连续语音清晰度评估词表的设计理念和设计原则主要包括以下三点。

1. 涵盖普通话中的21个声母

在本书的第三章已经提到，普通话中声母因为独特的发音要求，声母清晰度对连续语音清晰度具有较大的影响，因此语音障碍的评估短文均要涵盖普通话中所有的21个声母。在刘巧云连续语音清晰度评估词表中，每篇短文均涵盖普通话中的21个声母，若干个目标音。在表4-2-1的评估材料里，共包括21个声母，45个目标音，每个声母的出现次数如图4-2-1所示。

2. 每个声母的出现率符合语音均衡的原则

语音障碍矫治的最终目的是帮助儿童在日常生活中更好地发出清晰、可懂的语音，所以在设计语音功能评估材料时，尽量使得目标声母在短文材料中出现的频率与日常生活中21个声母应该出现的频率保持一致，即连续语音清晰度评估词表中21个声母的出现率与其在日常生活中的出现率应该保持基本一致。

分析刘巧云连续语音清晰度评估词表，如表4-2-2所示，第二列为日常生活中21个声母出现的百分比，按照这个数值，计算出在45个目标词中，21个目标声母应当出现的次数（如第三列所示），第四列是两篇小短文中21个声母实际出现的次数，可见，连续语音清晰度评估词表中21个声母的出现率与其在日常生活中的出现率是基本一致的。

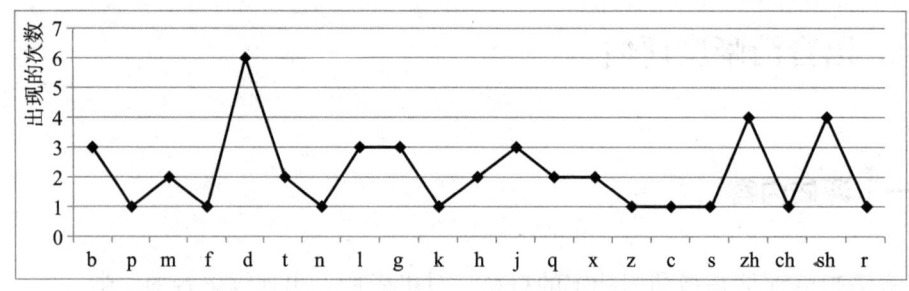

图4-2-1　刘巧云词表中21个声母出现的次数

表4-2-2　21个声母出现率

音位	日常生活中的出现率（%）	应当出现的次数	实际出现的次数
d	13.71	6.17	6
sh	8.75	3.94	4
zh	8.20	3.69	4
j	7.97	3.59	3
l	6.50	2.92	3
g	6.28	2.83	3
b	5.88	2.65	3
x	5.55	2.50	2
h	5.05	2.27	2
m	4.27	1.92	2

续表

音位	日常生活中的出现率（%）	应当出现的次数	实际出现的次数
t	4.03	1.81	2
q	3.55	1.60	2
z	3.44	1.55	1
ch	3.14	1.41	1
n	2.89	1.30	1
f	2.80	1.26	1
r	2.22	1.00	1
k	2.09	0.94	1
c	1.31	0.59	1
s	1.23	0.56	1
p	1.12	0.50	1

3. 句长保持一致

测试材料中每篇小短文中的测试语句均以短句为主，每篇文章的平均句长在5—7个字。

（二）评估指标

连续语音功能评估主要监测三个指标，分别为字清晰度、句清晰度和连续语音清晰度。字清晰度主要指儿童在跟读评估短文时，单字目标音正确个数占测试短文中目标音总个数的概率，主要用于考查患者单字目标音的清晰度，评估时要求患者跟读单个字；句清晰度主要指儿童在跟读评估短文时，每个句子中目标音的正确个数占测试短文中目标音总个数的概率，主要考查患者在说句子时目标音的清晰度，评估时要求患者跟读句子；连续语音清晰度主要指测试短文中句子清晰度占字清晰度的概率，是同时考查患者在跟读单字和句子时发音的清晰度，可借助前两个数据的计算获得。三者的计算公式分别为：

字清晰度 =（单字目标音正确个数 / 目标音总个数）× 100%

句清晰度 =（句中目标音正确个数 / 目标音总个数）× 100%

连续语音清晰度 =（句清晰度 / 字清晰度）× 100%

连续语音清晰度评估内容及评估指标的提出填补了国内该领域的空白，为语音障碍的评估提供了一套有价值的参考指标。

（三）评估流程

语音功能的评估材料分为两种形式，一种是纸质版评估材料，即将评估短文设计成"连续语音能力评估表"，以《春天篇》为例（如表4-2-3所示）；另一种是计算机版评估材料，即使用语音评估与训练仪，使得语音功能评估智能化。分述如下。

表 4-2-3 连续语音清晰度评估记录表（《春天篇》）

	美	丽	的	春	天	来	了	，	天	气	晴	朗	，	柳	絮	纷	飞	。
				ch	t						q			l	x		f	
字																		
句																		
	姐	姐	和	妹	妹	手	拿	着	背	包	，	高	兴	地	走	在	去	教
	j	j		m	m	sh			b	b		g			d	z	q	j
字																		
句																		
	室	的	路	上	。	道	路	边	都	是	漂	亮	的	高	楼	，	嫩	绿
	sh					d		b	d	sh	p			g	l			l
字																		
句																		
	的	草	地	，	红	色	的	榕	树	花	，	真	好	看	！	小	鸟	在
	d	c	d		h	s		r	sh			zh	h	k		x	n	
字																		
句																		
	树	上	叽	叽	喳	喳	地	唱	歌	，	真	动	听	！				
			j		zh	zh		g			zh	d	t					
字																		
句																		

1. 纸质版评估流程

（1）准备工作

准备"连续语音清晰度评估记录表《春天篇》"两张（如表 4-2-3 所示）、录音设备、记录笔等，评估记录表中同标音均用加粗字体显示。还需要准备"连续语音清晰度评估评分记录表《春天篇》"（如表 4-2-4 所示），用以记录和计算单字目标音正确总个数、句中目标音正确总个数、单字清晰度、句清晰度和连续语音清晰度等指标。

（2）评估步骤

① 录音和判分。

打开录音设备，治疗师以自然的方式读出测试材料中的句子，然后让患者跟读，一般来说，为了保证分析结果的准确性，要求患者每个音或每句话发音 3 遍，音与音或句与句之间的时间间隔为 1—2 s。

治疗师记录患者的语音资料，同时在"连续语音清晰度评估评分记录表"中对患者跟读的语音进行主观评判。目标音发音正确记为"1"，发音错误记为"0"。录音时，既要录制单个目标音的声音，又要记录每个句子的声音，这样才能得到完整、全面的分析结果。同时，判分也包括单个目标音的判分和句中目标音的判分两部分。

② 分析结果。

完成对患者的录音，对患者的跟读情况评分完毕后，对判分结果进行统计，并计算评估指标，即单字清晰度、句清晰度和连续语音清晰度。对计算结果进行分析，可以为矫治方案的制订提供科学的依据。

由于七篇短文的难度一致，评估时可根据实际情况任选一篇小短文，评估结束后计算出最后得分。

采用纸质版评估表进行评估时，治疗师需要准备评估表、录音设备等评估工具，并且确保评估环境需要达到一定的要求，如治疗师的音量及普通话标准程度等，因为这些因素会对评估结果的精确性产生影响。

表 4-2-4 连续语音清晰度评估评分记录表（《春天篇》）

	音位	总个数	单字目标音正确个数	句中目标音正确个数	单字清晰度（%）	句清晰度（%）	连续语音清晰度（%）
统计	b	3					
	p	1					
	m	2					
	f	1					
	d	6					
	t	2					
	n	1					
	l	3					
	g	3					
	k	1					
	h	2					
	j	3					
	q	2					
	x	2					
	z	1					
	c	1					
	s	1					
	r	1					
	zh	4					
统计	ch	1					
	sh	4					

续表

音位	总个数	单字目标音正确个数	句中目标音正确个数	单字清晰度（%）	句清晰度（%）	连续语音清晰度（%）
总计		单字目标音正确总个数				
		句中目标音正确总个数				
		单字清晰度（%）				
		句清晰度（%）				
		连续语音清晰度（%）				

2. 计算机评估流程

语音障碍的纸质版评估方式主要受限于评估师的主观评判能力，为了解决传统评估方式存在的不足，黄昭鸣、刘巧云等在 2009 年研发了"启音博士语音评估与训练仪"（以下简称为语音评估与训练议）。该系统借助现代化信息技术，以计算机为载体，评估和训练均在特定的场景中进行，为实现评估过程的标准化提供了有效的工具。系统中"评估"部分小短文的内容与"儿童连续语音能力评估表"中的内容完全一致。该部分将场景、文字与声音相结合，拥有录音、判分、自动算分等各项功能。评估时，系统呈现与短文相配套的卡通图片，实时显示每幅卡通图片对应的文字，并由系统播放文字、句子或段落的声音。评估结束后，系统自动生成评估结果，避免了人工计算的麻烦，提高了评估结果的准确性。整个评估过程的操作简单易行，便于临床工作者评估患者的连续语音能力以及监控训练效果。

下面以《春天篇》评估短文为例，介绍语音评估与训练仪在语音评估中的应用。在系统评估主界面中选择《春天篇》进入该短文的评估界面，如图 4-2-2 所示。在该界面中，左侧呈现了这篇短文的第一个故事场景，右侧则对应着文字。其中加粗字体的是目标音，可通过鼠标点击使之发音；点击每句话前的小喇叭可播放句子的声音。利用计算机进行发音不仅可以使音量控制在适当范围内，而且保证了发音的标准性，使评估结果更为准确。该界面同时包含了录音、播放、保存以及判分等功能。判分界面如图 4-2-3 所示。

图 4-2-2　《春天篇》评估界面

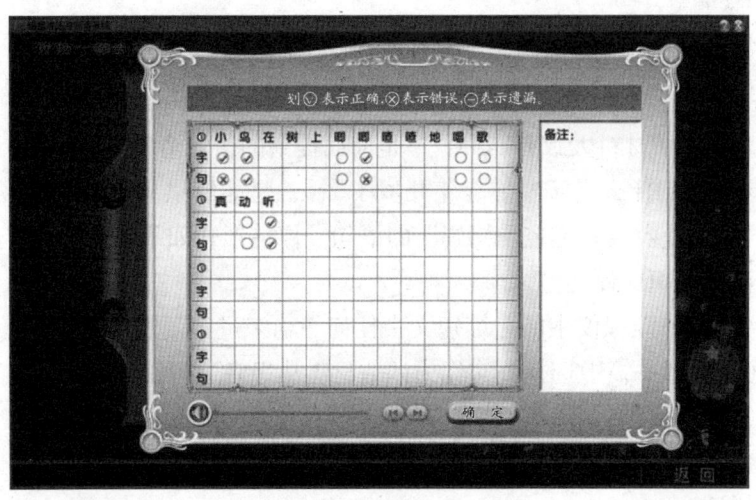

图 4-2-3 《春天篇》判分界面

判分界面中，治疗师根据患者的发音情况，通过点击目标音下面的圆圈进行判分，共有正确、错误、遗漏三种记录形式。治疗师还可根据实际需要，在右侧备注栏中记录备注信息。

评估结束后，在评估主界面《春天篇》对应的"成绩板"中可以立即看到评估结果，系统自动计算出该短文的字清晰度、句清晰度和连续语音清晰度。通过点击"成绩板"界面中的"显示评估表"，可以打开该短文的详细判分表格。在语音评估与训练仪中，短文的评估方式及流程均与之相同。

二、语音韵律评估

语音韵律评估主要从连续语音的语速和语调两个方面评估儿童的语音能力。连续语音的语速指的是患者发连续语音时单位时间内发出的音节数；连续语音的语调指的是患者发连续语音时言语基频、基频标准差和基频范围的情况。语音语调能力评估是对语音清晰度评估材料进行客观测量，对患者发出的连续语音进行韵律特征的测量，可以使用言语测量仪完成，操作步骤与本书第三章所述的言语基频测量相同，但评估材料为连续语音清晰度评估短文中的测试语句，测量的参数主要包括测试语句的平均基频（F_0）、基频标准差（F_0SD）、基频范围（F_0Range）。

（一）连续语言言语速率评估

1. 评估工具

言语障碍测量设备，言语测量仪或者其他。

2. 评估方法及临床意义

（1）评估方法

语音速率的评估材料大致有四种：一是前面提到的语音清晰度的短文；二是询问患者信息的语句"你叫什么名字？你今年几岁了"；三是能够供患者描述的场景图片；四是患者朗读"妈妈爱宝宝，宝宝爱妈妈"的语句。评估形式如下。

① 语音清晰度短文评估。

借助语音评估与训练仪中的七篇短文中任何一篇来进行语音速率评估。具体评估方法是从评估短文任意一篇中选择一句作为评估材料让患者进行跟读。

② 问答。

询问患者"你叫什么名字？你今年几岁了"，引导患者回答。

③ 看图说话。

出示"做家务"的场景图片，引导患者从"图片上有哪些东西？哪些人？这些人在做什么"等方面描述图片内容。

④ 朗读。

"妈妈爱宝宝，宝宝爱妈妈。"

治疗师可根据患者的实际情况进行选择，选择其中的一种形式即可。图 4-2-4 表示看图说话连续语音能力评估。

图 4-2-4　连续语音能力评估图

（2）分析步骤

言语速率分析：

● 剪切患者所说句子的音频（若采用看图说话，则选择患者连续说出的 3 句完整的句子），分别剪切出每句话的音频，并对每句话进行分析。

● 根据声波图确定某句话的起始点，截取某句话的持续总时长并记录（如图 4-2-5 所示）。

● 确定某句话的音节数。

● 根据公式进一步计算得出某句话的言语速率（言语速率 = 音节数 / 总时长）。

- 得到所有句子的言语速率后求平均数，得到最后的均值。

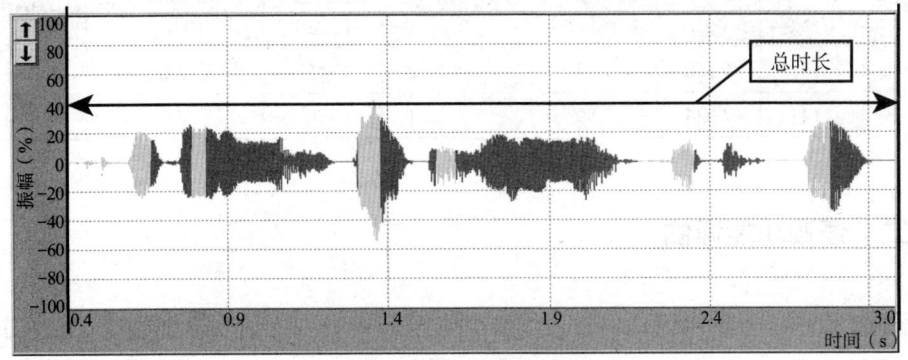

图 4-2-5　总时长截取

（3）临床意义

通过上述评估，可得到连续语音的语音速率这一反映语速的指标。

- 如果测得的言语速率高于无损伤程度的上限值，说明患者连续语音时出现了发音缩短和/或无声间隔（即停顿）缩短等现象，从而导致连续语音语速过快。
- 如果测得的言语速率低于无损伤程度的下限值，说明患者连续语音时出现了发音拖延和/或无声间隔（即停顿）延长等现象，从而导致连续语音语速过慢。
- 如果测得的言语速率处于无损伤程度区间中，说明患者连续语音语速正常。

3. 评估和短期目标监控示例

以一名6岁听障男童秦某某的评估和短期目标监控为例。表4-2-5是该患者连续语音言语速率和言语基频标准差的测量结果。首次评估显示该患者连续语音言语速率未达到同年龄儿童的正常水平，损伤程度为2级，中度损伤；言语基频标准差也未达到同年龄儿童的正常水平，损伤程度为3级，重度损伤。首次评估结果表明患者存在语速过慢和语调单一的问题。因此在开展上述构音训练时，结合言语支持、语音自反馈和言语重读训练以改善患者语速和语调问题。现阶段（1个月）设定的长期目标为损伤程度达到1级（轻度损伤）。经过2周训练后进行短期目标监控，监控结果显示，言语速率损伤程度仍为2级（中度损伤），但较首次评估语速有所提高；言语基频标准差损伤程度降为2级（中度损伤），语调单一问题得到明显改善。经过2周训练后，再次监控发现，言语速率和言语基频标准差的损伤程度均降到1级（轻度损伤），达到本阶段的训练目标。后续治疗可继续在该阶段基础上适当地提高难度继续开展训练。

表 4-2-5　秦某某连续语音的语速和语调测量

日期	音节数（个）	总时长（s）	言语速率（个/秒）	损伤程度		言语基频（Hz）	言语基频标准差（Hz）	损伤程度	
7月18日	13	7 970	1.63	初始值	2	343	25	初始值	3
				目标值	1			目标值	1

续表

日期	音节数（个）	总时长（s）	言语速率（个/秒）	损伤程度	言语基频（Hz）	言语基频标准差（Hz）	损伤程度
7月25日	10	6 360	1.57	最终值 2	345	32	最终值 2
8月1日	14	7 034	1.99	1	356	41	1

（二）语调功能评估

语调特征是语音韵律评估的重要内容，主要包括音调评估和音调变化评估。其中音调主要通过参数言语基频（F_0）测量，音调变化主要通过参数言语基频范围（Max F_0—Min F_0）和基频标准差（F_0SD）测量。基频是一个物理量，是指声带每秒钟振动的次数，其单位是 Hz，音调是基频的听觉心理感知量，是个体对声音高低的主观感觉，从解剖与生理学角度看，音调则对应于声带振动的频率或速率；言语基频范围（Max F_0—Min F_0）指在某一言语样本中，基频 F_0 的最高值与最低值间的差值，单位是 Hz，也可以转化成半音或音阶；基频标准差（F_0SD）反映基频平均值的波动范围。基频标准差是一个统计值，单位是 Hz。在正常的交谈中，基频标准差 F_0SD 为 20—35 Hz。

1. 评估材料及工具

语调的评估材料可以选用连续语音清晰度评估短文中的测试语句，也可以询问患者"姓名及年龄"或让患者跟读"妈妈爱宝宝，宝宝爱妈妈"的语句。治疗师可以根据实际情况任选其一。采用言语测量仪完成录音和语音分析。图 4-2-6 表示语音清晰度测试短文《春天篇》中第一个测试语句"美丽的春天来了"通过言语测量仪显示出来的波形图。图 4-2-7 为询问患者"姓名及年龄"的声波和基频图。

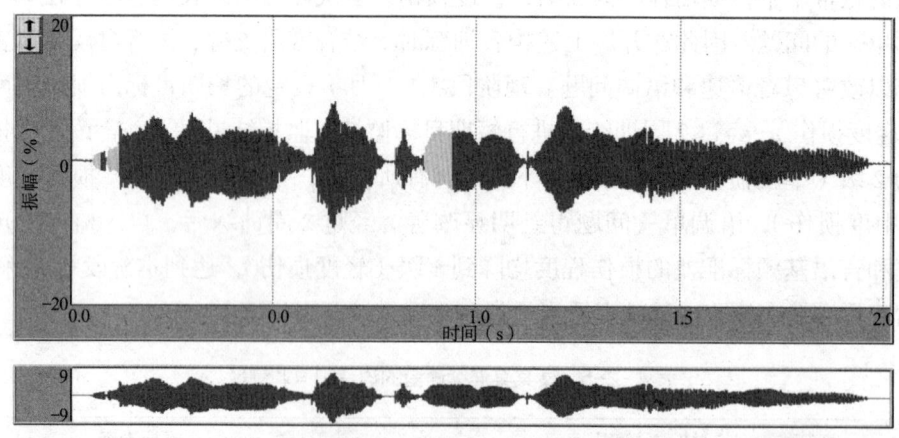

图 4-2-6　《春天篇》中第一个测试语句"美丽的春天来了"的波形图

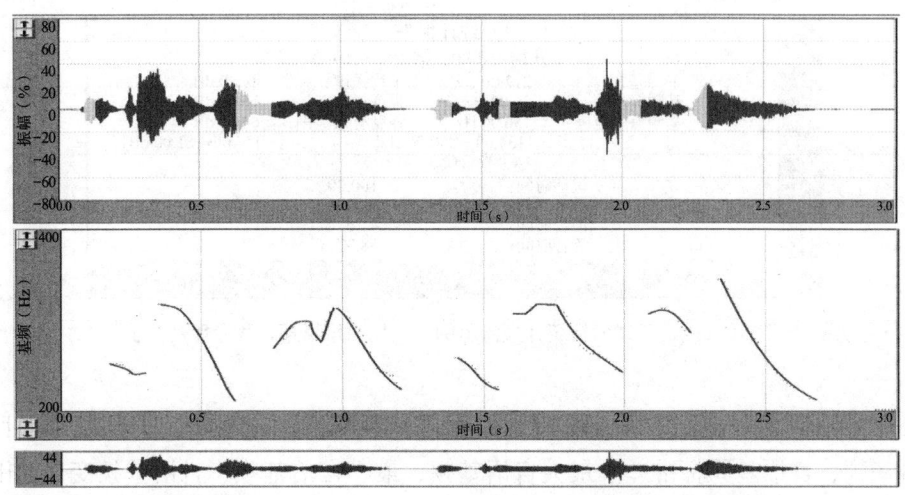

图 4-2-7 "我叫某某某，我今年几岁了"的声波和基频图

2. 评估结果与分析

治疗师利用言语测量仪记录患者的声波文件（如图 4-2-6 和图 4-2-7 所示），并对声波和声波的基频特征进行实时分析，可以得到患者测试状态下连续语音的平均基频、基频标准差、最大基频、最小基频等反映语调情况的参数值及系列强度值等。测量结果可以通过评估仪器的统计报告显示出来，图 4-2-8 为语音清晰度测试短文《春天篇》中第一个测试语句"美丽的春天来了"的测试语句的分析报告，该测试语句的平均基频为 269.59 Hz，基频标准差为 49.63 Hz，基频范围为 290.40 Hz。图 4-2-10 为通过交谈的方式要求患者回答"姓名及年龄"来测量语调情况的统计报告，平均基频为 212.00 Hz，基频标准差为 39.00 Hz，基频有效范围为 156.00 Hz。

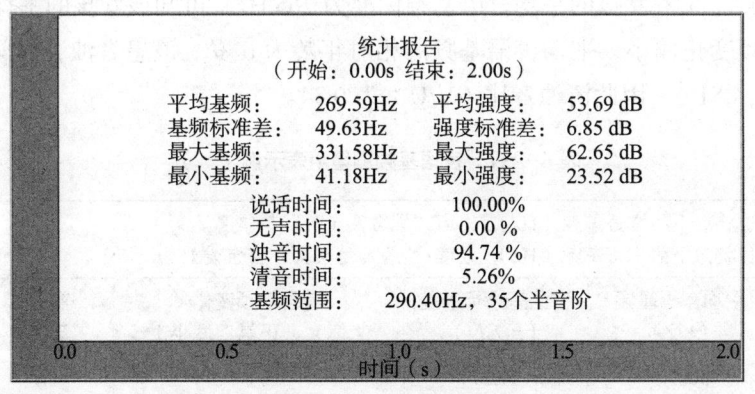

图 4-2-8 语音韵律评估分析统计报告示例一

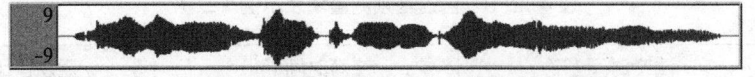

图 4-2-9 语音韵律评估分析统计报告示例二（"美丽的春天来了"）

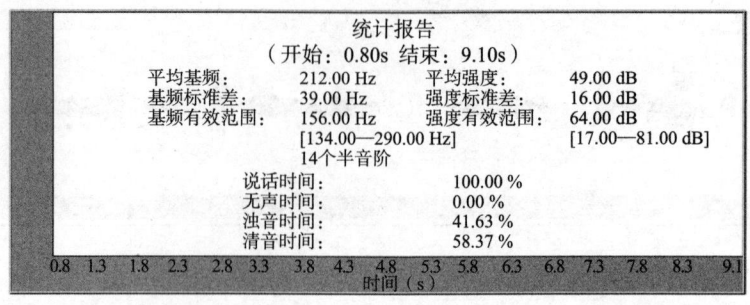

图 4-2-10 语音韵律分析统计报告示例（"我叫某某某，我今年几岁了"）

将测量结果填写至如表 4-2-6 所示的言语基频测试记录表中，主要记录项目为平均言语基频、言语基频标准差、最大言语基频、最小言语基频、言语基频变化范围、实际年龄和相对年龄。其中言语基频标准差（F_0SD）是基频偏差量的测定值，单位是 Hz，一般来说，基频标准差的正常值为 20—35 Hz。若患者无法完成交谈的过程，则可以采用备选测试中模仿发音的方式完成。

表 4-2-6　言语基频测试记录表

| 标准测试：交谈状态下的言语基频（Hz），询问患者"姓名及年龄"等信息。 |||||||
| 备选测试：模仿状态下的言语基频（Hz），跟读"妈妈爱宝宝，宝宝爱妈妈"。 |||||||
日期	平均言语基频	言语基频标准差（F_0SD）	最大言语基频	最小言语基频	言语基频变化范围	实际年龄	相对年龄

* 言语基频变化：$F_0SD > 35$ Hz，即为偏大；20 Hz $< F_0SD < 35$ Hz，即为正常；$F_0SD < 20$ Hz，即为偏小。

表 4-2-7 和 4-2-8 为填表示例，假设这张表格显示的患者是一个 11 岁的女孩，该患者交谈时的平均言语基频为 300.46 Hz，言语基频标准差为 19.27 Hz，根据表 4-2-9 所示的参考标准，11 岁女孩的平均言语基频标准为 265 Hz，可知该女孩的平均言语基频偏高，言语基频变化偏小，平均言语基频的相对年龄为 6 岁。该患者浊音时间为 72.73%，清音时间为 24.51%，因此清浊音比（V/U）为 0.34。

表 4-2-7　言语基频测量填表示例（一）

| 标准测试：交谈状态下的言语基频（Hz），询问"姓名及年龄"等信息。 ||||||
| 备选测试：模仿状态下的言语基频（Hz），跟读"妈妈爱宝宝，宝宝爱妈妈"。 ||||||
日期	平均言语基频（Hz）	言语基频标准差（F_0SD）	言语基频变化（偏大、正常、偏小）	实际年龄	相对年龄
5 月 16 日	300.46	19.27	偏小	11	6

* 言语基频变化：$F_0SD > 35$ Hz，即为偏大；20 Hz $< F_0SD < 35$ Hz，即为正常；$F_0SD < 20$ Hz，即为偏小。

表 4-2-8　言语基频测量填表示例（二）

日期	清音时间 (%)	浊音时间 (%)	清浊音比 (V/U)
5 月 16 日	24.51	72.73	0.34

若评估材料采用的是看图说话，则选择患者连续说出的 3 句完整的句子的音频进行音调特征分析，通过统计报告得到相应的言语基频、基频标准差和基频变化范围等系列反映患者语调是否异常的参数值。对患者的这些参数值进行分析，与同年龄、同性别的参考标准值进行比对，可得出患者语调是否异常及异常的程度。例如，分析言语基频标准差这一反映语调的指标，如果患者言语基频标准差低于无损伤程度的下限值，说明患者存在语调单一的问题；如果患者言语基频标准差高于无损伤程度的上限值，说明患者存在语调变化过大的问题。

表 4-2-9　中国人平均言语基频的参考标准（$m \pm \sigma$）

单位：Hz

年龄（岁）	男					女				
	$m-2\sigma$	$m-\sigma$	m	$m+\sigma$	$m+2\sigma$	$m-2\sigma$	$m-\sigma$	m	$m+\sigma$	$m+2\sigma$
1	259	420	580	741	901	167	383	600	817	1033
2	272	411	550	689	828	193	357	520	683	847
3	356	378	400	422	444	324	352	380	408	436
4	326	353	380	407	434	294	324	355	386	416
5	306	330	355	380	404	301	328	335	382	409
6	268	297	325	353	382	254	275	295	315	336
7	241	268	295	322	349	236	259	282	305	328
8	248	272	295	318	342	239	257	275	293	311
9	205	232	260	288	315	235	252	270	288	305
10	200	223	245	267	290	233	249	265	281	297
11	168	196	225	254	282	232	248	265	282	298
12	157	184	210	236	263	232	246	260	274	288
13	144	170	195	220	246	211	228	245	262	279
14	124	152	180	208	236	200	218	235	253	270
15	102	136	170	204	238	182	201	220	239	258
16	106	128	150	172	194	179	197	215	233	251
17	96	118	140	162	184	178	194	210	226	242
18—40	83	104	125	146	167	182	206	230	254	278
41—50	85	98	110	122	135	178	189	200	211	222
51—60	95	110	125	140	155	150	170	190	210	230
61—70	86	98	110	122	134	135	163	190	217	245
71—80	109	122	135	148	161	134	154	175	196	216
81—90	104	127	150	173	196	132	154	175	196	218

续表

年龄（岁）	男					女				
	$m-2\sigma$	$m-\sigma$	m	$m+\sigma$	$m+2\sigma$	$m-2\sigma$	$m-\sigma$	m	$m+\sigma$	$m+2\sigma$

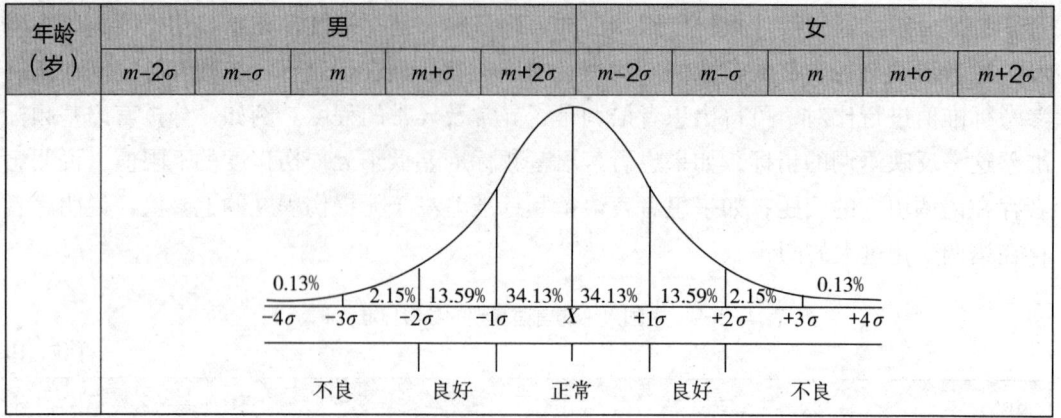

第五章

语音障碍的矫治

语音障碍矫治的最终目的是使患者在连续变化的语流中舒适、清晰、流利地发出37个韵母音位、23个声母音位（包括2个零声母）、4个声调，以及由以上音位组合而成的音节，保证说话者在正常的语言交流中，通过音节与音节之间的结合更好地表达语义功能。因此，语音障碍的矫治必须从语音的结合中去把握其特性，关键是训练语流的清晰度和流畅性。语音障碍的矫治包括"CRDS"训练和重读治疗法两部分，前者重点强调通过语音巩固、语音重复、语音切换和语音轮替训练提高连续语音的清晰度，后者通过重读治疗法，提高连续语音的韵律感。

语音障碍的"CRDS"矫治

语音障碍矫治的目的是提高患者连续清晰发音的能力,为其语言发展打下坚实基础。在目前言语障碍的矫治中,我们发现患者常常能够清晰地发出单音节词,但在需要连续协调发音的句子中出现异常。为解决此问题,刘巧云、黄昭鸣等首次提出语音障碍的"CRDS"训练策略:通过语音巩固(Consolidation)、语音重复(Repetition)、语音轮替(Diadochokinesia)和语音切换(Switch)这4项内容来实现对语音协调性的训练,该策略可以通过语音评估与训练仪来实施。

一、语音巩固

语音巩固与本书之前的构音语音训练有着密切联系,旨在巩固构音环节的训练效果,同时又为连续语音的训练奠定基础。语音巩固以声母习得的5个阶段理论为主体框架,包含以21个声母为词首或词尾的大量词语训练。

1. 训练内容

在训练内容的安排上,语音巩固围绕21个声母进行设计,每个声母均包含了大量词语,这些词语以该声母作为词首或词尾。以声母b为例,既要包括b在词首的"贝壳""被子"等词语,也要包括b在词尾的"水杯""铅笔"等词语。在语音评估与训练仪的"语音巩固"中,每个声母包含8个词语,其中4个词语的目标声母在词首,另外4个词语的目标声母在词尾,此部分共有168个词语,每个词语配有8张图片,其中实物图和卡通图各4张。

2. 训练形式

可以借助计算机为媒介,使训练形式变得丰富多彩。如训练时既可以选择单词语的训练形式,训练界面如图5-1-1所示,界面上不仅可以显示目标音位/b/的一个训练词语——"水杯",还可以显示声调图,帮助患者更好地控制声调，系统还可通过设置不同的训练形式吸引患者的注意力。单词语训练界面主要专门用于强化训练特定目标词语；语音巩固训练也可以选择多词语的训练形式，训练界面如图 5-1-2 所示，它包含多个含有目标音的词语，如目标音位 /b/ 的训练词语有左上方的"书包"、右上方的"铅笔"、左下方的"宝宝"和右下方的"贝壳"，多词语的形式增加了语音巩固训练的探索性与趣味性。

图 5-1-1　语音巩固中的单词语训练

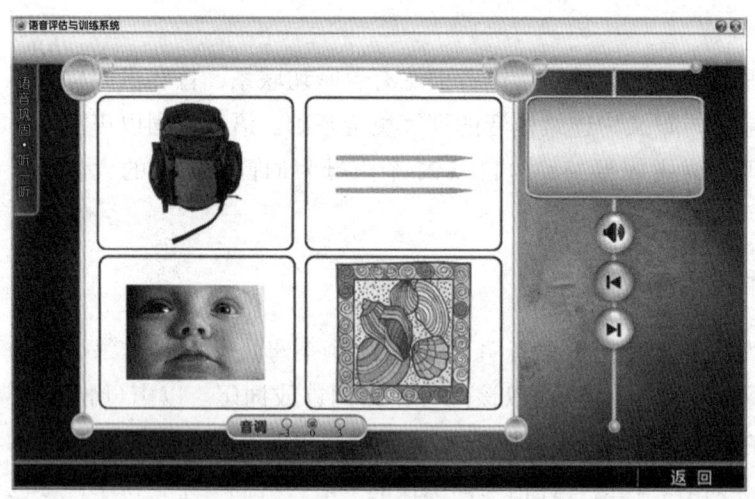

图 5-1-2　语音巩固中的多词语训练

语音巩固还可以通过"找声母"游戏来进行，如图 5-1-3 所示。让患者寻找目标声母，提高学习兴趣，从而进行词语的训练。例如，在声母 b 的游戏界面，系统提示：找一找，b 在哪里？如果找错了，系统会让患者继续寻找；若找对了，则会在目标声母 b 的下方出现一个奖励图片，如"硬币"，同时系统会朗读该词语。

图 5-1-3 语音巩固游戏界面

二、语音重复

连续语音重复能力反映了个体在说句子的过程中对特定声母的重复能力，患者连续语音重复能力的高低可以考查其在句子中清晰协同构音的能力，其训练难度相对较大，一方面以构音为前提，另一方面又为说句子奠定基础。语音重复训练同样以声母习得 5 个阶段理论为框架，既重复训练包含同一声母构成的词语，又涵盖精心设计的包含多个目标声母的句子。

1. 词语训练

语音重复的词语训练部分和本书之前的构音语音训练相联系，内容的安排同样围绕 21 个声母进行，每个词语音节的声母均为同一目标声母。以声母 b 为例，词语"爸爸""宝宝""背包"均重复声母 b。在语音评估与训练仪中，语音重复部分的每个目标声母包含 4 个词语，此部分共有 84 个词语，词语的训练形式同语音巩固的训练形式，此处不再赘述。如图 5-1-4 所示为单词语训练界面，只呈现一张"宝宝"的训练图片。如图 5-1-5 所示为多词语训练界面，目标音位 /b/ 的语音重复训练材料在多词语训练界面中呈现 4 张图片，内容依次为左上方的"书包"、右上方的"宝宝"、左下方的"爸爸"和右下方的"爸爸与女儿"。

图 5-1-4　语音重复的单词语训练

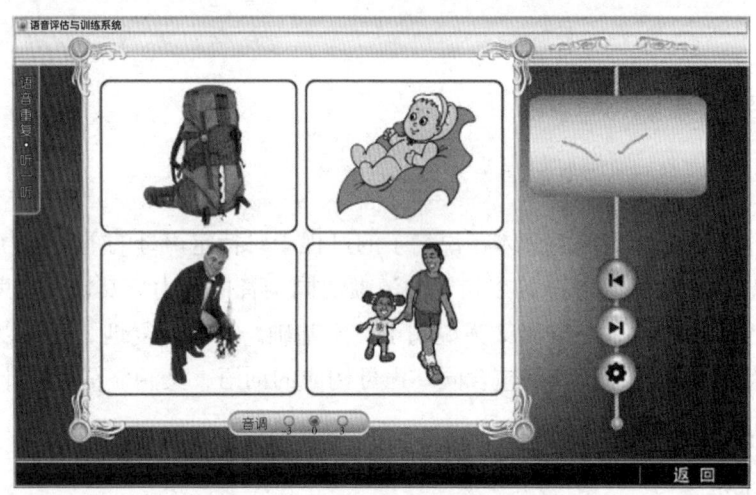

图 5-1-5　语音重复的多词语训练

2. 句子训练

句子训练部分旨在提高患者连续、清晰地说出每句话中多次出现同一个目标声母的能力。作为训练材料的句子中目标声母占句子总字数的 60.0% 以上。仍以声母 b 的训练句子为例，"爸爸没抱宝宝""妈妈抱宝宝"等句子可作为其训练材料，其中句子"爸爸没抱宝宝"中的目标字为"爸""爸""抱""宝""宝"，目标字个数占这句话总字数的比例达到 83.3%；"妈妈抱宝宝"中的目标字为"妈""妈""抱""宝""宝"，占这句话总字数的比例为 60.0%。

语音障碍的句子训练可借助语音评估与训练仪来进行，在语音评估与训练仪中，每个声母设计了 2 个陈述句（每个陈述句各配有对应的问题），共有 42 个句子，每个句子中的目标声母占句子总字数的比例均超过了 60.0%。句子训练在特定场景中进行，系统通过问答形式诱导患者主动说出含有多个目标音的句子。此外，可以通过图片、文字、声调图等多种变换的方式训练患者的连续语音重复能力。以"爸爸没抱宝宝"的句子训练为例，如图 5-1-6 所示，在句子的重复训练中以问答的形式完成，图中标

"❓"的为设计好的问题，标"💬"的为相应的回答，治疗师可以诱导患者聆听与提问，并进行回答，图中还记录了目标训练句子"爸爸没抱宝宝"的音调图，以便患者进行实时自我监控。

与词语部分不同的是，句子训练部分还具有录音、判分等功能，治疗师可以根据患者每个声母的发音情况进行判分，如图 5-1-7 所示，系统自动算出患者说出的每个声母的字清晰度、句清晰度以及连续语音清晰度，由此可以非常方便地实现语音重复训练疗效的实时监控，随时了解患者的训练效果，及时把握训练方向。

图 5-1-6　语音重复的句子训练

图 5-1-7　语音重复的句子判分

为了增加训练的趣味性，系统设计了游戏环节，在语音重复部分设计了"找星星"游戏（如图 5-1-8 所示），让患者在游戏过程中再次学习之前学过的句子，巩固学习效果。当患者找到室内物品后面藏有的小星星时，系统会将小星星放大，然后在小星星中会出现含有目标声母的图片或词卡，最后组成一句话。例如，进行声母 b 的语音重复训练时，可以让儿童进行"爸爸没抱宝宝"游戏，第一个被找到的小星星中出现"爸爸"

这张图片，第二个出现"抱"这个目标字，第三个小星星出现"宝宝"的图片，当这句话中所有的目标字均出现后，系统会朗读：爸爸没抱宝宝。

图 5-1-8　语音重复游戏界面

三、语音切换

连续语音切换主要是通过训练提高个体正确复述在短句中多次出现的某对声母音位对的能力，提高个体在连续语流中对声母音位对的运用能力。语音切换以 23 对声母最小音位对为主体训练框架（如图 5-1-9 所示），这部分的训练内容包括词语训练和句子训练两部分。词语部分中，每个词语都包含一对音位对，与构音语音训练中的音位对比训练密切配合，保持一致；句子部分中，每句话中的目标声母音位对至少出现一次，专门训练患者的连续语音切换能力。

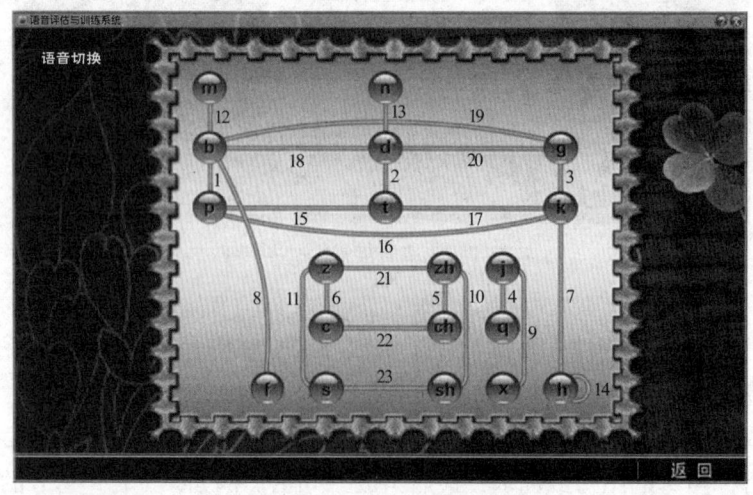

图 5-1-9　语音切换主界面

普通话系统中最具代表性的声母音位对有9项，23对（如表5-1-1所示）。有研究指出3—5岁正常儿童连续语音切换清晰度存在极显著的年龄差异。6岁前健听儿童已经基本能正确发出塞音与擦音、塞音与鼻音、擦音与无擦音、不同构音部位的不送气塞音、不同构音部位的送气塞音、送气塞音与不送气塞音6项，其中塞音与擦音、塞音与鼻音、擦音与无擦音以及不同构音部位的不送气塞音发展高峰期为4岁，到5岁基本发展完善，能够比较充分地运用。这4项音位对涉及的音位习得的时间较早，故儿童有更多的时间来巩固，所以这4项连续语音切换清晰度的发展成熟也比较早。在言语矫治的实践中，3—5岁是正常儿童连续语音切换清晰度的高速发展期。可参考正常儿童的发展趋势，抓住发展的关键期，为儿童制订科学的语音清晰度训练计划。综合9项声母音位对连续语音切换清晰度的发展速度和相对难度，按照由易到难的原则，在训练过程中，先进行塞音与擦音、擦音与无擦音连续语音切换的训练；塞音与鼻音、不送气塞音的构音部位及不送气塞音的连续语音切换的训练紧随其后。接着选择训练送气塞音与不送气塞音及不同构音部位的送气塞音，送气塞擦音与不送气塞擦音、塞擦音与擦音、卷舌音与非卷舌音这3项连续语音切换清晰度的发展最慢，亦是训练中的难点，治疗师可视儿童的情况适当调整要求，不可操之过急。在训练步骤上，可以在单字构音的基础上，从包含音位对的词语逐步过渡到句子，避免直接从单字跨越到难度太大的句子。

1. 词语切换训练

词语切换训练主要针对前面提到的9项声母音位对，23对最小音位对来设计，如表5-1-1所示。以23对声母最小音位为目标音位的词语，每个词语中包含一个最小音位对。如声母音位对"b/p"的切换训练，符合设计要求的词语包括"鞭炮"（b/p）、"跑步"（p/b）等。

表5-1-1 声母音位对的具体内容

序号	对比项目	部位名称	最小语音对	临床含义
1	AUS 送气塞音与不送气塞音	双唇音 舌尖中音 舌根音	b/p d/t g/k	发音部位闭合后短时释放气流及较长时间释放气流能力的比较
2	AUA 送气塞擦音与不送气塞擦音	舌面音 舌尖后音 舌尖前音	j/q zh/ch z/c	发音部位闭合后短时释放气流及较长时间释放气流能力的比较
3	SF 塞音与擦音	舌根音 唇音	k/h b/f	形成阻塞及窄缝能力的比较
4	AF 塞擦音与擦音	舌面音 舌尖后音 舌尖前音	j/x zh/sh z/s	暂时和持续控制能力的比较
5	SN 塞音与鼻音	双唇音 舌尖中音	b/m d/n	软腭升降能力的比较
6	FN 擦音与无擦音	舌根音	h/–	喉部形成窄缝的能力

续表

序号	对比项目	部位名称	最小语音对	临床含义
7	ASP 送气塞音的构音部位	双唇音/舌尖中音 双唇音/舌根音 舌尖中音/舌根音	p/t p/k t/k	不同发音部位闭合后较长时间释放气流能力的比较
8	USP 不送气塞音的构音部位	双唇音/舌尖中音 双唇音/舌根音 舌尖中音/舌根音	b/d b/g d/g	不同发音部位闭合后短时间释放气流能力的比较
9	RU 卷舌音与非卷舌音	不送气塞擦音 送气塞擦音 擦音	zh/z ch/c sh/s	舌尖卷起与平放能力的比较

词语切换训练可以借助语音评估与训练系统来进行，语音切换词语部分的每个音位对设计了8个词语，共有184个词语。这些词语的训练不仅是对构音的强化，而且为句中的语音切换做了准备。语音切换训练形式也是通过多种形式达到吸引患者注意的目的，音位切换的词语训练也包括单词语训练和多词语训练两种形式，图5-1-10为语音切换的单词语训练界面，图中只显示目标词语"地板"的图片以及相应的声调图。图5-1-11表示多词语训练界面，音位对"b/d"的训练词语有左上方的"豆包"、右上方的"地板"、左下方的"扁豆"和右下方的"壁灯"。可通过点击多词语训练界面中的任意一张图片切换进行训练。

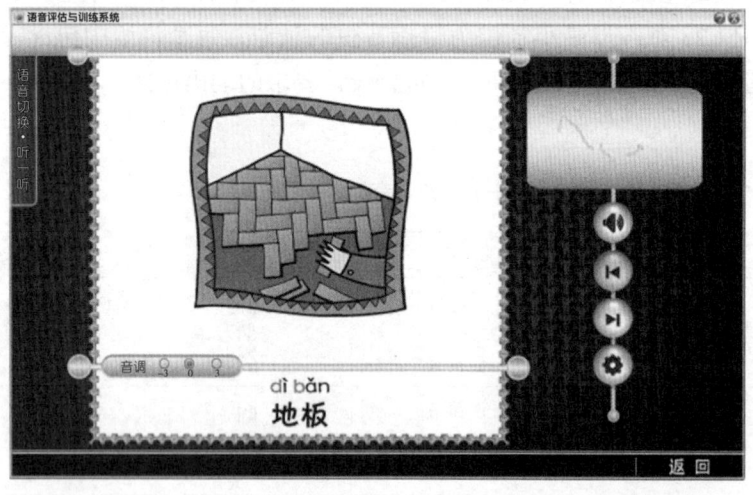

图 5-1-10　语音切换的单词语训练

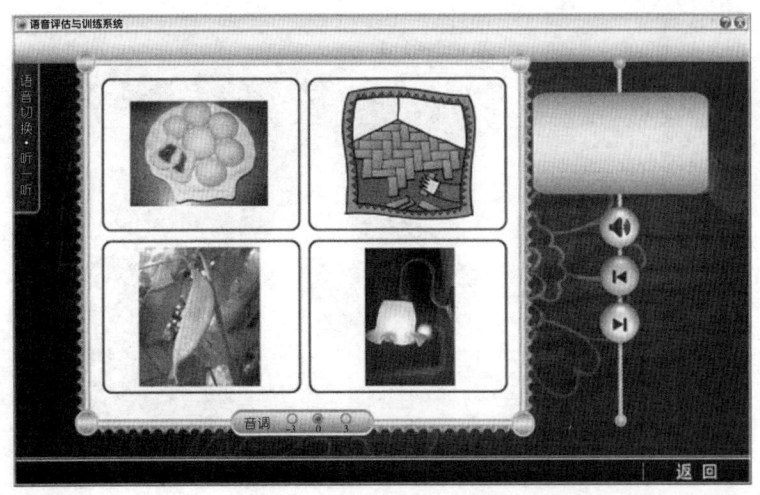

5-1-11　语音切换的多词语训练

2. 语音切换句子训练

语音切换句子训练部分的每个句子中均多次出现同一目标声母音位对，以声母音位对"b/p"为例，句子"炮兵在跑步"中的含有目标声母音位对的词语为"炮兵""跑步"，"教练有皮鞭、跑表和皮包"中含有目标声母音位对的词语为"皮鞭""跑表"和"皮包"。在语音评估与训练仪中，每个音位对编制了 4 个陈述句（每个陈述句配有对应的问题），因此，语音切换的句子部分共 92 个句子。与语音重复的句子训练一样，语音切换的句子训练也是在特定场景中进行的，如图 5-1-12 所示，音位对"d/g"的训练句子为"蛋糕在大鼓上"，图中显示了问题和相应的答案，并呈现出该句子的音调图。

语音切换的句子训练部分同样具备录音、判分等功能（如图 5-1-13 所示），治疗师可以方便地得到患者说出的每个声母音位对的字清晰度、句清晰度、连续语音清晰度以及切换清晰度，从而进行语音切换训练的疗效监控。其中字清晰度、句清晰度、连续语音清晰度已在本书之前的语音障碍的评估章节中进行了讲解，而语音切换清晰度是将音位对正确数除以音位对总数，计算公式为：语音清晰度得分 = 目标音正确个数 / 目标音总个数 ×100%，如：在包含"t/d"音位对的两个测试短句中"大厅有地毯，徒弟买土豆"，目标音共计 8 个，如果有 4 个正确，则该测试项目的得分为 4/8 ×100%=50%。语音切换清晰度可由系统自动计算得出。

图 5-1-12　语音切换的句子训练

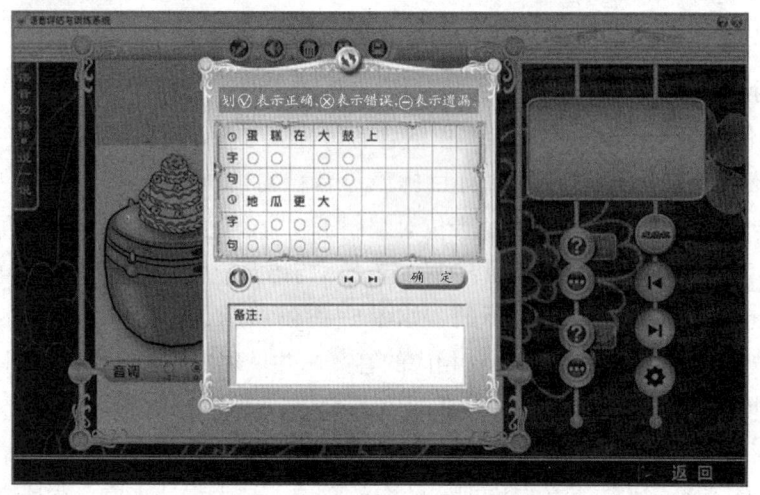

图 5-1-13　语音切换的句子判分

语音切换游戏部分设计了"小猪接水果"的游戏，通过游戏进一步加强句子部分的学习效果。当小猪接住太阳公公扔下的水果时，界面会跳出含有目标音的图片或词卡，最后组成一句话。例如，进行声母音位对"b/p"中"炮兵在跑步"这句话的游戏时，首先跳出"炮兵"的图片，然后出现"跑步"的图片，最后系统朗读：炮兵在跑步（如图5-1-14 所示）。

图 5-1-14 语音切换游戏

四、语音轮替

语音轮替模块包含大量句子,旨在提升患者在同一发音部位、不同发音方式声母(如唇声母 b/p/m/f)或同一发音方式、不同发音部位声母(如鼻音 m/n)间轮替发音的能力。以唇声母组合 b/p/m/f 为例,"爸爸买泡芙"中"爸买泡芙"的声母按 b/m/p/f 的顺序进行轮替,"妈妈在泡方便面"中"泡方便面"的声母按 p/f/b/m 的顺序实现了轮替。语音轮替共 12 个声母组合,在语音评估与训练仪中,每个组合设计 2 个句子,共 24 个句子(见图 5-1-15)。

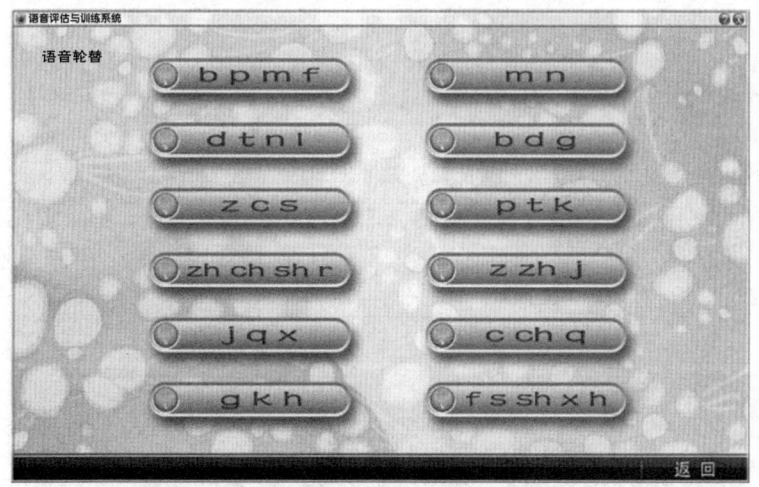

图 5-1-15 语音轮替主界面

语音轮替的句子训练在三维动态场景中进行，通过动画、文字、声调图、问答等多种方式训练患者的连续语音轮替能力，如图 5-1-16 所示，音位 /b、m、p、f/ 之间的轮替训练句子为"爸爸买泡芙"，与语音重复、语音切换中的句子训练相同，也以问答的形式完成，并显示目标句子的音调图。

语音轮替的句子训练也具备录音、判分等功能（如图 5-1-17 所示），可得到患者说出的每个声母组合的字清晰度、句清晰度、连续语音清晰度以及轮替清晰度，从而进行语音轮替的疗效监控。其中字清晰度、句清晰度、连续语音清晰度已在本书之前的语音障碍的评估章节中进行了讲解，而语音轮替清晰度是将轮替正确个数除以轮替总个数，计算公式为：轮替清晰度得分 = 目标音轮替正确个数 / 轮替总个数 ×100%，可由系统自动计算得出。

图 5-1-16　语音轮替句子训练

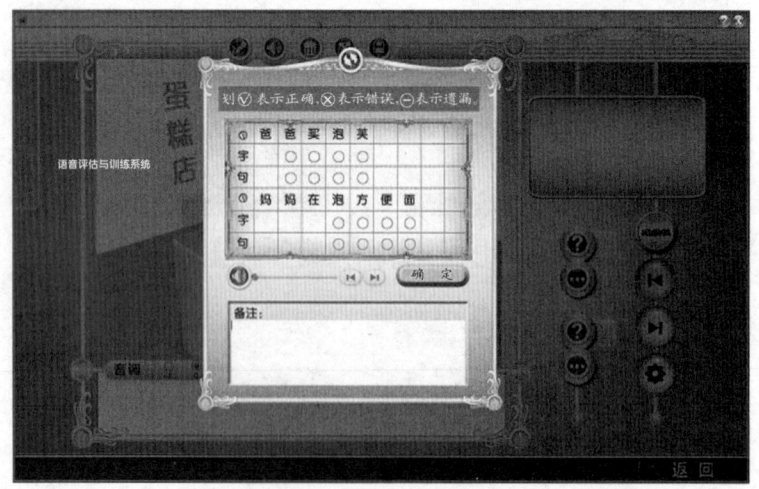

图 5-1-17　语音轮替判分

语音轮替部分还设计了"打苍蝇"的游戏，此游戏形式新颖，操作简单，可使患者的主动学习能力得到加强，并可在轻松的氛围中提升其语音轮替能力。如图 5-1-18 所示，当苍蝇拍打中苍蝇后，界面会跳出含有目标音的词卡，最后组成一句话。例如，进行声母音位组合 b/m/p/f 中"爸爸买泡芙"这句话的游戏时，打中苍蝇后，首先跳出"爸"这个字的词卡，接着打苍蝇，依次出现"爸""买""泡""芙"这几个字的词卡，最后，当这句话完整出现后，系统朗读：爸爸买泡芙。

图 5-1-18　语音轮替游戏

综上，"CRDS"训练策略针对语音障碍的训练应该了解的内容如下。

第一，语音巩固部分（C）的训练与构音训练紧密联结，相互对应，仅针对词语进行训练。

第二，语音重复部分（R）的训练和语音切换部分（S）的训练均包括词语和句子两个部分训练内容，旨在为实现从词语到句子的过渡服务。

第三，语音轮替部分（D）的训练仅包括句子训练。

语音巩固、语音重复、语音切换、语音轮替四大模块的训练内容逐层铺垫、层层递进，最终目的是训练患者连续、清晰地说出整个句子。

常见的语音训练方式主要有由词到句、听说复述、一问一答等。这些传统的言语语言训练方式可以达到语音训练的最终目的，但是其形式的局限性限制了训练的顺利进行及训练的有效性。对于患者来说，如何让单调的词语和句子的训练变得更加活泼有趣？如何使得训练效果达到最佳？这一直是临床工作者关注的问题，也是本章内容中穿插了大量现代技术手段的原因。

语音障碍的重读矫治

语音障碍的"CRDS"训练强调通过语音巩固、语音重复、语音切换和语音轮替训练提高连续语音清晰度,而连续语音的韵律训练则直接关系着语音的流畅性,对交流中的表情达意也具有重要的帮助作用,甚至会影响语音的清晰度和可懂度。韵律的实现涉及语音的重音、停顿、语速、声调等要素,可通过重读治疗法,提高连续语音的韵律。

对于韵律的训练,国内的研究并不多,国外有部分研究者进行了这方面的探讨。总结了一些有益的经验和方法,其中较为有名的一类方法为"重读治疗法"。该方法起源于瑞士,后风靡于西方国家。它以音乐节奏为引导,首先对患者进行不同节律模式包括慢板、行板、快板的简单言语训练。当患者的呼吸、发声等相关系统打下良好基础后,再由易到难地进行句子、短文的韵律训练。在句子、短文的训练中,要求患者先分析材料的韵律结构,然后再配以不同的节拍进行朗读。该方法紧扣"重音",将节拍与言语结合进行训练,取得了良好的效果。

重读治疗法是一种整体性综合言语治疗方法,特别适用于语音障碍的矫治,它将节奏训练与连续语音的发音训练有机结合,旨在通过建立正确的重读方式提高患者连续语音的韵律。语音障碍的重读矫治常用的节奏类型包括慢板节奏、行板节奏和快板节奏3种节奏类型。

一、语音障碍慢板节奏的重读矫治

良好的呼吸支持是发出清晰、流畅连续语音的先决条件,慢板节奏训练的目的是促进相关呼吸肌群与发声肌群功能之间的协调,促进平静呼吸到言语呼吸的过渡。慢板节奏训练类似于"散步",强调缓慢地吸气和缓慢地呼气相结合,且吸气与呼气之间没有停顿。

慢板节奏训练主要通过低音调、气息声的方式发高元音来完成。低音调的时候,由于声带的紧张度低,声带获得了最大限度的放松,气流使得声带边缘下的上皮层和固有层浅层之间得到很好的运动。气息式发声则体现了较好的伯努利效应,可以使声带边缘周围的黏膜不受损伤,发高元音时，作用在声带上的压力相对较小。

慢板节奏训练采用慢拍，为 3/4 拍华尔兹节奏，每个小节有 3 拍，一次完整的慢板节奏训练应持续 6 s，其中 3 s 为吸气，3 s 为发音，成年人的节奏每分钟 58 拍左右，儿童可稍快（62 拍），老年人可稍慢（54 拍）。慢板节奏训练又分为慢板节奏一、慢板节奏二和慢板节奏三 3 种类型。

1. 慢板节奏一训练

图 5-2-1 是慢板节奏一的节拍，它通过缓慢的节奏训练，让患者掌握良好的发音方式。训练时，每个元音都伴随着音乐节奏，开始时以高强度发音，中间以较低强度发音，结束时也以低强度发音，形成"吸气，强—弱—弱"的节拍方式，如"吸气，/i—i—i/"，这样的节奏训练类似于流行的有氧健身运动。

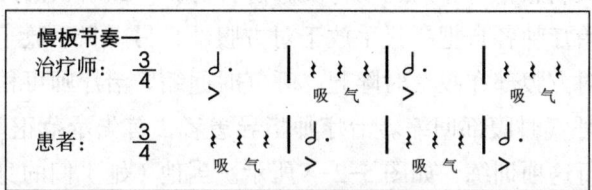

图 5-2-1　慢板节奏一训练

2. 慢板节奏二训练

慢板节奏二训练是慢板节奏训练中最重要的训练方法，这种训练的节拍为"吸气，弱—强—弱"，如"吸气，/i—I—i/"，即第一个和第三个元音非重读，第二个元音重读，要求患者开始时以低强度发音，中间以高强度发音，结束时回到低强度发音。训练期间，每个元音的发音都伴随着音乐节奏，开始时以低强度发音，中间以高强度发音，结束时回到低强度发音，如图 5-2-2 所示。

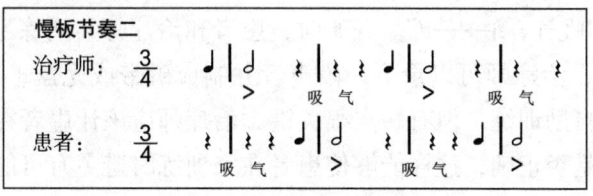

图 5-2-2　慢板节奏二训练

治疗师可以采用生理腹式呼吸训练中同步训练和交替训练法进行慢板节奏二的重读训练。同步训练要求治疗师与患者并肩站立，两人双手交叉互握，用同一节奏进行呼吸运动，治疗师的躯体跟随患者的躯体运动，吸气时向前运动，发音时向后运动。治疗师深吸气，将自己的手背触及对方的腹部，让患者感受治疗师吸气时腹部隆起，并学习其动作。然后治疗师呼气，患者感受治疗师的腹部回缩，同时学习治疗师的动作。如此循环进行治疗师与患者的同步呼吸运动，互相用放于对方腹部的手感受其呼吸运动。如图 5-2-3 所示。

图 5-2-3 生理腹式呼吸训练中的同步训练　　图 5-2-4 生理腹式呼吸训练中的交替训练

当患者发音令人满意，身体的运动与发音过程协调一致时，治疗师和患者可以交替进行练习。患者与治疗师各自把一只手放于对方腹部，另一只手放于自己腹部，交替进行呼吸训练，感受对方腹部在吸气时隆起，呼气时回缩。治疗师可稍许用力帮助患者在吸气时腹部隆起，呼气时腹部回缩。治疗师指导患者，首先示范正确呼吸和发音方式，然后让患者重复进行这项训练，如图 5-2-4 所示。当他（她）们的身体同步向前或向后移动时，他（她）们的呼吸是对立的。为了让患者更进一步地意识到气流量对发音的重要性，治疗师可以建议患者将手放在嘴前感觉气流。与平静呼吸时胸部不能运动相比，发重音时胸部必须向前运动，这点很关键。但是这种向前运动必须处于一种被动状态，这种运动应是由腹肌收缩导致肺内空气的压缩所引起的。在训练中可以观察到，发重音时表现为胸骨上抬。

3. 慢板节奏三训练

当患者可以连续发一个元音超过 2 s 时，便可以进行慢板节奏三训练，这时可将重音分两部分发出，但必须连贯，如图 5-2-5 所示，慢板节奏三的训练节拍为"吸气，弱—强—强"，如"吸气，/i—l—l/"。开始时，患者和治疗师共同练习，当患者能够独立正确地完成训练后，治疗师可以录下一段声音并制成磁带或光盘（时间为 3—10 min），帮助患者在家进行自助训练。但有一点很关键，治疗师应该让患者在家进行训练之前检查患者的练习方式是否正确，这样能够使患者在家训练时避免有可能产生的错误。患者应该严格遵循治疗师的指导在家中进行训练，完成家庭作业。

图 5-2-5 慢板节奏三训练

4. 慢板节奏训练中的躯体和手臂运动

慢板节奏训练的呼吸节奏非常缓慢，并且伴有肢体运动，即在平静呼吸状态下躯体在吸气时稍向前运动，呼气时稍向后运动。这种运动可以借助手臂的运动来增强其感受，手臂向前上伸至水平位，然后在发重音时手臂向后下方摆动，此时应感觉重音从身体重心处发出，且手臂运动必须同躯体运动和发音协调一致。可以将慢板节奏二的训练类比为抛物运动。石头被抛出时，手臂起先向后运动，然后手臂加速向前做抛物运动动作至石头被抛出时获得最大的运动速度，手臂的向后运动对应平静而缓慢地吸气，开始抛物时手臂的紧张度较低，之后紧张度增加至石头被抛出的一瞬间，石头被抛出以后，手臂的紧张度再次下降。这好比在发重音时，发音强度由低至高，后又回到低重音位。患者必须感到声音发出时伴随最大的呼气运动，就好像石头抛出时伴随最大的运动速度，强调发音和抛石头之间的类比关系很有必要，在未达到最大的运动速度时石头不会被抛出。类似的关系同样存在于发音（呼气）与躯体运动之间，在这些训练中手臂和躯体的运动使得肺部呼出的气流得到加强，从而激发了重音的产生。同时平静吸气和无停顿的手臂轻微摇摆运动促进了身体放松。

二、语音障碍行板节奏的重读治疗

行板节奏训练的目的是增加呼吸肌群、发声肌群和构音肌群运动的灵活性，促进呼吸、发声和构音之间的协调性，从而建立正确的言语呼吸方式，该训练的行板节奏类似于"走路"。

进行行板节奏的训练时，要求正常起音、声音响亮。行板节奏训练采用的是进行曲节奏，每小节4拍，最初用于基本训练。当患者掌握了技巧后，节奏可以适当加快。对于成年人的训练，最自然的节奏是每分钟70拍左右，对于儿童的训练，节奏可以稍快（76拍），而对于老年人的训练节奏应相对慢一些（64拍），行板节奏训练又分为以下4个部分。

1. 行板节奏一训练

行板节奏一的每次训练从弱起小节开始，第一小节的八分休止符为吸气时间，要求呼吸主动、迅速，吸入的空气要充足，紧接着1个八分音符弱拍和3个四分音符强拍的发音，如图5-2-6所示。治疗师和患者以这种方式轮流进行发音，患者总是比治疗师相差一小节，即治疗师在患者停顿时发音，而患者在治疗师停顿时发音。行板节奏一训练是行板节奏训练中最重要的训练方法，它强调呼吸主动、迅速，要求患者最后一个重音发完之后，腹肌迅速放松，而腹壁在放松期间部分向外运动同时开始吸气。在行板节奏训练时，腹腔运动产生重音，从而导致胸腔上部被动抬升，这种抬升运动在发重元音时能观察到，并且患者自己可以通过分别放在腹部及胸部的手来控制。平静吸气时，放在腹部的手应感到腹部随着呼吸运动，放在胸部的手则感觉不到明显的运动，但在发重音时放在胸部的手应该感到胸部有稍许向前运动,而发弱音时胸部则不需要运动。

图 5-2-6　行板节奏一训练

采用行板节奏一,可以实时观察自己的发音方式,了解自己声音的高低,增加控制自己音调的能力,如图 5-2-7 所示。

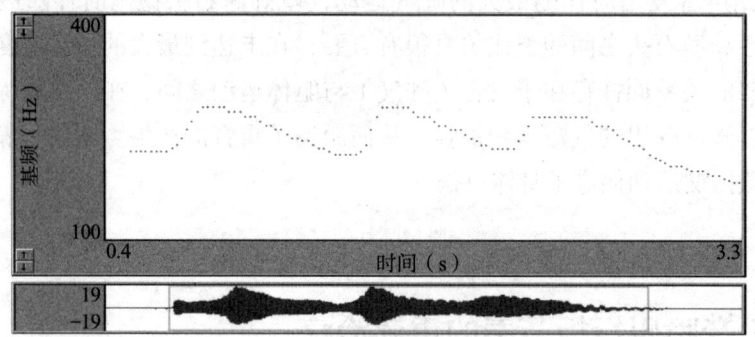

图 5-2-7　音调的自反馈训练

此外,语音障碍患者可以通过音调游戏来提高自己的音调变化能力,从而增加言语过程中连续语音的流畅性。尤其对于那些存在听力障碍的患者来说,他们由于体验不到周围人群说话时的音调变化,所以没有音调变化的模仿对象;同时,由于听觉言语反馈的缺失,患者无法依靠听觉反馈来调整自己的音调变化。而游戏的设计正好弥补了患者的这种缺陷。如图 5-2-8 所示,在"降落伞"游戏中,降落伞随着患者音调的高低变化而上下移动,提高音调则降落伞向上运动,降低音调则向下运动,该游戏主要是通过音调的实时反馈来提高患者控制音调的能力。

图 5-2-8　音调游戏——降落伞

2. 行板节奏二、行板节奏三、行板节奏四训练

在进行行板节奏一训练后，治疗师可以根据患者的情况，对节奏做一些变换，如果将行板节奏一中的 3 个 1/4 强拍中的 1 个分成 2 个 1/8 强拍，就能获得 4 个强拍，就能产生行板节奏二（如图 5-2-9 所示）、行板节奏三（如图 5-2-10 所示）和行板节奏四（如图 5-2-11 所示）的训练。

图 5-2-9　行板节奏二训练（行板节奏一中的第 1 个 1/4 强拍被分成 2 个 1/8 强拍）

图 5-2-10　行板节奏三训练（行板节奏一中的第 2 个 1/4 强拍被分成 2 个 1/8 强拍）

图 5-2-11　行板节奏四训练（行板节奏一中的第 3 个 1/4 强拍被分成 2 个 1/8 强拍）

无论节奏如何变换，都应确保：呼吸主动、迅速，吸入的空气要充足；弱拍为非重音拍；3 个重音拍等长等强；最后 1 个重音发完之后腹肌迅速放松，而腹壁在放松期间部分向外运动，开始同步吸气。

3. 行板节奏训练中的躯体运动和前臂运动

行板节奏训练中的身体运动包括 2 项同步运动：躯体运动和前臂运动。我们设法让整个躯体围绕垂直轴旋转，如行走时观察到的那样。训练躯体运动时，身体采取直立位，双脚左右分开约 30 cm，身体旋转过程中可或多或少地伴随发音。这项训练表现出明显的个性差异，有些患者显得较为刻板，而另一些患者则较灵活。行板节奏训练时，发重音可以借助前臂的向前平伸运动，从这个姿势开始发重音，前臂往下甩，完成一个躯体的动作。与慢板节奏训练（整个手臂运动参与发音）相比较，行板节奏训练中只有

前臂运动参与发重音，因此躯体和手臂运动应该联合起来，即手臂的运动伴随着躯干围绕垂直轴的旋转。

三、语音障碍快板节奏的重读治疗

快板节奏训练比行板节奏训练的速度稍快，类似于"跑步"，它的训练目的是提高呼吸、发声和构音系统的灵活性以及三者之间的协调性。进行快板节奏训练时，必须做足够的深吸气，以维持较长的发音。

在快板节奏训练中，对于成年人的训练节奏，大约为每分钟88拍；对于儿童的训练节奏可以稍快（94拍）；对于老年人的训练节奏应相对慢一些（82拍）。快板节奏训练分为2个部分，其中快板节奏一训练最为重要。

1. 快板节奏一训练

如图 5-2-12 所示，快板节奏一训练是在行板节奏一训练的基础上，将其中第一拍和第二拍分成4个1/8强拍，因此整个训练在一阵短而深的主动吸气后，紧接着1个1/8弱拍，4个1/8强拍和1个1/4强拍。快板节奏训练起来较为困难，因为呼气运动幅度很小且互相连接。因此如前所述，观察胸腔上部的被动抬升是很重要的。所有的重音拍必须都能听见，且感觉像一个整体，每一个独立的节拍之间不能有停顿，训练必须从弱拍开始，以后连着发重拍。

如果患者不能较好地进行快板节奏训练，治疗师应放慢训练节奏。如果患者仍不能适应，则应该重复行板节奏训练，甚至慢板节奏训练，直至患者有能力进行快板节奏训练。

图 5-2-12　快板节奏一训练

2. 快板节奏二训练

快板节奏二训练将重音的个数增加至13个，如图 5-2-13 所示，要求患者可以长时间发一连串的重音拍，对提高连续语音的韵律较为有效，这项训练最为困难，通常是针对演员和歌唱家进行训练的，他（她）们能够长时间发一连串的重音拍。通过快节奏重音训练，患者或演员将能够提高呼吸、发声和构音的灵活性以及三者之间的协调性。

图 5-2-13　快板节奏二训练

在快板节奏训练中，只见腹壁运动，而胸腔运动不明显，这是因为发重音时一个紧接一个。因此在快板节奏的 2 项训练中，我们可以见到腹壁的连续内移动作。进行快板节奏训练时，必须做足够的深吸气，以维持较长的发音时间。

3. 快板节奏训练中的躯体运动和手臂运动

快板节奏训练中，躯体的自然运动应包括轻快、灵活、迅速地上下跳跃，膝部稍微弯曲；慢板节奏训练强调整个手臂的运动；行板节奏训练则强调前臂运动。在快板节奏训练中，只有手和手指的运动参与，节奏越快，肢体运动的幅度越小，当节奏加快时，我们会本能地抑制身体的运动。

四、语音障碍重读治疗中的方法运用

1. 语音障碍重读治疗中的能量法

在一个音节中，声学能量主要集中在韵母上，因此解决发音的能量问题是首要的任务。能量法的训练目的是寻找能量集中的位置，强调从声母、韵母到音节、词语和句子的过渡，加强发出连续语音的诱导。它主要用于从字、词语到短句的过渡，一般不超过 4 个音节。

能量法采用重读训练的形式，配合不同长度的言语声进行。一般先使用慢板节奏二的训练节拍，发出一个单音节词，如"狗"，可以采用"[ou-OU-ou]，吸气，狗"的形式发出，治疗师首先诱导患者发出单音节词"狗"的韵母部分 /ou/，并以"弱—强—弱"的节拍方式发出，训练要点要符合慢板节奏二的训练要求，然后要求患者吸气，再自然地发出"狗"。

单音节词的重读发音通过后，治疗师可将节拍加快，同时，言语声音的长度也随之增加，可选用行板节奏一的训练节拍，让患者发出双音节词或短语，如"狗和猫"，可以采用"[ou-OU-E-AO]，吸气，狗和猫"的形式发出，治疗师首先诱导患者发出"狗和猫"的韵母部分 /ou/、/e/、/ao/，并以"弱—强—强—强"的节拍方式发出，训练要点要符合行板节奏一的训练要求，然后要求患者吸气，再自然地发出"狗和猫"。同样，治疗师还可以将单音节词过渡到更长的言语声，举例如下。

狗在跑　gou zai pao
[ou-OU-AI-AO]，吸气，狗在跑。
乌龟在跑　wu gui zai pao
[u-U-UEI-AO]，吸气，乌龟在跑。(常用)
[u-UEI-AI-AO]，吸气，乌龟在跑。

2. 语音障碍重读治疗中的支架法

支架法通过寻找音节、词语和句子的发音支架，并辅以重读训练的节拍特点来完成，它的主要应用范围是从字、词语到句子的过渡。一般超过 4 个音节。

治疗师在进行支架法重读训练时，首先选择一定长度的句子，然后选出这个句子中的支架音位，如句子"五个哭泣的椭圆形"的支架音位为 /wu ge ku qi de tuo yuan xing/，对这 3 个支架音位逐个进行重读训练，并逐渐将其组合起来，越来越接近最终的完整句。

如图 5-2-14 所示，治疗师首先对第一个支架音位 /u/ 进行慢板节奏二的重读训练，诱导患者以一种轻松的方式发出该音位，并同时诱导患者自然发出双音节词"哭泣"，如图 5-2-15 所示。接下来，治疗师指导患者进行双音节词"哭泣"的行板节奏训练，要求患者以行板节奏一的重读训练方法发出第二个支架音位 /uo/。

至此，已经完成了 2 个支架音位的重读训练，然后开始进行支架音位组合的重读训练，首先训练"五个椭圆形"，采用行板节奏一的训练方式，诱导患者发出第 1 个、第 2 个支架音位 /u/ 和 /uo/，如图 5-2-16 所示。如此重复，可继续进行"哭泣的椭圆形"的行板节奏一的重度训练，如图 5-2-17 所示，最终，把各个支架音位组合成完整的句子"五个哭泣的椭圆形"，通过逐步逼近的方式，将各个支架音位进行组合，并诱导患者连续发出，从而最终提高连续语音的韵律。

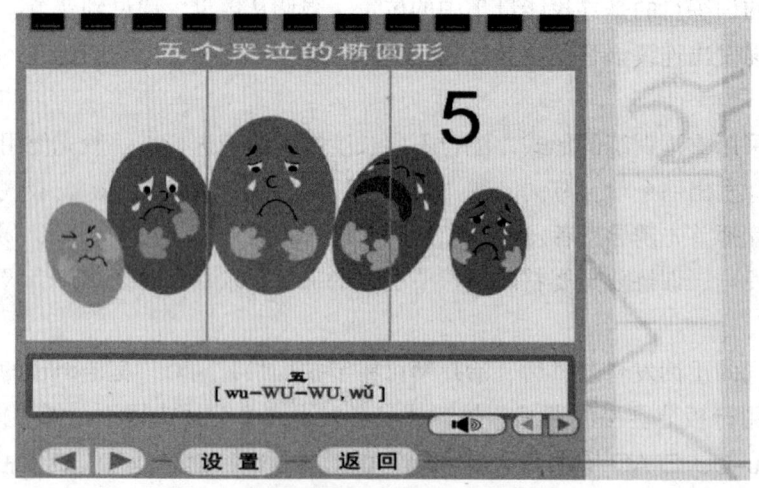

图 5-2-14　/u/ 的慢板节奏二的重读训练（一）

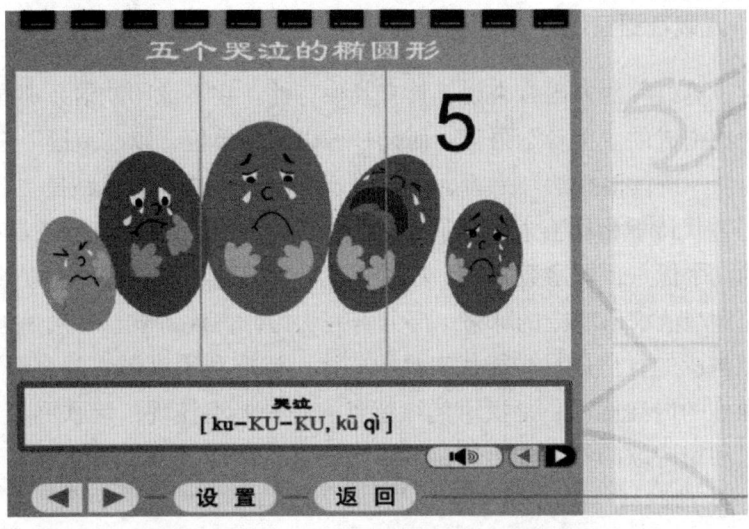

图 5-2-15 /u/ 的慢板节奏二的重读训练（二）

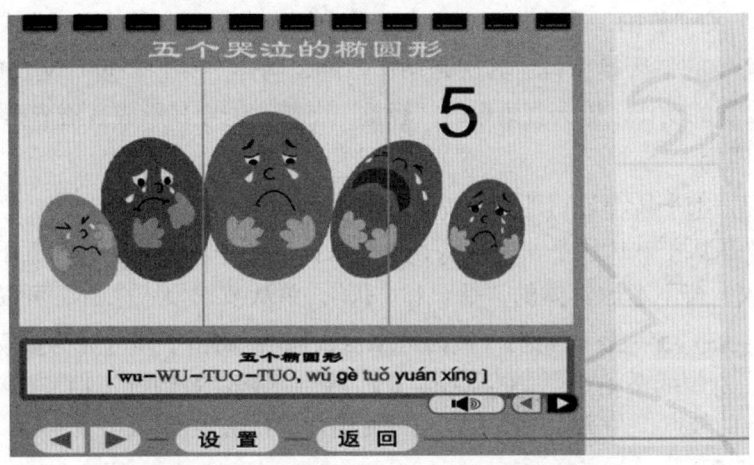

图 5-2-16 /u/ 和 /uo/ 的行板节奏一的重读训练（一）

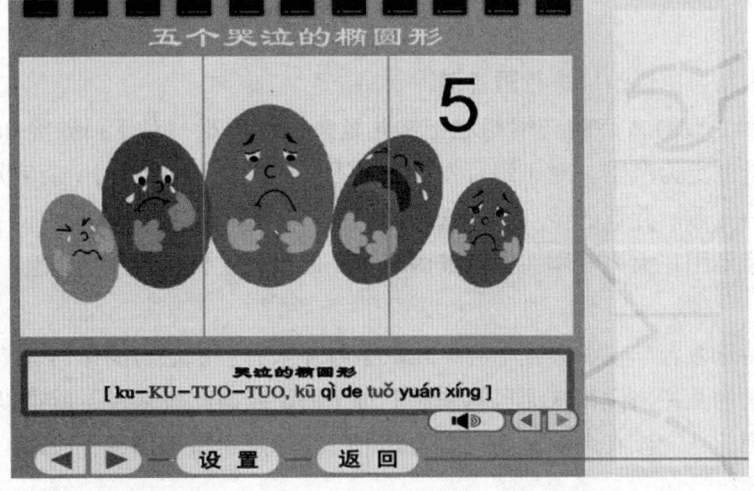

图 5-2-17 /u/ 和 /uo/ 的行板节奏一的重读训练（二）

3. 古诗、儿歌在语音治疗中的运用

汉语相对于英语等西方语言来说，具有其独特性。它不像印欧语系那样，是一种以音节内强弱对比构成的"重音"语言，而是一种以字为单位，以"重读"来凸显其特征的声调语言。从"重读治疗法"来看，西方语言韵律矫治的基本思路是"节拍、重读"，这恰好与中国古代诗歌格律有着异曲同工之妙。重要的是，古代诗歌还具有西文句子、短文不具有的一个优点，即字数确定，对仗工整，其节拍和重读特征有规律，有利于帮助韵律障碍儿童厘清汉语韵律的脉络。部分研究认为，古代诗歌，特别是近体诗全面揭示了汉语节律构成的自然属性，能代表汉语韵律；诗歌利用汉语言的声调等音韵特征，形成了一种强烈的内在旋律，是汉语韵律特点的一种典型体现；诗歌更易与节拍结合。鉴于此，可以利用诗歌的特点配上特定的节拍，进行韵律训练，不但有利于儿童掌握，也方便教师及治疗师操作。

（1）古诗结合重读治疗进行语音训练

用古代诗歌进行韵律障碍矫治训练主要从两个方面进行。首先是节拍匹配。根据"重读治疗法"的"节拍、重读"理念，在诗歌中加入类似西文的"轻重"交替元素——节拍，这与诗歌的平仄律相符。其次是动作匹配，同样贯穿"轻重"交替的节奏理念，让儿童通过自身的动作，体会言语中的"轻重"交替，诱导其形成言语节奏概念。

① 节拍匹配。

根据格律诗的平仄律进行匹配。以近体诗七言为例，其平仄格式为：平平仄仄平平仄，仄仄平平仄仄平。仄仄平平平仄仄，平平仄仄仄平平。按照"一三五不论，二四六分明"的口诀，若不考虑具体的"平"和"仄"，单从节律模式来看，可以归纳为下列规则：$xX—xX—xX—X—$，例："**黄河**远**上**白**云间**"，加粗字体部分为重读音节，"—"为音节拖长，对应的节拍为：$xX—xX—xX—X—$，例"黄河远上白云间"。根据此节拍，配以相应的鼓点，在实际操作中，也可使用其他打击乐器。

② 动作匹配。

治疗师可根据儿童的喜好，让其跟随节奏拍手或跺脚，在重读位置加大力气，同时配合节奏朗读诗歌，也可根据情况，让儿童自己敲鼓或使用其他打击乐器，以提高其兴趣。

（2）儿歌结合重读治疗进行语音训练

特殊需要儿童对古诗的理解相对正常儿童来说较困难，对于孤独症和智障儿童来说，这个问题就更为严重。对于语言发展水平不高的儿童，可以使用与诗歌类似的韵律训练材料——儿歌。儿歌的特点之一就是朗朗上口，它既具有一定的韵律特征，又浅显易懂，让儿童不用花大力气用在理解其内容上，可以将主要精力用在体会、掌握其韵律特征上。

目前在特殊教育学校和康复中心，儿歌学习并未有意识地与韵律训练结合。对于不存在韵律问题的儿童来说，这无可厚非，但对于韵律障碍儿童来说，就难以达到更好的康复效果。因此，应该有意识地用儿歌对其进行韵律障碍矫治训练，让这类儿童更容易掌握汉语的韵律特征。

在利用儿歌进行韵律训练时，同样也从节拍匹配、动作匹配两方面进行，其节拍模式遵循上述"轻重"交替原则，随着儿歌字数的不同略有变化，治疗师可根据所选择的材料进行调整。儿歌的选择，可以是治疗师根据不同儿童的特点为其量身定做的，以更好地实现因材施教的理念，也可将日常生活知识融入儿歌，让儿童既掌握了韵律，又学习了语言知识。

五、现代康复技术在语音障碍重读矫治中的作用

重读训练的核心是不同的节拍训练，将这些节拍训练用在不同的言语声上，就可以获得不同的训练效果。言语重读干预仪是进行语音重读治疗的专业训练设备，它运用数字信号处理技术对实时录入的言语声音或自带课程中的有声语言进行波形、基频、强度的显示及分析，帮助患者顺利完成从言语（口语）到语言能力（有声语言）的过渡，提高其言语语言综合能力。言语重读干预仪可以对患者发出的言语声音进行实时分析，通过测量言语信号的平均基频、平均强度、基频标准差、基频范围、语调、语速等指标，确定治疗起点和治疗内容。

言语重读干预仪中的重读治疗法课程包含了不同韵母和声韵组合慢板、行板训练材料，治疗师可以根据患者的实际情况，选择要训练的材料，让患者进行匹配训练，并对患者发出的声音进行声学分析，如图5-2-18所示，进行圆展交替运动下的2个韵母/ü/和/i/的慢板节奏训练，采用[ü-I-ü]的形式发出，上面窗口为标准化的录音材料，治疗师可先让患者聆听并观察波形的变化，然后对患者的模仿发音进行实时录音，患者可直观地观察到自己的发音与目标发音的区别，这便于患者进行自我调整。言语重读干预仪还可以对患者发出的声音进行基频、强度的实时测量，为治疗师纠正患者的发音提供有效的参考指标。

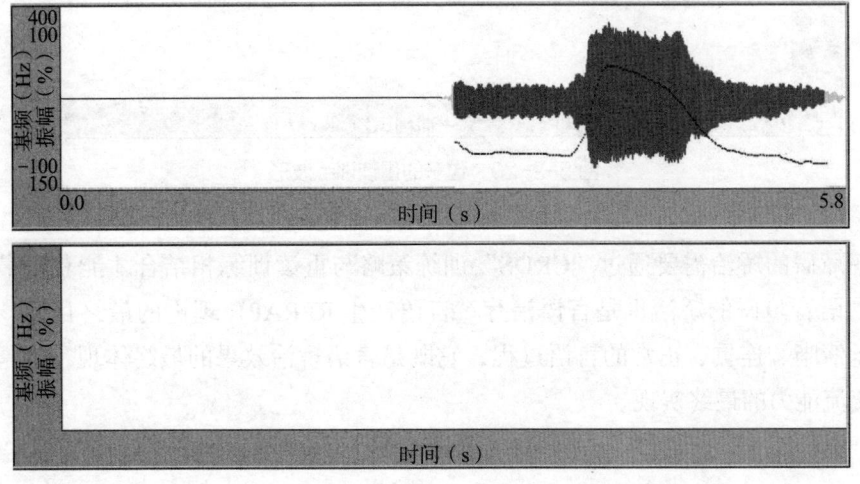

图 5-2-18　韵母 /ü/ 和 /i/ 的慢板节奏训练 [ü-I-ü]

除了慢板、行板和快板节奏的基本训练外，言语重读干预仪还为患者提供了言语技能训练课程，由易到难依次为词汇、词语、句子（基础）和句子（提高），治疗师可以选择适合患者的课程，通过独特的双屏显示模式，对患者进行言语的匹配训练，并同时对上述测量指标进行监控，使治疗效果一目了然。图 5-2-19 显示为词语"八月 /ba yue/"的训练波形，图 5-2-20 表示为句子"我在北京工作一年多了"的训练波形。

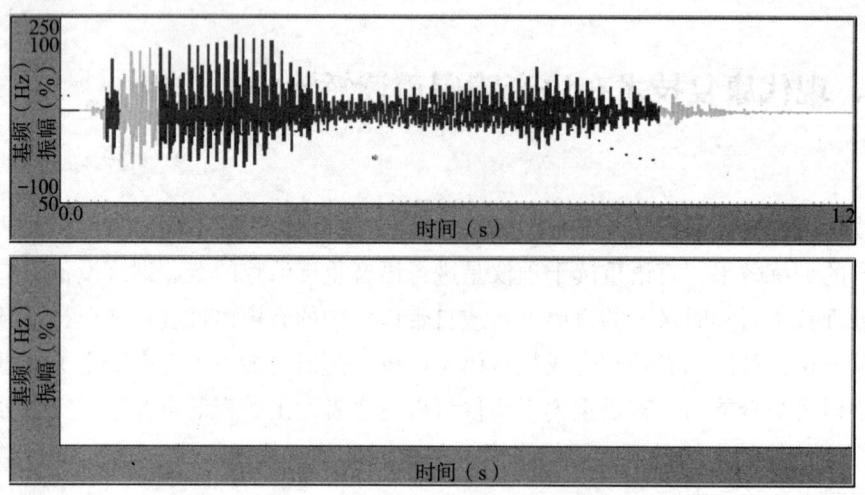

图 5-2-19　词语的重读训练波形

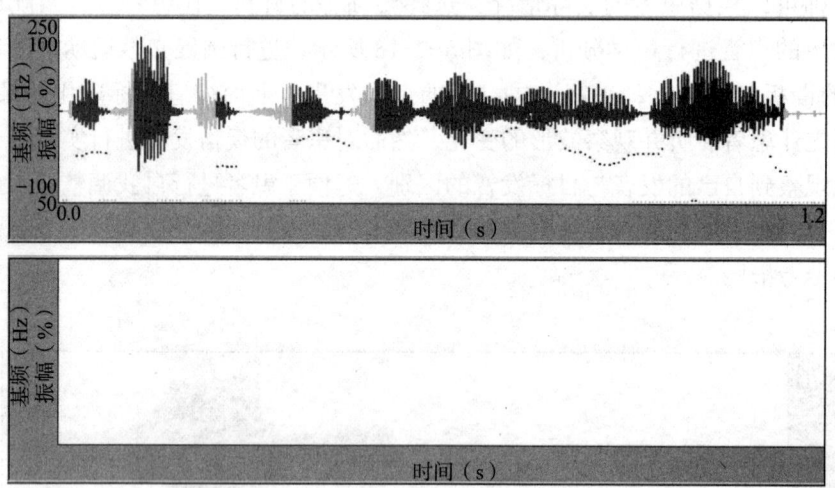

图 5-2-20　句子的重读训练波形

语音障碍的矫治需要通过"CRDS"训练策略与重读训练相结合才能获得最佳的治疗效果。语音障碍的矫治也是言语治疗"言语产生 RPRAP"理论的最终目标，使患者能够进行清晰、连贯、正常的言语过程，它既是言语矫治效果的最终体现，也是提高患者言语交流能力的最终实现。

第六章

ICF 构音治疗规范化流程及整体方案实施

在本书的绪论章节曾就构音语音障碍治疗的规范流程做了简单的介绍，即个人信息输入、构音语音功能的定量评估、构音语音障碍的矫治、实时监控的"A+T+M+E"操作模式。本书第二章的第四节已简单介绍了基于ICF分类标准，符合国际发展要求的言语康复整体解决方案的框架。

基于构音语音治疗的实际需要，有时为了提高评估效率，尽量缩短患者参与评估的时间，需要进行快速筛查，治疗师要非常熟悉评估的流程，在规范操作的基础上实现快速筛查、进行治疗方案设计、实施方案等。为了学习内容的系统化，本章将详细介绍ICF的整体方案设计。

此外，具有一定程度的词语理解能力和基本的发声控制能力是开展儿童构音治疗的前提，如果儿童词语理解能力不足，需要先对儿童进行语言治疗（具体可参见《儿童语言治疗整体解决方案/实训教程》），使儿童具备一定的词语理解能力（名词理解达到60%）；如果儿童同时具有言语嗓音问题，如呼吸、发声、共鸣等问题，可同步进行呼吸能力、发声能力及共鸣能力的评估和训练（具体可参见《嗓音治疗实验实训》），为构音语音的治疗奠定发声基础，确保儿童具有一定的发声控制能力后再开始开展儿童构音治疗。

ICF 儿童构音治疗规范化流程

儿童构音治疗必须按照规范化的操作流程进行，这样才能使实际工作有章可循，儿童构音治疗的整个过程遵循评估（A）—治疗（T）—监控（M）—评价（E）这样一个循环过程来完成。如图 6-1-1 所示。

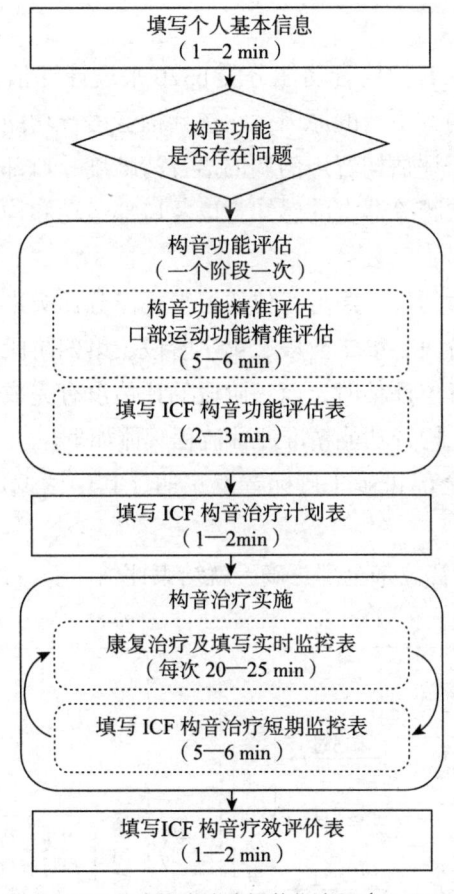

图 6-1-1　ICF 儿童构音治疗规范化流程（A+T+M+E）

一、填写个人基本信息

进行构音语音治疗之前，治疗师首先进行患者基本信息的收集，包括年龄、性别、相关病史及治疗状况、是否接受过康复治疗及治疗情况、有无其他疾病史、言语情况等。

二、ICF 儿童构音功能评估

（一）构音功能精准评估和口部运动功能精准评估

ICF 儿童构音功能是按照 ICF 的构音功能分类 b320 来设计评估内容的。它从语音和运动双维角度来评估受试者构音不清的原因。它包括构音语音功能评估与口部运动功能评估。构音功能评估主要用于评估构音声韵调的语音清晰度，口部运动功能评估主要评估构音器官下颌、唇、舌、软腭等器官的感知觉以及口部运动和构音运动能力，其为构音语音提供了生理运动基础。

构音功能精准评估按照儿童韵母、声母音位的习得规律分梯级进行，首先是韵母音位与声调评估，再依次对第一阶段、第二阶段、第三阶段、第四阶段、第五阶段的声母进行评估。在进行每一阶段的音位评估时，前一阶段的评估没有完成，就无法进行下一阶段的跳转。如图 6-1-2 所示，构音功能精准评估流程具体如下。

- 通过。每一阶段目标音全部正确（目标音发三遍，其中两遍或三遍发对即为正确）即可进入下一阶段评估。
- 未通过。如果某阶段声母音位未全部正确，就结束评估。

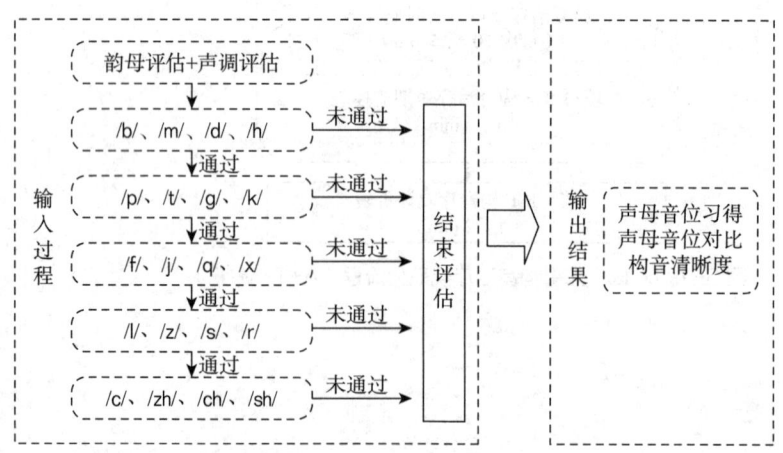

图 6-1-2　构音功能精准评估跳转流程

(二)口部运动功能精准评估

口部运动功能精准评估包括口部感知觉、下颌运动、唇运动和舌运动的功能评估。每项评估按照构音运动模式建构,每项功能按照障碍严重程度分为五级,0级、1级、2级、3级、4级,对应计分为0分、1分、2分、3分、4分。在评估过程中,口部运动功能精准评估跳转如图6-1-3所示。

- 通过:某一构音器官(下颌、唇、舌)运动功能的主要评估项目须达到每个项目评定均在3级及以上才可进行下一个构音器官的评估;主要评估项目均通过后,可根据患者能力选择进行剩余项目的评估。
- 未通过:若某一构音器官(下颌、唇、舌)运动功能的主要评估项目中某一项或几项项目评定在3级以下时,则结束评估。

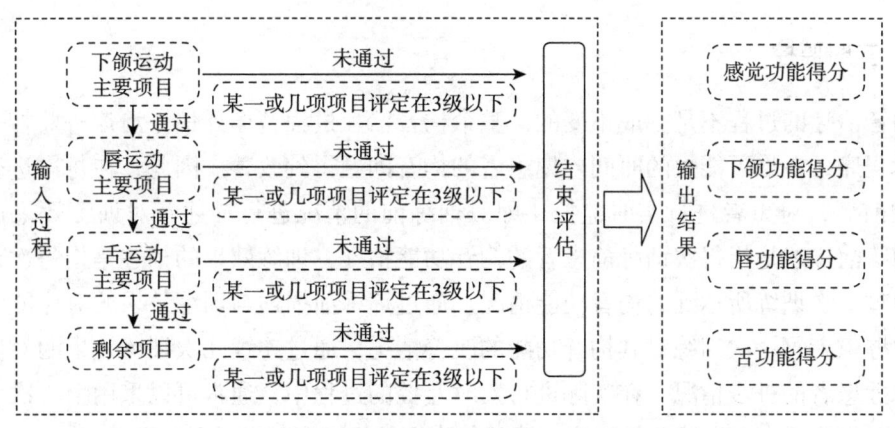

图6-1-3 口部运动功能精准评估跳转流程

(三)ICF 转化

将测得的各项指标的数据输入 ICF 转换器,与对应的参考标准值进行对比,即与同年龄、同性别正常儿童相应指标的参考标准值进行比较,确定该指标是否落在正常范围内,以及得出患者各项功能的损伤程度,同时填写"ICF 构音功能评估表"。

构音功能精准评估及 ICF 构音功能评估,使得治疗师明确患者构音能力、口部运动功能的详细情况,为后续制订构音治疗计划提供依据。为了便于及时调整治疗计划,建议每个阶段均对患者进行一次构音功能精准评估。

三、ICF 构音治疗计划

治疗师在明确诊断患者构音障碍程度的基础上，制订相应的构音治疗计划。每个患者的治疗计划都是根据其构音障碍的程度和原因制订的有针对性的计划，该治疗计划包括构音治疗的主要任务、治疗方法、实施计划的人员、治疗前患者的程度、预期目标（中、长期目标）及治疗后患者所达到的程度等。

四、构音治疗的实施与规范化操作

1. 实时监控

构音治疗的过程不是一成不变的，整个构音治疗过程遵循评估—治疗—监控—评价的科学程序，在尽可能短的时间内使患者的构音问题得到改善。因此，在每次进行构音治疗的前后，对患者进行实时监控，即对训练前的情况进行描述及对训练效果进行描述。训练前描述是指每次训练前患者的构音功能情况，训练效果的描述是指每次训练后患者通过一次训练所达到的构音功能情况，通过训练前描述与训练效果的对比能更为客观地掌握患者每一次训练对其构音功能的改善情况，通过连续几次训练效果的对比能直观地掌握患者的进步情况。在实际进行实时监控的过程中，通常可以采用上一次训练效果的情况作为后一次训练前的描述，缩减每次训练用于实时监控的时间。

2. 康复治疗

治疗师在实施临床康复训练时，以解决患者的构音问题为导向，根据患者的实际情况，将多种治疗方法及康复手段以及训练形式进行有机结合，以便在有效时间内让患者获得最有针对性的治疗，获得最佳的康复效果。

3. 短期目标监控

构音治疗过程中，治疗师会根据患者的具体情况设定康复目标，通常包括设定长期目标与短期目标，治疗师通过构音功能精准评估来对长期目标进行监控，通过实时监控来对每次训练情况进行监控，而短期目标监控则通常在 3—5 次训练后进行，具体监控时间视患者的情况而定。短期目标监控的指标与 ICF 构音功能评估的指标一致，对构音功能、口部运动功能进行定量评估，通过 ICF 转换器得到患者的损伤程度。

五、构音疗效评价

构音康复治疗的整个进程可分为初期、中期及末期三期，康复初期会对患者进行精准评估，得到患者各项功能的损伤程度与长期目标值，这同时也作为疗效评价中初期评估的损伤程度与目标值。当进行一个阶段的康复后，治疗师将对患者进行构音功能精准评估，根据患者的情况决定第几阶段为患者康复进程中的中期，并将该阶段的构音功能评估结果作为患者中期评估的结果。同时对初期与中期的评估结果，即对初期与中期的疗效评价进行对比，判断是否达成长期目标并监控治疗效果，便于治疗师进行构音治疗计划和训练目标的调整。而末期评估则是在患者即将结束所有康复训练时进行的，评价患者当前构音功能整体的情况，判断是否达到患者及其家属所预期的目标。

第二节 构音语音治疗规范化流程实施示例

本节以一个案例形式介绍儿童构音语音治疗规范化流程以及实施过程，包括患者基本信息的收集、构音功能评估结果分析、制订治疗计划、康复治疗及实时监控、疗效评价等几个环节。方案的制订具体填写要求可参考《儿童构音治疗实验实训》一书。

一、患者基本信息

患者基本信息按照表格要求逐项填写。它适用于医院、康复机构、特殊教育学校、资源中心等。如表 6-2-1 所示，除填写基本信息外，还要简单描述患者言语、语言、认知状况和口部触觉感知状况。

表 6-2-1 患者基本信息表示例

```
患者信息
姓　　名  小小      出生日期  2012 年 9 月 23 日      性别 ☑男 □女
检查者   尹敏      评估日期  2018 年 12 月 22 日     编号    001
类　　型 □智力障碍  ☑听力障碍  □脑瘫  □孤独症  □发育迟缓
         □失语症    □神经性言语障碍（构音障碍）
         □言语失用症 □其他_____
主要交流方式 ☑口语 □图片 □肢体动作 □基本无交流
听力状况 □正常 □异常 听力设备 ☑人工耳蜗 □助听器 补偿效果 较适
进食状况  喜欢软食。
言语、语言、认知状况 言语方面：说话一字一顿，音调偏高；构音清晰度较差。语言方面：理解能力正常，日常生活以口语表达为主。认知能力：基本认知能力尚可。
口部触觉感知状况 口部触觉感知觉基本正常。
```

二、构音功能精准评估

（一）构音语音功能评估

1. 对构音功能进行精准评估

根据对构音语音 52 个词的构音语音评估情况，记录目标音位的构音音位习得情况。记录说明：目标音位发音正确记为"√"；构音歪曲记为"⊗"；目标音位遗漏记为"⊖"；替代记为实发音。如表 6-2-2 所示。

表 6-2-2 音位习得评估记录表

序号	词	目标音		序号	词	目标音		序号	词	目标音	序号	词	目标音
1	包 bāo	b √		14	吸 xī	x √	i √	27	壳 ké	k √	40	一 yī	I √
2	抛 pāo	p √		15	猪 zhū	⊖ ch		28	纸 zhǐ	zh ⊗	41	家 jiā	ia √
3	猫 māo	m √		16	出 chū	⊗ sh		29	室 shì	sh ⊗	42	浇 jiāo	iao √
4	飞 fēi	f √		17	书 shū	⊖ r		30	字 zì	z √	43	乌 wū	u √
5	刀 dāo	d √		18	肉 ròu	n z		31	刺 cì	c ⊗	44	雨 yǔ	ü √
6	套 tào	t √		19	紫 zǐ	⊗ c		32	蓝 lán	an √	45	椅 yǐ	I √
7	闹 nào	n √		20	粗 cū	⊗ s		33	狼 láng	ang ⊖	46	鼻 bí	i √
8	鹿 lù	l √		21	四 sì	s ⊖		34	心 xīn	in √	47	蛙 wā	1 √
9	高 gāo	g √		22	杯 bēi	b √		35	星 xīng	ing ⊖	48	娃 wá	2 √
10	铐 kào	k √		23	泡 pào	p √		36	船 chuán	uan √	49	瓦 wǎ	3 √
11	河 hé	h √		24	稻 dào	d √		37	床 chuáng	uang ⊗	50	袜 wà	4 √
12	鸡 jī	j √ i √		25	菇 gū	g √		38	拔 bá	a √	51	酪 lào	l ⊖
13	七 qī	q √		26	哭 kū	k √		39	鹅 é	e √	52	入 rù	r n

根据构音语音 52 个词中目标音位的构音记录，分析声母音位习得情况。分析结果如下：21 个声母共习得 13 个，其中第一、第二、第三阶段的音位都已经习得，第四、第五阶段的音位都没有习得。第四阶段的音位比同年龄同性别儿童延迟 1 年，第五阶段的音位比同年龄同性别儿童延迟半年。如表 6-2-3 所示。

表 6-2-3 声母音位习得评估分析表

	声母	声母音位习得与否	错误走向	年龄 2; 7—2; 12	3; 1—3; 6	3; 7—3; 12	4; 1—5; 12	6; 1—6; 6 < 90%
第一阶段	b	√						
	m	√						
	d	√						
	h	√						
第二阶段	p	√						
	t	√						
	g	√						
	k	√						
	n	√						
第三阶段	f	√						
	j	√						
	q	√						
	x	√						
第四阶段	l	×	遗漏				延迟1年	
	z	×	歪曲				延迟1年	
	s	×	歪曲				延迟1年	
	r	×	n				延迟1年	
第五阶段	c	×	歪曲					延迟0.5年
	zh	×	遗漏					延迟0.5年
	ch	×	歪曲					延迟0.5年
	sh	×	遗漏					延迟0.5年
声母音位习得个数				13 /（21 个）				

注：1. 阴影部分表示从 50% 的正常儿童能正确发出的最小音位对比开始，到 90% 的正常儿童能够正确发出结束。
2. 年龄：岁；月表示几岁几个月。

根据 52 个词的音位习得记录情况来分析最小音位对的习得情况，其中声母音位对共 10 项 25 对最小音位对，见表 6-2-4，与图 6-2-1 中的声母音位矩阵图——对应；韵母 6 项共 10 对最小音位对，见表 6-2-5；音调 3 项共 3 对最小音位对，见 6-2-6。本表记录每对音位对的习得情况以及错误走向。只有每一对最小音位构音都正确的情况下，最小音位对比结果才能计分为"1"，否则均计为"0"。

表 6-2-4　声母音位对比评估记录表

音位对比	语音对序号	最小音位对比	卡片编号	目标音	实发音	对比结果	错误走向
送气塞音与不送气塞音（替代）	1 双唇音	送气	2	p	√	1	送气化：送气音替代不送气音 替代送气*：不送气音替代送气音
		不送气	1	b	√		
	2 舌尖中音	送气	6	t	√	1	
		不送气	24	d	√		
	3 舌根音	送气	26	k	√	1	
		不送气	25	g	√		
送气塞擦音与不送气塞擦音（替代）	4 舌面音	送气	13	q	√	1	送气化：送气音替代不送气音 替代送气*：不送气音替代送气音
		不送气	12	j	√		
	5 舌尖后音	送气	16	ch	⊗	0	
		不送气	15	zh	⊖		
	6 舌尖前音	送气	31	c	⊗	0	
		不送气	30	z	⊗		
塞音与擦音（替代）	7 舌根音	塞音	27	k	√	1	塞音化*：塞音替代擦音 替代塞音：擦音替代塞音
		擦音	11	h	√		
	8 唇音	塞音	22	b	√	1	
		擦音	4	f	√		
塞擦音与擦音（替代）	9 舌面音	塞擦音	12	j	√	1	塞擦音化：塞擦音替代擦音 替代塞擦音：擦音替代塞擦音
		擦音	14	x	√		
	10 舌尖后音	塞擦音	15	zh	⊗	0	
		擦音	17	sh	⊖		
	11 舌尖前音	塞擦音	30	z	⊗	0	
		擦音	21	s	⊗		
塞音与鼻音（替代）	12 双唇音	塞音	1	b	√	1	鼻音化：鼻音替代塞音 替代鼻音：塞音替代鼻音
		鼻音	3	m	√		
	13 舌尖中音	塞音	24	d	√	1	
		鼻音	7	n	√		
擦音与无擦音（遗漏）	14 舌根音	擦音	11	h	√	1	声母 /h/ 遗漏*
		无擦音	39	无擦音	√		

续表

音位对比	语音对序号	最小音位对比	卡片编号	目标音	实发音	对比结果	错误走向
不同构音部位的送气塞音（替代）	15 送气塞音	双唇音	23	p	√	1	前进化*：舌尖中音前进化，舌根音前进化 退后化：舌尖中音退后化，双唇音退后化
		舌尖中音	6	t	√		
	16 送气塞音	双唇音	23	p	√	1	
		舌根音	10	k	√		
	17 送气塞音	舌尖中音	6	t	√	1	
		舌根音	10	k	√		
不同构音部位的不送气塞音（替代）	18 不送气塞音	双唇音	1	b	√	1	前进化*：舌尖中音前进化，舌根音前进化 退后化：舌尖中音退后化，双唇音退后化
		舌尖中音	5	d	√		
	19 不送气塞音	双唇音	1	b	√	1	
		舌根音	9	g	√		
	20 不送气塞音	舌尖中音	5	d	√	1	
		舌根音	9	g	√		
舌尖前音与舌尖后音（替代）	21 不送气塞擦音	舌尖后音	28	zh	⊗	0	卷舌化：舌尖后音替代舌尖前音 替代卷舌*：舌尖前音替代舌尖后音
		舌尖前音	19	z	⊗		
	22 送气塞擦音	舌尖后音	16	ch	⊗	0	
		舌尖前音	20	c	⊗		
	23 擦音	舌尖后音	29	sh	⊗	0	
		舌尖前音	21	s	⊗		
不同构音方式与部位的浊音（替代）	24 浊音	鼻音	7	n	√	0	边音化：边音替代鼻音、舌尖后音 鼻音化：鼻音替代边音
		边音	51	l	⊖		
	25 浊音	舌尖后音	52	r	n	0 鼻音化	
		舌尖中音	8	l	⊖		
		四声	50	4			

注："*"为核心音位对比。

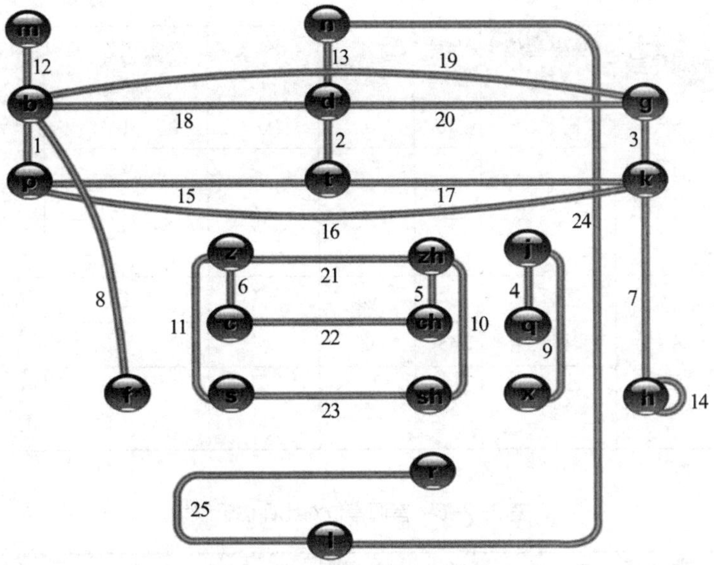

图 6-2-1　声母音位矩阵图

表 6-2-5　韵母音位对比评估记录表

音位对比	语音对序号	最小音位对比	卡片编号	目标音	实发音	对比结果	错误走向
前鼻韵母与后鼻韵母（替代）	26 开口呼	前鼻韵母	32	an	√	0	鼻韵母前进化*：后鼻韵母前进化 鼻韵母退后化：前鼻韵母退后化 监控：鼻流量
		后鼻韵母	33	ang	⊖	鼻韵母前进化	
	27 齐齿呼	前鼻韵母	34	in	√	0	
		后鼻韵母	35	ing	⊖	鼻韵母前进化	
	28 合口呼	前鼻韵母	36	uan	√	0	
		后鼻韵母	37	uang	⊗	鼻韵母前进化	
鼻韵母与无鼻韵母（遗漏）	29 齐齿呼	前鼻韵母	34	in	√	1	鼻韵母遗漏* 监控：鼻流量
		无鼻韵母	14	l	√		
	30 齐齿呼	后鼻韵母	35	ing	⊖	0	
		无鼻韵母	14	l	√	鼻韵母遗漏	
三元音、双元音与单元音（遗漏）	31 双元音	三元音	42	iao	√	1	韵母遗漏* 监控：F_1, F_2
		双元音	41	ia	√		
	32 单元音	双元音	41	ia	√	1	
		单元音	12	i	√		
前元音与后元音（替代）	33 高元音	前元音	40	i	√	1	单元音前进化*：后元音前进化 单元音退后化：前元音退后化 监控：F_1, F_2
		后元音	43	u	√		

续表

音位对比	语音对序号	最小音位对比	卡片编号	目标音	实发音	对比结果	错误走向
高元音与低元音（替代）	34 前、中元音	高元音	46	i	√	1	单元音升高化*：低元音升高化 单元音下降化：高元音下降化 监控：F_1, F_2
		低元音	38	a	√		
圆唇音与非圆唇音（替代）	35 前高元音	圆唇音	44	yu	√	1	圆唇化：圆唇音替代非圆唇音 替代圆唇*：非圆唇音替代圆唇音 监控：F_1, F_2
		非圆唇音	45	yi	√		
		四声	50	4			

表 6-2-6 音调音位对比评估记录表

音位对比	语音对序号	最小音位对比	卡片编号	目标音	实发音	对比结果	错误走向
一声与二声（替代）	36 一、二声	一声	47	1	√	1	二声化：二声替代一声 替代二声*：一声替代二声
		二声	48	2	√		
一声与三声（替代）	37 一、三声	一声	47	1	√	1	三声化：三声替代一声 替代三声*：一声替代三声
		三声	49	3	√		
一声与四声（替代）	38 一、四声	一声	47	1	√	1	四声化：四声替代一声 替代四声*：一声替代四声
		四声	50	4	√		

根据音位对比评估记录表来做音位对比评估分析表。见表 6-2-7。

表 6-2-7 音位对比评估分析表

音位对				年龄				
习得与否		最小音位对	错误走向	2;7—2;12	3;1—3;6	3;7—3;12	4;1—5;12	6;1—6;6
C6	√	擦音与无擦音						
V4	√	前元音与后元音						
V5	√	高元音与低元音						
V6	√	圆唇音与非圆唇音						
T1	√	一声与二声						
T3	√	一声与四声						
V3	√	三、双、单元音						
C7	√	不同构音部位的送气塞音						

续表

音位对				年龄				
习得与否	最小音位对	错误走向		2;7—2;12	3;1—3;6	3;7—3;12	4;1—5;12	6;1—6;6
C1	√	送气塞音与不送气塞音*						
C3	√	塞音与擦音						
C5	√	塞音与鼻音						
C8	√	不同构音部位的不送气塞音						
C2		送气塞擦音与不送气塞擦音*	不明					
V1		前鼻韵母与后鼻韵母*	鼻韵母前进					
V2		鼻韵母与无鼻韵母	鼻韵母前进					
C4		塞擦音与擦音*	不明					
T2		一声与三声						
C9		舌尖前音与舌尖后音*	不明					
C10		不同构音方式与部位的浊音	不明					

注：1. 阴影部分表示从50%的正常儿童能正确发出的最小音位对比开始，到90%的正常儿童能正确发出结束。
2. "*"为核心音位对比。

根据音位对比评估记录表进一步填写构音清晰度及其分析表。见表6-2-8，得知25对声母最小音位对只习得15对，10对韵母最小音位对仅习得6对，3对声调音位对全部习得，评估结果显示38对最小音位对共习得24对，构音清晰度为63.16%。

表6-2-8 构音清晰度及其分析表

声母音位对比			韵母音位对比			声调音位对比		
序号		声母音位对比得分	序号		韵母音位对比得分	序号		声调音位对比得分
C1	不送气塞音与送气塞音	3/（3对）	V1	前鼻韵母与后鼻韵母	0/（3对）	T1	一声与二声	1/（1对）
C2	送气塞擦音与不送气塞擦音	1/（3对）	V2	鼻韵母与无鼻韵母	1/（2对）	T2	一声与三声	1/（1对）
C3	塞音与擦音	2/（2对）	V3	三、双元音与单元音	2/（2对）	T3	一声与四声	1/（1对）
C4	塞擦音与擦音	1/（3对）	V4	前元音与后元音	1/（1对）	声调音位对比合计		3/（3对）

续表

声母音位对比		韵母音位对比		声调音位对比	
序号	声母音位对比得分	序号	韵母音位对比得分	序号	声调音位对比得分
C5 塞音与鼻音	1/（2对）	V5 高元音与低元音	1/（1对）		
C6 擦音与无擦音	1/（1对）	V6 圆唇音与非圆唇音	1/（1对）		
C7 不同构音部位的送气塞音	3/（3对）	韵母音位对比合计	6/（10对）		
C8 不同构音部位的不送气塞音	3/（3对）				
C9 舌尖前音与舌尖后音	0/（3对）				
C10 不同构音方式与部位的浊音	0/（2对）				
声母音位对比合计	15/（25对）				
构音清晰度（%）：24/（38对）=63.16（%）				康复指导：	

2. 口部运动功能精准评估

口部运动功能精准评估是对口腔的感知觉、下颌运动、唇运动、舌运动的运动功能进行评估。见表6-2-9，评估结果显示口部感知觉正常，下颌运动功能得分为94.44%，唇运动功能得分为87.50%，舌运动功能得分为84.38%，口部运动功能总得分为90.24%。

表6-2-9 口部运动功能评估结果记录表

感知觉功能		下颌运动功能		唇运动功能		舌运动功能			
项目	得分	项目	得分	项目	得分	项目	得分	项目	得分
颊部触觉反应	4/4	自然状态	4/4	自然状态	4/4	自然状态	4/4	舌尖左右交替	3/4
鼻部触觉反应	4/4	咬肌肌力	4/4	流涎	4/4	舌肌肌力检查	3/4	舌尖前后交替	3/4
唇部触觉反应	4/4	向下运动	4/4	唇面部肌力	4/4	舌尖前伸	4/4	舌尖上下交替	3/4
牙龈触觉反应	4/4	向上运动	4/4	展唇运动	4/4	舌尖下舔颌	3/4	马蹄形上抬模式	4/4
硬腭触觉反应	4/4	向左运动	4/4	圆唇运动	4/4	舌尖上舔唇	3/4	舌两侧缘上抬模式	3/4
舌前部触觉反应	4/4	向右运动	4/4	唇闭合运动	3/4	舌尖上舔齿龈	3/4	舌前部上抬模式	4/4
舌中部触觉反应	4/4	前伸运动	3/4	圆展交替运动	3/4	舌尖上舔硬腭	4/4	舌后部上抬模式	4/4
舌后部触觉反应（呕吐反射）	4/4	上下连续运动	4/4	唇齿接触运动	2/4	舌尖左舔嘴角	3/4		

续表

感知觉功能		下颌运动功能		唇运动功能		舌运动功能			
项目	得分	项目	得分	项目	得分	项目	得分	项目	得分
		左右连续运动	3/4			舌尖右舔嘴角	3/4		
口部感知觉得分	100%（32/32）	下颌运动功能得分	94.44%（34/36）	唇运动功能得分	87.50%（28/32）	舌运动功能得分		84.38%（54/64）	
口部运动功能总分		90.24%（148/164）							

注：分为五个不同等级（0、1、2、3、4）。

（二）填写 ICF 构音功能评估结果

将以上所获得的构音语音功能评估结果和口部运动功能评估结果输入 ICF 转换器或者用构音评估工具构音障碍评估仪就可获得 ICF 构音功能评估结果，获得每项功能的损伤等级以及问题描述和康复建议。具体结果见表 6-2-10。其中音位习得评估记录表评估页面，声母音位习得评估分析表评估页面，最小音位对习得分析及构音清晰度评估页面，口部感知觉评估页面，下颌运动功能评估界面，唇、舌部功能评估界面分别见图 6-2-2a—图 6-2-2g。

表 6-2-10　ICF 构音功能评估结果及分析表

身体功能，即人体系统的生理功能损伤程度			无损伤	轻度损伤	中度损伤	重度损伤	完全损伤	未特指	不适用
			0	1	2	3	4	8	9
b320	构音功能 Articulation functions	声母音位习得（获得）	□	□	☒	□	□	□	□
		声母音位对比	□	□	☒	□	□	□	□
		构音清晰度	□	☒	□	□	□	□	□
		口部感觉	☒	□	□	□	□	□	□
		下颌运动	☒	□	□	□	□	□	□
		唇运动	□	☒	□	□	□	□	□
		舌运动	□	☒	□	□	□	□	□
	产生言语声的功能，包含构音清晰功能、构音音位习得功能。 功能受损时表现为痉挛型、运动失调型、弛缓型神经性言语障碍等神经损伤导致的构音障碍。 不包含语言心智功能（b167）；嗓音功能（b310）。									
	信息来源：☒ 病史　□ 问卷调查　□ 临床检查　☒ 医技检查									

续表

身体功能，即人体系统的生理功能损伤程度	无损伤	轻度损伤	中度损伤	重度损伤	完全损伤	未特指	不适用
	0	1	2	3	4	8	9
b320							

构音语音功能的评估（问题描述）：
1. 已掌握声母个数为 13 个↓，相对年龄 3 岁；声母音位习得能力中度损伤。
2. 已掌握声母音位对 15 对↓；声母音位对比能力属于中度损伤。
3. 构音清晰度为 63.16%↓，相对年龄 4 岁；构音语音能力轻度损伤。
4. 口部感觉得分为 100%，相对年龄 6 岁；患者允许轻触目标位置；口部感觉无损伤。
5. 下颌运动得分为 94.44%↓，相对年龄 6 岁；运动正常，并有良好的控制能力；下颌运动无损伤。
6. 唇运动得分为 87.50%↓，相对年龄 3—4 岁；能完成目标动作，但控制略差；唇运动轻度损伤。
7. 舌运动得分为 84.38%↓，相对年龄 4 岁；能完成目标动作，但控制略差；舌运动轻度损伤。

构音语音功能的分析及建议（进一步描述）：
1. 声母音位习得：声母音位习得处于第四阶段，已习得声母有 /b、m、d、h/、/p、t、g、k、n/、/f、j、q、x/，未习得声母有 /l、z、s、r/、/c、zh、ch、sh/。
    训练建议：对第一阶段未习得的音位进行音位诱导、音位习得。
    （1）音位诱导：可借助相关的口部运动治疗方法找到正确的发音部位和发音方式。
    （2）音位习得：选择模仿复述的方法，并结合言语支持训练，进行停顿起音、音节时长与音调变化的实时视听反馈训练。
2. 声母音位对比：已习得声母音位对有"p/b""t/d""k/g""q/j""k/h""b/f""j/x""b/m""d/n""h/e""p/t""p/k""t/k""b/d""b/g""d/g"，未习得声母音位对有"ch/zh""c/s""zh/sh""z/s""zh/z""ch/c""sh/s""n/l""r/l"。
    训练建议：对未习得的音位进行音位对比训练。
    （1）听觉识别训练：进行未习得音位对的听觉识别训练。
    （2）音位对比：选择模仿复述的方法，并结合重读治疗中的行板节奏—进行视听反馈训练。
3. 口部感觉：允许治疗师碰触颊部、鼻部、唇部、牙龈、硬腭、舌前部、舌中部、舌后部。无须进行口部感觉的干预。
4. 下颌运动：下颌的运动能力和感知觉能力正常。此项无须进行干预。
5. 唇运动：进一步描述为自然状态 4 级、流涎 4 级、唇面部肌力 4 级、展唇运动 4 级、圆唇运动 4 级、唇闭合运动 3 级、圆展交替运动 3 级、唇齿接触运动 2 级。
6. 舌运动：进一步描述为自然状态 4 级、舌肌肌力检查 3 级、舌尖前伸 4 级、舌尖下舔颌 3 级、舌尖上舔唇 3 级、舌尖上舔齿龈 3 级、舌尖左舔嘴角 3 级、舌尖右舔嘴角 3 级、舌尖上舔硬腭 4 级、舌尖前后交替运动 3 级、舌尖左右交替运动 3 级、舌尖上下交替运动 3 级、马蹄形上抬模式 4 级、舌两侧缘上抬模式 3 级、舌前部上抬模式 4 级、舌后部上抬模式 4 级。

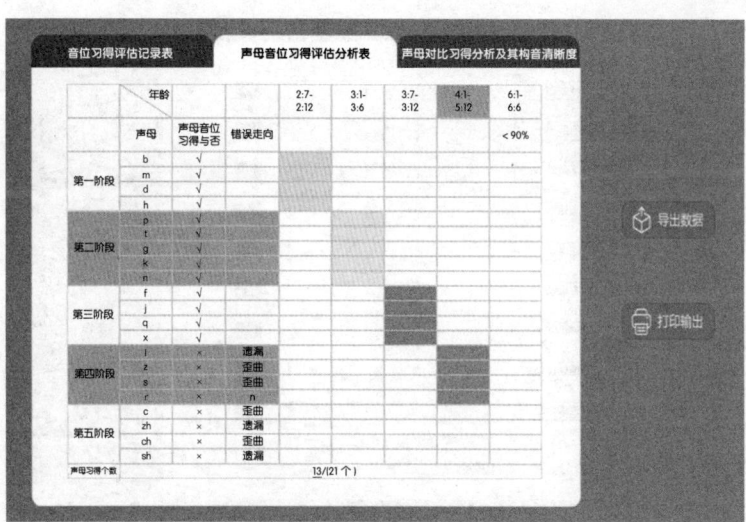

a. 音位习得评估记录表评估页面

b. 声母音位习得评估分析表评估页面

c. 最小音位对习得分析及构音清晰度评估页面

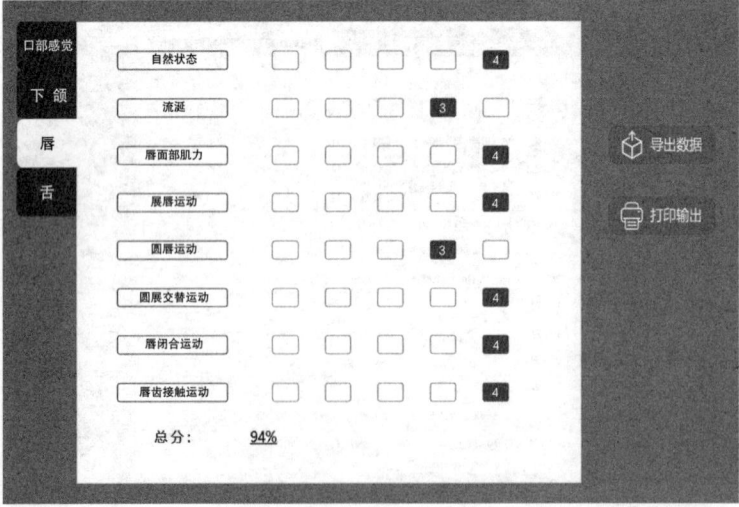

d. 口部感知觉评估页面

e. 下颌运动功能评估页面

f. 唇部功能评估页面

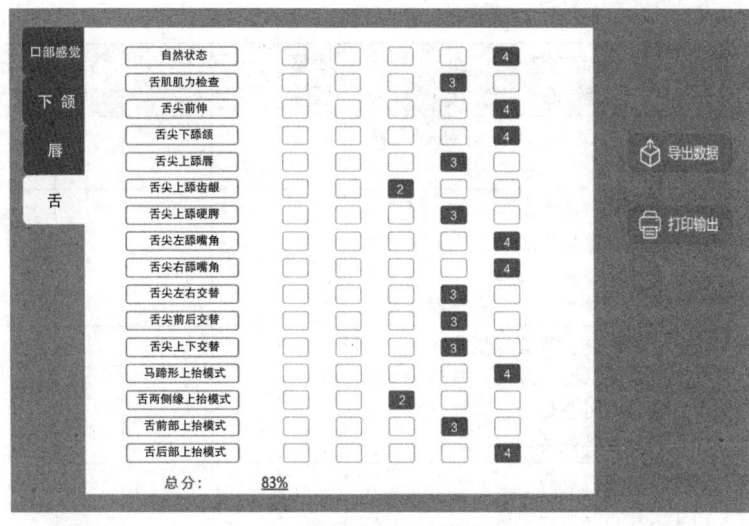

g. 舌部功能评估页面

图 6-2-2　构音障碍评估仪测量示例

三、制订 ICF 构音治疗计划

根据前面的构音功能评估结果，制订构音治疗计划。计划包括 7 项治疗任务，每项治疗任务均有相应的治疗方法。共有 6 种声母音位训练方法和 15 种口部运动治疗法。按照难易程度和发展优先的干预原则选择治疗方法，制订干预目标。见表 6-2-11。

表 6-2-11　ICF 儿童构音治疗计划表

治疗任务（7 项）		治疗方法（21 种）（音位 6+ 口部 15）	康复医师	护士	治疗师	特教教师	初始值	目标值	最终值
b320	声母音位习得	训练音位：/l/、/z/、/s/、/r/ ☑ 音位诱导 　☑ 发音部位 　☑ 发音方式 ☑ 音位习得 　☑ 单音节词 　☐ 双音节词 　☐ 三音节词			√		2	0	0
	声母音位对比	☑ 音位对比 　☐ 听说对比 ☑ 言语重读 　☐ 慢板节奏二 　☑ 行板节奏一 ☑ 言语支持 　☑ 停顿起音 　☑ 音节时长 　☑ 音调、响度变化			√		2	0	0
	构音清晰度	☑ 语音自反馈			√		1	0	0

续表

治疗任务（7项）		治疗方法（21种） （音位6+口部15）	康复医师	护士	治疗师	特教教师	初始值	目标值	最终值
b320	口部感觉	□ 改善颊、鼻、唇、牙龈、硬腭、舌前、中、后部感觉							
	下颌运动	□ 提高咬肌肌力 □ 提高下颌向下、上、左、右运动 □ 提高下颌前伸运动 □ 提高下颌上下、左右连续运动							
	唇运动	□ 改善流涎、唇面部肌力 □ 提高展、圆、圆展交替运动 □ 提高唇闭合运动 □ 提高唇接触运动							
	舌运动	☑ 提高舌肌肌力 □ 提高舌尖前伸运动 □ 提高舌尖上舔唇、齿龈、硬腭，舌尖左舔、右舔嘴角运动 ☑ 提高舌尖左右、前后、上下交替运动 □ 提高马蹄形、舌两侧缘上抬模式 ☑ 提高舌前、后部上抬模式			√		1	0	0

四、构音治疗的实施与规范化操作

（一）制订ICF构音治疗短期目标监控，填写监控表

构音治疗计划可制订长期目标、中期目标和短期目标，先制订6天的短期目标并进行监控，见表6-2-12，声母音位和舌运动的短期目标监控。

表6-2-12 声母音位和舌运动习得目标监控表

日期	10月22日		10月28日					
	习得与否	错误走向	习得与否	错误走向	习得与否	错误走向	习得与否	错误走向
b	√		√					
m	√		√					
d	√		√					
h	√		√					
p	√		√					
t	√		√					
g	√		√					
k	√		√					

续表

日期	10月22日		10月28日					
	习得与否	错误走向	习得与否	错误走向	习得与否	错误走向	习得与否	错误走向
n	√		√					
f	√		√					
j	√		√					
q	√		√					
x	√		√					
l	×	⊖	√					
z	×	⊗	√					
s	×	⊗	×	⊗				
r	×	n	√					
c	×	⊗	×	⊗				
zh	×	⊖	×	⊖				
ch	×	⊗	×	⊗				
sh	×	⊖	×	⊖				
声母音位习得	13/21	损伤程度 初始值 2 目标值 0	16/21	损伤程度 最终值 2	/21	损伤程度 最终值	/21	损伤程度 最终值

表6-2-13 声母音位对比和构音清晰度目标监控表

日期	10月22日		10月28日					
	习得与否	错误走向	习得与否	错误走向	习得与否	错误走向	习得与否	错误走向
C6	√		√					
V4	√		√					
V5	√		√					
V6	√		√					
T1	√		√					
T3	√		√					
V3	√		√					
C7	√		√					
C1	√		√					
C3	√		√					
C5	√		√					
C8	√		√					
C2		不明		不明				
V1		鼻韵母前进	√					
V2		鼻韵母前进	√					
C4		不明		不明				

续表

日期	10月22日		10月28日					
	习得与否	错误走向	习得与否	错误走向	习得与否	错误走向	习得与否	错误走向
T2	√		√					
C9	不明		不明					
C10	不明		√					

日期	声母音位对比	损伤程度		韵母音位对比	声调音位对比	构音清晰度	损伤程度	
10月22日	16/25	初始值	2	6/10	3/3	65.79%	初始值	1
		目标值	0				目标值	0
10月28日	18/25	最终值	1	10/10	3/3	86.11%	最终值	0
	/25			/10	/3			
	/25			/10	/3			

表 6-2-14 舌运动功能测量目标监控表

日期	自然状态	舌肌肌力检查	舌尖前伸	舌尖下舔颌	舌尖上舔唇	舌尖上舔齿龈	舌尖上舔硬腭	舌尖左舔嘴角	舌尖右舔嘴角
10月22日	4/4	3/4	4/4	4/4	3/4	2/4	3/4	4/4	4/4
10月28日	4/4	4/4	4/4	4/4	3/4	2/4	3/4	4/4	4/4
	/4	/4	/4	/4	/4	/4	/4	/4	/4
	/4	/4	/4	/4	/4	/4	/4	/4	/4

舌尖左右交替	舌尖前后交替	舌尖上下交替	马蹄形上抬模式	舌两侧缘上抬模式	舌前部上抬模式	舌后部上抬模式	舌运动功能	损伤程度	
3/4	3/4	3/4	4/4	2/4	3/4	4/4	83%	初始值	1
								目标值	0
3/4	3/4	4/4	4/4	3/4	2/4	4/4	88%	最终值	1
/4	/4	/4	/4	/4	/4	/4			
/4	/4	/4	/4	/4	/4	/4			

（二）构音治疗及实时监控

对患者进行训练的每节课均要进行实时监控，监控结果见表 6-2-15。另外对构音过程也要进行实时监控，结果见表 6-2-16—表 6-2-18。

表 6-2-15 构音治疗的实时监控表

时间	训练类型	内容		训练前描述（如需）	训练效果
10月22日	声母音位习得 声母音位对比 构音清晰度	音位诱导——口部运动治疗	训练音位：/l/ ☑ 发音部位的诱导：舌尖运动训练器法 ☑ 发音方式的诱导：啧音法	1. 音位习得正确率：22.2% 2. 言语支持（停顿起音）：习惯吸气 1.0 s，缓慢吸气 1.1 s，差异——N 3. 言语支持（音节时长）：习惯发音 0.7 s，延长发音 0.8 s，差异——N 4. 言语支持（音调变化）：习惯音调 240 Hz，高音调 256 Hz，差异——N	1. 音位习得正确率：77.8% 2. 言语支持（停顿起音）：习惯吸气 1.1 s，缓慢吸气 2.9 s，差异——N 3. 言语支持（音节时长）：习惯发音 0.7 s，延长发音 1.7 s，差异——N 4. 言语支持（音调变化）：习惯音调 258 Hz，高音调 305 Hz，差异——Y
		音位习得——促进治疗	☑ 单音节词：辣、乐、鹿 **传统治疗：** ☑ 模仿复述 **实时反馈治疗：** ☑ 与言语支持（停顿起音训练）结合进行起音实时反馈训练 ☑ 与言语支持（音节时长训练）结合进行声时实时反馈训练 ☑ 与言语支持（音调、响度变化训练）结合进行音调、响度实时反馈训练 ☑ 语音自反馈——变调 ☑ 语音自反馈——变速 ☐ 双音节词：_____ **传统治疗：** ☐ 模仿复述 **实时反馈治疗：** ☐ 与言语支持（停顿起音训练）结合进行起音实时反馈训练 ☐ 与言语支持（音节时长训练）结合进行声时实时反馈训练 ☐ 与言语支持（音调、响度变化训练）结合进行音调、响度实时反馈训练 ☐ 语音自反馈——变调 ☐ 语音自反馈——变速 ☐ 三音节词：_____ **传统治疗：** ☐ 模仿复述		
		音位对比——重读治疗	训练音位对："l/n" ☑ 音位对的听觉识别训练 ☑ 音位对比训练 ☑ 结合行板节奏一进行言语视听反馈训练		

表 6-2-16 构音治疗过程中音位习得实时监控表一

日期	阶段	音位	声韵组合	音位习得情况					
				前测	错误走向	正确率（%）	后测	错误走向	正确率（%）
10月22日	四	/l/	辣 /la/	010	⊖	22.2	110	⊖	44.4
			乐 /le/	000	⊖		001	⊖	
			鹿 /lu/	010	⊖		011	⊖	
10月24日	四	/l/					111		77.8
							011	⊖	
							101	⊖	

表 6-2-17 构音治疗过程中音位对比实时监控表二

日期	音位对	音位对比	目标音	实发音	音位对比情况			
					前测	正确率（%）	后测	正确率（%）
10月22日	"l/n"	特征： 序号：	l	⊖	001	33.3	101	66.6
			n	l				
		特征： 序号：						
10月24日	"l/n"	特征： 序号：	l	⊖			111	100
			n	l				
		特征： 序号：						

表 6-2-18 构音治疗过程中言语支持实时监控表三

日期	发音状态	语料	前测		差异	后测		差异
10月22日	停顿起音（习惯——缓慢）	/la/	1.0s	1.1s	N	1.1s	2.9s	Y
	音节时长（习惯——延长）	/la/	0.7s	0.8s	N	0.7s	1.7s	Y
	音调变化（习惯——☐高/☑低）	/la/	407Hz	386Hz	N	393Hz	347Hz	Y

五、ICF 构音疗效评价表

ICF 构音疗效评价表如表 6-2-19 所示。

表 6-2-19 构音疗效评价表

ICF 类目组合		初期评估					目标值	中期评估（康复3周）						目标达成	末期评估（康复6周）						目标达成
		ICF 限定值						干预	ICF 限定值						干预	ICF 限定值					
		问题							问题							问题					
		0	1	2	3	4			0	1	2	3	4			0	1	2	3	4	
b320	声母音位习得						0							×							√
	声母音位对比						0							×							√
	构音清晰度						0							√							√
	口部感觉																				
	下颌运动																				
	唇运动						0							×							√
	舌运动						0							×							√

第三节 构音语音治疗的康复模式

对于有构音语音障碍的患者，我们根据其构音受损的严重程度来选择康复形式，本节将介绍个别化康复、小组康复、团体康复以及床边康复四种康复模式。除了使用传统的康复治疗手段外，还需要介入现代化信息传递技术，这将适用于不同障碍类型的患者，减轻治疗师的工作负担。

一、个别化康复

对构音功能损伤严重的患者需要实施一对一的个别化康复训练模式。也就是一个治疗师针对一个患者的康复模式，该模式适合中度或者重度患者。见图 6-3-1。

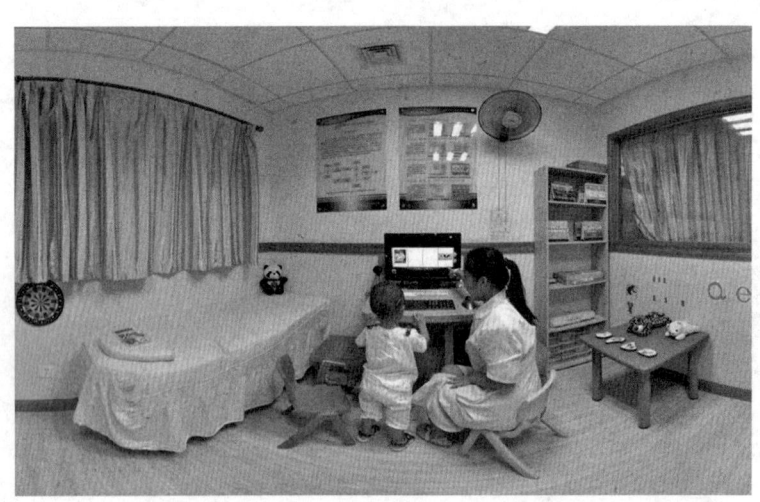

图 6-3-1　个别化康复
[（一对一），1 台主设备（全功能）]

二、小组康复（异质）

针对不同的患者需要实施不同的训练内容，该模式适用于中轻度患者。一个成熟的治疗师会将每个患者的训练内容通过康复学习机下发给患者或者初级治疗师，由初级治疗师或者家长实施康复训练。见图 6-3-2。

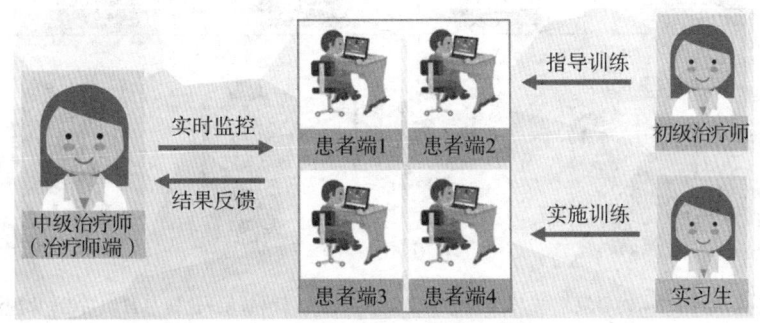

图 6-3-2　小组康复
[一对多，1 台主设备（全功能），N 台康复学习机)]

三、团体康复（异质、同质）

团体康复适用于轻度患者，治疗师直接使用同样的康复内容给患者进行康复训练，团体康复是最经济实惠的康复模式。见图 6-3-3。

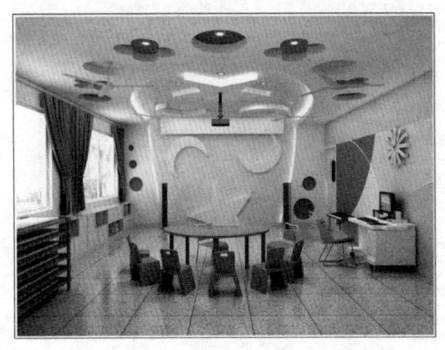 

图 6-3-3　团体康复
[(扫码，一对多)，X 个康复学习机（扫码作业)]

四、床边康复

针对极重度患者需要采取送康复到床边的模式。采用康复学习机是最好实施床边康复的工具,扫码即可实现。见图6-3-4和图6-3-5。

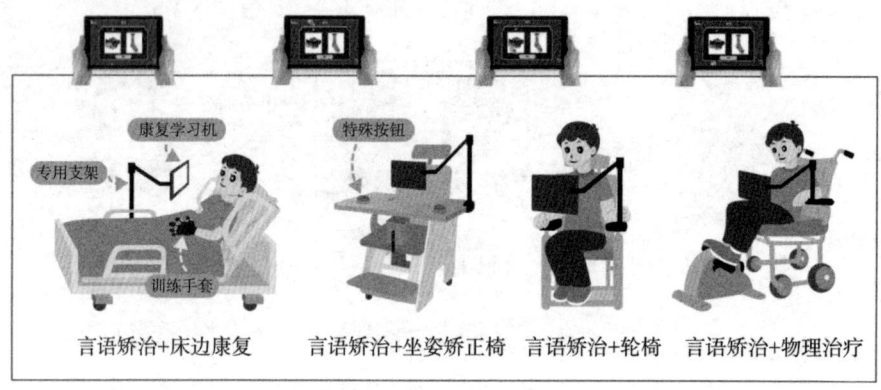

图 6-3-4　床边康复(扫码)

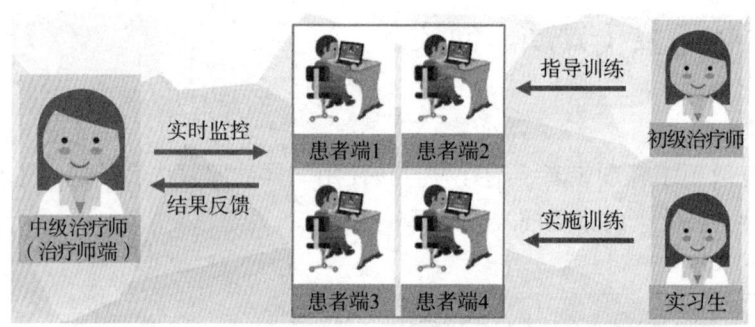

图 6-3-5　小组康复

[(一对多),1 台主设备(全功能),N 台康复学习机(部分功能)]

第七章

听力障碍儿童构音障碍的治疗

第一节 概述

一、听力障碍的概念

听力障碍是指听觉系统传音、感音以及对声音进行综合分析的各级神经中枢发生器质性或功能性异常，而导致听力出现不同程度的减退，又称听力残疾、听力损伤等，简称听障。

1987年在全国残疾人抽样调查中使用"听力残疾"一词以后，我国现有法律、法规中多使用"听力残疾"，将听力残疾定义为人由于各种原因导致双耳不同程度的永久性听力障碍，听不到或听不清周围环境声及言语声，以致影响日常生活和社会参与。

2006年全国第二次残疾人抽样调查结果显示，我国共有听力残疾人约2 780万人，听力残疾的现患率为1.52%，占我国各类残疾人总数的24.16%，17岁以下单纯听力残疾儿童约58.1万，多重残疾中的听力残疾儿童35.93万左右，听力残疾的规模位居所调查的各类残疾的第二位。此外，我国每年出生约2 000万名新生儿，按国内外先天性听力障碍发病率1%—3%的比例推算，我国每年新增的先天性听力损失的患儿为2—6万名。听力障碍作为耳鼻咽喉科临床上最为常见的难治病症，严重影响着个体的听觉言语功能，进而影响患者的社会沟通交往，导致生活质量下降。

二、听力障碍的病因及病理机制

听力障碍的病因及影响因素较多，主要可分为两大类。

1. 先天性因素

先天性因素主要包括遗传因素和发育缺陷。

（1）遗传因素

50%的患者的耳聋与遗传因素有关，其大多数为常染色体隐性遗传。因而对于0—6岁的儿童来说，遗传因素被认为是听力障碍的主要病因。

（2）发育缺陷

部分听力障碍属于非遗传性先天性聋，主要是母亲在孕期或围生期导致耳聋，如母孕期病毒感染、孕期用药、早产和低体重、新生儿窒息、高胆红素血症或全身性疾病都可能会增加或诱发听力障碍出现。

2. 获得性因素

常见因药物、环境、创伤、感染等非遗传因素导致，包括中耳炎、自身免疫缺陷性疾病、老年性聋、传染性疾病、药物中毒、创伤或意外伤害以及噪声和爆震。其中中耳炎、药物中毒是导致儿童听力障碍的主要病因。

（1）中耳炎

中耳炎是最常见的导致儿童听力障碍的病因，与中耳炎相关的永久性听力下降的患病率为2‰—35‰。

（2）药物中毒

目前已经发现对耳朵有毒性的药物百余种，最常见的耳毒性药物有氨基糖苷类抗生素；水杨酸类制剂；呋塞米等强利尿剂；奎宁、氯喹等抗疟疾药物；顺铂等化疗药物。这些药物均可经过血液循环进入内耳，破坏内耳的新陈代谢使毛细胞变性坏死，造成听力损伤。药物性耳聋一般在用药1—2周后开始出现，并逐渐加重，多数呈现双侧对称，一般从高频开始出现听力损失，逐渐向低频扩展。

此外，多数药物可经胎盘进入胎儿血循环，引起胎儿耳蜗螺旋器损害，尤其是在妊娠最初3个月更为明显，这与机体发育不全、生理病理变化以及身体机能减退有关。

三、听力障碍的分类

根据不同的分类标准，可将听力障碍分为不同的类别。

1. 按听力损伤的程度分

根据听力损伤的程度，全国第二次残疾人抽样调查残疾标准中把听力障碍分为四级，分别为：听力残疾一级、听力残疾二级、听力残疾三级、听力残疾四级。

2. 按听力损伤发生的时间分

根据听力损伤发生在学习语言前和后分为学语前听力障碍和学语后听力障碍。前者听力损伤发生在儿童学会说话前，一般由遗传因素或怀孕时的各种不良因素造成；后者发生在学会说话后。有研究表明，约95%的聋或重听儿童的听力障碍发生在2岁以前，为学语前听力障碍；有5%左右的聋或重听儿童为学语后听力障碍。医学上把听力损伤发生在出生前或出生时的称为先天性听力障碍，听力损伤发生在后来生活中的称为后天性听力障碍。

3. 按听力损伤的部位分

根据听力损伤的部位,可以分为传导性听力障碍、感音性听力障碍和混合性听力障碍三类。传导性听力障碍,即传导性耳聋,听力损伤主要发生在外耳和中耳部分,减弱声音传导至内耳的强度。该类障碍很少造成高于 70 dB 的听力损伤,可以通过放大声音、医学治疗或手术减轻。感音性听力障碍,即感音神经性耳聋,是由于耳蜗内以及耳蜗后听神经通路病变导致的听力损伤。根据病变部位又可分为:耳蜗性听力障碍,指其病变局限在耳蜗部位,感音功能受影响,也称为耳蜗性聋;神经性听力障碍,指其病变发生在耳蜗以后的听神经传导通路上,又称为耳蜗后性聋;中枢性听力障碍,指其病变位置位于脑干与大脑,累及蜗神经核及其中枢传导通路、听觉皮质中枢,又称为中枢性聋;混合性听力障碍,则是听觉系统多种病变同时存在,造成声波的传导与感受都受到影响,而产生听力损伤,致病原因可能是一种疾病同时损伤耳的传音和感音系统,也可能是不同疾病分别导致中耳和内耳或听传导通路的功能障碍。混合性听力障碍的临床表现多为传导性和感音性听力障碍的混合表现。

4. 按助听的效果分

无论听障个体听力损伤的时间、程度、致病的部位和原因是否相同,听力干预方式是否相同,其听力干预以后的听力水平都可以按照助听效果来进行分级。助听效果标准,是根据听力障碍患者在得到佩戴助听器或植入人工耳蜗等听力干预以后,其频率补偿范围是否在"言语香蕉图"或言语 SS 曲线之内,将助听效果分为最适、适合、较适、看话四个层次(见表 7-1-1)。

表 7-1-1 听力语言康复评估标准

听力补偿(Hz)	言语最大识别率(%)	助听效果	康复级别
250—4000	≥ 90	最适	一级
250—3000	≥ 80	适合	二级
250—2000	≥ 70	较适	三级
250—1000	≥ 44	看话	四级

"言语香蕉图"是指测试声场以听力级(HL)水平建立,将测得的助听听阈结果与正常人言语香蕉图(如图 7-1-1 所示)比较。言语 SS 曲线是指正常人长时间会话声谱,测试声场以声压级(SPL)为单位,测得的助听听阈结果与正常人长时间会话声谱(如图 7-1-2 所示)相比较,一般认为助听听阈在言语 SS 曲线上等于 20 dB 即最佳助听效果,因为其在正常人听觉言语区域内。

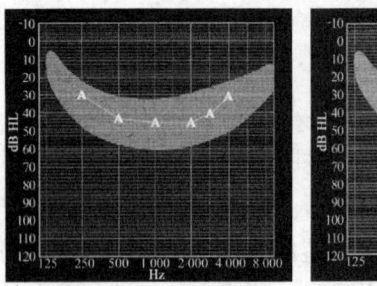
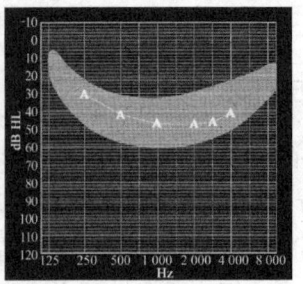

a. 左耳言语香蕉图　　　　b. 右耳言语香蕉图

图 7-1-1　言语香蕉图

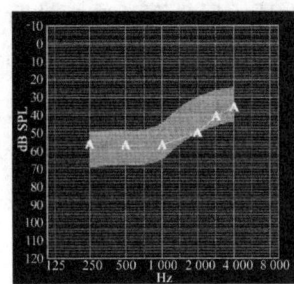
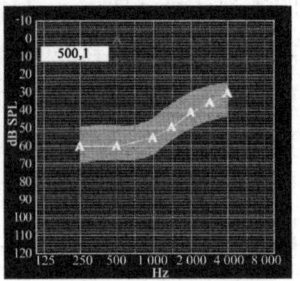

a. 左耳言语 SS 曲线图　　　　b. 右耳言语 SS 曲线图

图 7-1-2　言语 SS 曲线图

一般而言，对助听效果为最适、适合、较适者进行听觉康复训练效果较为明显，此类患者具备经言语、语言治疗后掌握一定水平口语的潜力。而助听效果为看话者的听觉康复效果较差，建议充分发展他们的读写能力和非口语的语言交流方式。

四、听力障碍对言语功能的影响

1. 影响因素

（1）听力损失程度

听力损失是造成儿童言语障碍最直接的原因，听力障碍的损失程度与言语语言障碍的严重程度密切相关，听力损失低于 25 dB，一般不存在言语障碍，不会影响到个体的日常沟通；平均听损为 26—40 dB 时，听较小的声音、远处的声音和在噪声环境下的交流就会存在困难，若是高频损失明显，这种情况就会更加明显，如果这种情况发生在婴儿期（语言发育的关键期），就会明显影响儿童对言语功能的感知和产生；平均听损为 41—55 dB 时，交谈中的听辨就会出现困难，导致"听不清""说不准"；当平均听损为 56—70 dB 时，即使大声说话，也存在听辨困难，若发生在婴儿期，就会导致明显的言语功能滞后；平均听损为 71—90 dB 时，分辨言语声存在困难，直接导致言语语言障碍。

（2）听力损失发生的年龄

按照儿童生理和言语语言发展的规律，就听力损失发生的年龄对语言发展的影响而言，听力损失发生的年龄越小，对言语功能的影响越大。3岁之前是语言发展的关键期，听力损失发生在3岁之前比发生在3岁之后对言语语言功能发展的影响要大得多。

（3）听力干预的时间

听力干预的时间越早越好，一般建议：确诊为重度或极重度感音神经性听力损失的患儿，4个月开始佩戴助听器，1岁左右进行人工耳蜗植入手术，并及时接受正规的听觉言语康复训练；确诊为中度听力损失的患儿，6个月开始佩戴助听器；轻度和部分中度听力损失的患儿，随访观察一段时间后，确定是否需要佩戴助听器。接受听觉言语康复训练的时间越早，康复效果越容易得到保证。

此外，儿童自身发育水平、所处的语言环境、家庭教育情况等均会影响听力障碍儿童言语语言功能的发展。

2. 对言语功能的具体影响

听力障碍对于语音的感知和产生都有显著的影响。

（1）对语音感知的影响

听力障碍会导致患者在获取外界信息时受到阻塞或限制，表现为听觉能力低下，很难清晰甚至不能获得声音信息，导致对声音听取或辨识发生困难，从而影响对语音做出全面、清晰的感知，导致"听不见"或"听不清"。听力障碍所引起的声音（尤其是语音）的感知困难由多个因素引发，其困难程度取决于患者的听障程度（比如重度或是轻度）和年龄（老年或青年），以及一些客观因素，比如语音材料（句子或是单词）和听觉环境（安静、嘈杂、有无回响等）。

（2）对语音产生的影响

对于学语前听力障碍的儿童来说，其听力问题对语音产生的影响较大，会导致儿童由于"听不清"而造成其出现"说不清"，甚至"不会说"的情况。对于学语后听力障碍的患者（比如由老龄化引起）来说，其听力问题对于语音产生的影响相对较小，这类人群的语音产生一般和正常人相差无几。

听力障碍儿童构音障碍的临床表现

听觉是人类接受外界信息的主要通道之一，听力受损会不同程度地影响个体的听觉能力、言语能力、语言能力等。听力损失的年龄越小，听力障碍对他们各个方面的发展产生的影响就会越大。

一、语音感知能力下降

听力障碍使得儿童获取外界信息受到阻塞或限制，表现为听觉能力低下，很难清晰甚至不能获得声音信息，导致对声音听取或辨识发生困难，难以利用声音进行定位与感知等活动，这影响了他们获知信息的完整性，缩小了感知范围，也使他们难以识别物体的某些特性。即使是存在一定残余听力的听障儿童也无法对语音做出全面、清晰的感知。

暂时的传导性听力障碍经医治后一般不会造成长期或严重的影响，例如中耳炎或鼓膜穿孔。但感音神经性听力障碍一般是永久性的，表现如下。

一是语音的分辨能力下降，听不见某些语音，常不能明白其他人的说话内容，在日常交谈中常出现"打岔"的现象。

二是听觉动态范围变窄，不能听见较小的声音，导致能够接受的声音范围相对变小，尤其是耳蜗后损伤者，他们对声音响度的感受异于常人，声音稍变大一点就感觉变响许多，导致"小声听不见，大声又觉得吵"，他们感觉舒适的音量与正常人不同。

三是同步提取声音信息的能力减弱，如当大的声音和小的声音在短时间内同时出现时，与正常儿童相比，他们更难察觉到小的声音。当对方说话速度快或周围有噪声干扰时，他们的言语理解往往比较困难。

四是音频的选择能力降低，听力障碍者的音频选择能力一般比较差，他们无法分辨噪声和言语的频率，所以在噪音环境下很难明白谈话的内容。

现代医学通过对新生儿及婴幼儿进行早期听力筛查和诊断，并用医学科技帮助听障患者补偿或者重建听力，以解决听力问题。

二、言语构音障碍

听障儿童因为在发育过程中缺乏完整的声音输入和听觉反馈，几乎无法掌握良好的口语表达，所以多数存在构音障碍。听障儿童的言语特征具体如下。

一是完全不会说话。这种现象常发生在学语后听力障碍儿童身上。

二是发声异常。由于缺乏有效的语音自反馈，无法有效地控制发音响度，常会出现响度过大或变化过大的问题。发声异常中最常见的是尖声尖气的"假嗓音"，如音调的窄频异常、高频或低频异常。由于听障儿童大多无法协调运用好发音器官和构音器官，喉发音失去圆滑清亮的音质，就会出现轻重不同的嘶哑等问题。

三是构音不清。这是听障儿童语音发展中最普遍的现象。主要表现为构音清晰度差，韵母、声母、声调发音错误。

四是语音清晰度和流畅性异常。听障儿童由于构音不灵活，不能连续发出几个连续的音节，因而表现为语言缺乏流畅性。

听力障碍儿童构音障碍的治疗

一、治疗原则

1. 早发现、早诊断、早干预的"三早"原则

这是目前我国听力障碍儿童康复的主要指导原则之一。听力障碍儿童构音语音障碍的治疗也要遵循这一原则。

① 早发现。

听力障碍儿童在不同程度上失去接收声音信号的能力,或只能获得畸变的声音信号,也丧失相应的听觉自我监测和自我校正的能力,以致不同程度地阻碍言语功能的建立和完善。如果能在新生儿或婴儿早期及时发现儿童的听力障碍,可借助佩戴助听器、人工耳蜗等方式帮助其建立必要的听觉刺激和言语声音环境,则可使语言发育不受或少受损害。早发现听力障碍在听力语言康复和听障儿童教育中有举足轻重的作用,因此及时进行新生儿听力筛查格外重要。

② 早诊断。

新生婴儿需要接受听力筛查,如果筛查无法通过,42天后需要进行复筛,复筛仍未通过者,应在3个月左右进行诊断性听力检查。包括耳鼻咽喉科检查及声导抗、耳声发射、听性脑干诱发电位检测、行为测听等检查,还有临床病史、家族史、体格等检查,涉及耳部、头部、面部和颈部,另外可能与儿童期听损伤相关的组织和器官也要进行检查,并进行医学和影像学评估。有高危因素的新生儿疑似有听力障碍者,在随访过程中亦需要进行进一步诊断。

③ 早干预。

不仅包括尽早帮助患者进行听力补偿或重建,即进行助听器验配或人工耳蜗植入,还包括进行早期听觉语言训练。3岁以前是儿童学习语言的黄金时期。尽早获得理想的听力补偿或重建,可以为进一步的听力语言训练打下良好的基础,以获得更好的康复效果,最大限度地缓解因听力问题造成的其他残疾或障碍问题。一般来说,0—3岁是对听力障碍儿童采取"三早"措施的最佳年龄段。

2. 个别化原则

个别化原则是听力语言康复乃至言语康复各个领域的一般性原则。听力障碍儿童之间个体差异较大，构音语音障碍的治疗要基于其听力及其他身心发展特点来制订相应的个别化康复教育目标和计划，并通过制订和实施个别化康复教育方案从而得以落实。该方案的重点是听力、言语、语言康复计划，至少包括听力干预计划和言语康复计划两部分。还应注意，听力障碍儿童个别化康复教育方案应在实施过程中不断评估修订，以更加满足个体持续发展的需求。

3. 科学性原则

听障儿童构音障碍治疗的最终目的是帮助听障儿童"听明白""说清楚"，应该以听力补偿或听力重建为基础，开展循序渐进的科学训练，包括听觉康复、言语矫治、语言训练等。听觉康复是为了促进听障儿童听觉功能的恢复与发展，重点解决其"听明白"的问题。言语矫治是为了促进听障儿童的言语技能的发展，核心是在良好呼吸、发声、共鸣的基础上，建立良好的构音模式，帮助儿童发出清晰的语音，其重点在于解决听障儿童"说清楚"的问题。语言训练是在前两者的基础上，通过语言学习，促进听障儿童语言能力和认知水平的发展。要实现"听明白""说清楚"的目标，需要建立科学系统的评估与治疗体系。

4. 评估、治疗和监控相结合的"A+T+M"原则

"A+T+M"操作模式是黄昭鸣博士提出的"言语产生RPRAP理论"指导下的言语治疗的重要一环，是言语治疗实现的具体操作模式。言语治疗的整个过程就是通过这样一个评估—治疗—监控的循环过程来完成的。听障儿童的构音障碍的治疗同样要遵循评估、治疗和监控相结合的"A+T+M"原则。评估为制订和调整训练计划提供依据，找到训练起点，使训练过程更有针对性。治疗过程中的所有功能评估都是紧紧围绕了解儿童、促进儿童言语功能发展这一目的展开的。具体来说，评估时要时刻准确把握评估的结果是为训练服务的；评估会根据需要被安排在各个训练阶段；渗透在训练过程中的大小评估都是为了更好地观察与了解该儿童的言语发展。

二、治疗步骤

1. 收集个人信息

收集听障患者的个人信息，主要是与构音障碍有关的信息，包括患者的患病史、言语发育情况、口部运动技能（如下颌开合、抿嘴、咧嘴、吸管的使用、吹气等）、进食动作以及目前日常会话的状况（包括言语异常的持续时间及其程度、会话时的可懂度、本人的意识、有无继发性问题）等。这一环节的信息可通过自然交谈、观察和询问等方

式获得，这些信息可能成为听力障碍患者言语构音障碍的重要线索。

2. ICF 功能评估

首先，治疗师通过快速筛查初步判定患者是否存在构音问题，接下来通过对听力障碍患者构音器官的结构形态、口部运动功能、构音运动功能、构音语音功能、语速和语调进行精准评估，获得儿童构音功能的主客观评估数据，包括构音功能精准评估、口部运动功能精准评估。

其次，将测得的各项指标的数据输入 ICF 转换器，与对应的参考标准值进行对比，即与同年龄、同性别正常儿童相应指标的参考标准值进行比较，确定该指标是否落在正常范围内，并得出患者各项功能的损伤程度。为了便于及时调整治疗计划，建议每个阶段均进行一次构音功能精准评估。具体的评估内容详见本书第二章内容。如果需要，可根据患者的实际情况，有选择地对患者的听力、智力和语言发育等与言语功能相关的能力进行检查，以明确受检者其他方面能力与言语的相互关系，有利于诊断病因和制订针对性的治疗方案。

3. 制订治疗计划

根据听障儿童构音障碍的评估结果，结合患者的听觉所处的水平、智力语言发育的情况、发声情况等，围绕口部运动功能、构音运动功能、构音语音的具体情况，制订一个符合患者实际情况的康复计划。康复计划需要治疗师、家属或患者本人共同协商制订。计划内容不仅应涉及患者所面临的所有言语康复领域的问题，包括个别化康复、小组康复和家庭康复内容，还应包括患者回到日常生活环境中可能遇到的问题。康复计划应是一个切实可行的综合的康复治疗方案，对患者的全面康复、长期康复起到十分积极的作用。每个患者的治疗计划都是根据其构音障碍的程度和原因制订的有针对性的计划，该治疗计划包括构音治疗的主要任务、治疗方法、实施计划的人员、治疗前患者的程度、预期目标（中、长期目标）及治疗后患者所达到的程度等。要根据患者实际康复情况，不断完善康复计划，提高康复治疗的针对性和有效性。疗程结束后要及时将所有康复计划纳入病历中保存，以便管理。

4. 康复治疗与实时监控

（1）康复治疗

治疗师在实施临床康复训练时，需要根据患者的实际情况，将多种治疗方法及康复手段进行有机结合，以便在有效时间内让患者得到最有针对性的治疗，获得最佳的康复效果。

（2）实时监控

构音治疗的过程不是一成不变的，整个构音治疗过程遵循评估—治疗—监控的科学程序，在尽可能短的时间内使患者的构音问题得到改善。因此，在每次进行构音治疗的前后，对患者进行实时监控，即训练前描述及训练效果的描述。训练前描述是指对每次训练前患者的构音功能情况的描述，训练效果的描述是指对每次训练后患者通过一次训练所达到的构音功能情况进行描述，将训练前描述与训练效果的描述进行对比能更为客观地掌握患者一次训练对构音功能的改善情况，通过连续几次训练效果的对比能直观地掌握患者的进步情况。在实际进行实时监控的过程中，通常可以采用上一次训练效果的情况作为后一次训练前的描述，缩短每次训练用于实时监控的时间。

（3）ICF 儿童构音治疗短期目标监控

构音治疗过程中，治疗师会根据患者的具体情况设立康复目标，通常包括长期目标与短期目标，治疗师通过构音功能精准评估来进行长期目标的监控，通过实时监控来进行每次训练情况的监控，而短期目标监控则通常在 3—5 次训练后进行，具体监控时间视患者的情况而定。短期目标监控的指标与 ICF 构音功能评估的指标一致，对构音能力、口部运动功能以及语速和语调进行定量评估，通过 ICF 转换器得到患者的损伤程度。

5. 疗效评价

构音康复治疗的整个进程可分为初期、中期及末期三期，康复初期将对患者进行精准评估，得到患者各项功能的损伤程度与长期目标值，同时也作为疗效评价中初期评估的损伤程度与目标值。一个阶段的康复结束后，治疗师将对患者进行构音功能精准评估，根据患者的情况决定第几阶段为患者康复进程中的中期，并将该阶段的构音功能评估结果作为患者中期评估的结果。同时对初期与中期评估结果，即对初期与中期的疗效评价进行对比，判断是否达成长期目标并监控治疗效果，便于治疗师进行构音治疗计划和训练目标的调整。而末期评估则是在患者即将结束所有康复训练时进行的，评价患者当前构音功能整体的情况，判断是否达到患者及其家属所预期的目标。

三、治疗方法

1. 听觉康复治疗

听力障碍儿童的构音治疗的效果与其听觉能力康复的程度密不可分，"听清楚"才能"说明白"，对于听障儿童而言，听觉康复训练显得尤其重要。因为构音障碍的训练的主要目的是帮助患者熟练掌握普通话中所有韵母、声母及其声韵组合的发音方法，能够进行清晰、准确的构音，所以在对听障儿童进行构音训练时，听觉训练也要围绕这一核心进行，将韵母音位、声母音位的习得与对比的听觉识别训练作为训练的核心，帮助听障儿童迅速建立听说言语链，并不断进行强化。

遵循听觉能力发展阶段。关于听觉能力的发展有着各种不同的提法，其中埃尔贝（Erber，1982）、玲（Ling，1988）及罗曼尼克（Romanik，1990）提出的听觉能力发展的四阶段理论在国内外听觉康复训练中较为通行。这四个阶段分别是听觉察知、听觉分辨、听觉识别和听觉理解，如图 7-3-1 所示。其中，听觉察知能力主要是指判断声音有无的能力，听觉分辨能力主要是指判断声音相同或不同的能力，听觉识别能力主要是指把握声音主要特性的能力,听觉理解能力主要是指将音和义结合的能力。四个层次的关系是各有侧重,呈螺旋式上升,从听觉察知到听觉理解难度逐渐加大。前一阶段为后一阶段的基础,当后一阶段能力基本掌握时,表示前一阶段能力已经具备。四个阶段的含义及作用见表 7-3-1。

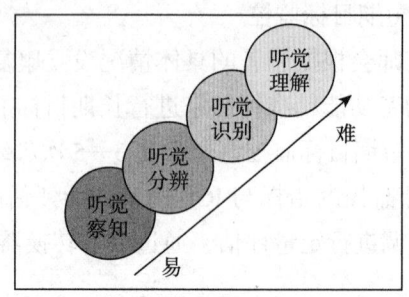

图 7-3-1 听觉能力发展的四个阶段

表 7-3-1 听觉功能四个发展阶段的内涵和作用

	含义	作用
听觉察知	感知声音的有无,有意识聆听声音	提高听觉反应速度,增强听觉敏感性
听觉分辨	判断声音的异同,区分不同的声音	大脑真正认识声音的开始,学会比较
听觉识别	指出已知的声音,明确声音的特性	分析细节的差异,并整合为总体的特征
听觉理解	实现音义的结合,形成声音的概念	听觉、视觉、触觉、嗅觉等能力的整合

通过"听"和"说"进行交流是日常生活中最便捷、最省力、最普遍的沟通方式。要学会掌握正常的会话能力,必须具备:第一,足以听到声信号的听敏度(听觉察知能力);第二,对声信息的强度、频率、时长的差异有正常的辨别能力(听觉分辨能力);第三,将声信息进行分割、组合的能力(听觉识别能力);第四,将声音信息与其他认知途径的信息进行整合的能力(听觉理解能力),并将声音信息与相关内容进行联想,与交流中的另一方紧扣一个主题进行会话的能力。由于听力损失的影响,听力障碍者上述能力的自然发展受到阻碍,导致一系列生活和学习上的困难。如果不付出巨大努力,使用口语进行日常交流几乎是不可能的。听觉康复的主要目的是帮助患者听清、听懂声音。常见的声音主要包括音乐声、环境声和言语声。其中言语声是听觉康复的重点,主要包括词语、短句等。听觉康复一般以听觉能力发展的四个阶段为主体框架,各阶段内容有所侧重。在听觉察知阶段,音乐声和环境声占较大的比例,在听觉分辨和听觉识别阶段则以环境声和言语声为主,而在听觉理解阶段,则以言语声中的词语和短句为主。

(1)听觉察知能力训练

听觉察知能力训练的核心目标是使患者能够感知声音的有无,有意识地聆听声音。该阶段主要包括无意察知和有意察知两部分,其主要形式为利用丰富的视听材料吸引患者对声音的注意,使其首先对声音产生兴趣,以帮助其主动聆听声音。在训练患者的听觉察知能力方面,可以借助听觉康复训练仪中的听觉察知模块和听觉导航仪中的数量学习模块进行。下面以听觉康复训练仪为例,从主要内容方面介绍该系统在听觉察知能力训练中的应用。

在听觉康复训练仪中无意察知训练内容主要包括环境声、音乐声和言语声。其中环境声选用动物声、自然环境声、日常生活声等，通过影片进行诱导。音乐声包括低频的长号声、单簧管声、大提琴，中频的长笛声、小提琴声、圆号声，高频的短号声、双簧管声等，通过以动物为主题的动画进行诱导。言语声主要包括儿童常听的童谣、儿童歌曲，可以通过动画进行诱导，如图 7-3-2 所示。

有意察知部分的训练内容主要包括环境声、频率特征明显的音乐声和言语声。其中环境声为全频，内容包括动物声、人体声、物体声、活动声等，通过图片进行诱导。音乐声均经过滤波处理，频率集中区明显，内容主要包括低频声、中频声、高频声，通过动画进行诱导。言语声主要包括韵母、声母，并按不同频段进行归类，主要分为低频声、中低频声、中频声、中高频声、高频声等，通过动态舌位图进行诱导，如图 7-3-3 所示。

图 7-3-2　无意察知训练界面

图 7-3-3　有意察知训练界面

（2）听觉分辨能力训练

听觉分辨能力训练的核心目标是提高患者判断声音相同和不同的能力，该阶段主要包括综合分辨和精细分辨两部分，其主要形式是让患者判断经特别处理后的声音信号的异同。在训练患者听觉分辨能力方面，可以使用听觉康复训练仪中的听觉分辨模块和视听统合训练仪进行。下面以听觉康复训练仪为例介绍多媒体技术在听觉分辨训练中的应用。

在听觉康复训练仪中综合分辨内容主要包括环境声和言语声。其中环境声选用动物声、人体声、活动声、物体声等，通过图片和文字诱导；言语声主要包括叠字短句、童谣和儿童歌曲，其中叠字短句通过图片进行诱导，童谣和儿童歌曲通过动画进行诱导，如图7-3-4所示。

精细分辨内容主要包括了时长分辨、强度分辨、语速分辨和频率分辨。其中时长分辨包括元音和词语两部分，训练患者分辨不同时长（长、中、短）的声音（如图7-3-5所示）；强度分辨包括元音和词语两部分，训练患者分辨不同强度（强、中、弱）的声音；语速分辨包括元音和单音节词语（动词），训练患者分辨不同速度（快速、中速、慢速）的声音；频率分辨主要包括语调分辨和声调分辨，语调分辨主要为单元音，训练患者分辨不同语调（平调与升调、降调、升降调、降升调）的能力，声调分辨主要为单音节词，训练患者分辨不同声调（一声/四声、一声/三声、二声/四声）的能力。精细分辨均通过图片进行诱导。

图7-3-4 综合分辨界面

图 7-3-5　精细分辨界面

（3）听觉识别能力训练

听觉识别能力训练核心目标在于提高患者把握声音主要特性的能力，分为词语识别和音位识别。在听觉识别能力训练时，可以使用听觉康复训练仪中的听觉识别模块和听觉导航仪中的功能评估学习模块、听觉识别训练板模块进行。下面以听觉康复训练仪为例介绍多媒体技术在听觉识别训练中的应用。

在听觉康复训练仪中词语识别根据声母使用频率的不同分为最常用、常用和次常用三部分，每部分都包含了单音节、双音节和多音节词语。该模块采用多图强化的方式进行诱导，如图 7-3-6 所示。

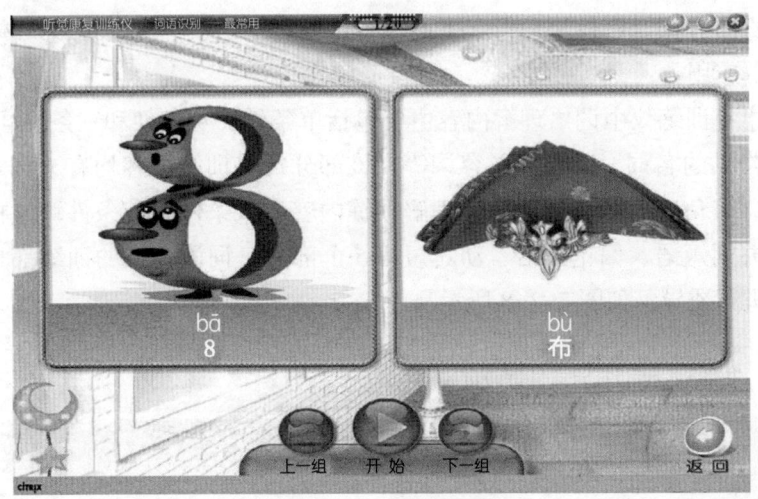

图 7-3-6　词语识别界面

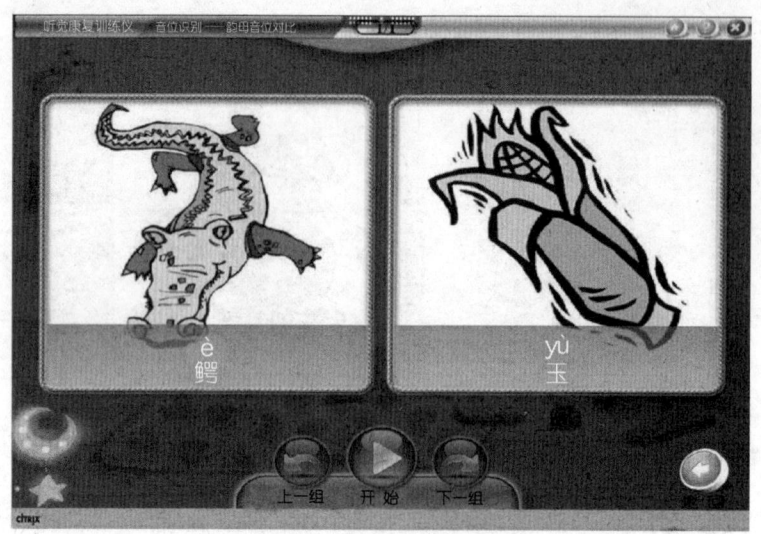

图 7-3-7 音位识别界面

音位识别内容主要包括韵母识别和声母识别，如图 7-3-7 所示。其中韵母识别包括相同结构不同开口、不同结构相同开口、相同结构相同开口、前鼻韵母与后鼻韵母四个部分；声母识别包括擦音与无擦音、浊辅音与清辅音、送气音与不送气音、相同方式不同部位、不同方式相同部位、卷舌音与非卷舌音6个部分。6个部分均采用多图强化的方式进行诱导。

(4) 听觉理解能力训练

听觉理解能力训练的核心目标是提高患者将音和义结合的能力。该阶段要求患者在分析并整合声音特性的基础上，能将声音特性与语言、认知等结合起来，理解意义甚至能做出联想和反馈。在训练患者听觉理解能力时，可以使用听觉康复训练仪中的听觉理解模块和听觉语音训练板模块进行。下面以听觉康复训练仪为例介绍多媒体技术在听觉理解训练中的应用。

在听觉康复训练仪中词语理解内容主要包括单条件、双条件和三条件词语。其中单条件选用了常见的名词、动词和形容词等，该部分每一训练内容均有十张对应的图片，通过多方位、多角度的图片帮助患者理解训练内容；双条件和三条件均包括介宾短语、主谓短语、并列短语、偏正短语、动宾短语5个部分。词语理解的训练都是通过图片、文字和拼音进行诱导，如图 7-3-8 所示。

图 7-3-8　词语理解界面

短文理解内容主要包括情景对话、故事问答和故事复述。其中情景对话是根据不同的主题分为日常生活、公共场所、休闲娱乐、快乐节日 4 个主题板块。故事问答根据不同的场景和主角分为家庭篇、学校篇、户外篇和动物篇 4 个部分。故事复述根据内容的长短分为三部曲、四部曲和六部曲，如图 7-3-9 所示。

图 7-3-9　短文理解界面

若临床中不具备使用该设备进行听觉康复训练的条件，治疗师可借助自备材料进行康复训练。例如在分辨训练中，治疗师可借助网络素材或自己录音的方式，使用不同类型、不同频率的声音进行诱导训练，以及使用不同时长、不同强度等音频进行分辨训练。但网上素材或治疗师录音的音频可能由于未经过滤波处理，导致频率集中区不明显，或强度不明显等，从而影响儿童的治疗效果。因此在条件允许的情况下，借助听觉康复训练仪或其他专业设备进行康复训练，康复效果更佳。

2. 构音障碍矫治

正确的口语发音取决于言语器官的协调运动，包括呼吸的改变、声带的开闭、舌唇与下颌的位置和运动、鼻咽通道气流的控制等。虽然听障儿童言语器官的结构形态大多都是正常的，但长期闲置不用，容易出现言语运动肌群僵化，说话时有关器官的配合不好的状况。其构音训练的内容包括呼吸训练、发声训练、构音训练、语音韵律训练等多个方面。

（1）呼吸训练

有效控制自身说话时呼出的气流，是人们进行流畅、清晰的语言交流的重要条件。听障儿童往往表现为说话时呼气气流控制不佳，导致声带控制不佳，极有可能出现发音不清甚至无法言语的现象。他们经常表现出的言语呼吸问题包括说话气短、吃力、停顿异常、病理性硬起音或气息声等，归纳起来主要有呼吸方式异常、呼吸支持不足、呼吸与发声不协调三类。

针对听障患者这三类呼吸异常的情况，临床中有很多针对性的训练方法，其中既有常规训练，也有现代康复技术（具体内容详见《言语嗓音治疗学》）。

（2）发声训练

呼出气流使声带振动是发音的基本条件。听障儿童的声带及相应肌群由于长时间闲置，未用于发声，导致功能僵化，往往不能自如地控制，表现为音调、响度、音质等方面的异常。听障儿童的发声训练可分为基础性训练、针对性训练和综合性训练三部分。

（3）构音训练

构音器官主要包括唇、舌、软腭、下颌等。如果这些器官得不到合理的锻炼，不能协调运动，听障儿童就容易出现构音问题。构音训练包括口部运动训练、构音运动训练和构音语音训练三部分。运动治疗是构音训练的基础。构音训练的目的是改善患者构音器官的运动功能，提高患者声母、韵母及声韵调组合的构音清晰度，促使患者能说话清晰。

① 口部运动训练。

口部运动治疗是遵循运动技能发育原理，利用触觉和本体感觉刺激技术，促进口部结构（下颌、唇、舌）的感知觉正常化，改善其异常的运动模式，从而建立正常的口部运动模式。从形式上又可分为被动治疗和自主运动治疗两种，前者强调通过不同的手法、用具给予患者相对被动的治疗；后者强调诱导患者主动进行口部运动，以促进正确的口部运动模式的形成。

② 构音运动训练。

构音运动治疗是在口部运动治疗的基础上，促使已经建立的口部运动准确地应用于构音，进一步强化下颌、唇、舌的各种构音运动模式，促进口部运动与构音运动的统一，为准确的构音奠定良好基础。

③ 构音语音训练。

构音语音训练的目的就是让患者掌握韵母音位和声母音位的正确构音。对韵母音位构音异常进行矫治的流程包括发音认识、口部运动治疗和构音运动治疗三部分；对声母音位构音异常进行的矫治包括音位诱导、音位习得、音位对比和音位强化四个主要环节。

（4）语音韵律训练

在口语表达时，韵律的实现涉及语音的重音、停顿、声调等要素，是人类口语中极为重要的一个组成要素，对交流中的表情达意具有很大的帮助，对言语的清晰度、可懂度也具有极大的影响。国外多用重读治疗法对患者的言语韵律进行训练。它是以音乐节奏为引导，首先对患者进行不同节律模式包括慢板、行板、快板的简单言语训练，让患者的呼吸、发声等相关系统打下良好基础后，再由易到难地进行句子、短文的韵律训练的一种方法。在句子、短文的训练中，要求患者先分析材料的韵律结构，然后再配以不同的节拍进行朗读。该方法紧扣口语表达时的"重音"，将节拍与言语结合进行训练，能取得良好的训练效果。

除此之外，还可以通过儿歌来培养听损儿童的节奏感、韵律感。引导儿童按照一定的节拍进行，配以适当的动作、表情，以配合律动。在选择朗诵训练材料时，还要注意选用不同韵脚的字，以便听损儿童练习。

第四节 听力障碍儿童构音障碍康复案例

视 频

听力障碍儿童构音障碍治疗样例

一、案例基本情况

王某某,男,6岁1个月。母诉妊娠期及围生期无异常,无耳毒性药物使用史,足月,顺产,身体发育未见异常,身体无其他疾病史。1岁左右因药物致聋,患儿左耳裸耳听损81 dB,右耳裸耳听损85 dB,18个月大时左耳佩戴助听器,2周岁时右耳佩戴助听器,目前助听效果为适合。因说话时的言语清晰度较低来就诊,无其他疾病。

二、功能评估

为了科学地制订构音障碍矫治方案,找到训练起点,首先需要进行听力学检查、听觉功能评估、言语支持评估、构音功能评估。

1. 听力学检查结果

佩戴助听器后的听力学检查结果显示,患儿左耳4 000 Hz在"言语香蕉图"外,右耳4 000 Hz在"言语香蕉图"边缘,听力补偿效果为适合。建议家长进行助听器调试。

2. 听觉功能评估结果

第一,采用"儿童语音均衡式识别能力评估表"进行评估,结果显示语音均衡式声母部分得分为80%。

第二,采用"儿童音位对比式听觉识别能力词表"进行评估,结果显示音位对比式听觉识别声母部分得分为81.22%。

第三,采用"儿童听觉理解能力评估词表"进行听觉理解评估,结果显示单条件理解得分为90%,双条件理解得分为90%,三条件理解得分为85%。

综合评价得出,儿童的各项听觉功能均已达到正常水平的80%及以上,建议在构音训练中巩固并监控儿童的听觉功能,尤其是在音位对比训练中,若在训练过程中出现问题，应再次进行功能评估并开展针对性的训练。

3. 言语支持评估结果

借助实时言语测量仪进行呼吸、发声、共鸣功能的测量（具体测量方法详见《嗓音治疗学》中的"呼吸、发声、共鸣功能评估"）。

① 呼吸功能评估结果。

呼吸方式为腹式呼吸，最长声时小于参考标准值，但 S 与 Z 的比值无法测得。综合评价得出，儿童的呼吸支持不足，可进行针对性的呼吸训练。在治疗过程中应通过听觉感知来监控儿童的呼吸功能，若在治疗过程中发现可能存在问题，应再次进行功能评估并开展针对性的训练。

② 发声功能评估结果。

患儿主观听感上音调、响度偏低，客观参数言语基频、言语强度数值偏小；主观听感上语调基本正常，客观参数基频标准差、基频变化范围基本正常。主观判断患儿音质上存在轻度气息声。

③ 共鸣功能评估结果。

/i/ 的第二共振峰（F_2）略低于同年龄、同性别儿童的正常范围，提示存在后位聚焦；/a/ 的第一共振峰（F_1）、第二共振峰（F_2）和 /i/ 的 F_1、F_2 都基本正常。主观判断患儿的喉部肌群肌张力偏高。

4. 构音语音功能评估结果

① 口部运动功能评估结果。

口部感知觉正常；在自然放松状态、模仿口部运动状态和言语状态三种状态下，对患儿下颌、唇、舌的运动功能进行评估。结果显示，下颌在模仿运动状态下，半开位时下颌有左歪现象，言语状态下，发 /e/ 音时半开位不明显；唇内收力量欠佳，模仿运动状态下，圆唇不充分，展唇欠佳，不会做圆展交替运动，言语状态下，圆唇、展唇运动均不充分；舌肌力量尚可，舌根部较硬，模仿运动状态下，舌尖上抬及舌左右运动均未与下颌运动分离，舌精细分化运动欠佳。

② 构音语音功能评估结果。

采用"构音语音功能评估表"对患儿进行构音语音功能评估，结果发现该患儿构音清晰度为 55.26%，构音处于第四阶段，明显落后于同年龄、同性别正常儿童水平。其中，声母音位习得处于第二阶段，已习得声母 17 个，有 /b、m、d、h/、/p、t、g、k、n/、/f、j、q、x/、/l、s、r/、/c/，未习得声母 4 个，有 /z/、/zh/、/ch/、/sh/；韵母构音清晰度为 63.63%，已习得 /a/、/o/、/u/、/ü/、/ai/、/in/、/uan/、/ang/、/uang/，其他均未习得；声调构音清晰度为 100%，已基本习得四个声调。

表 7-4-1　王某某构音功能精准评估结果进行 ICF 功能损伤程度转换结果一

	声母音位习得（个）	声母音位对比（对）	构音清晰度（%）
结果记录	17	13	55.26

表 7-4-2　王某某构音功能精准评估结果进行 ICF 功能损伤程度转换结果二

身体功能，即人体系统的生理功能损伤程度			无损伤	轻度损伤	中度损伤	重度损伤	完全损伤	未特指	不适用
			0	1	2	3	4	8	9
b320	构音功能 Articulation functions	声母音位习得	□	☒	□	□	□	□	□
		声母音位对比	□	□	☒	□	□	□	□
		构音清晰度	□	□	☒	□	□	□	□
b320	产生言语声的功能，包含构音清晰功能、构音音位习得功能。功能受损时表现为痉挛型、运动失调型、弛缓型神经性言语障碍等神经损伤导致的构音障碍。不包含语言心智功能（b167）；嗓音功能（b310）。									
	信息来源：☒病史　□问卷调查　□临床检查　☒医技检查									
	问题描述： 　　声母音位习得：已掌握声母个数 17 个↓，相对年龄 4 岁；声母音位习得能力属于轻度损伤。 　　声母音位对比：已掌握声母个数 13 对↓，声母音位对比能力属于中度损伤。 　　构音清晰度：构音清晰度为 55.26%↓，相对年龄 3 岁以下；构音语言能力属于中度损伤。									

③ 构音 ICF 功能损伤程度转换。

根据构音功能精准评估结果进行 ICF 功能损伤程度转换，该名听障患儿的构音清晰度为 55.26%↓，相对年龄 3 岁以下，构音语音能力属于中度损伤；声母音位习得已掌握声母个数 17 个↓，相对年龄 4 岁，声母音位习得能力属于轻度损伤；声母音位对比已掌握声母个数 13 对↓，声母音位对比能力属于中度损伤，如表 7-4-1 和表 7-4-2 所示。此外其他检查未见异常，如智力和运动功能等。

综合分析得出，该患儿为重度听力障碍，伴随明显构音障碍、轻度呼吸、发声和共鸣异常问题。建议主要开展构音语音功能训练，包括口部运动治疗和构音语音训练，在构音训练中监控儿童的听觉功能，并在以上训练过程中同时进行适量、必要的发声和共鸣功能训练。

三、治疗计划

该患儿的言语构音障碍的康复治疗主要通过三种形式进行，即个别化构音语音训练、小组训练和家庭训练，三种形式相互配合、相互衔接。个别化构音语音训练主要针对患儿未习得音位，进行诱导、习得、对比训练，并重点对未习得音位进行听觉识别与理解训练，同时对存在的呼吸、发声、共鸣问题进行针对性训练，为构音训练奠定基础；小组训练主要针对与个别化康复相配套的声母音位习得和音位对比训练来开展；家庭训练则主要巩固强化个别化训练和小组训练内容，并将训练内容迁移到日常生活中。

鉴于该名听力障碍患儿存在的主要言语问题是构音不清，且集中体现在声母方面，呼吸功能未见明显异常，发声及共鸣方面有轻微异常表现。因此，该患儿构音训练的难点和重点是声母音位治疗。主要是在评估的基础上，进行音位诱导、音位习得、听觉识别、音位对比训练。治疗框架如图 7-4-1 所示。

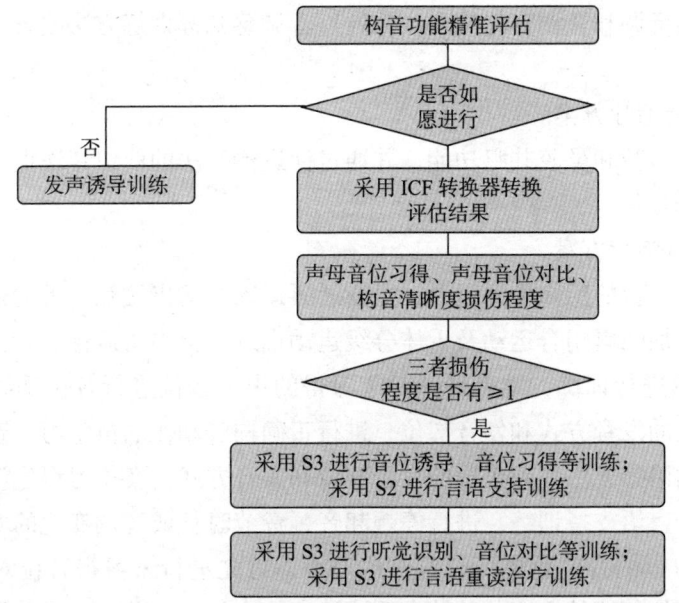

图 7-4-1 构音功能精准评估与治疗框架图

1. 治疗目标

（1）长期目标（8—12 周）

① 口部运动治疗目标。

口部运动和构音运动达到正常模式。

② 构音语音治疗目标。

能正确诱导出未习得的 /e/、/i/、/an/、/ao/、/ing/ 等韵母音位和 /z/、/zh/、/ch/、/sh/ 等声母音位，将新习得的音位应用到音节及词汇中，并能在与人沟通时使用含有新习得音位的词汇。

（2）短期目标（4—6 周）

① 口部运动治疗目标。

下颌、唇、舌的稳定性达到正常水平并处于正常模式。

② 构音语音治疗目标。

诱导出韵母音位 /e/、/i/、/an/、/ao/ 和声母音位 /h/、/k/、g/、n/、/f/。在训练过程中，将构音运动与构音语音紧密结合起来。

2. 治疗方案

① 呼吸功能治疗方案。

鉴于该名听力障碍患儿的呼吸功能未见明显异常，可在治疗过程中通过听觉感知来监控儿童的呼吸方式、呼吸支持能力和呼吸发声的协调性，若在治疗过程中发现可能存在问题，应再次进行功能评估并开展针对性训练。

② 发声功能治疗方案。

监控患儿的音调和音调变化能力，并通过音调感知等训练方法改善患儿音调偏低的情况。

③ 共鸣功能治疗方案。

监控儿童的口腔和鼻腔共鸣功能，并通过促进治疗法的前位音法训练，改善儿童的后位聚焦现象。

④ 构音语音治疗方案。

一是改善唇、舌的感知觉和肌力，提高展唇运动、唇齿接触、舌尖或舌根上抬运动模式的稳定性，加强唇闭合运动及舌体分级运动训练以提高协调性。二是对未习得韵母音位和声母音位进行训练，重点是针对未习得的声母音位进行音位诱导、音位习得的训练，矫正错误的发音方式和发音部位，进行正确构音动作的再学习。音位诱导可借助相关的口部运动治疗方法找到正确的发音部位和发音方式；音位习得建议选择模仿复述的方法，并结合言语支持训练，进行停顿起音、音节时长或音调变化的实时视听反馈训练。三是对未习得的音位对进行音位对比训练，首先进行未习得音位对的听觉识别训练，然后选择模仿复述的方法，并结合重读治疗法中的行板节奏一进行视听反馈训练来提高音位对比的训练效果。

在构音训练过程中，治疗师需重点关注该患儿是否存在由于听觉功能所导致的音位替代情况，若存在，需及时进行听觉识别训练，保证儿童在听觉识别正确的前提下再开展构音训练。

3. 治疗设备及辅具

构音障碍康复训练仪、舌运动训练器或压舌板、吸管、纸条、蜡烛等。

4. 治疗过程

整个治疗过程可持续 8—12 周，每周根据儿童能力情况和家庭情况来安排个别化康复训练的次数，每次训练进行 35—50 分钟为宜。该儿童未习得音的发音方式多为歪曲，在教其学习正确音位的同时，应注重调整其唇、舌、下颌的交替运动范围及改善其协调性，还要注意语速的控制。下面以该名听障儿童未习得音位 /z/ 的构音治疗为例进行详细讲解。

（1）/z/ 的构音治疗及实时监控

训练目标：第一阶段为 /z/ 的音位诱导训练，目标是掌握 /z/ 的发音部位和发音方式；第二阶段为 /z/ 的音位习得训练，目标是结合言语支持或语音自反馈进行实时反馈训练；第三阶段为 /z/ 的音位对比训练，"z/c"的音位对比结合言语重读训练进行实时反馈训练。

训练内容：巩固 /z/ 的发音部位。使用舌尖上抬提高患儿舌尖肌力，再使用压舌板稳定舌尖与齿背并持续数秒；掌握 /z/ 的发音方式：使用纸条和镜子与送气音 /c/ 进行对比训练，感受塞擦音的送气和不送气特征；采用构音测量与训练仪 S3 本音 /z/ 和呼读音

/zi/ 进行音位诱导训练。

训练次数：2—3 次。

（2）声母 /z/ 的音位诱导训练

掌握 /z/ 的发音部位。要求患儿用舌尖顶住棒棒糖持续数秒；再诱导患儿做舌尖的上抬与下降运动，重复数次；将棒棒糖放置患儿齿背，让患儿用舌尖夹住，持续数秒，重复数次；作用是增强舌尖肌力，为增强舌尖顶住齿背持续数秒的能力提供动力；增强舌尖顶住齿背的稳定性。

掌握 /z/ 的发音方式。将纸巾撕成一指宽的小纸条放在嘴前，让患儿观察发 /z/ 音（若患儿发本音 /z/ 有困难，也可以发呼读音 /zi/）时不抖动的纸条和发 /c/ 音时抖动的纸条。这里需要提示患儿增强舌尖抵住齿背的力量再发音 /z/（/zi/）。作用是帮助患儿理解 /z/ 为塞擦音不送气的特征。

可以通过构音测量与训练仪 S3 中的发音教育部分，帮助患儿巩固对 /z/ 发音要点的理解，如图 7-4-2 所示；可使用舌前位运动训练器帮助患儿进行 /z/ 的构音；可以让患儿联想已习得音位 /c/ 的发音部位，在其舌尖顶住齿背的动作基础上进行送气，完成构音。

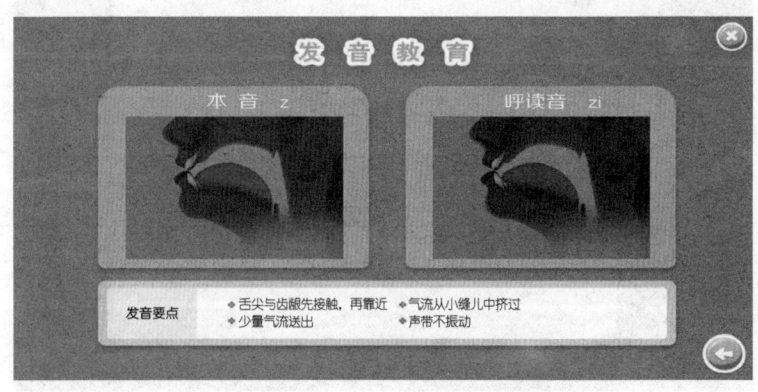

图 7-4-2　/z/ 音位的发音教育界面

（3）声母 /z/ 的音位习得训练

训练内容：/z/ 的音位习得，采用构音测量与训练仪 S3 进行 /z/ 的音位习得训练，帮助掌握 /z/ 的单音节、双音节及三音节词。/z/ 的语音自反馈，采用构音测量与训练仪 S3，通过改变患儿自己声音的语速或音调进行 /z/ 的习得训练（可选择性使用）。

/z/ 音位习得训练。使用构音测量与训练仪 S3 里丰富的词汇训练资源进行 /z/ 音位习得训练，如图 7-4-3 所示，帮助患儿掌握 /z/ 的单音节词，如 "/za/ 砸" "/zi/ 字" "/zu/ 租" 等，双音节词和三音节词。如图 7-4-4、图 7-4-5、图 7-4-6 所示。

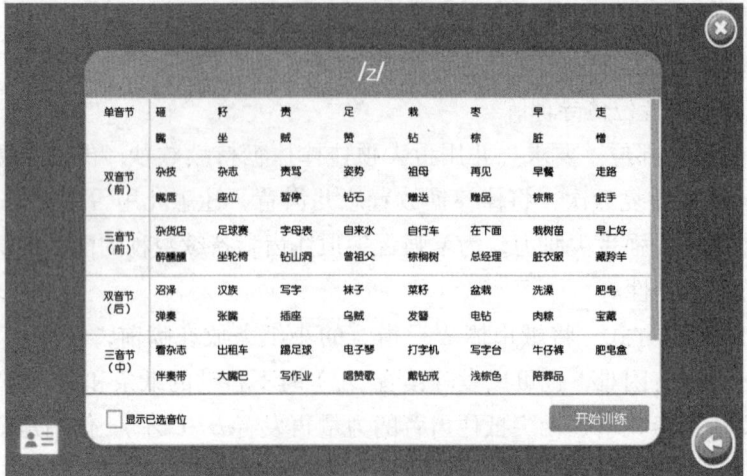

图 7-4-3 /z/ 的词汇训练素材

图 7-4-4 /z/ 的单音节词训练

图 7-4-5 /z/ 的双音节词训练

图 7-4-6 /z/ 的三音节词训练

音位习得训练时要注意实时监测，声母 /z/ 首次训练时，前、后测选择目标声母与核心韵母 /a、i、u/ 组成的声韵组合（后续可以选择目标声母组成的有代表性的单音节词、双音节词和三音节词）；表 7-4-3 所示为 11 月 11 日和 11 月 13 日的音位习得情况，正确率有所提高，说明音位习得能力有明显提高。

表 7-4-3 /z/ 的音位习得的实时监控表

日期	阶段	音位	声韵组合	音位习得情况					
				前测	错误走向	正确率（%）	后测	错误走向	正确率（%）
11月11日	四	/z/	/za/ 砸	010	z→c	22.2	110	z→c	44.4
			/zi/ 字	000	z→c		001	z→c	
			/zu/ 租	010	z→c		011	z→c	
11月13日	四	/z/					111	z→c	77.8
							011	z→c	
							101	z→c	

/z/ 的语音自反馈训练（言语支持训练）。本案例中的听障儿童的音调和响度均偏小，语速偏慢，会影响到构音的清晰度和语音韵律，所以可以采用构音测量与训练仪 S3 选择语音自反馈板块进行变调、变速、音调训练。

变调训练（升调）：患儿存在低音调，选择提高音调（0.8、0.5）的反馈音；让患儿模仿发音，将患儿音调调整到正常范围内。

变速训练（增加语速）：患儿存在音节时长拖延，选择增加语速（1.2、1.5）的反馈音；让患儿模仿发音，将患儿的语速调整到正常范围内。如图 7-4-7 所示。

音调精细分级运动：患儿的音调调整到正常标准后，还需要进行音调的分级控制训练，让患儿进行听反馈并模仿正常 -0.8—0.5（降低音调），正常 -1.2—1.5（提高音调）的变调训练，以提高其音调的精细分级控制的能力。如图 7-4-8 所示。

语速精细分级运动：患儿的语速提高到正常标准后，还需要进行语速的分级控制训练，让患儿进行听反馈并模仿正常 –0.8—0.5（增加语速）和正常 –1.2—1.5（降低语速）的变调训练，以提高其语速的精细分级控制的能力。如图 7-4-8 所示。

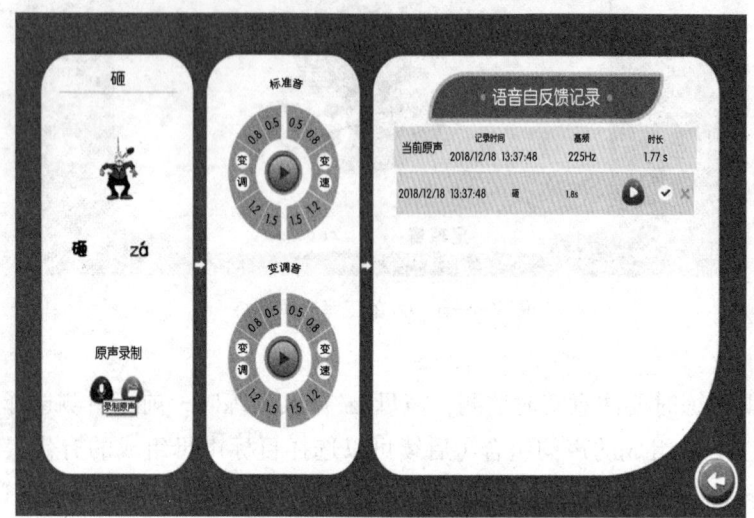

图 7-4-7　变调 / 变速训练界面

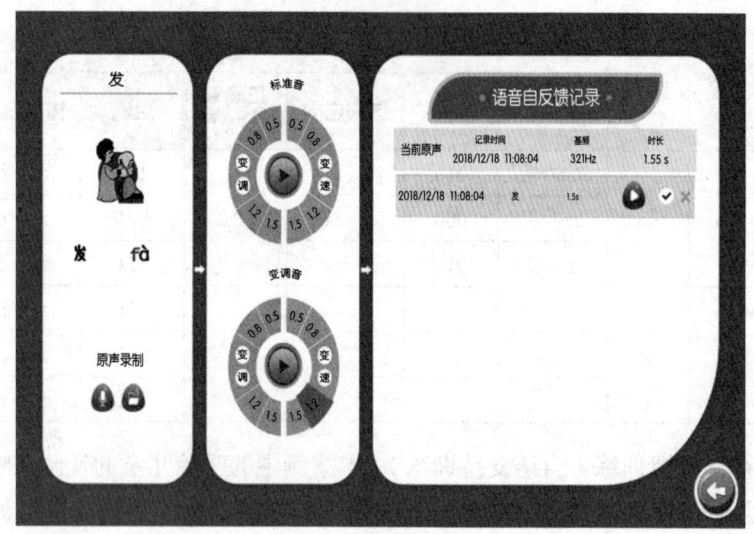

图 7-4-8　音调 / 语速精细分级运动训练界面

（4）声母 /z/ 的音位对比训练

声母 /z/ 的音位对比训练的训练内容主要包括"z/c"音位对的听觉识别训练；"z/c"的音位对比训练；结合重读治疗法进行视听反馈训练。训练次数为 3—4 次。

"z/c"音位对的听觉识别训练。采用构音测量与训练仪 S3 中音位对比训练的"听一听"部分进行训练，让患儿能从听感上正确区分"z/c"音位对。如图 7-4-9 所示。

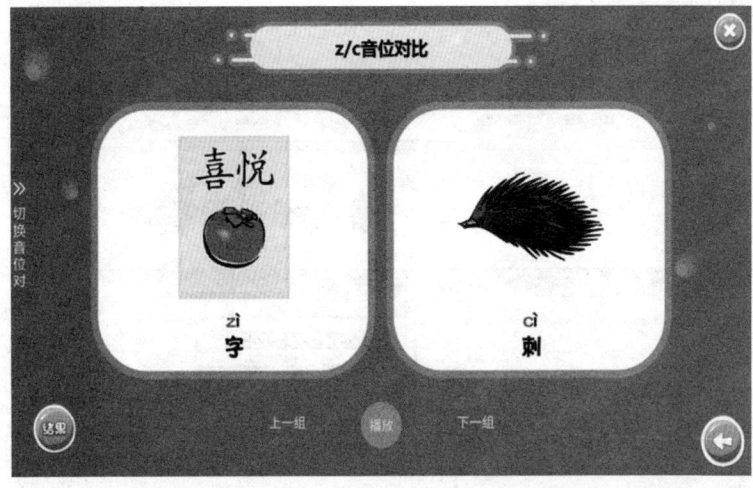

图 7-4-9 "z/c"音位对的听觉识别训练

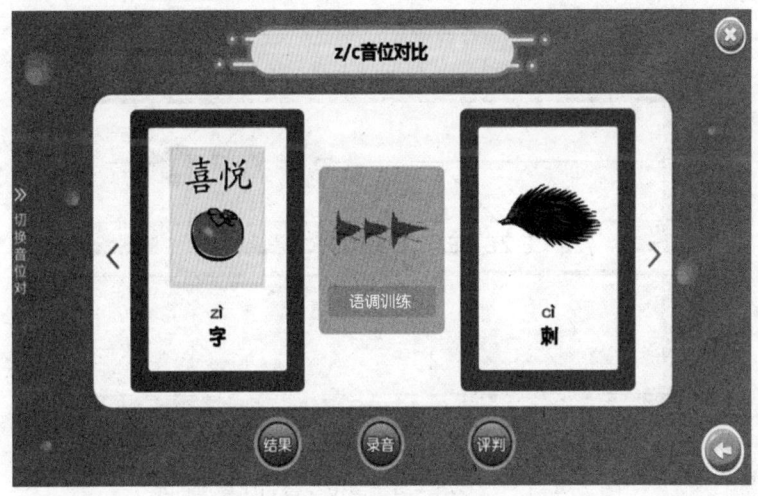

图 7-4-10 "z/c"音位对比训练

"z/c"的音位对比训练。采用构音测量与训练仪 S3 中音位对比训练的"说一说"部分进行对比训练，让患儿能正确区分"z/c"音位对，并能准确构音。如图 7-4-10 所示。

"z/c"的音位对比结合重读治疗。主要是结合重读治疗法进行音位对比的语调训练，包括韵母交替对比训练和声母交替对比训练。训练次数为 2—3 次。韵母交替对比训练可以选择声韵组合的行板节奏一的训练，/c1v1C1V1C1V1C1V1/。如选择重读治疗课程样板音频 /za-ZA-ZA-ZA/、/zi-ZI-ZI-ZI/、/ze-ZE-ZE-ZE/、/zu-ZU-ZU-ZU/、/za-ZE-ZI-ZU/、/ca-CA-CA-CA/、/ci-CI-CI-CI/、/ce-CE-CE-CE/、/cu-CU-CU-CU/、/ca-CE-CI-CU/。如图 7-4-11 所示。声母交替对比训练也可以进行声韵组合的行板节奏一的训练，"z/c"与相同的单元音相配，录制样板音频 /ca-ZA-CA-ZA/、/ci-ZI-CI-ZI/、/cu-ZU-CU-ZU/、/ce-ZE-CE-ZE/、/za-CA-ZA-CA/、/zi-CI-ZI-CI/、/zu-CU-ZU-CU/、/ze-CE-ZE-CE/，康复对象听音频，进行学习和模仿发音，与标准音频进行视听匹配训练。如图

7-4-12 所示。

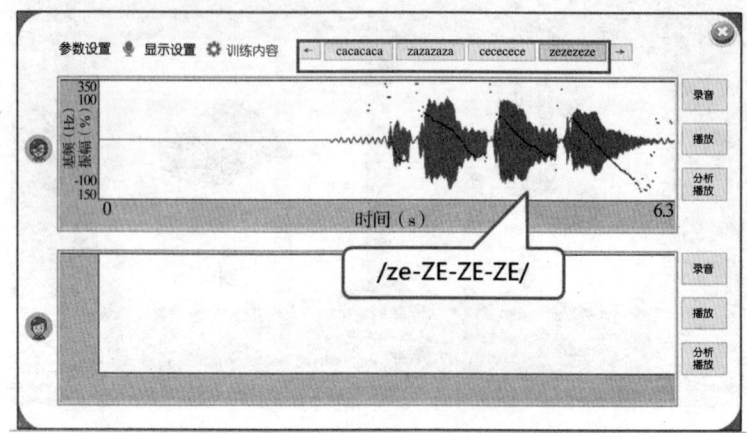

图 7-4-11 "z/c"韵母音位交替对比重读训练

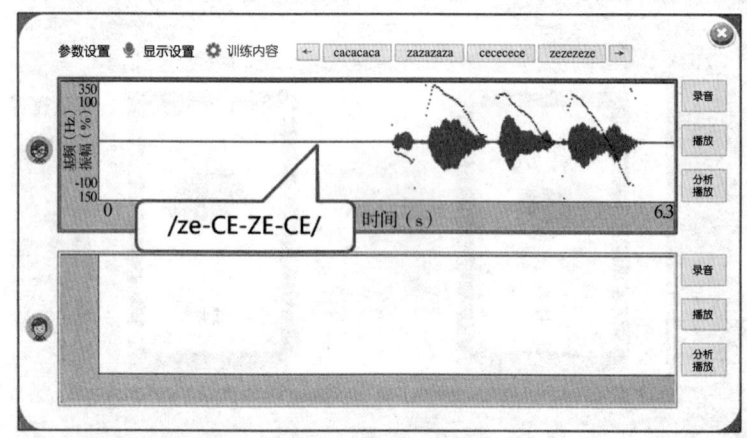

图 7-4-12 "z/c"声母音位交替对比重读训练

声母 /z/ 的音位对比训练的实时监控。音位对比训练过程中要做好效果监测，音位对两个音位同时正确记为 1 分，若有一个错误则记为 0 分，如表 7-4-4 所示，从 11 月 11 日和 11 月 13 日的两次监测结果来看，正确率有所增加，说明该患儿 /z/ 的音位对比能力有明显提高。

表 7-4-4 声母 /z/ 音位对比训练实时监控表

日期	音位对	音位对比	目标音	实发音	音位对比情况			
					前测	正确率（%）	后测	正确率（%）
11月11日	"z/c"	特征：AUA 序号：2	z	c	000	0	100	33.3
			c	c				
		特征： 序号：						

续表

日期	音位对	音位对比	目标音	实发音	音位对比情况			
					前测	正确率(%)	后测	正确率(%)
11月13日	"z/c"	特征：AUS 序号：2	z	c			110	66.6
			c	c				
		特征： 序号：						

（5）/z/ 的构音治疗效果评价

/z/ 音位在训练前后有了较大的改变，如表 7-4-5 所示。

表 7-4-5　/z/ 音位训练效果监控表

时间	训练类型	内容			训练前描述（如需）	训练效果
12月2日	声母音位习得 声母音位对比 构音清晰度	音位习得	训练音位：/z/			音位习得 正确率： 22.2% 音位对比 正确率： 0%	音位习得 正确率： 77.8% 音位对比 正确率： 66.6%
			音位诱导	√ 发音部位的诱导：舌尖上抬法 √ 发音方式的诱导：体会不送气		
				□ 单音节词：砸、字、租 **传统治疗：** 　√ 模仿复述 **实时反馈治疗：** 　√ 与言语支持——停顿起音训练结合进行起音实时反馈训练 　√ 与言语支持——音节时长训练结合进行声时实时反馈训练 　√ 与言语支持——音调变化训练结合进行音调实时反馈训练 □ 双音节词：_____ **传统治疗：** 　□ 模仿复述 **实时反馈治疗：** 　□ 与言语支持——停顿起音训练结合进行起音实时反馈训练 　□ 与言语支持——音节时长训练结合进行声时实时反馈训练 　□ 与言语支持——音调变化训练结合进行音调实时反馈训练 □ 三音节词：_____ **传统治疗：** 　□ 模仿复述		
		音位对比	训练音位对："z/c" √ 音位对的听觉识别训练 √ 音位对比训练 √ 结合行板节奏—进行言语视听反馈训练				

四、疗效评价

案例中的听障儿童经过 8 周的康复训练后，其构音语音功能有了明显改善，表 7-4-6 为训练后的 ICF 构音语音功能训练效果表。从效果表上可以知道，经过三期评估之后，声母音位习得的目标达成，构音清晰度显著提高，完成了预期目标。

表 7-4-6 ICF 构音语音功能训练效果表案例

ICF 类目组合		初期评估					目标值	中期评估（康复4周）					目标达成	末期评估（康复8周）					目标达成
		ICF 限定值 问题						干预	ICF 限定值 问题					干预	ICF 限定值 问题				
		0	1	2	3	4			0	1	2	3	4		0	1	2	3	4	
构音语音功能																				
b320	声母音位习得						0							—						√
	声母音位对比						0							—						√
	构音清晰度						0							—						√

第八章 智力障碍儿童构音障碍的治疗

概述

关于"智力障碍"的用语相当多,医疗卫生系统称之为"精神发育迟缓"(Mental Retardation),主要是从病因的角度考虑;民政部门称之为"精神残疾",主要是从救助的角度考虑;在特殊教育中,一般采用"弱""智力障碍""智能障碍""智力缺陷"等术语,这些术语,虽然在含义上有一定的差异,但通常被交互使用。

一、智力障碍的概念

国际社会关于智力障碍的概念和分类标准从1983年来发生了重要的变化,这些变化与美国智力障碍协会(AAMR)的1983年第8版、1992年第9版、2002年第10版的定义系统有直接的关系。1983年美国智力障碍协会关于智力障碍的定义为"一般智力障碍功能显著低于平均水平,同时在相关的适应行为方面伴随着明显的限制,并表现在发育期间";1992年的定义表述为"智力障碍是指现有功能水平"存在实质性限制,其特征表现为智力功能显著低于平均水平,同时伴随下列两种或两种以上相关限制:沟通、自我照顾、居家生活、社交技能、使用社区、自我指导、健康与安全、功能性学科能力、休闲娱乐和工作。智力障碍多发生于18岁以前;而2002年的定义表述为"智能障碍是在智力功能和适应行为方面存在实质性障碍的一种障碍,主要表现在概念、社交和使用的适应能力方面。障碍发生在18岁以前"。世界卫生组织在1986年颁布的《精神障碍国际分类法(第10版草案)》中把智力障碍定义为精神发育受阻或发育不完全。我国于2006年4月1日开始了第二次全国残疾人抽样调查,此次调查修订了1987年首次全国残疾人抽样调查所采用的智力障碍的定义,将智力残疾界定为智力显著低于一般人水平,并伴有适应行为的障碍。关于智力障碍的概念,包含三个特征:显著智力低下、其社会适应方面存在缺陷、发病于18岁以前。这也是诊断是否存在智力障碍的三个标准。

二、智力障碍的病因

第一,遗传因素。染色体异常,如先天愚型等占智力障碍儿童5%—10%;基因突变,如先天性代谢异常病属于此类。

第二,产前损害。包括宫内感染、缺氧、理化因素,如有害物、有毒物、药物、放射线、汞、铅、吸烟、饮酒、吸毒、孕妇严重营养不良或孕妇患病等。

第三,产程受损。分娩时产伤、窒息、颅内出血、早产、低血糖等。

第四,出生后患病。包括患脑膜炎、脑炎、核黄疸、败血症、颅外伤、脑血管意外、中毒性脑病、内分泌障碍如甲状腺功能低下等。

三、智力障碍的分级

智力障碍的分级从不同的角度,有着不同的分类方式。

根据世界卫生组织和美国智力障碍协会的智力残疾的分级标准,按其智力商数(IQ)及社会适应行为来划分智力残疾的等级。具体如下。

第一,一级智力残疾(极重度):IQ在20以下。适应行为极差,面部表情明显呆滞;一辈子需由他人照料;运动感觉功能极差,如通过训练,只在下肢、手及颌的运动方面有所反应。

第二,二级智力残疾(重度):IQ在20—35或25—40。适应行为差;生活能力即使经过训练也很难达到自理,仍需要他人照料;运动、语言能力发育差,与人交往能力也差。

第三,三级智力残疾(中度):IQ在30—50或40—55,适应行为不完全;实用技能不完全,如生活能部分自理,能做简单的家务劳动;具有初步的卫生和安全常识,但阅读和计算能力很差;对周围环境辨别能力差,能以简单的方式与人交往。

第四,四级智力残疾(轻度):IQ在50—70或55—75。适应行为低于一般人的水平;具有相当的实用技能,如能生活自理,能承担一般的家务劳动或工作,但缺乏技巧和创造性;一般在指导下能适应社会;经过特别教育,可以获得一定的阅读和计算能力;对周围环境有较好的辨别能力,能比较恰当地与人交往。

智力障碍儿童言语功能特点及表现

PART 2
第二节

认知能力发展落后是制约智力障碍儿童言语功能发展的主要原因，与普通儿童相比，智力障碍儿童言语发展速度相对迟滞，语音感知和产生能力、模仿能力差，导致语流不畅等言语嗓音问题以及发音不准、吐字不清等构音问题。加上社会、家庭等不良环境的影响，其词汇量很少，社会交往环境相对简单。

一、言语嗓音障碍

1. 言语呼吸支持不足

智力障碍儿童对呼吸的控制能力差，特别是言语呼吸水平低。大部分智障儿童在吸气时不会做深呼吸，也不会储备吸进的气流；而在呼出气流时，不会缓慢而匀速地呼出，而是一下子将气流全部放掉，不能按照言语需要分配气流，临床上多表现为说话断断续续、停顿不当的现象。

2. 言语发声问题

智障儿童因为声带松弛，声调的调值普遍偏低，声调的音长短促，并带有明显的喉塞音色彩；第二和第三声调分辨困难；个别儿童在阳平音上常留有拖音，其形式为在声调扬起后，再留个小尾，小尾作先抑后扬音变。部分重度智障儿童存在起音困难，例如，张口而无声、声音嘶哑、耳语声等。这与其语言发展过程中发声晚、少说话、不会言语呼吸等因素有关，也与其说话不自信和说话时不会用嗓有关。

3. 言语共鸣问题

鼻腔共鸣控制失调。研究发现，智障儿童常将鼻音发成口音或仅有鼻化的一个单元音。例如将 /an、ang/ 发成 /a/ 或 /ε/，好一些的智障儿童则是将这些元音加上一个鼻化过程，形成鼻化元音。主要是由于智障儿童的软腭和小舌大多缺少正常的反射，因此软腭和小舌麻痹，无法自主控制其运动的方向和速度，造成气流难以进入鼻腔发音。

二、言语构音障碍

1. 智力障碍儿童语音能力发展特点

（1）遵循正常儿童语音能力发展顺序

任何一种语言都有着严密的语音系统，其获得与发展遵循一个自然的顺序，先获得容易获得的语音，再获得不易获得的语音。研究显示，以英语为母语的智力障碍儿童语音获得与发展的顺序一般为：元音（后元音→前元音）→半元音→鼻音/塞音→擦音→塞擦音/边音；关于以汉语普通话为母语的智力障碍儿童语音获得与发展顺序的研究目前尚未见到，但其他研究认为以汉语普通话为母语的普通儿童语音获得与发展的顺序大致为：元音（低元音→高元音、不圆唇元音→圆唇元音→央元音）→辅音（双唇辅音→舌面音→舌根音→舌尖前音→鼻音→舌尖后音）。其中声母习得可以分为五个阶段，具体情况为：第一阶段习得音包括/b、m、d、h/；第二阶段习得音包括/p、t、g、k、n/；第三阶段习得音包括/f、j、q、x/；第四阶段习得音包括/l、z、s、r/；第五阶段习得音包括/c、zh、ch、sh/。研究认为，虽然智力障碍儿童的语音发展水平与普通儿童相比要落后很多，但语言发展顺序、阶段特点等均表现出一致性。所以在对智力障碍儿童进行言语语音训练时，可以参考普通儿童的语音发展顺序和能力发展。

（2）智力障碍儿童常见错误音位

早在1992年，中国台湾林宝贵等人研究发现，智力障碍儿童的常见错误音位为/sh、zh、ch、f、c、t、s、x、k、q/，其中随着障碍程度的不同，智力障碍儿童表现出不同的错误音位：轻度智力障碍儿童的常见错误音位为/sh、zh、ch、q、s、f、c、x、r、t/，中度智力障碍儿童的常见错误音位为/zh、ch、sh、f、t、k、s、c、q、x/，重度智力障碍儿童的常见错误音位为/f、zh、sh、c、x、t、k、s、ch、p/，极重度智力障碍儿童的常见错误音位为/zh、f、sh、ch、p、t、u、s、g、an/。刘春玲等人也发现沪语区的智力障碍儿童在/p、t、k、h、f、j、r、c、er、an、uang、ueng、in、ing/音位上的发音错误率也很高。

2. 智力障碍儿童构音障碍特点

（1）辅音发音错误

① 辅音替代。

在辅音发音中智力障碍儿童的替代现象非常突出，有些有规律可循，有些规律不明显，或无规律可循。如有的把送气音发成不送气音，舌尖前音与舌尖后音相互替代，呈现规律性；有的智力障碍儿童以/z/音替代/c、ch、s、sh、d、j、t/等音，还有的以/d/音替代/t、p、k、z、zh、c、ch/等音，以及/n、l、r/相互混淆等现象则无规律可以找寻。

② 辅音遗漏。

智力障碍儿童构音时声母遗漏的现象并不严重，但在发/l/声母的声韵组合时，/l/声母经常丢失。如发"绿"时，常把 /l/ 遗漏，发成 /ü/ 或 /φ/，将"梨"发成 /l/ 或者 /i/。

③ 辅音歪曲。

辅音歪曲是智力障碍儿童构音时常见的现象之一，发音时，听者无法辨认出患者发的音到底是哪个音位。如将舌尖前音 /s/ 错发成汉语拼音中不存在的舌叶音 /ʃ/，将舌面中音 /j、q/ 发成腭化音等。

（2）辅音发音出现错误的原因

① 受智力障碍儿童所处的方言影响。

汉语方言众多，且方言间语音系统的差异性很大，如舌尖前音与舌尖后音不分，/n、l、r/ 不分等。

② 智力障碍儿童构音器官之间不能协调运动，导致不能精确构音。

如软腭与悬雍垂的运动不良而导致口鼻不能很好分离；构音器官舌的运动不良，导致辅音发音的腭化现象；不会控制气流的进出，导致送气与不送气混淆；等等。

（3）元音发音错误

汉语中的元音发音较辅音复杂，因为元音包括单元音、复元音，复元音发音比单元音相对复杂。智力障碍儿童的元音构音错误主要体现在替代、遗漏、歪曲和添加上。

① 元音替代。

智力障碍儿童的元音替代主要出现在 /i/ 和 /ü/ 音，其发音情况比较复杂，有时出现扭曲，有时出现相互替代。

② 元音遗漏。

智力障碍儿童在发部分复元音时，常会丢失一部分元音，如丢失韵头，/uɑ/ → /ɑ/；丢失韵尾，/ai/ → /a/ 等，改变了原音段音质。

③ 元音歪曲。

一是单元音发音中 /e/ 和 /o/ 的发音不易发准，常出现歪曲现象；二是元音发音时趋央或趋低，如 /a/ 音发音趋高，/l/ 与 /u/ 发音趋低，/e/ 发成央元音；三是元音加辅音的鼻韵母发音歪曲或遗漏，如 /uan/ → /an/、/uang/ → /ang/、/ian/ → /a/ 等。

④ 元音添加。

有时智障儿童在发音时会添加一个启动半元音，或在该元音发音结束后添加一个收尾元音，其结果改变了原音段的音质，形成了一个复元音。如把 /o/ 发成 /ou/，把 /a/ 发成 /ia/ 或 /ai/。

（4）元音发音出现错误的原因

第一，因为智障儿童口腔发音器官过于松弛，因而元音的发音出现趋央或趋低的情况。

第二，发音时对口腔开合度大小、圆展程度掌握不好；对复元音以及元音加辅音的鼻韵母发音的舌头运动方向、速度、气流运用的连贯程度等掌握不好。

三、其他

至今已有 300 多种由染色体畸变所致的遗传性疾病，其中有相当一部分患者伴随智力障碍，在众多由染色体畸变产生的遗传性疾病中唐氏综合征比例最高，其言语问题也比较突出。唐氏综合征儿童在交流中最常见、最明显的问题就是发音不清、音节倒置等。通常还伴有嗓音嘶哑、发音异常、口齿不清等特点，这可能与他们的中枢神经系统控制不成熟有关。

智力障碍儿童构音障碍的治疗方法

一、治疗原则

1. 充分考虑智力障碍儿童言语获得规律

智力障碍儿童构音障碍训练的核心内容是提高构音清晰度，涉及口部运动、构音运动、构音语音以及相关必要的言语支持等内容，其中每项训练内容都有其内在的顺序和规律，如口部运动治疗的规律、韵母音位习得规律、声母音位习得规律等等。在遵循言语获得规律的前提下，合理安排与智力障碍儿童年龄、智龄相匹配的训练内容。

2. 充分考虑智力障碍儿童构音障碍特点

不同障碍类别的构音障碍在特点和表现上有其相似性，也有其独特性。智力障碍儿童与听力障碍儿童、孤独症儿童、脑瘫儿童、唇腭裂儿童等的构音障碍特点不同，导致发病的原因也不尽相同，所以智力障碍儿童的构音障碍治疗应紧紧围绕其言语功能的特点进行，根据不同的儿童、不同的障碍安排不同的训练内容。

3. 科学性原则

智力障碍儿童构音障碍治疗的最终目的是使患儿构音清楚，应该以认知水平为基础，开展循序渐进的科学训练，包括言语支持训练、口部运动训练、构音语音训练等。必要的言语支持训练保证了韵母、声母和声韵组合可以顺利发出，而口部运动训练、构音运动训练为韵母、声母和声韵组合发出后的清晰度提供了生理支持，韵母音位、声母音位的诱导训练、习得训练及音位对比训练保证了韵母、声母和声韵组合发出后的清晰度。在良好呼吸、发声、共鸣的基础上，建立良好的构音模式，帮助智障儿童发出清晰的语音，重点解决"说清楚"的问题。要实现这一目标，需要建立科学系统的评估与治疗体系。

4. 评估、治疗和监控相结合的"A+T+M"原则

智力障碍儿童的构音障碍治疗同样要遵循评估、治疗和监控相结合的"A+T+M"原则。评估为制订和调整训练计划提供依据，找到训练起点，使训练过程更有针对性。每个训练环节都要做好实时监测，监测治疗过程的有效性。评估会根据需要被安排在各个训练阶段；渗透在训练过程中的大小评估都是为了更好地观察与了解该儿童的言语发展情况。

二、治疗步骤

1. 收集个人信息

收集智力障碍儿童的个人信息，主要是与构音障碍有关的信息，包括患儿的患病史、言语发育情况、口部运动技能（如下颌开合、抿嘴、咧嘴、吸管的使用、吹气等）、进食动作以及目前日常会话的状况（包括言语异常的持续时间及其程度，会话时的可懂度，本人的意识，有无继发性问题，如回避谈话）等。

2. ICF 功能评估

首先，治疗师通过快速筛查初步判定患儿是否存在构音问题，接下来通过对智力障碍患儿构音器官的结构形态、口部运动功能、构音运动功能、构音语音功能、语速和语调进行精准评估，获得儿童构音功能的主客观评估数据；其次，将测得的各项指标的数据输入 ICF 转换器，与对应的参考标准值进行对比，即与同年龄、同性别正常儿童相应指标的参考标准值进行比较，确定该指标是否落在正常范围内，并得出患儿各项功能的损伤程度。为及时调整治疗计划，建议每个阶段均进行一次构音功能精准评估。

3. 制订治疗计划

根据智障儿童构音障碍、言语支持的评估结果，结合患儿的智力障碍的程度、认知水平等，围绕口部运动功能、构音运动功能、构音语音功能的具体情况，制订一个符合患儿实际情况的康复计划，使得康复训练更具有针对性。康复计划需要治疗师、家属或患儿本人共同协商制订。治疗计划包括构音治疗的主要任务、治疗方法、实施计划的人员、治疗前患儿的程度、预期目标（中、长期目标）及治疗后患儿所达到的程度等。要根据患儿的实际康复情况，不断更新完善康复计划，提高康复治疗的针对性和有效性。

4. 康复治疗与实时监控

（1）康复治疗

治疗师在实施临床康复训练时，需要根据患儿的实际情况，将多种治疗方法及康复

手段进行有机结合，以便在有效时间内让患儿得到最有针对性的治疗，获得最佳的康复效果。

(2) 实时监控

整个构音治疗过程同样遵循评估—治疗—监控的科学程序，为在尽可能短的时间内使患儿的构音问题得到改善。在每次进行构音治疗的前后，对患儿进行实时监控，通过训练前描述与训练效果的对比能更为客观地掌握患儿一次训练对构音功能的改善情况，通过对连续几次训练效果的对比能直观地掌握患儿的进步情况。在实际进行实时监控的过程中，通常可以将上一次训练效果的情况作为后一次训练前的描述，缩减每次训练用于实时监控的时间。

(3) ICF 儿童构音治疗短期目标监控

构音治疗过程中，治疗师通过构音功能精准评估来进行长期目标的监控，通过实时监控来进行每次训练情况的监控，而短期目标监控则通常在 3—5 次训练后进行，具体监控时间视患儿的情况而定。短期目标监控的指标与 ICF 构音功能评估的指标一致，对构音功能、口部运动功能以及语速和语调进行定量评估，通过 ICF 转换器得到患儿的损伤程度。

5. 疗效评价

患儿构音康复治疗整个进程可分为初期、中期及末期三期，精准评估在初期进行，得到患儿各项功能的损伤程度与长期目标值，同时也作为疗效评价初期评估的损伤程度与目标值。初期结束后，对患儿进行构音功能精准评估，根据患儿情况决定治疗中期，并将该阶段的构音功能评估结果作为中期评估结果，并对初期与中期的疗效评价进行对比，判断是否达成长期目标并监控治疗效果，便于治疗师进行构音治疗计划和训练目标的调整。而末期评估则是在患儿即将结束所有康复训练时进行的，评价患者当前构音功能的整体情况，判断是否达到患儿及其家属所预期的目标。

三、治疗方法

1. 听觉能力训练

智力障碍儿童对语音的辨别能力较低，不利于构音障碍的训练，因此对其进行听觉训练很有必要。智力障碍儿童的听觉训练的主要内容是感知与听辨声音，提高其对声音的敏感性、元辅音及其组合的识别能力及声调的听辨能力，这能为发音打下良好的基础。

2. 构音语音训练

前面已经讲到，部分智力障碍儿童的言语支持存在问题，一是因为对呼吸的控制能力差，言语呼吸水平低，导致临床出现说话断断续续、停顿不当的现象；二是因为声带松弛，音调普遍偏低，部分重度智力障碍儿童还存在起音困难；三是因为鼻腔共鸣控制失调，常将鼻音发成口音或仅有鼻化的一个单元音。针对这些情况，需要做针对性言语支持训练。随后才是构音语音的针对性训练。

（1）言语支持训练

停顿起音训练：智力障碍儿童的停顿起音训练可综合运用四个阶段来完成，第一阶段为认识"正常吸气"和"深吸气"，主要通过呼吸训练来进行；第二阶段为正常起音训练，主要结合呼吸放松训练进行"正常吸气"后发音；第三阶段为深吸气起音训练，主要结合呼吸放松训练进行"深吸气"后发音训练；第四阶段为正常起音和深吸气起音结合训练。

音节时长训练：智力障碍儿童的说话断断续续、停顿不当、声调问题等可以通过音节时长训练来改善，推荐选用促进治疗法的"唱音法"进行训练，主要包括通过唱音法进行长音训练、短音训练及长短音训练。

音调—响度变化训练：智障儿童的音调异常可以运用"音调梯度训练法"，通过阶梯式音调上升或下降训练，使患者建立正常音调，并增强言语时音调控制的能力；响度异常等问题不仅可以通过"用力搬椅法"提高响度，还可以通过"响度梯度训练法"提高响度的变化能力。

口腔共鸣训练：针对患儿的鼻腔共鸣功能控制失调和发音鼻化现象，可以使用的训练方法有"口腔共鸣法"和"减少鼻音训练"等。

（2）言语构音训练

患儿构音障碍的特点突出表现在部分韵母音位习得、声母音位习得困难上，原因主要来自构音器官的功能和协调配合能力无法达到要求，以及智力障碍儿童对音位习得的认知存在问题。所以这类儿童的构音训练中的口部运动训练、构音运动训练和构音语音训练三部分内容均不可偏废。其中口部运动和构音运动训练选择的内容要根据声母或韵母音位的诱导需要进行选择。

某个音位的治疗过程分为三个阶段完成：第一阶段为音位诱导训练，旨在帮助智力障碍儿童掌握未习得音位的发音部位和发音方式；第二阶段为音位习得训练，主要结合言语支持或语音自反馈进行实时反馈训练，帮助智力障碍儿童习得音位；第三阶段为音位对比训练，主要通过训练目标音位的相关最小音位对比结合言语重读治疗进行实时反馈训练，帮助智力障碍儿童分清、说清易混淆音位。

音位诱导训练：主要目的是帮助患儿诱导出本被遗漏、替代或者歪曲的目标声母音位，是个从无到有的过程。可从音位感知和发育教育两个方面进行音位诱导。音位感知训练主要是增强患儿对目标音位的感知能力，让患者感受该音位的各个声学特征，这个阶段不需要患者模仿发音或者实际发音十分准确，选择的材料一定是患者在日常生活中可以轻易见到的；发音教育是让智力障碍患儿通过观看音位的本音和呼读音（声母音位）的发音示范，找到正确的发音部位并建立正确的发音方式，同时掌握目标声母的送气或不送气的特征。

在音位诱导时，如果参与目标构音的口部器官的运动功能不能达到发音要求，需要做针对性的口部运动训练，如发舌尖中音 /t、d、n/ 时，舌不能形成马蹄形上抬模式，需要帮助智力障碍儿童习得该运动模式，当患儿找到发音位置，也明白发音方式后，还是不能发音，说明患儿舌尖与上齿龈无法实现有力接触，做舌尖顶住上齿龈的动作有困难，需要增强舌尖的力量练习，可以选择口部运动训练器中的舌尖训练器进行辅助训练。

音位习得训练：主要是采用构音测量与训练仪，进行目标音位的习得训练，帮助智力障碍儿童掌握目标音位的单音节、双音节及三音节词；同时可以通过改变患儿自己声音的语速或音调进行目标音位习得的语音自反馈训练。

智力障碍儿童早期的认知结构简单，只能从大量的具体事物中形成初级概念，词汇掌握能力较弱，加上由于社会活动参与得少，同伴交往不活跃，认知水平相对较低，也影响了词汇的学习，所以在音位习得的词语训练环节，建议一定要把音位习得和词汇学习紧密结合在一起，在训练智障儿童说得清的同时，增强其对词汇的认知能力。

音位对比训练：音位对比训练是将容易混淆的一对声母提取出来进行的强化训练，用来进一步巩固新习得的声母音位。在训练进行过程中，即使智障患儿掌握了目标声母音位的发音方法，也经常会与相似的声母音位混淆，这时要进行音位对比训练。首先进行音位对的听觉识别训练，然后是音位对比训练，并结合重读治疗法进行视听反馈训练。

第四节 智力障碍儿童构音障碍康复案例

为了清晰掌握智力障碍儿童（下文简称为"智障儿童"）构音障碍的治疗过程，本节结合一名智障儿童的构音康复案例来讲解，并选取该名儿童未习得的一个声母音位 /z/ 为例介绍具体的方法选择。

智力障碍儿童构音障碍治疗样例

一、案例基本信息

刘某某，男，2014 年 8 月 20 日出生，寻求治疗时 4 岁，障碍类型为智力障碍。

二、功能评估结果

1. 言语支持评估结果

通过测量患儿的最长声时、言语速率、言语基频等参数值，初步判定刘某某的言语支持的状况为：呼吸支持不足，语速较慢，音调低等。

2. 构音语音评估结果

采用"构音语音能力评估表"对患儿进行构音语音能力评估，结果发现该患儿构音清晰度为 39%，构音处于第二阶段，明显落后于同年龄、同性别普通儿童水平。其中，声母音位习得处于第二阶段，已习得声母 9 个，分别是 /b、m、d、h/、/p、g、k、n/、/f/，未习得声母有 /t/、/j、q、x/、/l、z、s、r/、/c、zh、ch、sh/。

3. 构音 ICF 功能损伤程度转换

将构音功能精准评估结果进行 ICF 功能损伤程度转换，该名智障患儿的构音清晰度为 39%↓，相对年龄 3 岁以下，构音语音能力属于中度损伤；已掌握声母个数 9 个↓，相对年龄 3 岁以下，声母音位习得能力属于中度损伤；声母音位对比已掌握声母个数 7 对↓，声母音位对比能力属于中度损伤。如表 8-4-1 和表 8-4-2 所示。

表 8-4-1　刘某某构音功能精准评估结果进行 ICF 功能损伤程度转换结果一

	声母音位习得（个）	声母音位对比（对）	构音清晰度（％）
结果记录	9	7	39

表 8-4-2　刘某某构音功能精准评估结果进行 ICF 功能损伤程度转换结果二

身体功能，即人体系统的生理功能损伤程度			无损伤	轻度损伤	中度损伤	重度损伤	完全损伤	未特指	不适用
			0	1	2	3	4	8	9
b320	构音功能 Articulation functions	声母音位习得	□	□	☒	□	□	□	□
		声母音位对比	□	□	☒	□	□	□	□
		构音清晰度	□	□	☒	□	□	□	□
	产生言语声的功能，包含构音清晰功能、构音音位习得功能。功能受损时表现为痉挛型、运动失调型、弛缓型神经性言语障碍等神经损伤导致的构音障碍。不包含语言心智功能（b167）；嗓音功能（b310）。									
	信息来源：☒ 病史　□ 问卷调查　□ 临床检查　☒ 医技检查									
	问题描述： 　　声母音位习得：已掌握声母个数 9 个↓，相对年龄 3 岁以下；声母音位习得能力属于中度损伤。 　　声母音位对比：已掌握声母个数 7 对↓，声母音位对比能力属于中度损伤。 　　构音清晰度：构音清晰度为 39%↓，相对年龄 3 岁以下；构音语言能力属于中度损伤。									

综合分析得出，该智力障碍儿童构音障碍属于中度损伤，并伴有轻度呼吸、发声和共鸣异常问题。建议主要开展构音语音能力训练，包括口部运动治疗和构音语音训练。此外其他检查未见异常，如听力学检查、运动功能检查等。

三、制订治疗计划

1. 治疗目标

（1）长期目标（8—12 周）
① 言语支持治疗目标。
呼吸支持、发声水平及嗓音音质达到同年龄、同性别普通儿童的标准。
② 构音语音治疗目标。
结合口部运动和构音运动训练，能正确诱导出未习得的韵母音位和声母音位。能将

新习得的音位应用到音节及词汇中,能在与人沟通时使用含有新习得音位的词汇。

(2)短期目标(4—6周)

① 言语支持治疗目标。

呼吸支持、音调水平基本达标。

② 构音语音治疗目标。

下颌、唇、舌的稳定性达到正常水平并处于正常模式;诱导出声母音位 /t/、/j/、q、x/、/l、z、s、r/、/c、zh、ch、sh/。在训练过程中,将构音运动与构音语音紧密结合起来。

2. /t/ 的训练

① 言语支持训练。

主要针对该名患儿的言语支持问题的具体表现,进行停顿起音训练、音节时长训练、提高音调训练等。

② 口部运动训练。

主要提高舌尖与上齿的接触能力,建议运用舌尖训练器结合口部运动治疗部分的舌尖运动训练法,进行舌尖送气塞音的构音运动训练。

③ 构音语音训练。

主要针对 /t/ 的音位诱导、音位习得、音位对比进行训练。

3. 治疗设备及辅具

构音障碍康复训练仪 S3、言语障碍矫治仪 S2、舌尖运动训练器或压舌板、镜子等。

四、治疗过程及实时监控

整个治疗过程可持续 8—12 周,每周根据患儿的能力情况和家庭情况来安排个别化康复训练次数,每次训练进行 35—50 分钟为宜。下面以该名智障儿童未习得音位 /t/ 的构音治疗为例进行详细讲解。

1. 言语支持训练

(1)停顿起音训练

主要训练顺序为:认识"正常吸气"和"深吸气"训练→正常起音训练→深吸气起音训练→正常起音和深吸气起音结合训练。

认识"正常吸气"和"深吸气"。主要通过平静状态下正常吸气和双臂转圈状态下深吸气认识正常吸气和深吸气。认识正常吸气的要点为双脚稍微分开,平静地吸气再呼气;深吸气的要点为双脚稍微分开,深吸气的同时双手向前、向上转圈,呼气的同时双手向后、向下转圈。如图 8-4-1 和图 8-4-2 所示。

图 8-4-1　吸气状态　　图 8-4-2　深吸气状态

　　正常起音训练。结合言语障碍矫治仪 S2 的起音感知游戏，在平静状态下正常吸气再呼气，进行视听反馈训练的发音训练。正常吸气后发音，如 /tu/—正常吸气—/tu/。发音时要采用腹式呼吸，并注意保持声音平稳。如图 8-4-3 所示。

　　深吸气起音训练。结合呼吸放松训练进行深吸气后发音，结合言语障碍矫治仪 S2 的起音感知游戏，双臂转圈状态下进行视听反馈训练的深吸气发音训练。深吸气的同时双手向前、向上转圈，呼气的同时双手向后、向下转圈。从正常吸气后发音过渡到深吸气后发音，如 /tu/—深吸气—/tu/。发音时要采用腹式呼吸，并注意保持声音平稳。如图 8-4-4 所示。

图 8-4-3　正常起音训练界面

图 8-4-4　深吸气起音训练界面

　　正常起音和深吸气起音结合训练。使用言语障碍矫治仪 S2 中的感知游戏起音，让患儿进行正常吸气起音和深吸气起音视听反馈训练，以提高患儿控制停顿起音变化的能力。如图 8-4-5 所示。

图 8-4-5　正常起音和深吸气起音结合训练界面

（2）音节时长训练

推荐选用促进治疗法的"唱音法"，包括三个步骤：长音训练、短音训练及长短音结合训练。

长音训练：让患儿深吸气，尽可能长地、平稳地发 /da——/ 音，中间不能停顿换气。

短音训练：让患儿深吸气，尽可能多地发 /da/da/da/，中间不能停顿换气。

长短音结合训练：当患儿能够顺利地发长音和短音后，让其深吸气发长短交替的音，一口气说完 /da——/da——/da/da/da/，中间不能停顿换气。

以上各项训练可结合言语障碍矫治仪 S2 中的声调训练游戏进行。各个训练界面如图 8-4-6 所示。

a. "唱音法"的长音训练界面

b. "唱音法"的短音训练界面

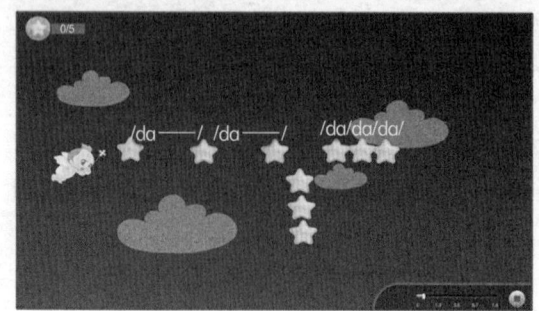

c. "唱音法"的长短音结合训练界面

图 8-4-6　"唱音法"训练界面

(3) 提高音调训练

通过训练，使患儿的习惯音调接近于相同性别和年龄段正常人群的自然音调。可以采用言语障碍矫治仪 S2 进行音调训练，要遵循小步递进、分阶段、分步骤原则。首先，要根据患儿的音调水平确定训练的起点和目标；其次，根据患儿调控音调的能力来设置音调升降的斜率；再次，决定目标实现的步骤；最后，设置音调训练模式。以图 8-4-7 升调训练为例，a 图所示的是一种较容易的训练模式，起点较低，斜率较小，小蜜蜂只要沿着珠子之间的轨道向前飞即可完成任务。相比 a 图，b 图的起点提高，斜率增大了，难度较大。如果患儿不太容易成功，治疗师就要从起点和斜率两个方面重新设置训练模式：斜率不变，将起点频率增加（如 c 图所示）；或起点不变，将斜率增大（如 d 图所示），并让患儿分别尝试这两种模式，哪一种模式更容易完成，就先用哪一种模式。总之，训练模式要适合患儿。设置难度的原则以患儿通过多次尝试能够完成游戏，并不是一次就能轻易通过为宜。

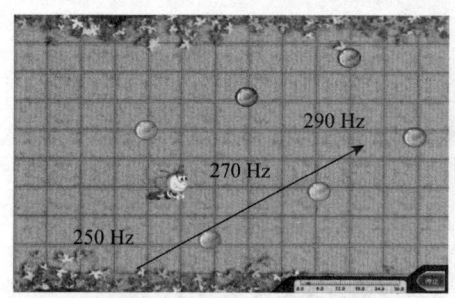

a. 适合患儿初期的较容易模式

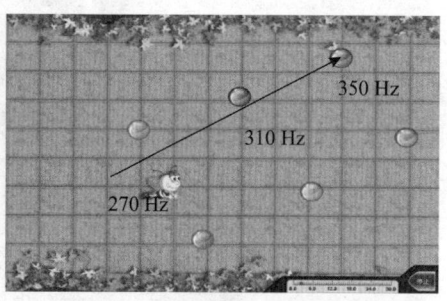

b. 起点提高和上升斜率增大的较困难模式

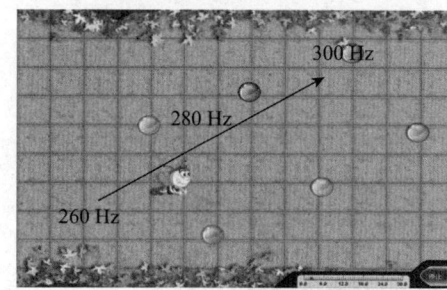

c. 斜率不变，起点频率增加

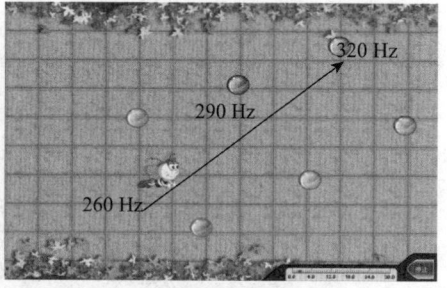

d. 起点不变，斜率增大

图 8-4-7　小蜜蜂采蜜游戏（升调训练）

2. 构音训练

训练目标：第一阶段为 /t/ 的音位诱导训练，目标是掌握 /t/ 的发音部位和发音方式；第二阶段为 /t/ 的音位习得训练，目标是结合言语支持或语音自反馈进行实时反馈训练；第三阶段为 /t/ 的音位对比训练，"t/d" 的音位对比结合言语重读训练进行实时反馈训练。

（1）声母 /t/ 的音位诱导训练

掌握 /t/ 的发音部位。使用舌尖运动训练器和镜子进行训练。在镜子前示范舌尖上舔齿龈的动作，让患儿看着镜子跟着模仿该动作；将舌尖运动训练器凹面朝下贴其上腭放入，将小孔放在上齿龈处，让患儿将舌尖抬高到小孔中，然后根据构音障碍康复训练仪 S3 口部运动治疗部分的舌尖运动训练法，进行舌尖送气塞音的构音运动训练，帮助患儿认识和掌握 /t/ 的发音部位。如图 8-4-8 所示。

掌握 /t/ 的发音方式。使用羽毛和蜡烛结合快速用力呼气法，感受塞音的送气特征；将羽毛或点燃的蜡烛放在嘴前，让患儿观察发 /t/ 音时抖动的羽毛或火苗；帮助患儿理解 /t/ 的送气特征；可结合快速用力呼气法，采用腹式呼吸深吸气，用力呼气的同时发 /t/（本音），通过教学辅具感知呼气，帮助患儿掌握 /t/ 的送气特征。

/t/ 的发音教育。通过构音障碍康复训练仪 S3 中的发音教育部分（如图 8-4-9 所示），巩固患儿对 /t/ 发音要点的理解。

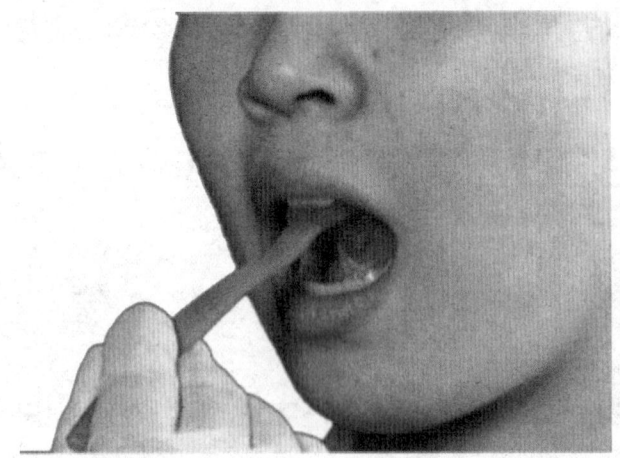

图 8-4-8　/t/ 舌尖训练器训练界面图

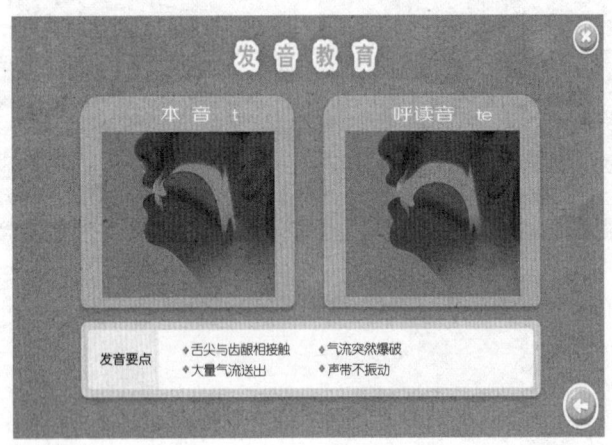

图 8-4-9　/t/ 的发音教育界面

（2）声母 /t/ 的音位习得训练

音位习得训练。帮助患儿依次掌握 /t/ 的单音节词、双音节词、三音节词。可结合构音障碍康复训练仪 S3 进行强化训练。

音位习得实时监控。训练过程中选择目标声母与核心韵母 /a、i、u/ 组成的声韵组合（后续可以选择目标声母组成的有代表性的单音节词、双音节词和三音节词）进行目标音正确率的测量。表 8-4-3 是 11 月 29 日和 12 月 2 日两次测试的目标音正确率，从 11.1% 增加至 77.8%，说明音位习得能力有明显提高。

表 8-4-3 /t/ 音位习得的实时监控表

日期	阶段	音位	声韵组合	音位习得情况					
				前测	受损状况	正确率（%）	后测	受损状况	正确率（%）
11月29日	三	/t/	/ta/ 她	010	t→d	11.1	010	t→d	44.4
			/ti/ 梯	000	t→d		000	t→d	
			/tu/ 吐	000	t→d		100	t→d	
12月2日	三	/t/	/ta/ 她				111	t→d	77.8
			/ti/ 梯				011	t→d	
			/tu/ 吐				101	t→d	

（3）声母 /t/ 的音位对比训练

首先进行音位对比的听识别训练，建议采用构音障碍康复训练仪 S3 中音位对比训练的"听一听"部分进行训练，让患儿能从听感上正确区分"d/t""t/p""t/k"音位对，如图 8-4-10 所示。然后进行"d/t""t/p""t/k"相关音位对比训练，建议采用构音障碍康复训练仪 S3 中音位对比训练的"说一说"部分进行对比训练，让患儿能正确区分以上音位对，并能准确构音，如图 8-4-11 所示。

图 8-4-10 "d/t"音位对的听觉识别训练

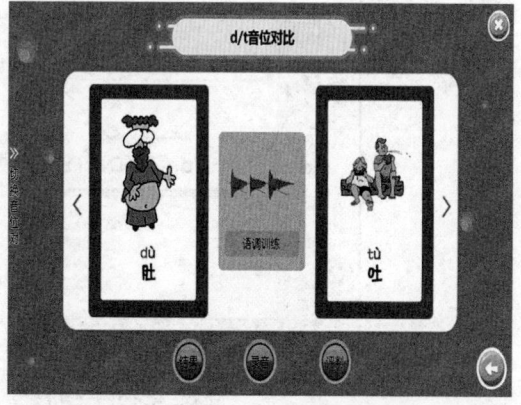

图 8-4-11 "d/t"音位对比训练

"d/t"音位对比的语调重读治疗。包括韵母交替对比训练和声母交替对比训练。训练次数为 2—3 次。韵母交替对比训练可以选择声韵组合的行板节奏一的训练，/c1v1C1V1C1V1C1V1/。选择重读治疗课程样板音频 /ta-TA-TA-TA/、/ti-TI-TI-TI/、/te-

TE-TE-TE/、/tu-TU-TU-TU/、/ta-TE-TI-TU/、/da-DA-DA-DA/、/di-DI-DI-DI/、/de-DE-DE-DE/、/du-DU-DU-DU/、/da-DE-DI-DU/。声母交替对比训练也可以进行声韵组合的行板节奏一的训练，"d/t"与相同的单元音相配，录制样板音频 /ta-DA-TA-DA/、/ti-DI-TI-DI/、/tu-DU-TU-DU/、/te-DE-TE-DE/、/da-TA-DA-TA/、/di-TI-DI-TI/、/du-TU-DU-TU/、/de-TE-DE-TE/，让患儿听取音频，进行学习和模仿发音，与标准音频进行视听匹配训练。如图 8-4-12 和 8-4-13 所示。

声母 /t/ 的音位对比训练的实时监控。音位对比的训练过程中，选择有代表性的含有目标音位的音位对进行测试，从 11 月 29 日和 12 月 2 日的两次监测结果来看，正确率从 33.3% 增加至 66.6%，说明该患儿 /t/ 的音位对比能力有了明显提高，如表 8-4-4 所示。

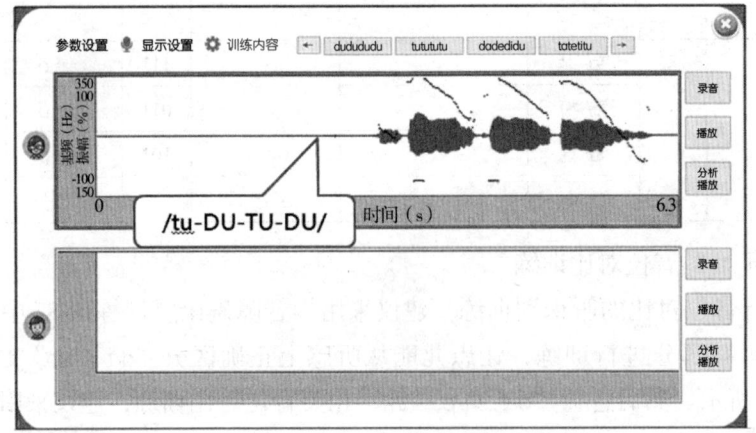

图 8-4-12　"d/t"韵母音位交替对比重读训练

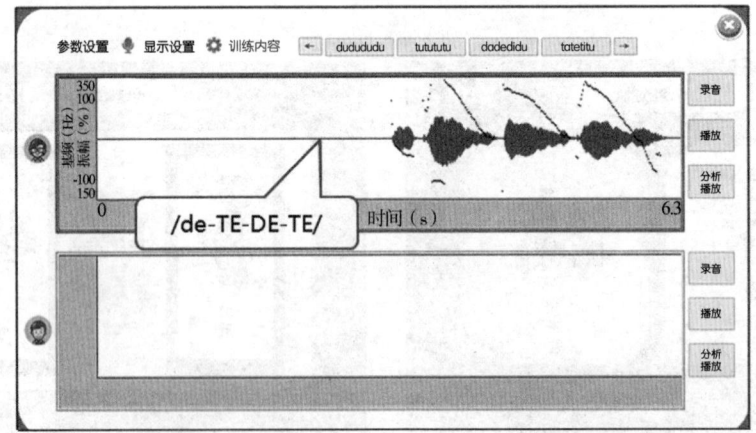

图 8-4-13　"d/t"声母音位交替对比重读训练

表 8-4-4　/t/ 音位对比的实时监控表

日期	音位对	音位对比	目标音	实发音	音位对比情况			
					前测	正确率（%）	后测	正确率（%）
11月29日	"d/t"	特征：AUS 序号：1	t d	d d	000	0	100	33.3
		特征： 序号：						
12月2日	"d/t"	特征：AUS 序号：1	t d	d d			110	66.6
		特征： 序号：						

/t/ 的构音治疗效果评价。/t/ 音位在训练前后有了较大的改变，如表 8-4-5 所示。

表 8-4-5　/t/ 音位训练效果监控表

时间	训练类型	内容		训练前描述（如需）	训练效果
12月2日	声母音位习得 声母音位对比 构音清晰度	音位诱导	训练音位：/t/ √ 发音部位的诱导：舌尖运动训练器 √ 发音方式的诱导：快速呼吸法	音位习得 正确率： 11.1% 音位对比 正确率： 0%	音位习得 正确率： 77.8% 音位对比 正确率： 66.6%
		音位习得	□ 单音节词：梯、吐、她 **传统治疗：** √ 模仿复述 **实时反馈治疗：** √ 与言语支持——停顿起音训练结合进行起音实时反馈训练 √ 与言语支持——音节时长训练结合进行声时实时反馈训练 √ 与言语支持——音调变化训练结合进行音调实时反馈训练 □ 双音节词：_____ **传统治疗：** □ 模仿复述 **实时反馈治疗：** □ 与言语支持——停顿起音训练结合进行起音实时反馈训练 □ 与言语支持——音节时长训练结合进行声时实时反馈训练 □ 与言语支持——音调变化训练结合进行音调实时反馈训练 □ 三音节词：_____ **传统治疗：** □ 模仿复述		
		音位对比	训练音位对："d/t" √ 音位对的听觉识别训练 √ 音位对比训练 √ 结合行板节奏一进行言语视听反馈训练		

五、疗效评价

案例中的听障儿童经过 8 周的康复训练后，其构音语音功能有了明显改善，表 8-4-6 为训练后的 ICF 构音语音功能训练效果表。从效果表上可以知道，经过 3 期评估之后，声母音位习得的目标达成，构音清晰度显著提高，达成了目标。

表 8-4-6　ICF 构音语音功能训练效果表

ICF 类目组合		初期评估 ICF 限定值 问题						目标值	中期评估（康复 2 周）							目标达成	末期评估（康复 4 周）							目标达成
		0	1	2	3	4			干预	ICF 限定值 问题							干预	ICF 限定值 问题						
										0	1	2	3	4				0	1	2	3	4	
构音语音功能																							
b320	声母音位习得							1								—								√
	声母音位对比							1								—								√
	构音清晰度							1								—								√

第九章

孤独症儿童构音障碍的治疗

概述

一、孤独症的概念

孤独症一词起源于希腊语，最早在 1911 年由瑞士精神科医生布洛伊尔提出，当时被用来描述自我兴趣转向内在自我状态的成人精神分裂症，美国精神病学者肯纳（Leo Kanner）在 1938 年至 1943 年，先后观察了 11 例类似病例，并于 1943 年进行了首次公开报道，把这类儿童命名为"幼儿孤独症"。其共同表现为严重缺乏与他人的情感交流，不与他人对视接触，喜欢重复性行为，其中最突出的特征是语言障碍和言语语言发育迟缓。常见表现是不言不语、喃喃自语或者缺乏语言理解能力和表达能力。

二、孤独症的病因

孤独症的病因目前尚不完全清楚，学术界一直有争议，并不断探索和修正，孤独症的病因研究也日趋完善，普遍认为可能与某些危险因素有关。这些危险因素可以归纳为遗传、感染与免疫和孕期理化因子刺激。

1. 遗传因素

双生子研究显示，孤独症在单卵双生子中的共患病率高达 61.0%—95.7%，而异卵双生子的共患病率相对低些，为 23.5%，兄弟姐妹之间的再患病率，在 4.5% 左右，高出一般群体 50 倍。研究者推测这可能与常染色体的隐性遗传有关。

研究显示，某些染色体异常可能会导致孤独症的发生。目前已知的相关染色体有 7q、22q13、2q37、18q、Xp；某些性染色体异常也会出现孤独症的表现，如 47、XYY 以及 45、X/46、XY 嵌合体等。较常见地表现出孤独症症状的染色体病有 4 种，分别为脆性 X 染色体综合征、结节性硬化症、15q 双倍体和苯丙酮尿症。

每年均有关于孤独症候选基因的新报道。近年来新报道的孤独症候选基因有 clock、PRKCB1、CNTN4、CNTCAP2、immune gene、STK39、MAOA、CSMD3、DRD1、neurexinl、SLC25A12、JARDlC、Pax6。另有研究报道，在汉族孤独症患者中，NRP2 基因存在遗传多态性。繁多的候选基因表示孤独症是一种多基因遗传病，即孤独症可能是在一定的遗传倾向性下，由环境致病因子诱发的疾病。

2. 感染与免疫因素

早在 20 世纪 70 年代末就有研究发现，感染过风疹的儿童患孤独症的概率为 8%—13%；患有孤独症的孕妇病毒感染后，其子女患孤独症的概率增大。后来多个研究提示，孕期感染与孤独症发生可能有一定的关系。目前已知的相关病原体有：风疹病毒、巨细胞病毒、带状疱疹病毒、单纯疱疹病毒、梅毒螺旋体和弓形虫等。目前推测，这些病原体产生的抗体，由胎盘进入胎儿体内，与胎儿正在发育的神经系统发生交叉免疫反应，干扰了神经系统的正常发育，从而导致了孤独症的发生。

3. 神经生物学因素

这是神经学派的观点，认为孤独症的成因是中枢神经系统的某种障碍，存在某些神经方面的异常。这方面的研究较多，有研究称孤独症儿童的大脑结构有变化。如，大脑区域内的葡萄糖代谢率与正常儿童有明显异常，但结论不统一。

4. 社会心理学因素

一些研究认为孤独症儿童可能在理解人们持有现实或与自己不一致的心理状态上存在独特的障碍，他们缺乏对思想进行思考的能力，无法解读他人的心理状态。以黄伟合为代表的学者持有这一观点。

三、孤独症的分类

孤独症是一种较为严重的广泛性发展障碍疾病。其核心症状主要体现在社会交往、语言交流、重复刻板行为三个方面同时具有本质的缺损，这是孤独症的典型特征。在临床上，许多患者并非在这三个方面均表现出明显的缺损，所以引入孤独症谱系障碍的概念。根据典型孤独症的核心症状进行扩展定义的广泛意义上的孤独症，既包括了典型自闭症，也包括了非典型自闭症。孤独症分为 5 种类型：典型孤独症、雷特综合征、童年瓦解性精神障碍（又称 Heller 综合征）、阿斯伯格综合征、非典型孤独症综合征/未特定的广泛性发育障碍。

1. 典型孤独症

其核心症状是所谓的"三联症"。其主要症状如下，第一，社会交往障碍：一般表现为与他人交往困难或不愿意交往，严重者甚至与父母缺乏情感依恋；第二，语言交流障碍：完全无语言、语言发育落后、语言能力倒退，或者鹦鹉学舌式重复语言；第三，重复刻板行为：兴趣狭窄、异常动作频繁、性格固执不愿意接受改变。

2. 雷特综合征

仅见于女孩，通常起病于 7—24 个月，起病前发育正常，起病后头颅发育变慢，已获得的言语能力、社会交往能力等迅速丧失，智力严重缺陷，已获得的手的目的性运动技能也丧失，并出现手部的刻板动作（洗手样动作或手指的刻板性扭动）。常伴有过度呼吸、步态不稳、躯干运动共济失调、脊柱侧凸、癫痫发作。病程进展较快，预后较差。

3. 童年瓦解性精神障碍

该障碍大多起病于 2—3 岁，起病前发育完全正常，起病后智力迅速倒退，其他各种已获得的能力（包括言语能力、社会交往能力、生活自理能力等）也迅速衰退，甚至丧失。

4. 阿斯伯格综合征

又称儿童分裂样精神病，有类似儿童孤独症的某些特征，多见于男孩。一般到学龄期 7 岁左右症状才明显，主要表现为人际交往障碍、局限、刻板、重复的兴趣和行为方式。无明显的言语和智能障碍。

5. 非典型孤独症综合征 / 未特定的广泛性发育障碍

发病年龄超过 3 岁或不同时具备临床表现中的 3 个核心症状，只具备其中 2 个核心症状时诊断为非典型孤独症。非典型孤独症可见于极重度智能低下的患儿、智商正常或接近正常的患儿。有的儿童孤独症患者到学龄期时部分症状改善或消失，不再完全符合儿童孤独症诊断者。发病主要在儿童早期，比孤独症发病率高 2—3 倍，症状与孤独症相似但较轻。

四、孤独症儿童言语障碍的分类

研究指出，约 50% 的孤独症儿童可能永远不能获得功能性语言，而获得功能性语言的孤独症儿童在临床上也表现出异常的语言特征，本书把孤独症儿童的言语障碍分为两种类型：完全无语音类言语障碍及有语音类言语障碍。

1. 完全无语音类言语障碍

这类孤独症儿童的发音器官虽然没有器质性损伤，可以叫喊、哭泣，发出怪声，但是他们无法发出有意义的语音，常伴随非常明显的怪异动作，如摇晃身体，且与他人无目光接触，会对某一种单一动作非常迷恋，喜欢尖叫和哭喊，而且还具有一定的传染性，如果患儿聚集在一起，只要其中一人尖叫，接下来就会有很多患儿开始一起哭喊。这类儿童常用哭喊或僵硬的肢体动作等表达需求，当需要无法得到满足时会出现极端情绪，甚至出现危险刻板的自伤行为。

2. 有语音类言语障碍

这类孤独症儿童可以发音，甚至进行交流，但是发音有明显的异常，表现在音量、语速、节奏及音调上，咬字不清，说话速度太快，音调太高或太低，经常在说句子时会省略词语，且语速十分快，经常听不清。有时说话声带不振动，只是用气声在说话。这些发声、共鸣、构音以及韵律等方面的问题是可以通过训练改善的。

五、产生言语障碍的主要原因

产生言语障碍的主要原因是孤独症儿童脑损伤或脑发育不全、语言表征的缺失、异于常人的生活经验以及缺乏学习语言的内部装置，造成了患儿存在社会性障碍、缺乏与他人视线的接触、言语与动作的刻板性以及对变化的强烈抵抗，缺少必要的语言交往能力。

孤独症儿童的言语障碍发生在各种语言层面上，但其共同的特点是不能自如地使用语言进行人与人之间的交往与沟通。

孤独症儿童构音障碍的特点及临床表现

一、孤独症儿童构音障碍的特点

1. 言语构音支持能力

学者杨希洁在20世纪80年代就指出,孤独症儿童一般都有不同程度的言语障碍,这会影响着这类儿童的发音,其中就包括呼吸问题、发声问题。如有些孤独症儿童无法发音,他们可以模仿口型,但发音时声带几乎不动。他们的上唇和脸颊部位的肌肉看上去僵硬,发音时张口幅度小。部分儿童能发一些单音,或者说几个简单的句子,但他们的声音很小。有趣的是这些儿童虽然说话声音很小,但是他们尖叫时,声音尖锐高亢,所以有些家长往往不认为孩子音量小。如果仔细观察尖叫的孩子,就会发现他们似乎动用了全身的肌肉力量叫喊,因此给家长造成假象。

部分儿童说话声调高,即"假声"或"洋腔洋调"现象;在说整句话的前几个字时声音大,越到后面声音越小,说话的时候似乎捏着鼻子,一字一字地从嗓子吐声,声音嘶哑等。

孤独症患儿的种类有所不同,患病程度的轻重有所不同,但是在每个患儿身上,都可能出现言语障碍问题。由于脑部在发育过程中受到损坏,孤独症儿童无法掌握发音的音调与音量,他们的语言节奏十分机械,也不能在不同的情境中使用不同的语言音量,从而表现为突然间发出高调或者尖叫,突然间发出悲哀甚至悲鸣声,这种发声障碍、韵律异常影响了构音的清晰度和语音的流畅性。

2. 构音语音异常与正常儿童相似

孤独症儿童在构音时,常出现音素的替代、歪曲、遗漏和添加等异常现象,语音有省略或含糊不清的现象。90%的孤独症儿童都会存在语音上的障碍。和正常儿童一样,他们在发一些辅音如/f、h、zh、ch、sh、r、l、z、c、s、g/等时和正常儿童一样存在发音困难,儿童会用一个音代替另一个音,或者出现遗漏,或者将某些音素省略。巴尔图雷(Bartolueci,1976)等人早在1976年就发现了孤独症儿童的构音错误与正常儿童及智力障碍儿童非常相似。所犯的语音错误都属于同类,而且错误频率也差不多,但缺乏语调和重音是一大特点,经常表现在词的重音放错方面,常强调那些不该强调的词。

二、孤独症儿童构音障碍的临床表现

1. 语音发育迟缓

孤独症儿童在语音发展速度方面与普通儿童相比,有着很大的差异性。普通儿童满1周岁便可以说出单个词语;孤独症儿童的语音发展则相对迟缓,很多孤独症儿童在4—5岁时仍然无法运用语言表达自己的想法。

2. 构音异常

孤独症儿童的构音异常,主要表现为咬字不清。很多孤独症儿童都有这样的发音障碍。孤独症儿童的语言发育迟缓,对其发音准确性造成了一定的影响。多数孤独症儿童虽然发音较为清晰,但是对于声调把握不好,无法运用声调和语调的变化表达自己的情感,容易将重音运用在不合适的地方,所以与其他人沟通时,很容易引起误会。对于其他人的情感反应,孤独症儿童也很难做出回应,所以孤独症儿童很少能与他人进行正常沟通。

3. 连续语音韵律异常

连续语音韵律异常主要表现在该类儿童在连续语流中的语音清晰度和韵律把握不好。韵律把握不好主要体现在语速和语调都控制不好,常出现机械式语音,没有合理的停顿。因为孤独症儿童对于词汇的理解和推理能力不强,他们对于词汇的记忆大多是死记硬背,所以不知道在哪停顿,也不知道重音的位置,所以语调听感上也没有变化,从而影响了交流。

孤独症儿童构音障碍的治疗

一、治疗原则

1. 全面与个别相结合的原则

言语语言障碍是孤独症儿童三大核心障碍之一,发音困难在许多孤独儿童身上都有所体现,且个体差别很大,部分孤独症儿童属于无言语类的言语障碍,而有的孤独症儿童构音器官正常,也能发出清晰的语音,但言语行为上的刻板重复,可能会导致言语矫治很难深入进行,所以孤独症儿童言语障碍的治疗一定要遵循全面与个别相结合的原则,在综合评估的基础上制订言语构音训练计划和方案。

2. 沟通先行的原则

孤独症儿童的构音障碍与普通儿童、智力障碍儿童的构音障碍存在着相似性,但治疗环节因孤独症儿童自身的特点而存在着很大的差异性,如孤独症儿童普遍具有沟通障碍,并伴有严重的情绪行为问题。所以言语治疗的顺利开展一定要基于孤独症儿童具有较好的沟通意识和一定的沟通能力,对于活在自己世界里、对他人不理不睬、无法与他人对视的个别孤独症儿童进行构音训练,先建立有意义的沟通意识才是最关键的。

3. 科学性原则

这一原则与智力障碍儿童的构音障碍非常类似,此处不再赘述。

4. 评估、治疗和监控相结合的"A+T+M"原则

孤独症儿童的构音障碍治疗同样要遵循评估、治疗和监控相结合的"A+T+M"原则。评估为制订和调整训练计划提供依据,使训练过程更有针对性。每个训练环节都要做好实时监测,监测治疗过程的有效性。

二、治疗步骤

1. 收集个人信息

收集孤独症患儿的个人信息，主要是与构音障碍有关的信息，包括言语发育情况、构音器官状况、日常会话状况、康复史等。

2. ICF 功能评估

首先在了解儿童社会沟通能力的基础上，通过快速筛查初步判定患儿是否存在构音问题，随后对患儿进行 ICF 构音功能精准评估，获得患儿构音功能的主观和客观评估数据，得出患儿构音功能异常的具体情况及言语支持能力的具体水平，将测得的各项指标的数据输入 ICF 转换器，得出患儿各项功能的损伤程度。为了及时调整治疗计划，建议每个阶段均进行一次构音功能精准评估。

3. 制订治疗计划

分析孤独症儿童的言语支持、构音语音功能的评估结果，结合患儿社会沟通能力的缺损情况、情绪行为情况等，制订构音语音训练计划，包括阶段性康复计划、月计划和日计划，治疗师、家属或患儿本人都要参与计划制订的过程。对构音治疗的主要任务、治疗方法、实施计划的人员、治疗前患儿的程度、预期目标（中、长期目标）及治疗后患儿所达到的程度等进行界定。

4. 康复治疗

（1）言语支持训练

前面已经讲到，孤独症儿童的言语支持存在问题，呼吸上的表现是词句不连贯；发声上可以大声喊，但语流中响度小，有的还有音质问题，出现嘶哑声，等等。针对这些情况，需要做针对性言语支持训练。随后才是构音语音的针对性训练。

① 停顿训练。

可借助言语障碍矫治仪结合促进治疗法中的"嗯哼法"和"哈欠叹息法"进行训练，具体操作详见本节的康复案例部分的内容介绍。

② 音节时长训练。

主要针对患儿呼吸控制能力较弱，如说话时长短，则可结合音节时长训练。可借助言语障碍矫治仪结合促进治疗法中的"缓慢平稳呼气法"和"唱音法"进行训练。

③ 响度变化训练。

响度变化训练同样可以结合言语障碍矫治仪进行（如图 9-3-1 所示），以 /f/ 的音位习得为例。首先通过"哈欠叹息法"进行声带放松，让儿童在哈欠、叹息时发单音节词 /fɑ/，同时注意降低响度（若患儿是响度正常或过小，则增加响度；若患儿是响度过大则降低响度）。其次通过响度梯度训练法逐级降低响度训练，要求儿童逐级降低响度发单

音节词 /fɑ/，使得降落伞逐渐下降，并要求尽可能稳定在较低位置。

图 9-3-1　发 /fɑ/ 与响度变化训练结合的响度实时反馈训练

④ 音调变化训练。

音调变化训练同样可结合言语障碍矫治仪的游戏训练来进行（如图 9-3-2 所示），图 9-3-2a 表示的游戏可以提高患儿音调的变化能力。朝右飞行的大飞机代表患儿的音调，迎面过来的飞机代表患者要避开的音调，患儿音调的高低决定着大飞机飞行的高度，而大飞机的高度又受其他飞机高度的影响，飞机之间不发生相撞则游戏成功。所以在整个训练过程中，患儿需要不断地调整音调的高低来避开这些飞机。图 9-3-2b 表示的游戏可以提高患儿音调连续变化的能力。小蜜蜂代表患儿的音调，珍珠代表患儿应该发出的目标音调。音调的高低决定小蜜蜂飞行的高度。小蜜蜂飞行的路线由珍珠排列而成。被小蜜蜂触碰到的珍珠就会变成心形，说明患儿可以达到这个音调水平。虽然这两个游戏的玩法不一样，但其目的都是让患儿通过实时的视觉反馈来调整自己的音调控制能力。

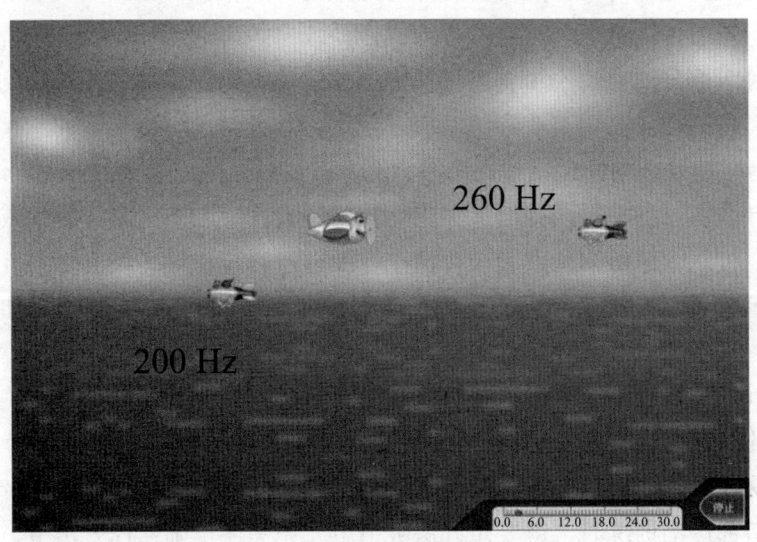

a. 调整音调以避开某个值

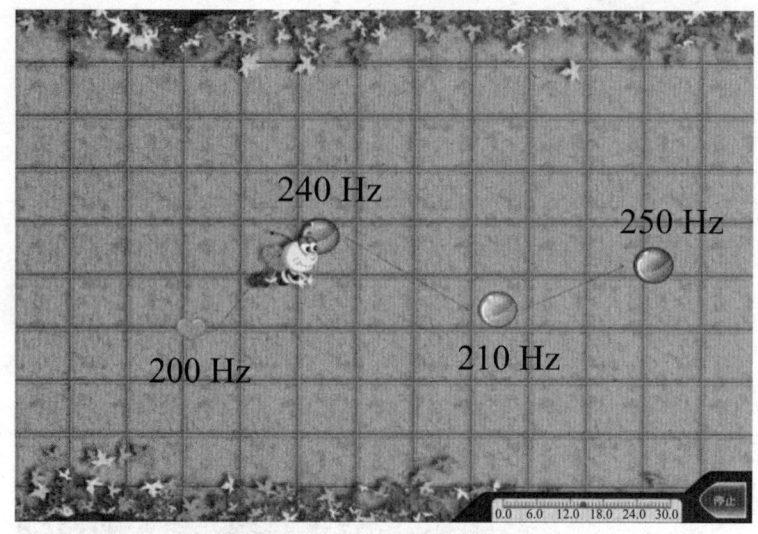

b. 调整音调以达到某个值

图 9-3-2　音调变化的不同训练模式

（2）言语构音训练

① 口部运动功能训练。

孤独症儿童特别是"无语言"的孤独症儿童，由于长期缺少语音的活动，或者经常发出一些无意义的自发音节，构音器官的机能减弱，或者构音器官发音协调性的异常，构音器官（唇、舌、齿、腭等）在发音时位置和形状的细微改变，都会引起共鸣腔的变化，从而改变目标音的正确发音。所以对孤独症儿童的口部运动功能训练的主要目的，是尽量帮助孤独症儿童把构音器官的机能恢复起来，使构音器官的配合协调灵活，为韵母和声母能正确而精确的构音奠定基础。口部运动的方法可参考本书第三章口部运动训练的相关内容，在具体训练时可结合儿童的实际情况酌情降低训练强度。

② 构音语音训练。

孤独症儿童构音障碍的特点与智力障碍儿童的特点相似，突出表现在部分韵母音位习得、声母音位习得困难上，这类儿童的构音训练中的口部运动训练、构音运动训练和构音语音训练三部分内容均不可偏废。其中口部运动和构音运动训练选择的内容要根据声母或韵母音位的诱导需要，在音位掌握过程中，儿童对于声母音位的掌握是重点。异常声母异常音位的掌握同样包括音位诱导训练、音位习得训练与音位对比训练三个环节。

音位诱导训练：目的是诱导出孤独症儿童构音过程中本被遗漏、替代或者歪曲的目标声母音位。可从音位感知和发音教育两个方面进行音位诱导。结合孤独症儿童与人沟通的意愿较低的特点，适当结合构音测量与训练仪 S3 中的音位感知游戏和发音教育图片进行诱导，吸引孤独症儿童主动去学习。因为这个阶段不需要患者模仿发音或者实际发音十分准确，只要患儿有兴趣，能够关注发音示范，一般就能够找到正确的发音部位并建立正确的发音方式。

在音位诱导时，如果参与目标构音的口部器官的运动功能不能达到发音要求，需要做针对性的口部运动训练时，就要想办法吸引患儿先关注正确的模式示范，再进行辅助的口部训练。如 /b/ 的音位诱导，当患儿找到发音位置，也明白发音方式后，还是不能发出该音，说明患儿的双唇闭合能力需要加强，可用口部运动训练器中的唇肌训练器进行辅助训练，在训练之前一定要先做好示范，引起患儿的兴趣，利用好孤独症患儿的模仿能力。

音位习得训练：主要是采用构音测量与训练仪 S3 进行目标音位的习得训练，帮助孤独症儿童掌握目标音位的单音节、双音节及三音节词；同时可以通过改变患儿自己声音的语速或音调进行目标音位习得的语音自反馈训练。在这一阶段的治疗中，可充分利用孤独症儿童喜欢玩电子游戏的特点，让患儿自己操控画面进行语音自反馈训练，并及时给予奖励。

音位对比训练：在训练进行过程中，即使孤独症患儿掌握了目标声母音位的发音方法，也经常会与相似的声母音位混淆，这时就要进行音位对比训练。首先进行音位对的听觉识别训练，然后是音位对比训练，并结合重读治疗法进行视听反馈训练。

三、注意事项

1. 要重视非语言行为的诱导和训练

非语言行为主要指除语言之外的其他交流形式，如手势、眼神、动作、声音、表情等，非语言能力的发展是语言发展的基础，其传达的信息也是很丰富的。孤独症儿童常用一些原始的动作来表达自己的意思，如自我刺激、自我伤害等，而不会用摇头、点头、摆手，尤其是表情、眼神来表达自己的需求，在对孤独症儿童进行言语训练时，主要促使儿童这种非语言行为的形成和模式的建立。

2. 要重视共同注意力的形成和训练

共同注意指的是与他人共同对某一对象或者食物加以注意的行为，一般包含视线和指点行为。学者拜伦·科恩（Baron Cohen）将儿童的共同注意分为两类，一是"元陈述指向"，即儿童作为主导者去引发别人的视线接触，而另一类则是"注视监控"，即儿童追随他人的视线或指点去注视某一对象物。如当孩子与妈妈同看一本书，孩子注意到了书上的大象后看向妈妈，指着大象并且回看妈妈，来确保妈妈也注意到了这个大象。该例中，孩子就是共同注意的发起者，是元陈述指向。当孩子与妈妈同看一本书，妈妈指着书中大象图片对孩子说"看"，孩子能够对此有回应，并把注意力放到大象身上，这个过程就是注视监控，也被称之为"应答性共同注意"。

孤独症儿童能否获得手势共同注意能力，是孤独症语言发展的关键因素之一，在构音障碍训练过程中，对共同注意力的训练要穿插始终，如动作模仿过程中，需要儿童对要模仿的动作给予共同注意，才能完成模范动作。随着孤独症儿童共同注意能力的提高，其听从指令的能力也会增强，言语模仿能力也会相应提高，言语训练效果就会提高。

3. 要注意训练过程中的情感沟通

社会情感缺陷是孤独症儿童社交能力低下的重要原因之一，他们用古怪的行为来表达自己的感受和需求，所以在言语矫治过程中，治疗师要用适当的方式去回应孤独症儿童的不良的表达需求，帮助孤独症儿童与老师及父母建立适当的依恋关系。

孤独症儿童构音障碍康复案例

为了清晰掌握智障儿童构音障碍的治疗过程，本节结合一名孤独症儿童的构音康复案例来学习，并选取该名儿童未习得的一个声母音位 /g/ 为例介绍具体的方法选择。

一、案例基本信息

杨某某，男，2014年9月17日出生，寻求治疗时4岁，障碍类型为孤独症。

二、功能评估结果

1. 言语支持评估结果

通过对患儿的主观观察，初步判定杨某某的言语支持的状况为：呼吸支持不足，停顿时间延长，语速缓慢；存在音调高、硬起音、粗糙声等问题。

2. 构音语音评估结果

采用"构音语音能力评估表"对患儿进行构音语音能力评估，结果发现：该患儿构音清晰度为39.47%，构音处于第二阶段，明显落后于同年龄、同性别正常儿童水平。其中，声母音位习得处于第二阶段，已习得声母7个，分别是 /b、m、d、h/、/p、t、n/，声母音位对比已掌握声母个数7对。未习得声母有 /g、k/、/f、j、q、x/、/l、z、s、r/、/c、zh、ch、sh/。未习得声母音位对18对。

3. 构音 ICF 功能损伤程度转换

将构音功能精准评估结果进行 ICF 功能损伤程度转换，该名孤独症患儿的构音清晰度为 39.47%↓，相对年龄 3 岁以下，构音语音能力属于中度损伤；已掌握声母个数 7 个，相对年龄 3 岁以下，声母音位习得能力属于重度损伤；声母音位对比已掌握声母个数 7 对，声母音位对比能力属于中度损伤。如表 9-4-1 和表 9-4-2 所示。

表 9-4-1　杨某某的构音功能精准评估结果进行 ICF 功能损伤程度转换结果一

	声母音位习得（个）	声母音位对比（对）	构音清晰度（%）
结果记录	7	7	39.47

表 9-4-2　杨某某的构音功能精准评估结果进行 ICF 功能损伤程度转换结果二

身体功能，即人体系统的生理功能损伤程度			无损伤	轻度损伤	中度损伤	重度损伤	完全损伤	未特指	不适用
			0	1	2	3	4	8	9
b320	构音功能 Articulation functions	声母音位习得	□	□	□	☒	□	□	□
		声母音位对比	□	□	☒	□	□	□	□
		构音清晰度	□	□	☒	□	□	□	□
	产生言语声的功能，包含构音清晰功能、构音音位习得功能。 功能受损时表现为痉挛型、运动失调型、弛缓型神经性言语障碍等神经损伤导致的构音障碍。 不包含语言心智功能（b167）；嗓音功能（b310）。								
	信息来源：☒病史　□问卷调查　□临床检查　☒医技检查								
	问题描述： 　声母音位习得：已掌握声母个数 7 个↓，相对年龄 3 岁以下；声母音位习得能力属于重度损伤。 　声母音位对比：已掌握声母个数 7 对↓，声母音位对比能力属于中度损伤。 　构音清晰度：构音清晰度为 39.47%↓，相对年龄 3 岁以下；构音语言能力属于中度损伤。								

综合分析得出，该孤独症儿童构音障碍属于中度损伤，并伴有轻度呼吸和发声异常问题。建议主要开展构音语音功能训练，包括口部运动治疗和构音语音训练。此外其他检查未见异常，如构音器官检查、听力学检查、运动功能检查等。

三、制订治疗计划

1. 治疗目标

（1）长期目标（8—12 周）

① 言语支持治疗目标。

呼吸支持、发声水平及嗓音音质达到同年龄、同性别普通儿童的标准。

② 构音语音治疗目标。

唤醒患儿构音器官的技能，结合适当的口部与构音运动训练，能正确诱导出未习得的韵母音位和声母音位。能将新习得的音位应用到音节及词汇中，并能在与人沟通时使用含有新习得音位的词汇。声母音位的损伤值由3级降到1级，音位对比的损伤值由2级降到0级，构音清晰度的损伤值由2级降到0级。

（2）短期目标（4—6周）

① 言语支持治疗目标。

呼吸支持、音调变化基本达标。

② 构音语音治疗目标。

下颌、唇、舌的稳定性达到正常水平并处于正常模式；诱导出声母音位/g/、/k/、/f/、/j/、/q/、/x/、/l/、/z/、/s/、/r/、/c/、/zh/、/ch/、/sh/。在训练过程中，将构音运动与构音语音紧密结合起来。

2. /g/ 的训练

（1）言语支持训练

针对该名儿童的言语支持问题的具体表现，主要进行停顿训练、音节时长训练、音调变化训练等。

（2）构音语音训练

主要针对/g/的音位诱导、音位习得、音位对比进行训练。

3. 治疗设备及辅具

构音障碍康复训练仪S3、言语障碍矫治仪S2、舌后位运动训练器或压舌板、镜子等。

四、治疗过程及实时监控

第一阶段为/g/的音位诱导训练，目标是掌握/g/的发音部位和发音方式；第二阶段为/g/的音位习得训练，目标是结合言语支持或语音自反馈进行实时反馈训练；第三阶段为/g/的音位对比训练，"g/k"的音位对比结合言语重读训练进行实时反馈训练。

1. 声母/g/的音位诱导训练

（1）掌握/g/的发音部位

使用舌后位运动训练器和镜子进行训练。在镜子前示范舌根上抬的动作，让患儿看着镜子跟着模仿该动作；用舌后位运动训练器蘸取少量冰水刺激患儿的舌根部位，帮助患儿认识/g/的发音部位。

将舌后位运动训练器凹面朝下贴着患儿的上腭放入，将其后端正好放在舌根处，让患儿将舌根部上抬至舌后位运动训练器的凸起处,并顶住磨砂面,然后根据构音障碍康复训练仪 S3——口部运动治疗部分的舌后位运动训练法,进行舌根音的构音运动训练。如图 9-4-1 所示。

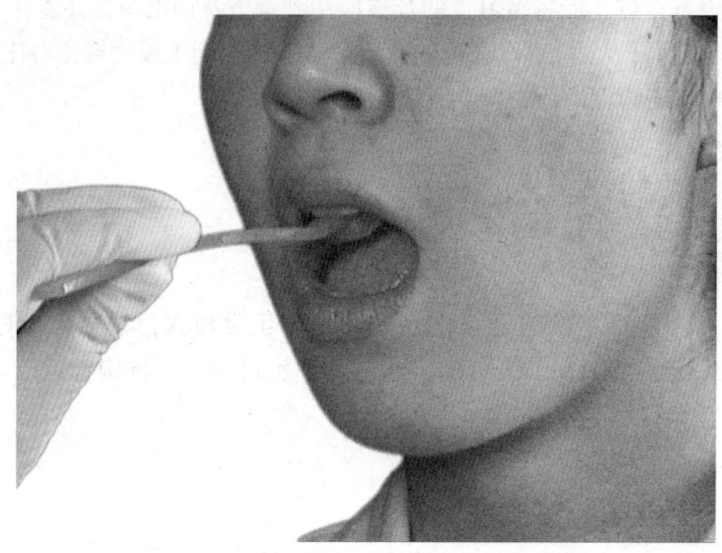

图 9-4-1 /g/ 舌后位运动训练器训练界面

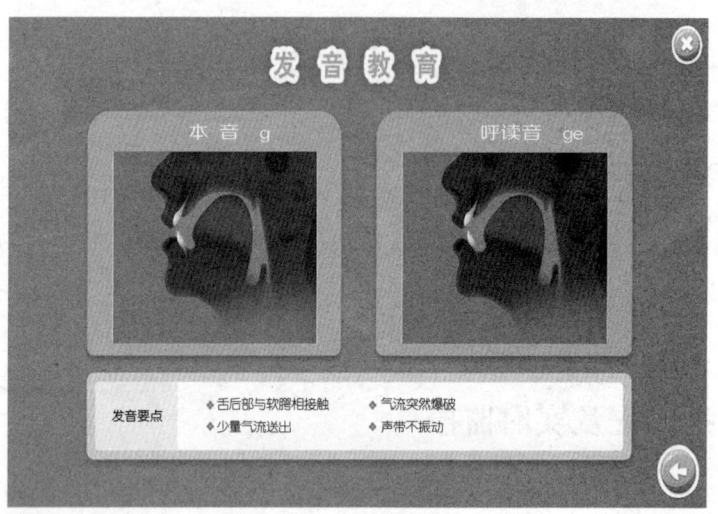

图 9-4-2 /g/ 的发音教育界面

（2）掌握 /g/ 的发音方式

将羽毛或纸巾放在嘴前,让患儿体会发 /g/ 音时的不送气特征;借助已习得音位 /d/ 巩固不送气塞音的发音方式,巩固发 /g/ 时的不送气特征,如图 9-4-2 所示。可以通过构音障碍康复训练仪 S3 中的发音教育部分,巩固患儿对 /t/ 发音要点的理解。

2. 声母 /g/ 的音位习得训练

（1）音位习得训练

采用构音障碍康复训练仪 S3 进行 /g/ 的音位习得训练,帮助患儿掌握 /g/ 的单音节词，如 /ga/ 嘎、/ge/ 哥、/guo/ 果等。尝试进行 /g/ 的双音节词和三音节词的音位习得训练。训练材料酌情结合患儿的情况进行选择，本案例中选择的图片均是孤独症儿童喜欢的。

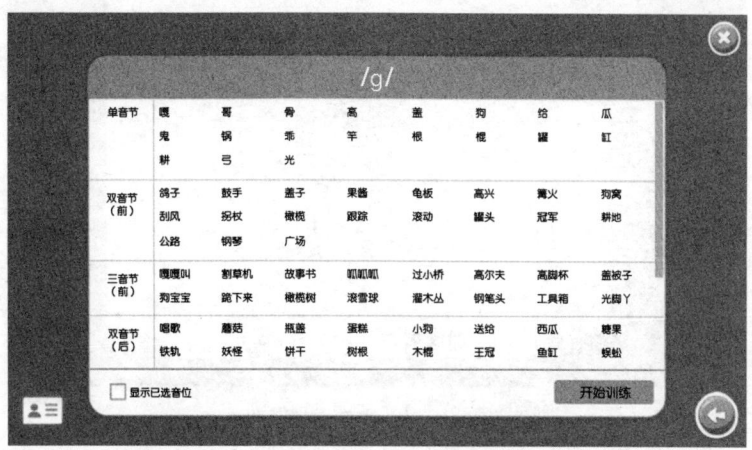

图 9-4-3　/g/ 的音位习得训练材料

图 9-4-4　/g/ 的单音节词训练

图 9-4-5　/g/ 的双音节词训练

图 9-4-6 /g/ 的三音节词训练

(2) 音位习得实时监控

训练过程中选择目标声母与核心韵母 /a、i、u/ 组成的声韵组合（后续可以选择目标声母组成的有代表性的单音节词、双音节词和三音节词）进行目标音正确率的测量。表 9-4-3 是 11 月 29 日和 12 月 2 日两次测试的目标音正确率，从 22.2% 增加至 77.8%，说明患儿的音位习得能力有明显提高。

表 9-4-3 /g/ 音位习得的实时监控表

日期	阶段	音位	声韵组合	音位习得情况					
				前测	错误走向	正确率（%）	后测	错误走向	正确率（%）
11月29日	二	/g/	嘎 /ga/	010	g→d	22.2	110	g→d	44.4
			哥 /ge/	000	g→d		001	g→d	
			姑 /gu/	010	g→d		011	g→d	
12月2日	二	/g/					111	g→d	77.8
							011	g→d	
							101	g→d	

(3) 语速训练

针对患儿的音节时长拖延，选择提高语速 (1.2、1.5) 的反馈音；让患儿模仿发音，将患儿的语速提高到正常范围内。如图 9-4-7 所示。患儿的语速提高到正常标准后，还需要进行语速的分级控制训练，让患儿进行听反馈并模仿正常 −0.8—0.5 (提高语速)，

正常 –1.2—1.5（降低语速）的变调训练，以提高其语速的精细分级控制的能力。如图 9-4-8 所示。

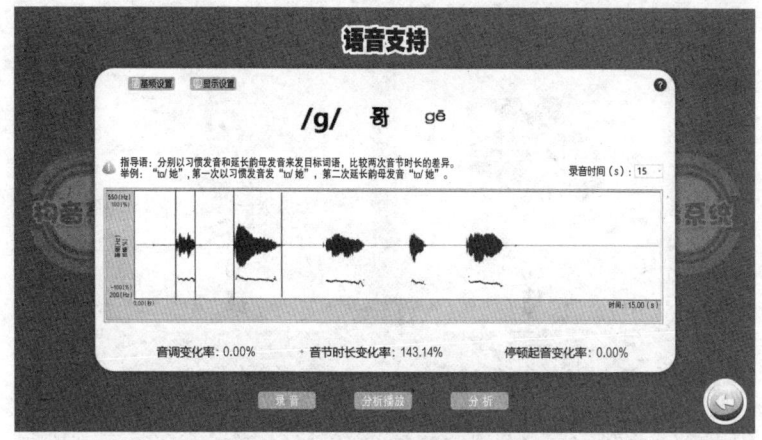

图 9-4-7　/g/ 的语速训练界面

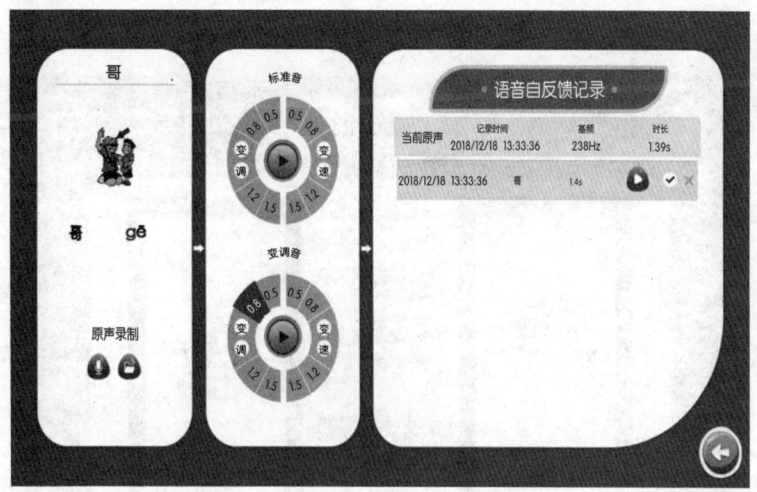

图 9-4-8　/g/ 的语速分级控制训练界面

3. 声母 /g/ 的音位对比训练

首先进行音位对比的听识别训练，建议采用构音障碍康复训练仪 S3 中的音位对比训练中的"听一听"部分进行训练，让患儿从听感上正确区分"d/g"音位对。如图 9-4-9 所示；然后进行"d/g"音位对比训练，建议采用构音障碍康复训练仪 S3 中的音位对比训练中的"说一说"部分进行对比训练，让患儿能正确区分以上音位对，并能准确构音。如图 9-4-10 所示。

图 9-4-9 "d/g"音位对的听觉识别训练

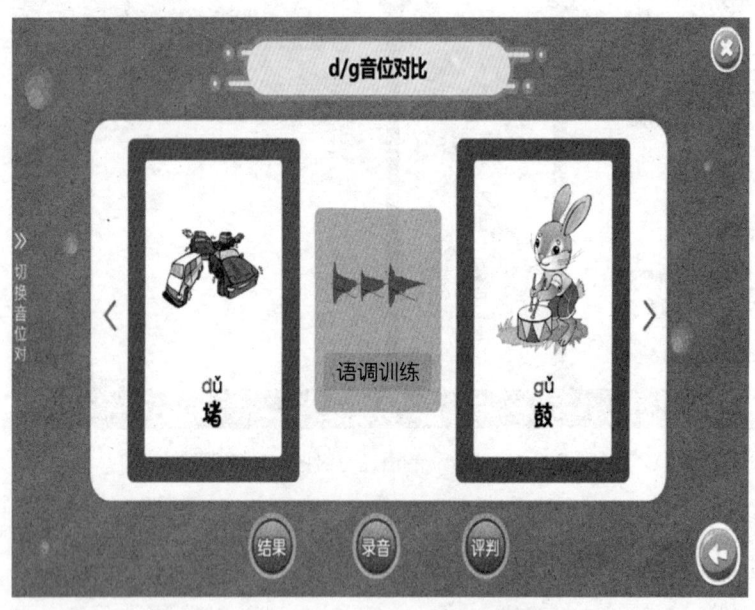

图 9-4-10 "d/g"音位对比训练

"d/g"音位对比的语调重读治疗。包括韵母交替对比训练和声母交替对比训练。训练次数为 2—3 次。韵母交替对比训练可以选择声韵组合的行板节奏一的训练，/c1v1C1V1C1V1C1V1/。选择重读治疗课程样板音频 /ga-GA-GA-GA/、/gu-GU-GU-GU/、/ge-GE-GE-GE/、/ga-GA-GE-GU/、/da-DA-DA-DA/、/du-DU-DU-DU/、/de-DE-DE-DE/、/da-DA-DE-DU/。如图 9-4-11 所示。声母交替对比训练也可以进行声韵组合的行板节奏一的训练，"d/g" 与相同的单元音相配，录制样板音频 /ga-DA-GA-DA/、/gu-DU-GU-DU/、/ge-DE-GE-DE/、/da-GA-DA-GA/、/du-GU-DU-GU/、/de-GE-DE-GE/，

让患儿听取音频，进行学习和模仿发音，与标准音频进行视听匹配训练。如图 9-4-12 所示。

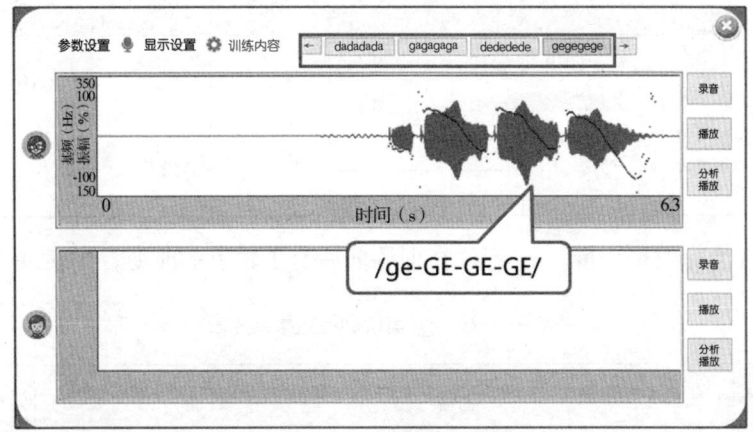

图 9-4-11　"d/g"韵母音位交替对比重读训练

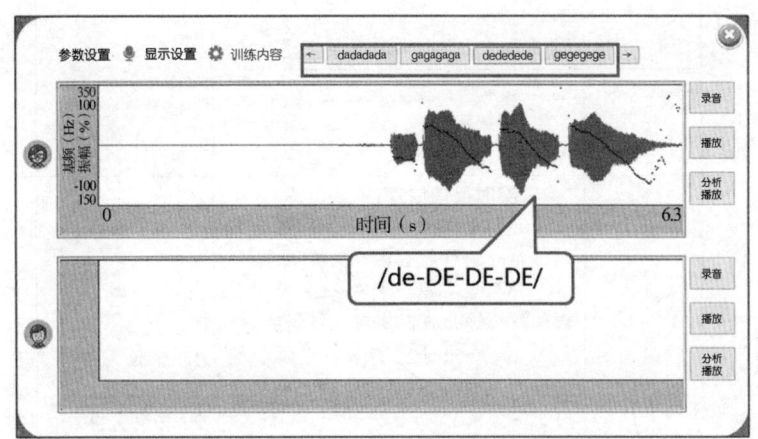

图 9-4-12　"d/g"声母音位交替对比重读训练

声母 /t/ 的音位对比训练的实时监控。音位对比的训练过程中，选择有代表性的含有目标音位的音位对进行测试，从 11 月 29 日至 12 月 2 日的两次监测结果来看，正确率从 0.0% 增加至 66.6%，说明该患儿 /g/ 的音位对比能力有了明显提高。如表 9-4-4 所示。

表 9-4-4　/g/ 音位对比的实时监控表

日期	音位对	音位对比	目标音	实发音	音位对比情况			
					前测	正确率（%）	后测	正确率（%）
11月29日	"d/g"	特征：USP 序号：8	g	d	000	0	100	33.3
			d	d				
		特征： 序号：						

续表

日期	音位对	音位对比	目标音	实发音	音位对比情况			
					前测	正确率（%）	后测	正确率（%）
12月2月	"d/g"	特征：USP 序号：8	g d	d d			110	66.6
		特征： 序号：						

/g/ 的构音治疗效果评价。/g/ 音位在训练前后有了较大的改变，如表9-4-5 所示。

表 9-4-5　/g/ 音位训练效果监控表

时间	训练类型	内容		训练前描述（如需）	训练效果
12月2日	声母音位习得 声母音位对比 构音清晰度	音位诱导	训练音位：/g/ ☑ 发音部位的诱导：舌后位运动训练器 ☑ 发音方式的诱导：体会不送气		
		音位习得——促进治疗	☑ 单音节词：嘎、哥、姑 传统治疗： ☑ 模仿复述		
12月2日	声母音位习得 声母音位对比 构音清晰度	音位习得——促进治疗	实时反馈治疗： ☑ 与言语支持——停顿起音训练结合进行起音实时反馈训练 ☑ 与言语支持——音节时长训练结合进行声时实时反馈训练 ☑ 与言语支持——音调、响度变化训练结合进行音调、响度实时反馈训练 ☐ 双音节词：_____ 传统治疗： ☐ 模仿复述 实时反馈治疗： ☐ 与言语支持——停顿起音训练结合进行起音实时反馈训练 ☐ 与言语支持——音节时长训练结合进行声时实时反馈训练 ☐ 与言语支持——音调、响度变化训练结合进行音调、响度实时反馈训练 ☐ 三音节词：_____ 传统治疗： ☐ 模仿复述	1. 音位习得正确率：22.2% 2. 言语支持（停顿起音）：习惯吸气1.0s，缓慢吸气1.1s，差异——N 3. 言语支持（音节时长）：习惯发音0.7s，延长发音0.8s，差异——N 4. 言语支持（音调变化）：习惯音调240Hz，高音调256Hz，差异——N	1. 音位习得正确率：77.8% 2. 言语支持（停顿起音）：习惯吸气1.1s，缓慢吸气2.9s，差异——N 3. 言语支持（音节时长）：习惯发音0.7s，延长发音1.7s，差异——N 4. 言语支持（音调变化）：习惯音调258Hz，高音调305Hz，差异——Y
		音位对比	训练音位对："d/g" ☑ 音位对的听觉识别训练 ☑ 音位对比训练 ☑ 结合行板节奏—进行言语视听反馈训练		

五、疗效评价

案例中的孤独症儿童经过 8 周的康复时间后，其构音语音功能有了明显改善，表 9-4-6 为训练后的 ICF 构音语音功能训练效果表。从效果表上可以知道，经过 3 期评估之后，声母音位习得、音位对比的目标达成，构音清晰度显著提高，达成了目标。

表 9-4-6　ICF 构音语音功能训练效果表

ICF 类目组合		初期评估 ICF 限定值 问题					目标值	中期评估（康复3周） ICF 限定值						目标达成	末期评估（康复6周） ICF 限定值						目标达成
		0	1	2	3	4		干预	0	1	2	3	4		干预	0	1	2	3	4	
构音语音功能																					
b320	声母音位习得						1							—							√
	声母音位对比						0							—							√
	构音清晰度						0							—							√

第十章

唇腭裂儿童构音障碍的治疗

概述

PART 1
第一节

一、唇腭裂的概念

唇腭裂是口腔颌面部最常见的先天性畸形，上唇同侧或两侧、部分或完全裂开，俗称"兔唇"，医学上称为唇裂。若裂缝延伸至口内硬腭或更内部的软腭部分，称为唇腭裂；唇裂和腭裂可同时发生，也可单独发生，有时仅上腭或软腭裂开而外表正常，俗称"狼咽"，医学上称为腭裂（如图10-1-1b 所示）。不同程度的唇部、腭部的软硬组织裂开，造成面部畸形以及吮吸、咀嚼、吞咽、呼吸、言语、语言等多项功能障碍。患病比值约为1∶1000，可因人种、性别的不同而有所差异。根据我国出生缺陷检测中心1996—2000年调查显示，新生儿唇腭裂的患病比值约为1.624∶1000，有上升趋势；男女性别比值为1.5∶1，男性多于女性。中国是世界上拥有最多唇腭裂患者人群的国家。

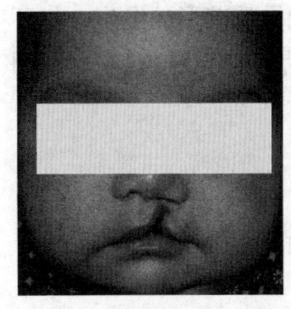 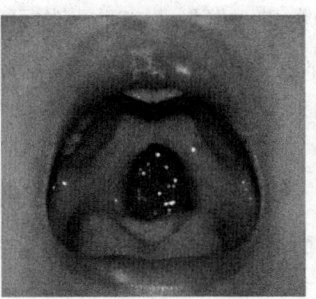 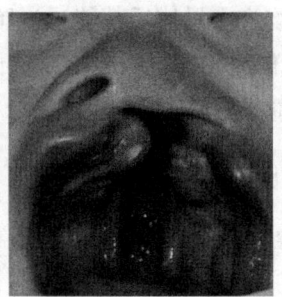

a. 唇裂　　　　　　　　b. 腭裂　　　　　　　　c. 唇腭裂

图 10-1-1　唇裂、腭裂、唇腭裂图示

二、唇腭裂的病因

目前尚不明确唇腭裂的确切病因，根据现有的研究显示，可能与遗传及母体怀孕期间胚胎受环境因素影响有关，主要包括以下方面。

1. 遗传因素

先天性唇腭裂，在不同人群中有20%的患者有着"阳性家族史"，即在其直系或旁系亲属中有类似的畸形发生，因而被认为唇腭裂畸形与遗传有一定的关系。

2. 营养因素

妇女怀孕期间营养缺乏，是唇腭裂的病因之一。其中叶酸的摄入是很重要的因素，研究表明孕期叶酸的补充可以防止先天性唇腭裂的发生，在孕期的前3个月左右补充维生素，新生儿患唇腭裂的风险会降低。而在孕期服用抗癫痫药物如苯妥英钠等会增加唇腭裂的发生率，因为其可以干扰叶酸代谢，因此专家推断与叶酸代谢有关的基因突变也与唇腭裂的发生有关。

3. 感染和损伤

临床流行病学调查发现，母体在怀孕前发生过子宫及邻近部位的损伤，如人工流产不全或滥用药物堕胎等均能影响胚胎的发育而导致畸形产生。此外，母体在妊娠初期，罹患病毒感染性疾病，如风疹等，也可能影响胚胎的发育从而诱发畸形。

4. 内分泌的影响

在妊娠期，孕妇因生理性、精神性及损伤性等原因，体内肾上腺皮质激素分泌增加，有可能诱发先天性畸形。

5. 药物因素

多数药物进入母体后都能通过胎盘进入胚胎。有些药物可能导致畸形的发生，如环磷酰胺、异维A酸、氨甲蝶呤、抗惊厥药物、抗组胺药物、美克洛嗪（敏克静）、沙利度胺等均可能导致胎儿的畸形。

6. 物理因素

胎儿发育时期，若孕妇频繁接触微波等，有可能导致唇腭裂的发生。

7. 烟酒因素

流行病学调查显示，母体妊娠早期大量吸烟（包括被动吸烟）以及酗酒，其子女唇腭裂的发生率比无烟酒嗜好的母体高。

8. 其他因素

其他的疾病如流感、普通感冒、口面疱疹、胃肠炎、鼻窦炎、支气管炎以及心绞痛在妊娠期发作，也有可能在一定程度上增加新生儿患唇腭裂和单纯腭裂的风险。

三、唇腭裂的分类

对于唇腭裂，现阶段国内还没有一套统一的分类方法，目前倾向于以下分类（如图 10-1-2 所示）。

1. 唇裂

（1）单侧唇裂

单侧不完全性唇裂、单侧完全性唇裂。

（2）双侧唇裂

双侧不完全性唇裂、双侧完全性唇裂、双侧混合性唇裂。

2. 腭裂

（1）软腭裂

仅软腭裂开，有时只限于悬雍垂。不分左右，一般不伴发唇裂。临床上以女性比较多见。

（2）不完全性腭裂

软腭完全裂开伴有部分硬腭裂，有时伴发单侧部分（不完全）唇裂，但压槽突常完整，本型无左右之分。

（3）单侧完全性腭裂

裂隙自腭垂至切牙孔完全裂开，并斜向外侧直抵牙槽突，与牙槽裂相连；健侧裂隙缘与鼻中隔相连；牙槽突裂有时裂隙消失仅存裂缝，有时裂隙很宽；常伴发同侧唇裂。胚胎发育到第 9 周时，如果一侧外侧腭突未能与对侧的外侧腭突、前方的内侧腭突和上方的鼻中隔相互融合，则可发生单侧的完全性腭裂。

（4）双侧完全性腭裂

常与双侧唇裂同时发生，裂隙在前颌骨部分，各向两侧斜裂，直达牙槽突；鼻中隔、前颌突及前唇部分孤立于中央。胚胎发育到第 9 周时，如两侧外侧腭突彼此未能相互融合或与内侧腭突均未能相互融合，则可能发生双侧的完全性腭裂。

此外，还有一种常用的腭裂分类方法，将其分为Ⅰ度、Ⅱ度、Ⅲ度。

Ⅰ度：只是悬雍垂裂。

Ⅱ度：部分腭裂，未至切牙孔。根据裂开部位又分为浅Ⅱ度裂（软腭），深Ⅱ度裂（软腭及硬腭部分）。

Ⅲ度：全腭裂开，由悬雍垂至切牙区，包括牙槽突裂，常伴发唇裂。

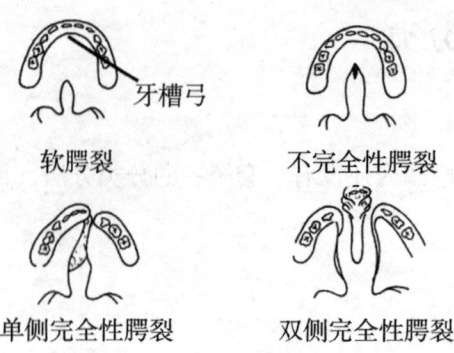

图 10-1-2 唇腭裂的分类

四、唇腭裂对言语功能的影响

唇腭裂患者的语言功能与正常人相同，但由于唇部裂隙和／或腭部裂隙的存在，不能实现腭咽闭合，而形成各种腭裂语音；同时为了形成腭咽闭合，常以舌体和舌背的移动来堵塞腭部裂隙，从而养成代偿性构音习惯。

1. 腭咽闭合不全对语音功能的影响

腭咽闭合是指在发音过程中软腭与咽后壁协调运动，在发某些音时软腭后 1/3 与咽壁形成广泛而紧密的接触，使口鼻腔完全隔开，以维持语音的共鸣平衡，并在口腔内形成一定的呼吸气流压力。腭咽闭合功能在正常语音过程中起着重要的作用。腭裂畸形导致语音活动时，由软腭、悬雍垂、咽侧壁、咽后壁相互运动，无法共同关闭鼻咽腔，而导致腭咽闭合不全，如果在发音时腭咽闭合功能不全，鼻腔则形成一个额外的共鸣腔，从而影响了所有浊辅音、摩擦音的语音清晰度，形成鼻音化。同时，发音时口鼻腔不能隔开，也不可能在口腔内形成足够的气流压力，造成爆破音，摩擦音时的发音困难，还可能导致语音变形，辅音遗漏，声门部的替代音和加重不良语音习惯。上海交通大学医学院唇腭裂治疗研究中心将腭咽闭合功能不全引起的语音障碍按音色特点和构音方式细分为以下三个亚类。

（1）声门爆破音

声门爆破音被国外学者认为是腭裂语音的代表音。腭咽闭合功能不全者几乎都存在不同程度的声门爆破音，并至少伴有两种以上的异常语音。辅音起音时间消失或过短，这与临床症状完全吻合。其异常语音主要发生在发 /z/、/c/、/s/、/j/、/q/、/x/、/g/、/k/ 等辅音，部分患者在发元音 /i/ 时也会出现异常。严重者在发这些音时，面部表情肌常常也参与。患者在发上述音时咽喉部有"挤卡压"似的音，发音时降颌肌群部分用力过度。

（2）咽喉爆破音

腭咽闭合功能差，软腭活动度小，患者在发音过程中通过舌根和咽后壁间的接触来完成整个发音过程，以 /k/、/g/ 等音最容易检查。正常构音者在发 /ka/、/ga/ 时，可见舌背上抬的运动，但在发咽喉爆破音时，舌音呈水平向后移，/z/、/c/、/s/、/j/ 音异常。

（3）咽喉摩擦音

咽喉摩擦音是腭咽闭合功能不全患者特有的一种异常语音。他们的语音清晰度很低，发音特点是在发塞音、擦音时舌根和咽喉摩擦而形成的异常语音。临床上以 /z/、/c/、/s/、/j/、/q/、/x/ 等音最易检测。在发音时很难看到患者的舌尖运动。

2. 代偿性不良语音习惯对语音功能的影响

腭裂患者由于口鼻腔相通，发音时不能完全做到口鼻腔分离，也不能在口腔内形成足够的压力，缺损同时也影响了语音共鸣腔的形状和发音活动中气流的走向。舌的活动也会因腭部结构的缺陷及口腔形状的异常而受到影响，出现各种异常的代偿性发音动作。咽部、声门等也因上述结构的缺陷而出现各种异常的代偿性发音动作，形成以过高鼻音、鼻漏气、和压力辅音缺失为特征的"腭裂语音"。

除了以共鸣异常和构音异常为其主要特点，因为错误的用嗓方式，部分腭裂患者还可能伴随不同类型的嗓音异常。

唇腭裂儿童构音障碍的特点

一、共鸣异常

腭裂患者由于存在腭咽闭合不全、鼻道堵塞或鼻中隔偏曲，会表现不同类型的共鸣异常，常见鼻音功能亢进、鼻音功能低下、混合性鼻音。

1. 鼻音功能亢进

鼻音功能亢进是最常见的腭裂语音表现之一。由于发音时过多的声音能量在鼻腔中共鸣导致的共鸣异常。腭裂患者腭咽口不能完全关闭或者不能持续关闭，口鼻腔在不该相通的时候异常连通，声波能量转移至鼻腔，在口鼻腔中共鸣，造成过高鼻音的听觉感知。临床以等级划分鼻音功能亢进的程度一般分为无鼻亢、轻度鼻亢、中度鼻亢、重度鼻亢。不同的等级反映不同的腭咽功能障碍程度，鼻音越重，说明腭咽闭合不全的程度也越严重。

2. 鼻音功能低下

当鼻腔内共鸣减少或共鸣不足时，会产生鼻音低下。鼻音功能低下在发鼻辅音 /m/、/n/、/ng/ 时尤其明显。鼻音功能低下通常由鼻咽气道的解剖性阻塞引起，可能是鼻腔通气道被部分堵塞，也可能是鼻气道开口被部分堵塞。

鼻音功能低下与鼻音功能亢进是一组看似对立的共鸣状态，当腭裂患者有腭咽闭合不全时呈现的是鼻音亢进状态，但是部分咽瓣等咽成形术后患者，由于腭咽间隙缩窄咽腔结构变化，鼻音功能低下是其常见的术后并发症。同时，若患者存在上声道的堵塞时，也可能产生鼻音不足，例如，鼻甲肥大、鼻中隔偏曲、腺样体肥大、扁桃体肥大等等。

3. 混合性鼻音

当腭咽闭合不全的患者同时存在鼻道或鼻腔内阻力时，若气道阻力改变了鼻辅音的感知特征但又不足以使鼻腔共鸣完全消失，导致发口辅音时出现鼻音亢进或鼻漏气，而发鼻辅音时出现鼻音低下，则称为混合性鼻音。

这种情况常见于咽瓣术后并发腭咽闭合不全的患者，同时存在腭咽闭合不全和鼻咽腔阻塞。部分腺样体肥大的患者，不规则的腺样体表面可能干扰腭咽封闭，同时妨碍声音进入鼻腔，表现为同时存在鼻音低下和鼻漏气。

二、构音异常

1. 高鼻音

正常语音产生时，腭咽瓣控制口鼻腔的连通，软腭与咽壁协调运动形成腭咽闭合，呼出的气流在口腔共鸣，通过唇、舌等器官的活动发出清晰的声音。高鼻音是指由于腭咽闭合不全，患儿在发音过程中呼出的气流同时进入口腔与鼻腔，致使口腔与鼻腔同时共鸣产生一种深而空的过高鼻音。高鼻音影响元音构音的准确度，其中最易受累的是前高元音 /i/、后高元音 /u/。如：从 1 数到 10，1、5、7 常呈明显的发音困难与扭曲，甚至数字 4 与 10 也常被扭曲并错误构音。口腔开颌程度、舌的高度与前后位置也影响鼻音程度。腭裂患者腭咽闭合不全，说话时不仅不容易将下颌打开，口腔张大，也容易将舌头往下压，远离正确的构音位置。高鼻音是腭咽闭合不全最直接的判断依据。

2. 鼻漏气

咽闭合不全与口腔瘘管还会造成鼻漏气，从而影响语音的清晰度，鼻漏气是指发音时气流经鼻腔异常遗漏的现象。通常发生在患者发压力性音节时，口腔内压力升高，同时由于腭咽闭合口不能完全关闭，部分气流从腭咽间隙进入鼻腔排出，形成鼻漏气。发生鼻漏气时，患者还存在相关的特征，例如，鼻部和/或面部表情扭曲、辅音弱化和发音长度缩短。鼻漏气只影响辅音，尤其是压力敏感性辅音，不影响元音或者半元音。患者说话时可听得到有声的鼻漏气，除气息外，说话时还会有从鼻腔出现的杂音。根据听到与否，又分不可闻及的鼻漏气和可闻及的鼻漏气。患者家人最无法接受有声的鼻漏气，因为常将其认为是最严重、最具干扰的"鼻音"。

（1）不可闻及的鼻漏气

正常情况下，绝大部分人在连续发非鼻音时都不会听见鼻漏气，而腭咽闭合不全的患者在发压力辅音时会表现出"可视"的气流从单侧或者双侧鼻孔漏出。这种气流逸出虽然不能闻及，但可以表现为雾镜上形成的水雾。因此，也称之为"可视"鼻漏气。

（2）可闻及的鼻漏气

当气流经由鼻气道呼出时，可以听见噪音。正常人也可以通过用力呼气形成可闻及的鼻漏气。这种急促的气流产生的噪音会影响语音的感知。腭咽口从不足 5 cm^2 到完全开放都有可能出现可闻及的鼻漏气。另外，某些构音障碍容易与鼻漏气混淆而被错误归因于腭咽闭合缺陷，如 /s/ 音侧化，两者虽然都是发音时气流方向改变，但原因不同，治疗方法也不同，应注意区分。

（3）口辅音压力减弱

口辅音压力减弱是由于腭咽闭合不全或口鼻腔瘘，导致部分气流通过鼻腔分流，口腔气流压力相对降低，使一些需要口腔压力的辅音力度减弱，导致这些辅音发音不清，如 /p/、/t/、/k/、/q/、/c/、/ch/ 等。

3. 构音异常

腭裂患者的构音异常并不是随机性错误，往往源于口腔结构的缺陷。在语音和语言发育的早期阶段，婴幼儿的发音运动行为不成熟，且由于腭部的缺陷，容易发展出简化的语音使用现象导致部分语音省略或者替代。

（1）腭裂构音障碍的分类

① 省略性错误。

其包括辅音或元音的省略。其中以压力辅音省略最常见。患者由于腭咽结构的异常，口腔气压分流，在发高压力口腔辅音时存在困难，往往会省略掉辅音，只发剩余的元音，形成省略性错误。

② 替代性错误。

原因是患者用错误的辅音和元音替换了原有的音素。如果患者选择用发育早期的简单语音来代替目标音，就形成替代错误；如果患者为了试图发出正确的声音而选择发出与其最可能接近目标音的语音，就形成扭曲错误。

③ 代偿性构音。

这是一种主动性学习性构音障碍。患者发压力性辅音时，由于口腔气流经闭合不全的腭咽口分流至鼻腔，出现鼻漏气和口内压力不足，导致患者为了在气流分流之前利用声门或者咽部发音，企图弥补腭咽闭合不全造成的气压不足。

代偿性构音通常保留发音方式，而牺牲发音位置。患者将发音部位靠前的音后移，将原来的构音成阻点移到功能异常的腭咽阀门或者声门，以便利用口咽腔后部更充足的压力。因此，常见的代偿性构音包括声门塞音、咽塞音、擦音及后鼻擦音等。

唇腭裂儿童构音障碍的临床表现

腭裂语音发生机制复杂，影响因素较多，临床常常表现为多样化，一般常常将腭裂语音障碍的临床表现归纳为以下几种。

一、辅音省略

这是指一个音节中的辅音或者元音部分缺失，属于音节结构的简化，可表现在音节的各个部分，如辅音省略、介音省略或复合元音简化，如表 10-3-1 所示。其中，复合元音简化为单元音以及介音省略在正常的学龄前儿童中很常见，与发音器官结构无关，原因是发音时口型和舌位运动错误。辅音省略是腭裂患者最常见的构音错误之一，最影响言语的可懂度和清晰度，造成的原因除了与音韵规则有关外，腭咽闭合不全也是其最大的影响因素。

表 10-3-1 省略性错误

历程	语音情境	说明
双唇音省略	/ba ba/ 爸爸—/a/ 啊啊	音节中双唇音省略，可能省略的双唇音：/b、p、m/
唇齿音省略	/fen fang/ 芬芳—恩昂 /en ang/	音节中唇齿音省略，可能省略的唇齿音：/f/
舌尖音省略	/di tie/ 地铁—/i ie/ 意野	音节中舌尖音省略，可能省略的舌尖音：/d、t、l、z、c、s、zh、ch、sh/
舌面音省略	/xiao qu/ 小区—/yao u/ 咬迂	音节中舌面音省略，可能省略的舌面音：/j、q、x/
舌根音省略	/gu gong/ 故宫—/u ong/ 务翁	音节中舌根音省略，可能省略的舌根音：/g、k、h/

二、辅音替代

辅音替代包括方法替代和位置替代。方法替代指用某一种发音方法的辅音替代另一种发音方法的辅音。例如，用塞音代替擦音，用擦音代替塞擦音，用鼻音代替塞音，等等，如表10-3-2所示。位置替代指用舌部某一构音区域内的辅音代替另一区域内的辅音，例如，用舌前音替代舌后音，用舌面音替代舌前音，等等，如表10-3-3所示。

表10-3-2 发音方法替代

历程	语音情境	说明
塞音替代	/fei ji/ 飞机—/bei ji/ 杯机	用塞音替代擦音、塞擦音等
塞擦音替代	/shu shu/ 叔叔—/zhu zhu/ 猪猪	用塞擦音替代擦音、塞音等
擦音替代	/ji/ 鸡—/xi/ 西	用擦音替代塞音、塞擦音等
送气音替代	/du/ 肚—/tu/ 兔	用送气音替代不送气塞擦音和塞音
不送气音替代	/tu zi/ 兔子—/du zi/ 肚子	用不送气音替代擦音和送气音等

表10-3-3 发音位置替代

历程	语音情境	说明
舌根音替代	/dong/ 冬—/gong/ 宫	常见用舌根音替代舌前位的辅音
舌尖音替代	/ke/ 课—/te/ 特	常见用舌尖音替代舌根音或舌面音
舌面音替代	/tiao/ 挑—/qiao/ 悄	常见用舌面音替代舌尖音
双唇音替代	/fei/ 飞—/bei/ 杯	常见用双唇音替代唇齿音或舌尖音、舌面音和舌根音
侧化、腭化	口水声、大舌头声	舌位过前或者过高，气流从舌两侧流出

三、代偿性构音

常见的代偿性构音包括声门塞音、咽塞音、擦音及后鼻擦音等。

声门塞音是患者利用声门的快速开放或者关闭，声带封闭，声门下压力聚集并突然释放形成，产生的一种以塞音为表现的构音错误。它最常替代塞音，也可以替代所有的压力性辅音。发声门塞音时可观察到或者触及患者喉部运动。

咽塞音是舌根后缩与咽后壁接触，形成构音点，阻断气流，再快速打开释放。一般替代舌根音 /g/、/k/ 等。

擦音是当舌位靠后，舌根后部与咽壁之间形成狭窄缝隙，气流摩擦通过产生的声音。常见于替代擦音和塞擦音，尤其是 /x/、/s/ 音。

后鼻擦音是发音时舌体或舌背上抬,气流向鼻腔流动,经过狭窄的气道形成摩擦,最常引起 /s/ 音的构音障碍。

四、同化构音

同化构音指在一定的语境里,某个音受邻近音的影响,变成相类似的音。同化历程根据构音方法和位置分为唇音同化、齿槽音同化、鼻音同化等等,根据构音位置分为前音同化和后音同化。例如,/pu tao/ 葡萄变成 /pu pao/ 就是前音同化,/pu tao/ 变成 /tu tao/ 就是后音同化。

唇腭裂儿童构音障碍的治疗

一、治疗原则

1. 严格筛选适应证原则

腭裂患者由于腭咽结构与功能的特殊性，对语音可产生明显的影响，腭裂语音问题需要联合外科、牙科正畸等学科共同参与，外科手术与正畸可改善结构性缺陷造成的语音问题，语音治疗只能改善患者构音的方法与技巧问题，因此治疗应筛选需要治疗的、通过语音治疗能改善发音的患者。对于由明确的腭咽闭合不全、错颌等原因造成的构音障碍，需要联合外科手术、正畸治疗错颌，先行手术和正畸治疗，以免耽误治疗。筛选标准参考如下。

第一，手术后已获得良好的腭咽闭合功能者，否则，语音治疗一般无效。

第二，咽成形术成功，患者和家属愿意配合的语音训练者。由于患者不良发音习惯已经养成，各种代偿发音造成异常语音者均需通过语音治疗给予纠正，语音治疗的效果与患者、家属的良好配合有着密切的关系，不应被忽视。

第三，治疗前要排除中等听力障碍（听觉不能低于 50 dB），舌系带过短等影响训练的因素。

第四，患儿智商要基本正常（智商不低于 70 分），严重智力低下或难以配合治疗者，疗效较差。

第五，符合以上条件者，手术后 1 个月可开始进行语音训练。

此外，手术后仍存在腭咽闭合不全，再次手术有困难者，或由于全身其他原因不宜行咽成形术者，发音时鼻漏气或过度鼻音，则可采用暂时性或永久性发音辅助器人为地缩小腭咽腔，使发音时最大限度地达到腭咽闭合，然后进行语音训练，纠正不良发音习惯及各种代偿音。约 25%—45% 患儿在矫治异常语音期间，由于训练腭咽括约肌群能更有力地协同收缩，腭咽闭合不当处逐渐得到改善，即使摘除发音辅助器后还可达到腭咽闭合，从而不再需要手术。

2. 早介入原则

腭裂患者作为语音障碍的高危人群，语音治疗贯穿于腭裂患者的整个治疗中。从腭裂患儿出生后的喂养问题，到早期的语音语言干预，术后的语音刺激引导，指导家庭的语音启蒙教育，再到后期系统性语音治疗，专业言语治疗师一直参与其中。

对于外科手术后存在构音错误的患者，语音治疗也应尽早进行。小龄患者构音行为正处于发展中，在发育的早期纠正错误构音的行为，更容易建立并稳定正确的构音行为模式，且需要的治疗周期较成人更短。

3. 辅音引导原则

（1）口腔前位的塞音或者擦音优先

对于腭裂儿童，比较常见的语音错误是后置构音，这与儿童早期的腭部裂隙有关，大多数患儿为了避开腭部的缺陷，往往将发音位置后移，以获得更大的压力，这也是腭裂患者常见的代偿性构音的原因。而且在汉语普通话辅音中，口腔前位的占大多数，因此可从口腔前位的辅音比如 /t/、/x/、/s/、/p/ 等着手，帮助患儿建立起正确的辅音构音位置。

（2）口腔后位塞音 /g/、/k/ 延后

临床可见很多非腭裂儿童出现 /g/、/k/ 前置，即被 /d/、/t/ 替代的现象，比如把"苹果"说成了"苹朵"，把"公主"说成"东主"，把"上课"说成"上特"，这是一种常见的前置化错误。而腭裂患者 /g/、/k/ 的错误类型多为省略。/g/、/k/ 作为舌根音，发音时舌的形态和位置不如舌尖音或者唇音那么容易被观察识别，腭裂患儿练习时容易将构音位置过于后移而出现喉塞或者咽塞音。而代偿性构音一旦形成很难纠正。因此，除非患者本身只是 /g/、/k/ 发音出现问题，否则不建议以 /g/、/k/ 作为初次目标音。

（3）协同发音

指汉语普通话中，前面的辅音受后面元音的影响，口型变化趋向于后面的元音。在治疗的初级阶段，挑选词汇练习时，要根据练习的辅音的发音方法、音位和口型的特质选择相应的元音，尽量挑选可以协同发音的词汇，避免辅音与元音转接变化中舌位或口型过大的变动，降低学习难度。汉语普通话的发音口型分为以下四类。

开口呼：没有韵头，韵腹又不是 /i/、/u/、/ü/ 的韵母，如 /a/、/ou/ 等。

齐齿呼：韵头或韵腹是 /i/ 的韵母，如 /i/、/ia/、/iou/ 等。

合口呼：韵头或韵腹是 /u/ 的韵母，如 /u/、/ua/、/uan/ 等。

撮口呼：韵头或韵腹是 /ü/ 的韵母，如 /ü/、/üe/、/ün/ 等。

当辅音与这些不同口型的元音结合成音节时，辅音的口型也会随之改变。比如 /ti/，起始的口型并不是典型的展唇，因为后面连接展唇的元音 /i/，所以 /ti/ 的口型表现为展唇，同理，/tu/ 为圆唇。这样在选择音节练习时，需要考虑到协同发音的影响，在练习初期，最好选择口型一致的音节，避免因为口型的变化加大学习难度，让患者能在较短的时间组合出成形的音节，提高患者的成就感和兴趣。

二、治疗流程

1. 基本信息采集

患者的基本信息采集除了包括患者的年龄、性别等的基本信息，还包括患者母亲孕期情况和产程情况、患者出生后的发育与手术情况、与语音关系密切的患病史、治疗经历、家庭教育情况等信息，并记录对颅颌面结构、口腔肌力检查、舌运动检查、腭部检查、牙列检查，确定评估对象是否有存在或潜在的器官结构问题、感知和神经传导性问题。

2. 构音功能评估

腭裂患者病理语音的产生原因多样，临床表现千差万别，治疗之前的评价与诊断显得尤为重要。第一要排除中枢性因素。唇腭裂常为某些综合征的表征之一，可能同时存在中枢神经系统的发育障碍，如智力障碍，并发语言发育迟缓，产生病理性语音。第二要明确是否存在听力障碍。咽鼓管功能较差是腭裂患者中耳问题患病的主要原因，咽鼓管不通畅导致中耳炎反复发作，使得腭裂患者的传导性听力损伤发生率明显高于普通人，引起听力下降，导致构音障碍。第三要排除发音器官和构音器官的器质性病变。如声带是否异常、腺样体是否肥大、扁桃体是否肥大、牙齿错位情况、舌体是否肥大、舌系带长度、唇的瘢痕情况等等，这些解剖结构的异常均会导致构音异常。第四要排除术后的腭咽闭合不全。良好的腭咽闭合功能是正确发音的基础，鼻漏气、口腔压力不足、异常共鸣均由腭咽闭合不全导致。第五要确定是否存在代偿性病理语音以及异常程度。尤其是代偿性构音形成后进行腭裂修复术的患者，即使其腭咽闭合良好，不良发音习惯也无法自行改正，需要进行构音训练纠正。

（1）言语支持功能评估

对于腭裂儿童，言语支持功能评估，主要是腭咽闭合功能评估，可以通过主观评价和客观测量两种手段结合进行。腭咽闭合不全的主观评价主要通过有经验的判听者对高鼻音、鼻漏气等进行主观判听；客观测量主要通过仪器测定口鼻气流来反映高鼻音、鼻漏气的情况。

① 主观评价。其中高鼻音的主观评价：由于高鼻音主要表现在元音上，在连续说话时更容易被检测出来，所以一般可以通过患者的日常对话进行检测。也可以让患者大声朗读下面的短文（加粗字体部分），并做好录音工作。共录音两次，一次正常朗读，一次在捏鼻的状态下朗读。

一大早，6个月大的宝宝起来了，开始左顾右瞧。这时阿姨走过来，抱起他说："乖宝宝！"宝宝朝阿姨笑一笑，嘴里咿咿呀呀的，可爱极了。

佳佳有一只会说话的布娃娃，大家可爱它了，都要抱"说话娃娃"，结果"说话娃娃"不说话了。大家修不好"说话娃娃"，佳佳哭了。爸爸走过来，一起修"说话娃娃"，布娃娃又开始说话了。佳佳和娃娃对大家说："谢谢！"

评估结果：仔细聆听录音，这两篇短文都没有鼻辅音，因此在播放录音的过程中，应听不出有任何鼻音的成分。如果捏鼻后，患者的声音听起来无明显变化，则说明不存在鼻音功能亢进；如果捏鼻后，患者的声音出现明显变化，则说明存在鼻音功能亢进。

鼻漏气的主观评价：可以让患者发非鼻音，尤其是在发需要较大口腔压力的辅音时，观察患者是否伴有鼻翼外展或内收的现象。也可以在患者鼻子下方，上唇上方放置一面镜子，观察患者朗读时镜面是否起雾。

② 客观评价。主要是利用仪器通过对解剖形态的观察、生理功能的测定或空气动力学规律进行评价。用得较多的有漏气仪和鼻流计，鼻音测量与训练仪是判断鼻音共鸣是否异常的有效的诊断工具。鼻音功能测量与训练仪测试不仅对患者无任何损伤，而且简单实用。手握持口鼻分录器，口部向下，鼻部向上，紧贴并水平放置在口鼻之间，分隔鼻腔和口腔两个通道，分别对两个通道的信号进行测量，通过观察和计算口腔和鼻腔的声强分配，计算鼻流量，给出鼻部和口部信号的平均功率谱、线性预测谱、语谱图等。常用的测量方法是让患者朗读标准测试材料（分别含有不同比例的鼻辅音成分）。用鼻流量检测仪来测量不同年龄、性别的正常人群在朗读上述标准测试材料时的鼻流量，可以获得不同年龄、性别人群鼻流量的参考值范围。通过与参考值范围进行比较，可以较客观地判断患者是否存在鼻腔共鸣异常及其严重程度，还可为患者的疗效评定提供客观依据。鼻流量检测仪具有录音、播放、保存等功能，可以进行客观分析，记录治疗前后鼻流量的变化情况。

表 10-4-1　鼻流量测试材料一

材料（音节，鼻音）	材料（音节，非鼻音）	
/in/	/u/	/bu/
/ing/	/du/	/gu/
/mi/	/pu/	/tu/
/ni/	/ku/	/bu bu/
/mi mi/	/du du/	/gu gu/

表 10-4-2　鼻流量测试材料二

材料（句子）	备注
妈妈你忙吗	测试材料中含有大量的鼻辅音，可用于诊断鼻音功能低下或者鼻音同化。鼻音功能低下（鼻音发音不充分），在朗读（或跟读）时将出现鼻音过少的现象，其声音听起来就像患有重感冒。鼻音同化（与鼻音相连元音的鼻音化现象）的患者，在朗读（或跟读）含有鼻音成分的单词时，会出现大量的鼻音
我和妈妈喝热牛奶	
我和爸爸吃西瓜	本句子中不含鼻辅音。如果患者在朗读（或跟读）的过程中出现了大量鼻音，一般可诊断为鼻音功能亢进。鼻音功能低下（鼻音发音不充分）或鼻音同化（与鼻音相连元音的鼻音化现象）的问题，无法通过朗读（或跟读）这个句子检测出来

鼻流量检测是一种无损伤、简单实用的检测方法。鼻流量是鼻腔声压级（n）和输出声压级［口腔声压级（o）和鼻腔声压级（n）之和］的比值，可用下列公式表示：鼻

流量 = n/（n+o）×100%。把鼻流量的测试结果与同年龄、同性别的正常儿童相比较，来判断患儿鼻音功能亢进的情况。

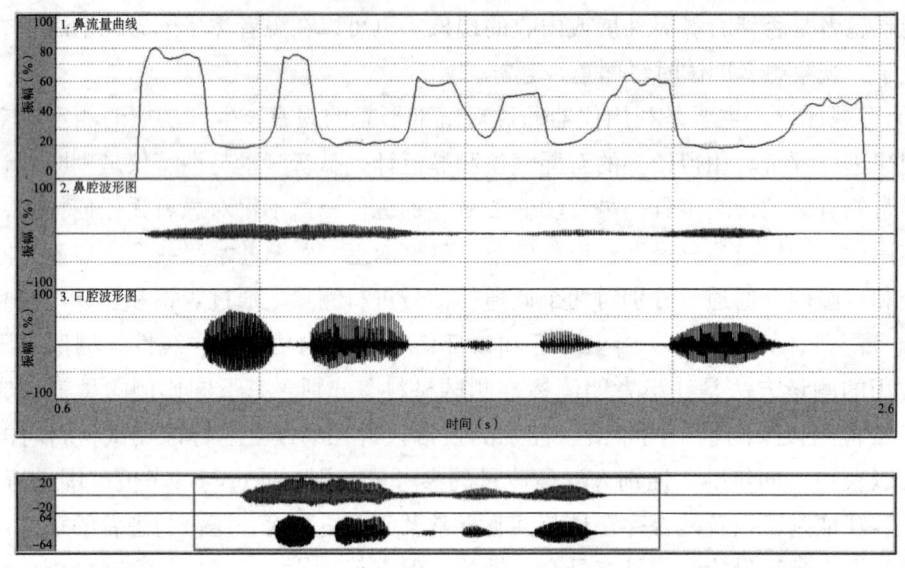

图 10-4-1 通过口腔声压级和鼻腔声压级进行鼻流量的测量（1.鼻流量曲线，2.鼻腔波形图，3.口腔波形图）

（2）构音语音清晰度评估

唇腭裂儿童的病理语音有其典型性，主要是由于腭咽闭合不全导致的高鼻音、鼻漏气、辅音弱化等，以及不良发音习惯引起的代偿构音。构音语音清晰度及音位的错误走向可以通过构音语音词表来获得，用得较多的是上海交通大学口腔医院和华东师范大学研究设计的构音词表。

（3）ICF 功能评估

将测得的构音清晰度的各项指标数据输入 ICF 转换器，与对应的参考标准值进行对比，即与同年龄、同性别正常儿童相应指标的参考标准值进行比较，确定该指标是否落在正常范围内，并得出患者各项功能的损伤程度。为及时调整治疗计划，建议每个阶段均进行一次构音功能精准评估。

3. 制订治疗计划

主要指根据腭裂儿童腭咽闭合功能和构音语音功能的评估结果，结合听力学和影像学检查结果等制订一个符合患者实际情况的康复计划，使得康复训练更有针对性。康复计划需要治疗师、家属或患者本人共同协商制订，其中包括治疗计划长期目标、短期目标、主要任务、治疗方法、实施计划的人员、治疗前患者的程度、预期目标（中、长期目标）及治疗后患者所达到的程度等内容。要根据患者实际康复情况，不断完善康复计划，提高康复治疗的针对性和有效性。

4. 康复治疗与实时监控

（1）康复治疗

理想的语音效果需要良好的腭咽闭合功能来支撑，腭咽闭合功能不全往往会因为腭裂修复手术而得到极大的改善，少部分患病严重者，还需要做咽成行手术或者佩戴腭咽阻塞器来改善腭咽闭合不全的情况，随着腭咽闭合功能的完善，高鼻音、鼻漏气、辅音弱化等现象也会得到极大改善，但由于不良发音习惯引起的代偿构音则需要进行构音训练，并且与听障儿童、智力障碍儿童相比，这种代偿性构音治疗的难度相对更大。在汉语普通话语音系统中，除爆破音和摩擦音外，正确发出其他辅音并不要求腭咽闭合，因此可以理解为腭裂患者的构音障碍主要集中在16个爆破音和摩擦音中。

唇腭裂构音语音的治疗关键仍是韵母音位、声母音位的习得，对单音节词、双音节词、三音节词进行训练，使每个声母音位都经过音位诱导、音位习得、音位对比等几个阶段，在音位诱导过程中，治疗师在诱导发音部位和发音方式时，要及时做好口部运动训练和构音运动训练。

（2）实时监控

整个构音治疗过程同样遵循评估—治疗—监控的科学程序，在实际过程中，为了在尽可能短的时间内了解患者的代偿构音，通常可以采用上一次训练效果的情况作为后一次训练前的描述，缩短每次训练用于实时监控的时间。

（3）ICF儿童构音治疗短期目标监控

构音治疗过程中，治疗师可以通过构音功能精准评估来进行长期目标监控，通过实时监控来对每次训练情况进行监控，而短期目标监控则通常在3—5次训练后进行，具体监控时间视患者的情况而定。短期目标监控的指标与ICF构音功能评估的指标一致，对构音功能、口部运动功能以及语速和语调进行定量评估，通过ICF转换器得到患者的损伤程度。

5. 疗效评价

疗效评价主要是对腭裂儿童病理语音治疗的整个时段的分阶段训练结果进行疗效评估，并将前一阶段的功能损伤值和训练目标值作为下一阶段评估的损伤程度和目标值，及时监控目标的达成情况和疗效对比。

三、治疗方法

1. 口部运动训练

唇腭裂儿童由于构音器官在发音时位置不正确而形成的不良发音习惯，需要通过矫正构音器官错误的发音位置进行治疗。首先让患儿了解唇、舌、软腭等发音器官在正确发音时所处的位置，并通过口部运动训练获得构音时所需的能力。通常可以在腭裂修复手术后2个月进行。

2. 腭咽闭合功能训练

为增强患者的腭咽闭合功能，可让患者感受空气从口腔的进出，系列训练有助于增强腭咽闭合功能。

（1）吸气和憋气训练

深吸气，将气流分别从口腔、鼻腔缓缓释放出，体会差异；深吸气后，脸颊保持自然，当感觉到有股较强气流顶在腭咽闭合处时，尝试有意识地控制打开腭咽闭合，但不通过鼻腔放气。在憋气过程中吞咽唾液以感觉软腭运动。反复练习。

（2）捏鼻练习

捏鼻状态下通过鼻腔使劲向外呼气，突然松开鼻子，向外呼气，再捏住鼻子，通过口腔向外呼气。反复练习，体会软腭运动及腭咽闭合。

3. 构音语音训练

唇腭裂儿童病理语音中最易发生代偿性构音错误的音主要集中在塞音、摩擦音和擦音上，这些音位的治疗是腭裂儿童构音训练的重点。每个音位的治疗过程同样分为三个阶段完成，第一阶段为音位诱导训练，旨在帮助腭裂儿童掌握病理语音正确发音部位。第二阶段为音位习得训练，主要结合言语支持或语音自反馈进行实时反馈训练，帮助智障儿童习得音位。第三阶段为音位对比训练，一是正确与错误音位的对比训练，帮助腭裂儿童改正不良的发音习惯；二是目标音位的相关最小音位对比训练，帮助腭裂儿童分清、说清易混淆音位。

（1）音位诱导训练

对腭裂患者进行音位诱导就是帮助其建立对新的语音的认知。通过使用对声音的特性的描述、解说、示范等方法，帮助患者纠正错误的发音部位，并使其建立对目标音的直观认识、理解。因为腭裂患者最为典型的构音错误是代偿性构音，他们通常保留发音方式，牺牲发音部位，多采用非典型的发音部位来代偿达到发音所需的压力阈值。因此，可以使用面部侧位图或者使用构音障碍康复训练仪S3中的发音教育视频描述目标音的发音部位，以/p/发音部位为例，如图10-4-2所示。使用面部侧位图告知患者发音部位在双唇。

利用/p/的发音教育，通过动态视频让患者理解/p/的发音要点：双唇紧闭，软腭上升，堵塞鼻腔通道，气流冲破双唇的阻碍，声带不振动，气流较强。特别强调需要指出目标音与错误音构音位置的差异，帮助患者建立正确的发音位置。

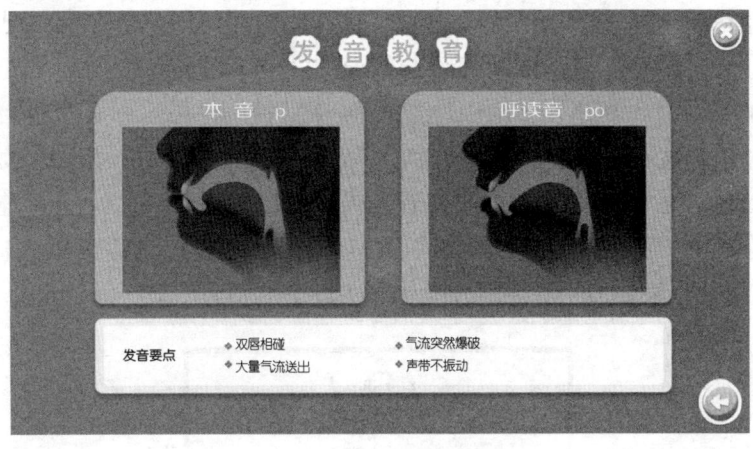

图 10-4-2 /p/ 的发音教育

音位诱导可从音位感知和发育教育两个方面进行。音位感知训练主要是增强患者对目标音位的感知能力，让患者感受该音位的各个声学特征，这个阶段不需要患者模仿发音或者实际发音十分准确，选择的材料一定是患者在日常生活中可以轻易见到的；发音教育是让智力障碍患者通过观看音位的本音和呼读音（声母音位）的发音示范，找到正确的发音部位并建立正确的发音方式，同时掌握目标声母的送气或不送气的特征。

在音位诱导阶段，如果参与目标构音的口部器官的运动功能不能达到发音要求，就需要做针对性的口部运动训练，如发双唇音 /b、p、m/ 时，唇闭合模式无法形成，需要帮助腭裂儿童习得该运动模式，当患者找到发音位置，也明白发音方式后，还是不能发出，说明患者可能双唇闭合能力或软腭上抬能力不够，造成双唇不能形成一定阻力，或软腭无法堵塞鼻腔通道，需要借助辅助手段进行训练。

（2）音位习得训练

治疗师将诱导出来的目标音延伸到含有目标音的词汇，包括单音节词语、双音节词语和三音节词语等。同时可以通过改变患者自己的语速或音调进行目标音位习得的语音自反馈训练。可以采用构音障碍康复训练仪 S3 进行训练。

从发音方式的角度而言，腭裂患者对于鼻音、塞音、擦音、边音、塞擦音的掌握会受到腭咽闭合的影响，所以难度顺序与其他类型的患者有所不同，在上述这些音位中，鼻音（/m、n、ng/）因为不受腭咽闭合的影响，最易掌握。塞音容易学会，但对腭咽闭合的要求较高，擦音要求口腔放松状态下完成腭咽闭合，其实比塞音发音难度更大，边音发音与擦音差不多，而塞擦音是腭裂患者最难矫治的一组音，因为需要持续保持腭咽闭合。这些在训练过程中需要特别注意。

（3）音位对比训练

在治疗过程中，患者学会一个新的目标音后，并不会立刻稳定下来，旧的行为仍然会反复。因此，需要进行正确音位与错误音位的对比训练。治疗师可以通过听觉、视觉、触觉等刺激将目标音与错误的发音进行对比，能够让儿童分辨、识别不同的声音，强化对目标音特征的认识。对于一些代偿性错误和气流的错误，在进行对比之前可以让患者认知到"嘴巴的声音"是用来描述口腔的目标音；"喉咙的声音"指咽部的塞音、擦音或者塞擦音;"声带的声音"代指喉塞音;"鼻子的声音"是鼻腔擦音或是其他类型的鼻漏气。这时,治疗师开始示范正确与错误的发音。以 /ph/ 和 [ʔ] 的对比为例,治疗师发正常的 /ph/ 音和喉塞音 [ʔ],如图 10-4-3 所示,并提示患者观察治疗师的嘴巴和喉部,告知患者这是嘴巴的声音和声带的声音。然后治疗师继续发两个对比的音,让患者指出发音的部位在哪里。通过正确音与错误音的对比训练,让患者避免发错误的音,进一步练习发正确的音。相似的方法可以用来治疗其他错误发音。

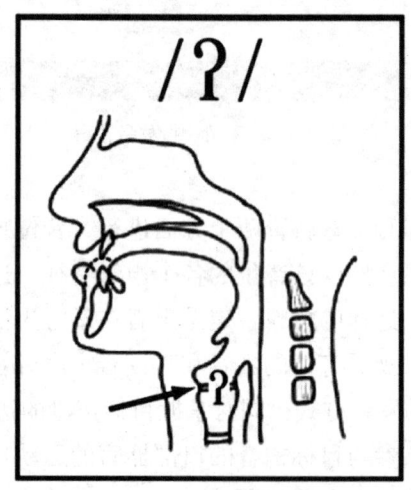

图 10-4-3　喉塞音 [ʔ]

还有一种情况就是患者即使掌握了目标声母音位的发音方法,能与以前形成的代偿音位区分开来,但也经常会与相似的声母音位混淆,这时要进行音位对比训练。首先进行音位对的听觉识别训练,然后是音位对比训练,并结合重读治疗法进行视听反馈训练。

唇腭裂儿童构音障碍康复案例

PART 5
第 五 节

为了清晰掌握唇腭裂儿童构音障碍的治疗过程，本节结合一名腭裂儿童的构音康复案例来讲解，并选取该名儿童未习得的一个声母音位 /j/ 为例介绍具体的方法选择。

一、案例基本情况

视 频

唇腭裂儿童构音障碍治疗样例

赵某某，小名桐桐，男孩，寻求治疗时 5 岁，生产时母亲剖宫产，单纯腭裂，家族中无唇腭裂病史，母亲无异常孕产史。1 岁时在某某医院进行腭裂修复手术。伤口愈合好、无腭瘘，听力正常，智力发展正常。

二、功能评估结果

腭咽闭合完全，共鸣正常，无高鼻音；构音障碍，存在辅音省略及代偿性构音的错误发音习惯，无鼻漏气。其中 /b/、/p/、/d/、/g/、/j/、/z/、/zh/ 省略并伴有喉塞代偿，/f/、/x/、/s/、/sh/ 明显的咽部擦音代偿，/t/、/k/、/q/、/c/、/ch/ 喉塞代偿，语音清晰度仅为 28.6%。

三、制订治疗计划

1. 制订目标计划

① 长期目标：提高语音清晰度，获得正常沟通交流的能力。
② 短期目标：教会患者控制口腔气流，保持口腔压力；教会腹式呼

吸，发音时自然呼吸；教会患者用口腔构音，前移构音位置；修正辅音构音、练习目标音的词组短句；把目标音带入患者的语音系统，提高语音流畅度。

③ 训练时间：每周 3 次，每次一个小时。家庭练习每天 20 分钟，复习巩固课堂的内容。

2. 治疗方案

该名儿童的腭咽闭合完全，共鸣也正常，无高鼻音，主要问题集中在由不良发音习惯引起的构音代偿，包括 /b/、/p/、/d/、/g/、/j/、/z/、/zh/ 不能发出，并出现喉塞代偿，用喉塞音取代塞音，喉塞音由喉肌和声皱襞产生，通常在发 /p/、/b/、/t/、/d/、/k/、/g/ 等音时出现。听起来类似生硬的 /h/ 音或喉音。此外，发 /f/、/x/、/s/、/sh/ 音时有明显的咽部擦音代偿，咽擦音通常用来取代擦音，与腭咽闭合不全有关。

针对以上情况，治疗方案应从下面几个方面入手：第一，口腔气流控制训练；第二，腭咽闭合功能训练；第三，喉塞音矫治训练；第四，咽擦音矫治训练；第五，构音语音训练。

四、康复治疗

1. 口腔气流控制训练

① 保持口腔气压练习。
鼓起腮帮子、屏住呼吸，并摆出欲将气流喷出的姿势保持 5 s。
② 口腔吐气练习。
嘟嘴将气流挤出口腔，发出类似 "bu" 的声音；鼓起腮帮子、紧闭双唇，然后突然松开双唇，同时将气流吹出去，发出类似 "pu" 的声音；张大嘴巴，呼出口腔气流；用微笑的口型，从前牙间隙吹出气流；用舌头去 "踢" 牙齿，把风 "踢" 出去，拿一张纸巾对着嘴巴，请患者用吹出的风让纸巾动起来、跳个舞。
③ 练习。
每个动作练习 10 遍，轮流交替练习。

2. 腭咽闭合功能训练

① 鼓气、吸吮、含漱及吞咽等都必须在腭咽闭合完全的状态下才能完成，进行这些运动的练习对提高腭咽闭合功能很有帮助。
② 张大口发元音，尽量延长每个元音的发音时间，如 /pɑ/、/pu/、/pi/ 等。这种练习可增加腭咽闭合的持续性。
③ 先捏鼻进行吹气和发口腔压力辅音，逐渐放鼻再吹气和发音，直至完全放开后仍无鼻漏气产生。这样可让患者先感知腭咽闭合的状态，再以这种状态来练习发音。

3. 喉塞音矫治训练

喉塞音的矫治历来都是语音治疗中较为困难的内容。针对该名患者可用如下矫治方法。

① 调节发音气流控制部位法：让患者捏鼻吹气，在不改变气流呼出方向及强度的前提下吹气，让患者用手背体会气流从口腔呼出的感觉。

② 强化声门上发音器官（唇、舌、腭等）的发音运动意识。如让患者闭唇发鼻音，感受鼻腔及上下唇等处有震颤感，然后发轻声元音。练习模式为 /a/ — /m/ — /a/……反复练习后，再改用其他元音进行练习。

③ 运用正确发音气流形式形成正确辅音及音节：采用易发对的辅音与不同元音组合练习，如先练习 /m/、/n/、/f/、/h/，然后用拼音法拼出 /m/ — /a/ — /ma/，/f/ — /a/ — /fa/，/h/ — /a/ — /ha/ 等，最后再改用其他辅音同单元音组合练习。

④ 捏鼻诱导法：用手指捏住患者鼻孔阻止鼻道通气，试发不同辅音，如 /p/、/t/、/f/、/k/、/h/ 等。找出捏鼻能发对的辅音，边发音边试着放开鼻孔，直至不捏鼻也能发对为止。

⑤ 练习将发音气流控制部位前移，建立正确的爆破音概念：闭唇鼓气，用手指突然启开下唇，可听到类似爆破音"pu"的声音。将纸片放在患者嘴前，用同样的方法可见到纸片摆动和听到无声的"pu"音。在以上方法练习均能正确完成之后，再按常规方法进行发音训练。

4. 咽擦音矫治训练

咽擦音取代擦音，通常与腭咽闭合不全有关，应加强腭咽闭合的训练。

5. 构音语音训练

① 诱导患者 /t/ 的发音，把 /t/ 组合元音带入音节练习，如 /ta/、/tai/、/tu/，练习 /ta/ 时提示患者"用舌头踢风然后张开嘴巴发 /a/"，练习 /tu/ 时提示患者"吐个舌头，然后开个火车（开火车是指模仿火车发出 /u/ 的声音）"，并示范给患者看。练习 /t/ 的词组、短句，用 /t/ 代替练习内容中 /q/、/c/ 音节的发音，以巩固舌前位。/t/ 在词组短句练习中不提示发音的情况下正确率达 85% 时，可以进入下一个目标音的练习。

② 继续巩固舌前位口腔构音，用 /t/ 的舌位引导 /q/、/c/，放慢舌头，延长 /t/ 的气流，提示患者发 /t/ 音时，舌头动慢一点，不要"踢"得太快，"踢"完舌头吹气的时间长一点。引出 /q/、/c/，带入 /q/、/c/ 音节练习，正确率达 85% 后，带入 /q/、/c/ 位于词首、词中、词末的词组中练习。练习 /q/、/c/ 的短句，正确率达 85% 后进入下一个目标音的练习。

③ 目标音 /f/，提示患者上牙轻轻咬住下唇吹风，带入音节，并带入词组及短句，巩固练习 /f/ 音。

④ 学习 /x/，去代偿，用前面学到的用嘴巴吐气的方法，提示患儿撅起嘴巴，舌头放牙齿背后、挨着牙齿、吹风，似让人不说话时发出的"/xu/ 嘘"，患者学习能力强，可

带入常用词组，比如"胡须""需要""允许""许多"。练习 /xue/、/xun/、/xuan/、/xiong/，并能带入词组。/xu/ 吹风时咧开嘴角，发出 /x/，练习 /x/ 与 /i/、/ia/、/iao/、/ie/、/ian/、/in/、/iang/ 拼合的音节，带入词组及短句练习。/x/ 稳定（正确率达 90%），提示患者舌尖抵住牙齿，像吹 /x/ 一样的吹风引导 /s/、/sh/，巩固 /s/、/sh/ 的词组及短句，巩固练习前面所学的音节。

⑤ 引导诱发 /d/，提示患者发 /t/，但是少一点风；引出 /d/，把发音动作带入音节，正确率达 85% 后带入词组，并用 /d/ 代替词组中出现的 /z/、/j/、/zh/ 的音节。词组正确率达 85% 后练习 /d/ 的短句，巩固 /d/ 的发音方法，在后面的课时中继续用 /d/ 替代 /z/、/j/、/zh/。巩固 /z/、/j/、/zh/、/d/ 的词组及句子。

⑥ 学习 /k/、/g/ 的发音方法，带入音节。/k/ 的发音动作诱导，方法有两种。第一，提示患者并示范仰头、张嘴、舌头往后坠，发出漱口的声音。第二，用棉签或者压舌板压住舌尖，把舌头向后推，舌根向上抬触碰软腭（可用棉签指向需要触碰的位置），发出恐龙 /k/ 的声音。练习 /k/ 的音节及词组，带入短句，然后用已经学会的 /k/ 的发音方法练习发 /g/。

⑦ 巩固练习：放慢语速，诵读短文，短句对话。放慢语速，自主讲话 5—7 字句，正确率能达 80%。教会家长区分正确与错误发音，布置家庭练习作业，回家巩固练习，坚持每天 30 分钟亲子阅读，跟读并复述阅读内容，发音有错误时家长提醒。结束治疗后，叮嘱家属每个月复诊一次，观察患者发音的稳定情况。

五、疗效评价

所有辅音的代偿行为已纠正，朗读 /b/、/d/、/g/、/j/、/z/、/zh/ 时语音清晰度从 28.6% 提高到 100.0%；自主对话放慢语速，语音清晰度在 80% 以上。

第十一章 脑瘫儿童构音障碍的治疗

概述

第一节

一、脑瘫的概念

脑性瘫痪（Cerebral Palsy，CP），简称脑瘫，是指自出生前到出生后1年内由各种原因引起的非进行性脑损伤，是指一组持续存在的导致活动受限的运动和姿势发育障碍症候群，这种症候群是由于发育中的胎儿或婴儿脑部受到非进行性损伤而引起的。主要表现为中枢性运动障碍和姿势异常，常伴有智力低下、运动障碍、感觉障碍、视听觉障碍、惊厥发作、行为异常及其他异常。中国小儿脑瘫发病率为0.18%—0.6%，每年新增4.6万余例，其中有言语语言障碍的患儿约占脑瘫患儿的80%，其言语语言障碍的特点和表现取决于神经损伤的类型和严重程度。

二、脑瘫的常见病因

1. 出生前因素

常见的有基因异常、染色体异常、胎儿期的外因导致脑形成异常、脑损伤。

2. 围生期因素

胎龄小于32周、出生体重低于2 000克、胎龄大于42周、出生体重大于4 000克、产程过长或急产、臀位分娩、双胎或多胎、窒息、胎位异常、脐带过短、产伤等因素均会增加脑瘫的出现率。

3. 出生后因素

新生儿期惊厥、新生儿呼吸窘迫综合征、吸入性肺炎、败血症、缺血缺氧性脑病、婴幼儿期的脑部感染等因素也与脑瘫的发病有着密切的关系。

三、脑瘫的分类

一般根据运动障碍的性质可把脑瘫分为：痉挛型、不随意运动型（手足徐动型）、共济失调型、强直型、肌张力低下型、混合型；根据肢体障碍部位分为：四肢瘫、双瘫、截瘫、偏瘫、重复偏瘫、三肢瘫、单瘫。

1. 痉挛型

该类型在脑瘫患儿中最为常见，占到50%—60%。是大脑皮层损害的结果，呈锥体束受损的体征。病因多为脑缺氧、缺血、出血、脑损伤等。临床表现为运动发育较同龄儿明显落后、姿势异常、肌张力增加、紧张甚至痉挛、僵硬、强直。下肢检查时可见折刀综合征、膝腱反射亢进。

2. 手足徐动型

该类型在脑瘫患儿中占20%—25%。主要损伤部位为锥体外系或基底神经节。表现为全身性不自主运动，难以用意志控制，而使颜面肌肉、发音及构音器官均受累，导致流涎、咀嚼吞咽困难及语言障碍。病因主要为窒息、缺氧及新生儿黄疸。

3. 共济失调型

主要损伤部位为小脑，表现为以平衡功能障碍为主的小脑症状。步态不稳、不能调节步伐，醉酒步态，容易跌倒，基底宽。眼球震颤极为常见。指鼻实验、对指实验、跟胫膝实验难以完成，肌张力低下。语言缺少抑扬声调，而且徐缓。

4. 强直型

症状类似痉挛型，但程度更严重。全身肌张力增加，呈强直状，肢体僵直，运动严重障碍，常伴有角弓反张状态。检查时可见铅管样或齿轮样抵抗。患儿可出现扭转痉挛或强直。肢体无随意运动。常伴有智力低下。

5. 肌张力低下型

临床以肌张力低下为显著特征，患儿肢体肌张力低下，关节活动度比正常儿童大，抬头无力，坐或站立困难。

6. 混合型

同时兼有上述两种类型以上的特点。两种或两种以上症状同时存在时，可能以一种类型表现为主，也可能大致相同。

脑瘫儿童构音障碍的临床表现

脑瘫患儿根据临床分型不同，一般都会伴有相关神经控制躯干运动障碍，会对患儿构音器官造成一定的影响，使得患儿在学习发音以及构音上存在很大的困难，主要表现在舌、下颚、口唇以及鼻咽等器官和胸廓周围的呼吸肌上，构音器官的运动障碍直接影响患儿的语速、清晰度以及音调。加之个体的生理、智力、心理及生活和社会环境等内外因素的共同影响，限制了正常模式的言语发育。70%—75%的脑瘫儿童存在言语障碍，其中最常见的言语障碍是运动型构音障碍，表现为发声困难，发音不准，咬字不清，响度、音调及速率、节律等异常和鼻音过重等，常分为5种类型，痉挛型、共济失调型、手足徐动型、弛缓型、混合型等。此外脑瘫儿童听觉障碍发生率很高，尤其是手足徐动型患儿，多数伴有高频障碍型的感音性耳聋，从而影响言语和语言能力。

一、脑瘫儿童构音障碍的临床表现

1. 痉挛型

痉挛型脑瘫儿童的构音障碍的病因主要有外伤、中风、脑肿瘤、脑瘫等引起上运动神经元损伤，导致舌、唇运动差，软腭上抬困难，从而表现出说话缓慢、费力、鼻音较重，言语语调异常。其中偏瘫儿童言语表达不受阻，主要表现为部分发音欠清晰，部分声母歪曲或替代；双瘫儿童言语表达轻度受阻，主要表现为音调稍低、发音急促、存在硬起音、清晰度下降，声母歪曲或替代性错误；四肢瘫儿童言语表达受阻，主要表现为存在硬起音、语速缓慢、响度小，言语清晰度下降，韵母、声母歪曲。

2. 共济失调型

共济失调型脑瘫儿童的构音障碍的病因主要是由于小脑或脑干传导束病变，导致构音肌群运动控制能力差，舌抬高和交替运动不能或欠佳而引起。主要表现为构音不清、含糊，音调高低不一、语调差，重音过度或无重音，间隔停顿不当、言语速度慢等。有些共济失调型脑瘫儿童发音低平、单调，有颤音，音量控制能力差。

3. 手足徐动型

手足徐动型脑瘫儿童的构音障碍主要因椎体外系或基底神经节损伤引起，因为锥体外系或基底神经节损伤，全身性不自主运动，难以用意志控制，颜面肌肉、发音及构音器官均受累，说话时构音肌不自主运动，导致舌运动不恰当。表现为发音时音调高低、发音时长、发音速度不一；语调单一、语速快，伴有颤音。这类儿童存在构音障碍的同时还常常伴有流涎、咀嚼吞咽困难，语言障碍等问题。

4. 弛缓型

弛缓型脑瘫儿童构音障碍的病因主要为由外伤、炎症、循环障碍、代谢障碍等导致下运动神经元损伤。主要表现为发音时鼻音过重、响度低、吐字不清等，常伴有吞咽困难等问题。

5. 混合型

混合型脑瘫儿童的构音障碍主要是患者的上下运动神经元损伤，如肌萎缩侧索硬化症、脑干病变等。其表现因病变部位不同而不同。如硬起音、音调降低、气息声、语句变短，说话中可察觉到明显的吸气，可见完全的言语丧失等。

二、听力障碍引起的构音障碍

脑瘫儿童听力障碍发生率很高，特别是既往有核黄疸病史的手足徐动型患儿，大多数伴有高频障碍型的感音性耳聋，母亲在孕期受到风疹等病毒的感染，使小儿听神经在宫体内受到损伤，出生后出现特殊频率上的听力敏感性低下等听力问题，导致临床上听力低下，吐字不清楚。所以部分智力障碍儿童的构音障碍与听力障碍有关。此外词汇量不足，影响患儿对周围人所讲的内容的正确理解和反馈，即使去除构音障碍，该类患儿讲话或者写文章时也很难正确表达其意图。

三、其他

1. 语言心理障碍

脑瘫患儿由于随意运动障碍，发音以及用上肢进行手势表达等功能均有一定障碍，表达意愿的能力低下。随着年龄增长，常出现自卑心理，不喜欢在别人面前说话，尤其是在陌生人面前更容易表现消极的态度。

2. 内化性语言功能障碍

有些脑瘫患儿可以理解言语，但不能用口语或文字表达；有些患儿可以听到声音，但不能理解话语的内容，这种情况称作"儿童失语症"。

脑瘫儿童构音障碍的治疗

一、治疗内容

1. 构音训练

神经性言语障碍患者构音问题主要是由于构音器官肌肉的肌力和肌张力异常等导致其运动异常所引起的，需注重口部运动训练和音位诱导的结合；神经性言语障碍患者通常存在语速、语调的韵律问题，可在构音训练的同时进行"言语（嗓音）支持"训练，为韵律训练做准备。

2. 视听反馈

提供听觉反馈和视觉反馈的训练，脑瘫儿童没有较好的认知能力，必须运用"呼吸系统、喉、腭咽区"的视听反馈进行训练；声音形成需要三个要素，可进行"时长、响度/音调、起音"的视听反馈训练，帮助脑瘫儿童认识和理解时长、响度/音调以及起音，从而为提高儿童呼吸、发声和共鸣功能提供辅助。

3. 鼻亢训练

大多数弛缓型和痉挛型言语障碍患者存在鼻音亢进问题，须减少鼻功能亢进的训练。

二、治疗步骤

基本同前面几种类型的构音语音的治疗步骤，此处不再赘述。

脑瘫儿童构音障碍康复案例

PART 4

第四节

为了清晰掌握脑瘫儿童构音障碍的具体治疗过程，尤其是基于 ICF 功能评估与训练的构音障碍的治疗过程，本节结合一名发病率较高的痉挛型脑瘫儿童构音障碍康复案例来学习，并选取该名儿童未习得的一个声母音位 /f/ 为例介绍具体的训练方法。

一、案例基本信息

视频

脑瘫儿童构音障碍治疗样例

李某某，男，寻求治疗时 6 岁 6 个月，临床诊断为痉挛型脑性瘫痪。24 个月抬头，36 个月翻身，独坐不稳，姿势不对称，双眼水平眼震，追视寻声尚可，理解力较好，可说两三个字词，吐字不清，语速慢，张口、伸舌、流涎，头控差。

二、ICF 言语构音功能评估结果

使用构音障碍评估仪从运动角度和语音角度对患儿的构音功能进行科学评估，包括口部运动功能评估和构音语音功能评估两部分。对李某某的口部运动、声母构音、韵母构音、声调构音、音位对构音等能力进行评估和检测，为构音障碍的诊断和康复、疗效监控提供相关信息。结果如表 11-4-1 所示。

表 11-4-1 李某某的构音功能精准评估结果进行 ICF 功能损伤程度转换

身体功能，即人体系统的生理功能损伤程度			无损伤	轻度损伤	中度损伤	重度损伤	完全损伤	未特指	不适用
			0	1	2	3	4	8	9
b320	构音功能 Articulation functions	声母音位习得（获得）	□	□	⊠	⊠	□	□	□
		声母音位对比	□	□	⊠	□	□	□	□
		构音清晰度	□	□	⊠	□	□	□	□
		口部感觉	□	□	⊠	□	□	□	□
		下颌运动	□	□	⊠	□	□	□	□
		唇运动	□	□	⊠	□	□	□	□
		舌运动	□	□	⊠	□	□	□	□
	产生言语声的功能，包含构音清晰功能、构音音位习得功能。 功能受损时表现为痉挛型、运动失调型、弛缓型神经性言语障碍等神经损伤导致的构音障碍。 不包含语言精神功能（b167）；嗓音功能（b310）。									
	信息来源：⊠ 病史　□ 问卷调查　□ 临床检查　⊠ 医技检查									
	问题描述： 　1. 口部运动功能 　　口部感觉得分为 72% ↓，患者允许刺激，但是有明显的消极反应（如呕吐，将头部向后撤，远离刺激）；口部感觉处于中度损伤。 　　下颌运动得分为 58% ↓，存在结构异常；或运动范围未达到正常水平；或无法连续运动；或用其他构音器官的动作代偿或辅助目标动作；下颌运动中度损伤。 　　唇运动得分为 66% ↓，存在结构异常；或运动范围未达到正常水平；或无法连续运动；或用其他构音器官的动作代偿或辅助目标动作；唇运动中度损伤。 　　舌运动得分为 45% ↓，努力做目标动作而未成功，用头、眼或其他肢体动作来代偿；舌运动重度损伤。 　2. 构音语音功能 　　已掌握声母个数为 10 个 ↓，相对年龄为 3 岁以下；声母音位习得能力属于重度损伤。 　　声母音位对比：已掌握声母个数 13 对 ↓，相对年龄为 3 岁以下；声母音位对比能力属于中度损伤。 　　构音清晰度为 55.56% ↓，相对年龄为 3 岁以下；构音能力属于中度损伤。									

由表 11-4-1 可知，案例中的李某某的口部运动功能属中度损伤，构音能力属于中度损伤。声母音位习得处于第三阶段，已习得声母有 /b、m、d、h/、/p、t、g、k、n/、/x/，未习得声母有 /f、j、q/、/l、z、s、r/、/c、zh、ch、sh/；已习得声母音位对 13 对，未习得 12 对。

此外，除了上述言语构音功能的精准评估外，还对该名脑瘫患儿在日常生活中的言语表现、人际交往、居住环境、性格特点等可能影响该名患儿言语构音效果的因素进行了了解，发现该儿童在习得语言、掌握技能、解决问题、处理日常事务、交谈、精巧手的使用、在不同地点处移动、基本的人际交往、参与游戏、学校教育、休闲和娱乐等方面，都存在不同程度的障碍，基本不能完成同龄儿童应有的各种活动，严重影响了其语言、社会交往及交流能力的发展；与父母一起生活，多次来院进行康复治疗，没有进入过普通幼儿园，不能与同龄儿童一起游戏、学习，父母在家自行教儿童一些简单的语文及数学知识；该儿童的理解力与同龄普通儿童相近，配合能力好，学习能力强，能主动学习，渴望与同龄儿童进行游戏，渴望上学。

三、制订治疗计划

根据上述李某某的 ICF 构音功能精准评估结果和对儿童的其他情况的了解，制订该名儿童的构音治疗计划，包括主要选用的治疗方法、要达到的目标等。见表 11-4-2。

表 11-4-2　李某某的 ICF 儿童构音治疗计划表

治疗任务（7项）		治疗方法（21种）（音位6+ 口部15）	康复医师	护士	言语治疗师	特教教师	初始值	目标值	最终值
b320	声母音位习得	训练音位：/f、j、q/ ☑ 音位诱导 　☑ 发音部位 　☑ 发音方式 ☑ 音位习得 　☑ 单音节词 　☐ 双音节词 　☐ 三音节词			√		2	0	0
	声母音位对比	☑ 音位对比 　☐ 听说对比 ☐ 言语支持 　☐ 停顿起音 　☐ 音节时长 　☐ 音调、响度变化			√		2	0	0
	构音清晰度	☑ 语音自反馈 ☑ 言语重读 　☑ 行板节奏一			√		1	0	0
	口部感觉	☑ 改善颊，鼻，唇，牙龈，硬腭，舌前、中、后部感觉							
	下颌运动	☐ 提高咬肌肌力 ☐ 提高下颌向下、上、左、右运动 ☐ 提高下颌前伸运动 ☐ 提高下颌上下、左右连续运动							
	唇运动	☐ 改善流涎、唇面部肌力 ☐ 提高展、圆、圆展交替运动 ☐ 提高唇闭合运动 ☑ 提高唇接触运动							

续表

治疗任务（7项）		治疗方法（21种）（音位6+口部15）	康复医师	护士	言语治疗师	特教教师	初始值	目标值	最终值
b320	舌运动	□ 提高舌肌肌力 □ 提高舌尖前伸运动 □ 提高舌尖上舔唇、齿龈、硬腭，舌尖左舔、右舔嘴角运动 □ 提高舌尖左右、前后、上下交替运动 □ 提高马蹄形、舌两侧缘上抬模式 □ 提高舌前、后部上抬模式			√		1	0	0

四、构音治疗及实施监控

（一）/f/ 音位的诱导训练

1. 唇齿接触运动训练

患儿上齿与下唇内侧不能接触，发音时咬住下唇外侧，这表明下唇紧贴下齿的动作有困难，导致患儿在发唇齿音 /f/ 以及音位组合时出现音位替代，将"飞机"发成"杯机"。可以采用的方法如下。

一是夹饼干训练：让患儿用嘴唇夹住一块饼干，并试着用双唇挤压，或让患儿用牙齿夹住正反面均涂有果酱的饼干，用双唇去舔。二是舔果酱训练：在患儿上唇涂上果酱，然后诱导患儿下唇先接触上唇，然后用下唇舔去果酱，最后用下齿舔去果酱。反复训练，然后下唇涂果酱，上唇舔。三是在舔果酱的基础上发唇齿音 /f/。训练中果酱可以换成海苔等患儿喜欢的东西。

2. 发音教育

通过构音测量与训练仪 S3 中的发音教育部分，如图 11-4-1 所示。巩固患儿对 /f/ 发音要点的理解，体会擦音的发音方式，为精确语音的形成打下基础。

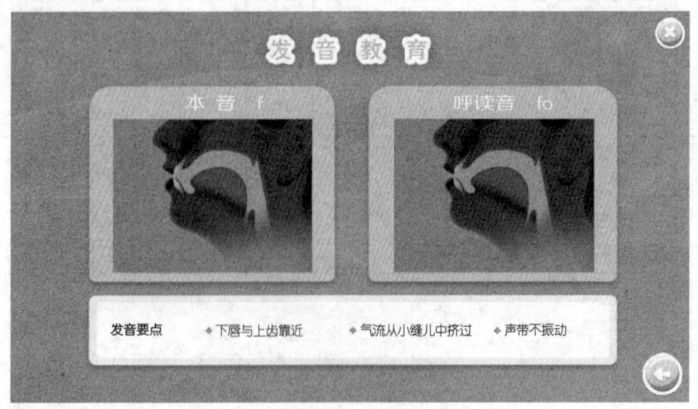

图 11-4-1 音位 /f/ 的发音教育

(二)/f/ 音位的习得训练

1. /f/ 音位习得训练

采用构音测量与训练仪 S3 进行 /f/ 的音位习得训练，帮助患儿掌握 /f/ 的单音节词，如 "/fɑ/ 伐""/fo/ 佛""/fu/ 斧"等，如图 11-4-2 所示。尽可能地从训练材料中挑选患儿日常生活中常接触的词，如图 11-4-3 所示。根据患儿的能力，逐渐掌握双音节词和三音节词。

图 11-4-2　音位 /f/ 的单音节词训练

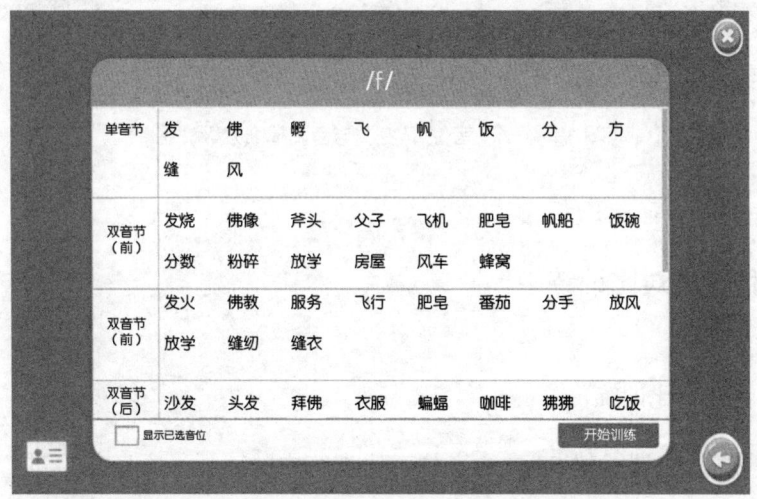

图 11-4-3　音位 /f/ 的单音节词训练

2. /f/ 音位语音自反馈训练

采用构音测量与训练仪 S3 选择语音自反馈板块，进行变调 / 变速训练：根据患儿的音调与语速的状况,选择性地进行变调或变速的自反馈训练,将患儿的音调/语速降低或提高到正常;如若患儿音调或语速正常,可直接进行音调或语速的精细分级运动,如图 11-4-4 所示。

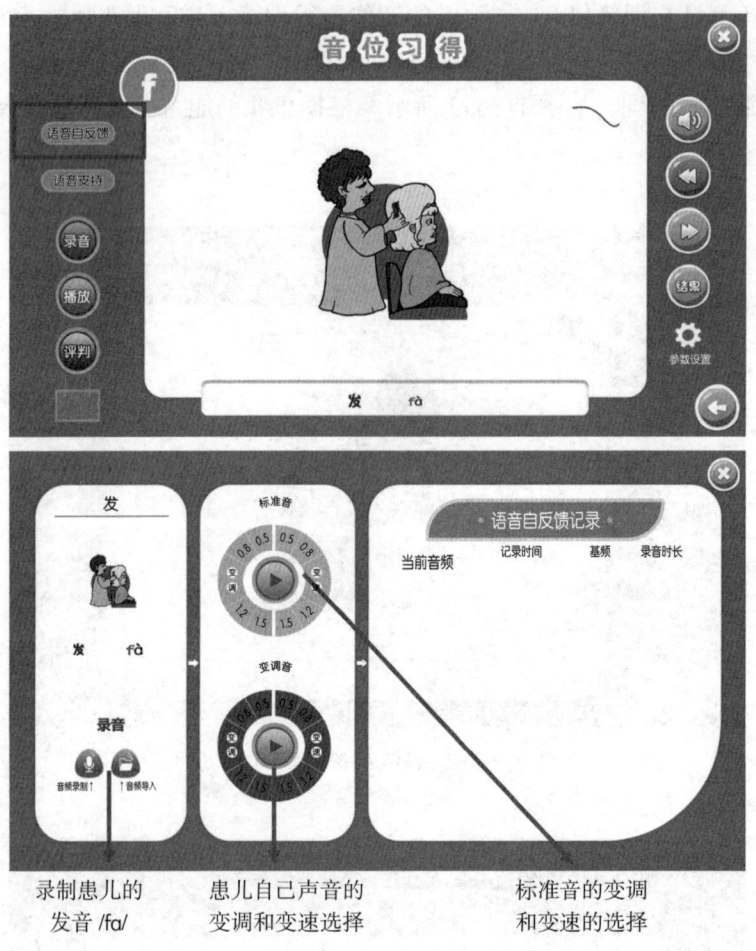

图 11-4-4　音位 /f/ 变调与音调精细分级训练

(三)/f/ 音位对比训练

1. 听说音位对比训练

采用构音测量与训练仪 S3 中的音位对比训练中的"听一听"部分进行训练,让患儿能从听感上正确区分"b/f"音位对,如图 11-4-5 所示。"说一说"部分进行对比训练,让患儿能正确区分"b/f"音位对,并能准确构音,如图 11-4-6 所示。

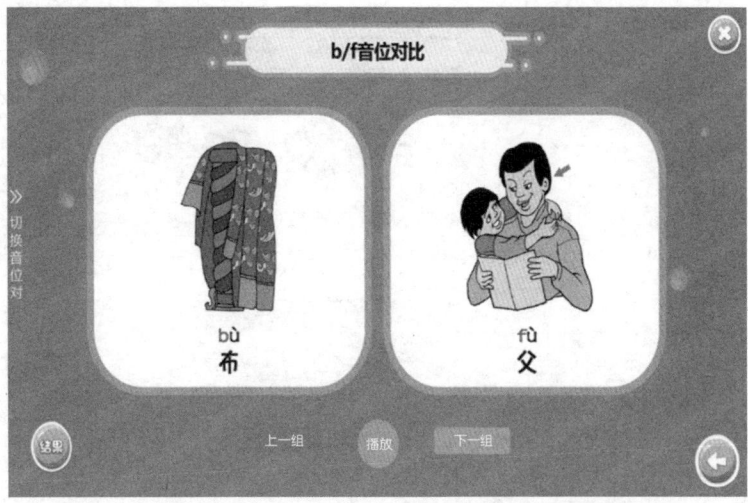

图 11-4-5 "b/f"音位对比的"听一听"训练

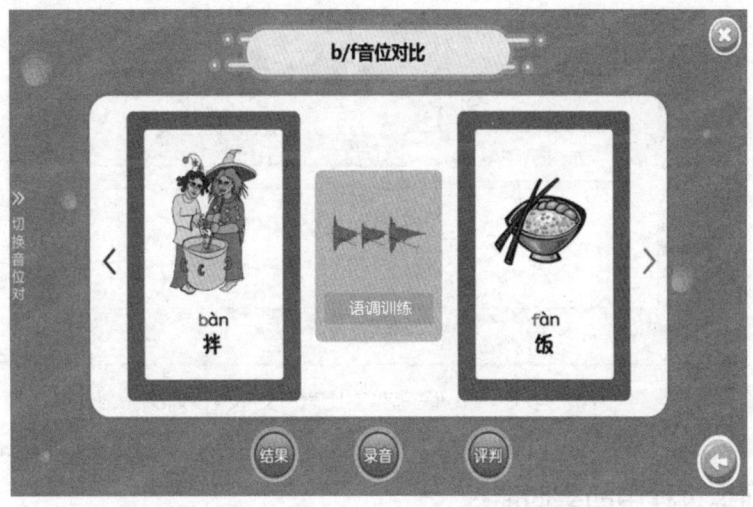

图 11-4-6 "b/f"音位对比的"说一说"训练

2. "b/f"的音位对比结合重读治疗

运用声韵组合的行板节奏一模式 /c1v1C1V1C1V1C1V1/，首先进行韵母交替对比训练，选择重读治疗课程样板音频 /fa-FA-FA-FA/、/fo-FO-FO-FO/、/fu-FU-FU-FU/、/fa-FA-FO-FU/ 和 /ba-BA-BA-BA/、/bo-BO-BO-BO/、/bu-BU-BU-BU/、/ba-BA-BO-BU/。训练次数：2—3 次，如图 11-4-7 所示。随后进行声母交替对比训练，"b/f"与相同的单元音相配，录制样板音频：/fa-BA-FA-BA/、/fo-BO-FO-BO/、/fu-BU-FU-BU/ 和 /ba-FA-BA-FA/、/bo-FO-BO-FO/、/bu-FU-BU-FU/。训练次数：2—3 次，如图 11-4-8 所示。

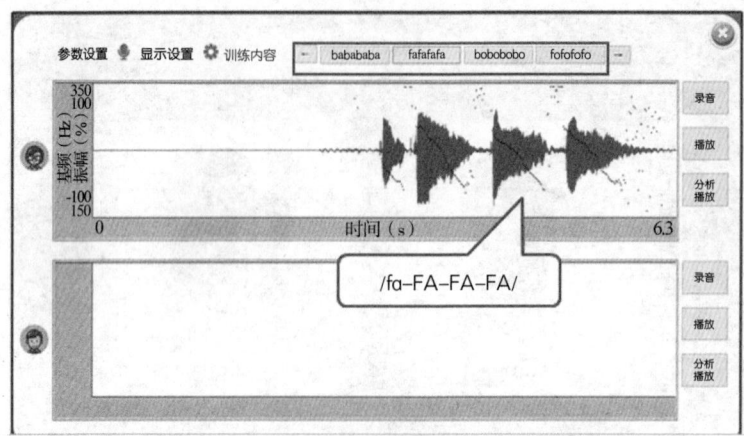

图 11-4-7 "b/f"音位对比韵母交替重读训练

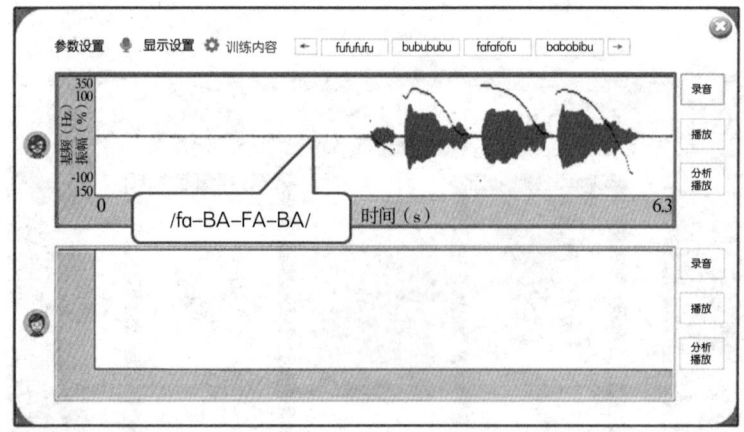

图 11-4-8 "b/f"音位对比声母交替重读训练

（四）训练过程中的实时监控

本案例中，治疗师每日一次对患儿进行精准康复训练，并将每日康复情况记录于下表 11-4-3 中。以本案例中的音位对比为例，患儿第一次训练前音位对比的正确率为 33.3%，训练后 66.6%；第二日的正确率为 100%，说明音位对比有了一定效果。也可以进行更长时间的实时监控，通过监测指标变化，决定是否变更训练计划等。

表 11-4-3 治疗过程中"b/f"音位对比的实时监控表

日期	音位对	音位对比	目标音	实发音	音位对比情况			
					前测	正确率（%）	后测	正确率（%）
12月1日	"b/f"	特征：SF 序号：8	f	b	001	33.3	101	66.6
			b	b				
		特征： 序号：						

续表

日期	音位对	音位对比	目标音	实发音	音位对比情况			
					前测	正确率(%)	后测	正确率(%)
12月1日	"b/f"	特征：SF 序号：8	f	b			111	100
			b	b				
		特征： 序号：						

五、疗效评价

本案例中的脑瘫患儿经过6周的构音训练后，其口部运动功能与构音语音功能有了较大的改善，干预的目标值全部达成。

表 11-4-4 构音功能评估表

ICF 类目组合		初期评估					目标值	中期评估（康复3周）					目标达成	末期评估（康复6周）					目标达成
		ICF 限定值						干预	ICF 限定值					干预	ICF 限定值				
		问题							问题						问题				
		0	1	2	3	4			0	1	2	3	4			0	1	2	3	4	
构音语音功能																				
b320	声母音位习得						1							×						√
	声母音位对比						1							×						√
	构音清晰度						1							√						√
	口部感觉																			
	下颌运动																			
	唇运动						0							×						√
	舌运动													×						√

主要参考文献

REFERENCES

一、中文文献

著作

[1] 黄昭鸣，朱群怡，卢红云. 言语治疗学 [M]. 上海：华东师范大学出版社，2017.

[2] 昝飞，马红英. 言语语言病理学 [M]. 上海：华东师范大学出版社，2005.

[3] 黄鹤年. 现代耳鼻咽喉头颈外科学 [M]. 上海：复旦大学出版社，2003.

[4] 黄伟合. 儿童孤独症及其他发展性障碍的行为干预：家长和专业人员的指导手册 [M]. 上海：华东师范大学出版社，2003.

[5] 黄迪炎，朱国雄. 腭裂术后语音训练实用手册 [M]. 北京：人民军医出版社，2007.

[6] 卢红云，黄昭鸣. 口部运动治疗学 [M]. 上海：华东师范大学出版社，2010.

[7] 李胜利. 语言治疗学 [M]. 北京：人民卫生出版社，2008.

[8] 李胜利. 言语治疗学 [M]. 北京：华夏出版社，2004.

[9] 马莲. 唇腭裂与面裂畸形 [M]. 北京：人民卫生出版社，2011.

期刊

[1] 黄昭鸣，籍静媛. 实时反馈技术在言语矫治中的应用 [J]. 中国听力语言康复科学杂志，2004（6）：35-39.

[2] 黄昭鸣，万萍，蔡红霞. 言语音调障碍的测量及矫治对策 [J]. 中国听力语言康复科学杂志，2005（6）：25-28.

[3] 黄昭鸣，杜晓新，万萍，等. 国人儿童口腔轮替运动速率参考标准的制订 [J]. 听力学及言语疾病杂志，2005（6）：16-19.

[4] 黄昭鸣，张蕾，张磊，等. 特殊需要儿童构音语音障碍的评估与治疗 [J]. 中国听力语言康复科学杂志，2011（4）：61-64.

[5] 黄伟合.关于儿童孤独症行为矫治法的几个理论问题[J].心理科学，2003，26（3）：475-478.

[6] 金野，万勤，周红省，等.听障患者舌面音构音障碍的原因及矫治对策[J].中国听力语言康复科学杂志，2008（2）：37-39.

[7] Kim, Ha-kyung，汪梅，等.正常成人朗读和自发言语的语速研究[J].听力学及言语疾病杂志，2015，23（3）：240-243.

[8] 金星，黄昭鸣，杜晓新.听障儿童与健听儿童韵律词重音声学特征的比较研究[J].中国听力语言康复科学杂志，2013（5）：373-376.

[9] 李欢.构音障碍评估研究述评[J].中国特殊教育，2010（6）：59-64.

[10] 刘巧云，黄昭鸣，张梦超，等.语音能力评估的原理及方法[J].中国听力语言康复科学杂志，2011（5）：63-65.

[11] 卢红云，黄昭鸣，张蕾，等.下颌元音构音运动定量测量的实验研究[J].中国特殊教育，2011（4）：48-52.

[12] 卢红云，黄昭鸣，白银婷，等.听力正常成年男性单元音构音运动的声学参数研究[J].临床耳鼻咽喉头颈外科杂志，2011，25（9）：406-408.

[13] 张磊，黄昭鸣，胡靓，等.学前听障儿童声调发音的声学研究[J].中国特殊教育，2012（2）：21-25.

[14] 张磊，朱群怡，周谢玲，等.普通话前后鼻韵母区分参数的实验研究[J].中国听力语言康复科学杂志，2013（4）：308-311.

[15] 吕自愿，李峰，徐丽娜.双唇音构音障碍的临床特点和语音训练[J].中国康复理论与实践，2014（8）：763-766.

[16] 肖瑾，徐光兴.孤独症及有关儿童发展障碍[J].健康心理学杂志，2000，8（5）：481-483.

[17] 王国民，杨育生，张勇，等.唇腭裂治疗现状与展望[J].上海口腔医学，2006，15（2）：113-116.

[18] 王建华，刘娟，王勇，等.腭裂普通话语音的特点与分析[J].临床口腔医学杂志，2003，19（8）：464-466.

[19] 吴琼.中国聋儿康复的现状及问题所在[J].民政论坛，2001（6）：29-33.

[20] 杨影，孙喜斌，王丽燕.先天性重度及以上程度听力损失婴幼儿语言能力康复效果观察[J].听力学及言语疾病杂志，2015，23（4）：397-399.

[21] 赵凤云，张艳丽，汪梅梅，等.普通成人命题说话的言语不流畅性研究[J].中国听力语言康复科学杂志，2015，13（5）：374-377.

[22] 赵航，刘巧云，严舒，等.韵母对送气塞音"音位对识别"的影响及教育干预启示[J].中国特殊教育，2013（2）：36-40.

[23] 张青，刘晓，黄昭鸣，等.正常成人发音调、响度周期性连续起伏变化/i/音的声学分析[J].听力学及言语疾病杂志，2014，22（6）：592-596.

[24] 翟燕，宋晓萍，翟佳，等. 口部肌肉治疗在功能性构音障碍儿童语言训练中的应用 [J]. 中国康复，2014，29（3）：166.

[25] 郑静，马红英. 弱智儿童语言障碍特征研究综述 [J]. 中国特殊教育，2003（3）：1-5.

[26] 赵亚茹，郝春艳，刘悦. 儿童功能性构音障碍的矫治及影响因素分析 [J]. 中国实用儿科杂志，1999（6）：345-346.

[27] 易玲，张磊，黄昭鸣. 听障儿童单字调发音障碍干预的个案研究 [J]. 中国听力语言康复科学杂志，2013（3）：231-233.

[28] 李胜利. 构音障碍的评价与治疗 [J]. 现代康复，2001，5（12）：24-26.

二、英文文献

著作

[1] Williams AL, Mcleod S, McCauley RJ. Interventions for speech sound disorders in children [M]. Baltimore: Paul H. Brookes Publishing Co. Inc, 2010.

期刊

[1] Chan YC, Yang YJ. Early reading development in Chinese-speaking children with hearing loss[J]. J Deaf Stud Deaf Educ, 2018, 23（1）：50-61.

[2] Ferraro JP, Daum é H 3rd, Duvall SL, et al. Improving performance of natural language processing part-of-speech tagging on clinical narratives through domain adaptation[J]. J Am Med Inform Assoc, 2013, 20（5）：931-939.

[3] Preston JL, Hull M, Edwards ML. Preschool speech error patterns predict articulation and phonological awareness outcomes in children with histories of speech sound disorders[J]. Am J Speech Lang Pathol, 2013, 22（2）：173-184.

[4] Preston JL, McCabe P, Rivera-Campos A, et al. Ultrasound visual feedback treatment and practice variability for residual speech sound errors[J]. J Speech Lang Hear Res, 2014, 57（6）：2102-2115.

[5] Stockman IJ, uillory B, Seibert M, et al. Toward validation of a minimal competence core of morphosyntax for African American children[J]. Am J Speech Lang Pathol, 2013, 22（1）：40-56.

[6] Yang Y, Liu YH, Fu MF, et al. Home-based early intervention on auditory and speech development in mandarin-speaking deaf infants and toddlers with chronological aged 7-24 months. Chin Med J (Engl)，2015，128（16）：2202-2207.

附录 1：儿童构音功能评估表

附表 1-1　儿童基本情况记录表

姓　　名 _____　　出生日期 _____　　性别：□男 □女
身份证号码 _____　家庭住址 _____　电话 _____
检 查 者 _____　　初诊日期 _____　编号 _____
听力状况：□正常 □异常　　听力设备：□人工耳蜗 □助听器 补偿效果
进食状况：
言语状况：
口部触觉感知状况：

附表 1-2　口部运动功能评估记录表

下颌运动功能		唇运动功能		舌运动功能			
项目	得分	项目	得分	项目	得分	项目	得分
自然状态	/4	自然状态	/4	自然状态	/4	舌尖左右交替运动	/4
咬肌肌力检查	/4	流涎	/4	舌肌肌力检查	/4	舌尖前后交替运动	/4
下颌向下运动	/4	唇面部肌群肌力	/4	舌尖前伸	/4	舌尖上下交替运动	/4
下颌向上运动	/4	展唇运动	/4	舌尖下舔下颌	/4	马蹄形上抬模式	/4
下颌向左运动	/4	圆唇运动	/4	舌尖上舔上唇	/4	舌两侧缘上抬模式	/4
下颌向右运动	/4	唇闭合运动	/4	舌尖上舔齿龈	/4	舌前部上抬模式	/4
下颌前伸运动	/4	圆展交替运动	/4	舌尖左舔嘴角	/4	舌后部上抬模式	/4
下颌上下连续运动	/4	唇齿接触运动	/4	舌尖右舔嘴角	/4		
下颌左右连续运动	/4			舌尖上舔硬腭	/4		
下颌总得分		唇总得分		舌总得分			
口部运动功能总得分							

注：口部运动功能的分级为 5 级，即 0、1、2、3、4 级。

附表 1-2-1 下颌口部运动能力评估记录表

不同状态	项目及分级						
	评估项目	异常		正常			计分
		0级	1级	2级	3级	4级	
自然放松状态	下颌形态结构及位置						/4
模仿口部运动	咬肌肌力检查						/4
	下颌向下运动						/4
	下颌向上运动						/4
	下颌向左运动						/4
	下颌向右运动						/4
	下颌前伸运动						/4
	下颌上下连续运动						/4
	下颌左右连续运动						/4

附表 1-2-2 唇口部运动能力评估记录表

不同状态	项目及分级						
	评估项目	异常		正常			计分
		0级	1级	2级	3级	4级	
自然放松状态	唇在放松状态时的形态结构及位置						/4
	流涎						/4
模仿口部运动	唇面部肌群肌力						/4
	展唇运动						/4
	圆唇运动						/4
	唇闭合运动						/4
	圆展交替运动						/4
	唇齿接触运动						/4

附表 1-2-3 舌口部运动能力评估记录表

不同状态	项目及分级						
	评估项目	异常		正常			计分
		0级	1级	2级	3级	4级	
自然放松状态	舌的形状和位置						/4
模仿口部运动	舌尖前伸						/4
	舌尖下舔下颌						/4
	舌尖上舔上唇						/4
	舌尖上舔齿龈						/4

续表

不同状态	项目及分级						
	评估项目	异常			正常			计分
		0级	1级	2级	3级	4级	
模仿口部运动	舌尖左舔嘴角						/4
	舌尖右舔嘴角						/4
	舌尖上舔硬腭						/4
	舌尖左右交替运动						/4
	舌尖前后交替运动						/4
	舌尖上下交替运动						/4
	马蹄形上抬模式						/4
	舌两侧缘上抬模式						/4
	舌前部上抬模式						/4
	舌后部上抬模式						/4
	舌肌肌力检查						/4

附表 1-3　构音运动功能评估记录表

附表 1-3-1　下颌构音运动功能评估记录表

评估项目	目标词语	构音运动情况
下颌高位运动	/i/	
下颌低位运动	/ɑ/	
下颌半开位运动	/e/	
下颌高位—低位相互转换运动	/ɑ-i/	
下颌低位—半开位相互转换运动	/ɑ-e/	
下颌高位—半开位相互转换运动	/e-i/	
下颌高位—低位—半开位相互转换运动	/i-e-ɑ/ /ɑ-e-i/ /e-i-ɑ/ /e-ɑ-i/	

注：主要测试与下颌运动相关的语音，以发音时构音运动是否准确到位为标准，考查患者下颌的构音运动情况。

附表 1-3-2　唇构音运动功能评估记录表

评估项目	目标词语	构音运动情况
圆唇构音运动	/u/	
展唇构音运动	/i/	
圆展交替构音运动	/u-i/	

续表

评估项目	目标词语	构音运动情况
双唇闭合构音运动	/bao/ /mao/	
唇齿接触构音运动	/fei/	

注：通过测试与唇运动相关的语音，以发音时构音运动是否准确到位为标准，考查患者唇的构音运动情况。

附表 1-3-3　舌构音运动功能评估记录表

评估项目	目标词语	构音运动情况
舌向前构音运动	/i/	
舌向后构音运动	/u/	
舌前后交替构音运动	/u-i/	
马蹄形上抬构音运动	/dao/ /tao/ /nao/	
舌后部上抬构音运动	/gao/ /kao/	
舌前部上抬构音运动	/ji/ /qi/	
舌尖上抬下降构音运动	/lu/	
舌两侧缘上抬构音运动	/zhu/ /chu/	
舌尖齿背构音运动	/zi/ /ci/	

注：通过测试与舌运动相关的语音，以发音时构音运动是否准确到位为标准，考查患者舌的构音运动情况。

附表 1-3-4　口腔轮替运动速率测量记录表

测试时，首先要求患者深吸气，然后一口气连续发指定音节。持续 4 s，音调与响度适中，各个音节完整。要求患者尽可能快地发音，并录制其发音过程，结合回放确定患者每 4 s 发出的音节数量。每一特定音节测两次，记录其较大值作为口腔轮替运动速率（DR）。

日期	DR（pa）	DR（ta）	DR（ka）	DR（pata）	DR（paka）	DR（kata）	DR（pataka）

附表 1-3-5　口腔轮替运动速率常模

年龄 （岁）	口腔轮替运动速率（DR）的最小要求　　　　　　　　（单位：次/4 秒）						
	DR（pa）	DR（ta）	DR（ka）	DR（pataka）	DR（pata）	DR（paka）	DR（kata）
4	12	12	12	2	5	4	5
5	13	13	13	2	5	4	5

续表

年龄（岁）	口腔轮替运动速率（DR）的最小要求 （单位：次/4秒）						
	DR（pa）	DR（ta）	DR（ka）	DR（pataka）	DR（pata）	DR（paka）	DR（kata）
6	14	14	14	3	7	6	7
7	15	15	15	3	7	6	7
8	16	16	16	3	10	8	7
9	17	17	17	4	10	8	7
10	18	18	18	4	11	10	10
11	18	18	18	4	11	10	11
12	18	18	18	4			
13	19	19	19	5			
14	19	19	19	5			
15	19	19	19	5			
16	20	20	20	6			
17	20	20	20	6			
18—40	20	20	20	6			

附表 1-3-6　下颌距测量、舌距测量

提取 /a/、/i/、/u/ 的共振峰 F_1、F_2，计算出下颌距 $=F_1(a)-F_1(i)$，舌距 $=F_2(i)-F_2(u)$。

日期	下颌距	舌距	临床含义

附表 1-3-7　中国学龄前儿童下颌距常模（$m\pm\sigma$）

单位：Hz

年龄（岁）	男					女				
	$m-2\sigma$	$m-\sigma$	m	$m+\sigma$	$m+2\sigma$	$m-2\sigma$	$m-\sigma$	m	$m+\sigma$	$m+2\sigma$
3	437	620	802	984	1 167	498	694	891	1 088	1 284
4	988	1 082	1 176	1 270	1 364	949	1 095	1 240	1 386	1 531
5	612	755	897	1 040	1 182	645	793	940	1 087	1 234
6	689	812	936	1 059	1 182	622	806	989	1 173	1 356

附表 1-3-8　中国学龄前儿童舌距常模（$m \pm \sigma$）

单位：Hz

年龄（岁）	男					女				
	$m-2\sigma$	$m-\sigma$	m	$m+\sigma$	$m+2\sigma$	$m-2\sigma$	$m-\sigma$	m	$m+\sigma$	$m+2\sigma$
3	1 262	1 730	2 197	2 664	3 132	1 498	1 990	2 482	2 974	3 466
4	1 872	2 183	2 494	2 806	3 117	2 041	2 411	2 781	3 152	3 522
5	1 708	2 138	2 569	3 000	3 431	2 113	2 429	2 745	3 060	3 376
6	1 988	2 343	2 699	3 055	3 411	2 058	2 335	2 612	2 889	3 166

附表 1-4　构音语音功能评估记录表

序号	词	目标音		序号	词	目标音		序号	词	目标音		序号	词	目标音		序号	词	目标音	
1	包 bāo	b		14	吸 xī	x	i	27	壳 ké	k		40	一 yī	i					
2	抛 pāo	p		15	猪 zhū	zh		28	纸 zhǐ	zh		41	家 jiā	ia					
3	猫 māo	m		16	出 chū	ch		29	室 shì	sh		42	浇 jiāo	iao					
4	飞 fēi	f		17	书 shū	sh		30	字 zì	z		43	乌 wū	u					
5	刀 dāo	d		18	肉 ròu	r		31	刺 cì	c		44	雨 yǔ	ü					
6	套 tào	t		19	紫 zǐ	z		32	蓝 lán	an		45	椅 yǐ	i					
7	闹 nào	n		20	粗 cū	c		33	狼 láng	ang		46	鼻 bí	i					
8	鹿 lù	l		21	四 sì	s		34	心 xīn	in		47	蛙 wā	1					
9	高 gāo	g		22	杯 bēi	b		35	星 xīng	ing		48	娃 wá	2					
10	铐 kào	k		23	泡 pào	p		36	船 chuán	uan		49	瓦 wǎ	3					
11	河 hé	h		24	稻 dào	d		37	床 chuáng	uang		50	袜 wà	4					
12	鸡 jī	j	i	25	菇 gū	g		38	拔 bá	a		51	酪 lào	l					
13	七 qī	q		26	哭 kū	k		39	鹅 é	e		52	入 rù	r					

注：正确记为"√"；歪曲记为"⊗"；遗漏记为"⊖"；替代记为实发音的拼音。

附表 1-4-1　构音语音功能评估词表评估指南
（黄昭鸣—韩知娟词表）

编号	词	拼音	提问	提示
例1	桌	zhuō	这是什么？	治疗师指向桌子问："这是什么？"
例2	象	xiàng	这是什么？	什么动物的鼻子是长长的？
1	包	bāo	这是什么？	小朋友背什么上学？
2	抛	pāo	他做什么？	他把球怎么样了？
3	猫	māo	这是什么？	什么动物"喵喵"叫？
4	飞	fēi	它在做什么？	蝴蝶在做什么？
5	刀	dāo	这是什么？	拿什么切东西？
6	套	tào	这是什么？	天冷了，手戴什么？
7	闹	nào	这是什么钟？	什么钟叫你起床？
8	鹿	lù	这是什么？	什么动物的脖子长长的？
9	高	gāo	哥哥的个子和妹妹比怎么样？	妹妹个子矮，哥哥比妹妹_____。
10	铐	kào	这是什么？	他的手被警察怎么了？
11	河	hé	这是什么？	这是一条小_____。
12	鸡	jī	这是什么？	什么动物会喔喔叫？
13	七	qī	这是几？	图上有几个苹果？
14	吸	xī	这是什么？	小朋友用什么喝牛奶？
15	猪	zhū	这是什么？	什么动物的耳朵很大？
16	出	chū	她在做什么？	她不是进去，是_____去。
17	书	shū	这是什么？	小朋友看什么？
18	肉	ròu	这是什么？	老虎爱吃什么？
19	紫	zǐ	这是什么颜色？	球是什么颜色的？
20	粗	cū	这根黄瓜怎么样？	那根黄瓜细，这根怎么样？
21	四	sì	这是几？	图上有几个苹果？
22	杯	bēi	这是什么？	用什么喝水？
23	泡	pào	这是什么？	小朋友吹什么？
24	倒	dào	做什么？	怎样让开水进杯子？
25	菇	gū	这是什么？	这是蘑_____。
26	哭	kū	小朋友怎么了？	找不到妈妈，他会怎么样？
27	壳	ké	这是什么？	这是贝_____。
28	纸	zhǐ	这是什么？	老师在哪里写字？
29	室	shì	这是什么？	老师在哪里上课？
30	字	zì	他在做什么？	老师拿笔做什么？
31	刺	cì	花上有什么？	_____碰在手上会流血。
32	蓝	lán	这是什么颜色？	天空是什么颜色的？
33	狼	láng	这是什么？	什么动物长得像狗？

续表

编号	词	拼音	提问	提示
34	心	xīn	这是什么？	老师指着自己的心问："这里有什么？"
35	星	xīng	这是什么？	夜晚天上什么会一闪一闪的？
36	船	chuán	这是什么？	可以乘什么过海？
37	床	chuáng	这是什么？	你晚上睡在什么上面？
38	拔	bá	他在做什么？	怎样让萝卜出来？
39	鹅	é	这是什么？	这不是鸭，这是_____？
40	一	yī	这是几？	图上有几个苹果？
41	家	jiā	这是哪里？	你放学后回哪里？
42	浇	jiāo	做什么？	阿姨拿水壶做什么？
43	乌	wū	这是什么云？	快下雨了，天上飘什么云？
44	雨	yǔ	天上在下什么？	小朋友身上穿的是什么衣服？
45	椅	yǐ	这是什么？	老师指向旁边的椅子问："这是什么？"
46	鼻	bí	这是什么？	老师指着自己的鼻子问："这是什么？"
47	蛙	wā	这是什么？	它是青_____。
48	娃	wá	这是什么？	你喜欢抱什么？
49	瓦	wǎ	这是什么？	屋顶上有什么？
50	袜	wà	这是什么？	老师指着小朋友的袜子问："这是什么？"
51	酪	lào	这是什么？	老鼠喜欢吃的是什么？
52	入	rù	做什么？	从外面进来，叫什么？

注：构音语音功能评估词表主要用于评估儿童清晰发音的能力，可评价21个声母及36个最小语音对的构音情况。测验材料包含52个单音节词，每一个词都有配套的图片。

要求儿童每个音发3遍。整个音节的发音时间及音节之间的间隔都约为1 s。为诱导出自发语音，治疗师可以通过提问、提示或模仿的形式，要求儿童说出该图片所表达的词。

附表1-4-2　构音语音功能声母音位习得评估表

声母	年龄								音位习得与否	错误走向
	2;7—2;12	3;1—3;6	3;7—3;12	4;1—4;6	4;7—4;12	5;1—5;6	5;7—5;12	6;1—6;6		
b										
m										
d										
h										
p										
t										
g										
k										
n										

续表

声母	年龄								音位习得与否	错误走向
	2;7—2;12	3;1—3;6	3;7—3;12	4;1—4;6	4;7—4;12	5;1—5;6	5;7—5;12	6;1—6;6		
f			▓							
j			▓							
q			▓							
x			▓							
l				▓						
z					▓					
s					▓					
r							▓			
c								▓		
zh								▓ <90%		
ch								▓		
sh								▓		

注：1. 阴影部分为正常儿童声母音位习得顺序。2. 年龄：岁；月表示几岁几个月，后文同。

附表 1-4-3　声母音位对比：送气塞音与不送气塞音（替代）

语音对序号	最小音位对比	卡片编号	目标音	实发音	对比结果	错误走向
1	送气	2	p			
双唇音	不送气	1	b			• 送气化：送气音替代不送气音
2	送气	6	t			
舌尖中音	不送气	24	d			• 替代送气 *：不送气音替代送气音
3	送气	26	k			
舌根音	不送气	25	g			

附表 1-4-4　声母音位对比：送气塞擦音与不送气塞擦音（替代）

语音对序号	最小音位对比	卡片编号	目标音	实发音	对比结果	错误走向
4	送气	13	q			
舌面音	不送气	12	j			• 送气化：送气音替代不送气音
5	送气	16	ch			
舌尖后音	不送气	15	zh			• 替代送气 *：不送气音替代送气音
6	送气	31	c			
舌尖前音	不送气	30	z			

附表 1-4-5　声母音位对比：塞音与擦音（替代）

语音对序号	最小音位对比	卡片编号	目标音	实发音	对比结果	错误走向
7	塞音	27	k			• 塞音化*：塞音替代擦音
舌根音	擦音	11	h			
8	塞音	22	b			• 替代塞音：擦音替代塞音
唇音	擦音	4	f			

附表 1-4-6　声母音位对比：塞擦音与擦音（替代）

语音对序号	最小音位对比	卡片编号	目标音	实发音	对比结果	错误走向
9	塞擦音	12	j			
舌面音	擦音	14	x			• 塞擦音化：塞擦音替代擦音
10	塞擦音	15	zh			
舌尖后音	擦音	17	sh			• 替代塞擦音：擦音替代塞擦音
11	塞擦音	30	z			
舌尖前音	擦音	21	s			

附表 1-4-7　声母音位对比：塞音与鼻音（替代）

语音对序号	最小音位对比	卡片编号	目标音	实发音	对比结果	错误走向
12	塞音	1	b			
双唇音	鼻音	3	m			• 鼻音化：鼻音替代塞音
13	塞音	24	d			• 替代鼻音：塞音替代鼻音
舌尖中音	鼻音	7	n			

附表 1-4-8　声母音位对比：擦音与无擦音（遗漏）

语音对序号	最小音位对比	卡片编号	目标音	实发音	对比结果	错误走向
14	擦音	11	h			• 声母 /h/ 遗漏*
舌根音	无擦音	39	无擦音			

附表 1-4-9　声母音位对比：不同构音部位的送气塞音（替代）

语音对序号	最小音位对比	卡片编号	目标音	实发音	对比结果	错误走向
15	双唇音	23	p			
送气塞音	舌尖中音	6	t			• 前进化*：舌尖中音前进化，舌根音前进化
16	双唇音	23	p			
送气塞音	舌根音	10	k			• 退后化：舌尖中音退后化，双唇音退后化
17	舌尖中音	6	t			
送气塞音	舌根音	10	k			

附表 1-4-10　声母音位对比：不同构音部位的不送气塞音（替代）

语音对序号	最小音位对比	卡片编号	目标音	实发音	对比结果	错误走向
18	双唇音	1	b			• 前进化*：舌尖中音前进化，舌根音前进化
不送气塞音	舌尖中音	5	d			
19	双唇音	1	b			• 退后化：舌尖中音退后化，双唇音退后化
不送气塞音	舌根音	9	g			
20	舌尖中音	5	d			• 前进化*：舌尖中音前进化，舌根音前进化
不送气塞音	舌根音	9	g			• 退后化：舌尖中音退后化，双唇音退后化

附表 1-4-11　声母音位对比：舌尖前音与舌尖后音（替代）

语音对序号	最小音位对比	卡片编号	目标音	实发音	对比结果	错误走向
21	舌尖后音	28	zh			
不送气塞擦音	舌尖前音	19	z			• 卷舌化：舌尖后音替代舌尖前音
22	舌尖后音	16	ch			
送气塞擦音	舌尖前音	20	c			• 替代卷舌*：舌尖前音替代舌尖后音
23	舌尖后音	29	sh			
擦音	舌尖前音	21	s			

附表 1-4-12　韵母音位对比：前鼻韵母与后鼻韵母（替代）

语音对序号	最小音位对比	卡片编号	目标音	实发音	对比结果	错误走向
24	前鼻韵母	32	an			
开口呼	后鼻韵母	33	ang			• 鼻韵母前进化*：后鼻韵母前进化
25	前鼻韵母	34	in			
齐齿呼	后鼻韵母	35	ing			• 鼻韵母退后化：前鼻韵母退后化
26	前鼻韵母	36	uan			
合口呼	后鼻韵母	37	uang			

附表 1-4-13　韵母音位对比：鼻韵母与无鼻韵母（遗漏）

语音对序号	最小音位对比	卡片编号	目标音	实发音	对比结果	错误走向
27	前鼻韵母	34	in			
齐齿呼	无鼻韵母	14	i			• 鼻韵母遗漏*
28	后鼻韵母	35	ing			
齐齿呼	无鼻韵母	14	i			

附表 1-4-14　韵母音位对比：三元音、双元音与单元音（遗漏）

语音对序号	最小音位对比	卡片编号	目标音	实发音	对比结果	错误走向
29	三元音	42	iao			• 鼻韵母遗漏*
双元音	双元音	41	ia			
30	双元音	41	ia			
单元音	单元音	12	i			

附表 1-4-15　韵母音位对比：前元音与后元音（替代）

语音对序号	最小音位对比	卡片编号	目标音	实发音	对比结果	错误走向
31 高元音	前元音 后元音	40 43	i u			• 单元音前进化*：后元音前进化 • 单元音退后化：前元音退后化

附表 1-4-16　韵母音位对比：高元音与低元音（替代）

语音对序号	最小音位对比	卡片编号	目标音	实发音	对比结果	错误走向
32 低元音	高元音 低元音	46 38	i ɑ			• 单元音升高化*：低元音升高化 • 单元音下降化：高元音下降化

附表 1-4-17　韵母音位对比：圆唇音与非圆唇音（替代）

语音对序号	最小音位对比	卡片编号	目标音	实发音	对比结果	错误走向
33 前高元音	圆唇音 非圆唇音	44 45	yu yi			• 圆唇化：圆唇音替代非圆唇音 • 替代圆唇*：非圆唇音替代圆唇音

附表 1-4-18　声调音位对比：一声与二声（替代）

语音对序号	最小音位对比	卡片编号	目标音	实发音	对比结果	错误走向
34	一声 二声	47 48	1 2			• 二声化：二声替代一声 • 替代二声*：一声替代二声

附表 1-4-19　声调音位对比：一声与三声（替代）

语音对序号	最小音位对比	卡片编号	目标音	实发音	对比结果	错误走向
35	一声 三声	47 49	1 3			• 三声化：三声替代一声 • 替代三声*：一声替代三声

附表 1-4-20　声调音位对比：一声与四声（替代）

语音对序号	最小音位对比	卡片编号	目标音	实发音	对比结果	错误走向
36	一声 四声	47 50	1 4			• 四声化：四声替代一声 • 替代四声*：一声替代四声

注：主要通过最小语音对的比较，记录 18 对语音对的对比结果。例如，语音对序号 1 中，/b/ 和 /p/ 若同时正确，则记为 1 分，若有一个错误则记为 0 分。符号"*"代表常见问题。

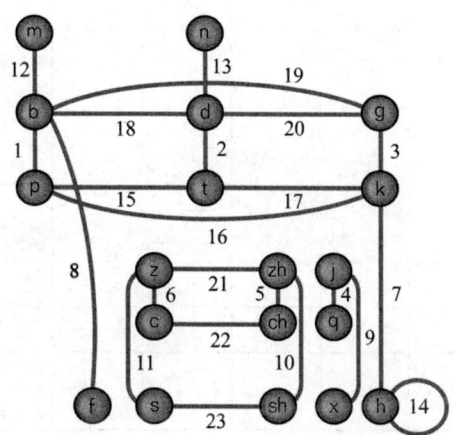

附图 1　构音语音能力评估声母音位矩阵

附表 1-4-21　声母音位对比能力评估表

音位对			年龄						
			2；7— 2；12	3；1— 3；6	3；7— 3；12	4；1— 4；6	4；7— 4；12	5；1— 5；6	5；7— 5；12	6；1— 6；6
	最小音位对 习得情况	错误 走向								
6	擦音与无擦音									
13	前元音与后元音									
14	高元音与低元音									
15	圆唇音与非圆唇音									
16	一声与二声									
18	一声与四声									
12	单、双、三元音									
7	不同构音部位的送气塞音									
1	送气塞音与不送气塞音									
3	塞音与擦音									

续表

音位对	最小音位对习得情况	错误走向	年龄 2;7—2;12	3;1—3;6	3;7—3;12	4;1—4;6	4;7—4;12	5;1—5;6	5;7—5;12	6;1—6;6
5	塞音与鼻音		■	■	■	■	■	■	■	■
8	不同构音部位的不送气塞音		■	■	■	■	■	■	■	■
2	送气塞擦音与不送气塞擦音		■	■	■	■	■	■	■	■
10	前鼻韵母与后鼻韵母		■	■	■	■	■	■	■	■
11	鼻韵母与无鼻韵母		■	■	■	■	■	■	■	■
4	塞擦音与擦音		■	■	■	■	■	■	■	■
17	一声与三声		■	■	■	■	■	■	■	
9	舌尖前音与舌尖后音		■	■	■	■	■	■	■	■

注：阴影部分表示从50%的正常儿童能正确发出的最小音位对比开始，到90%的正常儿童能正确发出结束。

附表1-4-22 构音清晰度评估表

声母音位对比			韵母音位对比			声调音位对比		
序号	声母音位对比	声母音位对比得分	序号	韵母音位对比	韵母音位对比得分	序号	声调音位对比	声调音位对比得分
C1	不送气塞音与送气塞音	/（3对）	V1	前鼻韵母与后鼻韵母	/（3对）	T1	一声与二声	/（1对）
C2	送气塞擦音与不送气塞擦音	/（3对）	V2	鼻韵母与无鼻韵母	/（2对）	T2	一声与三声	/（1对）
C3	塞音与擦音	/（2对）	V3	三、双元音与单元音	/（2对）	T3	一声与四声	/（1对）
C4	塞擦音与擦音	/（3对）	V4	前元音与后元音	/（1对）	声调音位对比合计		/（3对）
C5	塞音与鼻音	/（2对）	V5	高元音与低元音	/（1对）			
C6	擦音与无擦音	/（1对）	V6	圆唇音与非圆唇音	/（1对）			
C7	不同构音部位的送气塞音	/（3对）	韵母音位对比合计		/（10对）			
C8	不同构音部位的不送气塞音	/（3对）						
C9	舌尖前音与舌尖后音	/（3对）						

续表

声母音位对比		韵母音位对比		声调音位对比	
序号	声母音位对比得分	序号	韵母音位对比得分	序号	声调音位对比得分
C10 不同构音方式与部位的浊音	/（2对）				
声母音位对比合计	/（25对）				
构音清晰度（%）：/（38对）=　　（%）				相对年龄：	

附表 1-4-23　构音清晰度评估参考标准

年龄	平均值（%）	标准差（SD）
3岁	81.58	18.23
4岁	85.88	19.44
5岁	92.34	9.90
6岁	88.55	5.84

附表 1-4-24　构音清晰度百分等级转换表

原始分数（%）	百分等级				原始分数（%）	百分等级			
	3岁	4岁	5岁	6岁		3岁	4岁	5岁	6岁
32					68	35	15	7	
34					70	35	15	7	
36					72	40	22	8	
38					74	40	22	8	
40	2				76	40	22	8	2
42	2				78	40	22	10	2
44	2				80	52	25	22	3
46	3				82	52	25	22	3
48	3				84	52	25	27	17
50	3				86	58	28	33	18
52	10	2			88	58	48	40	92
54	10	2			90	58	48	40	92
56	10	2			92	65	55	45	92
58	10	2			94	65	55	45	98
60	13	3			96	65	55	48	98
62	13	3			98	65	55	48	98
64	13	3			100	100	100	100	100
66	35	15	7						

附录 2：儿童语音能力评估表

附表 2-1　儿童基本情况记录表

姓　　名 _____　　出生日期 _____　　性别：□男 □女	
身份证号码 _____　　家庭住址 _____　　电话 _____	
检 查 者 _____　　初诊日期 _____　　编号 _____	
听力状况：□正常 □异常　　听力设备：□人工耳蜗 □助听器　补偿效果 _____	
进食状况：	
言语状况：	
口部触觉感知状况：	

附表 2-2　儿童语音能力评估短文

《春天篇》
美丽的春天来了，天气晴朗，柳絮纷飞。姐姐和妹妹手拿着背包，高兴地走在去教室的路上。道路边都是漂亮的高楼，嫩绿的草地，红色的榕树花，真好看！小鸟在树上叽叽喳喳地唱歌，真动听！
《刷牙篇》
一天，小牛在家里吃了一根甘蔗、喝了一罐蜂蜜，牙突然很疼，于是妈妈陪他去看医生。原来，他吃的甜东西太多，又不刷牙，所以长了两颗蛀牙，医生费了好大力气，才把小牛的蛀牙都拔下来。从此，小牛每天坚持刷牙，再也不感觉疼了。

注：儿童语音能力评估是根据普通话 21 个声母在日常生活中出现的频率，设计的符合儿童兴趣、情节完整、综合性强且具有等价性的短文，通过字清晰度、句清晰度和连续语音清晰度三个指标，考查患者连续语音的能力。

治疗师以自然的方式读出测试材料中的词和句子，然后让患者复述，并记录其语音资料，对患者复述的语音进行判分。目标音发音正确记为"1"，发音错误记为"0"，计算出字清晰度、句清晰度和连续语音清晰度。

附表 2-2-1　儿童语音能力评估短文之《春天篇》

	美	丽	的	春	天	来	了	，	天	气	晴	朗	，	柳	絮	纷	飞	。
				ch	t						q			l	x	f		
字																		
句																		

	姐	姐	和	妹	妹	手	拿	着	背	包	，	高	兴	地	走	在	去	教
	j	j		m	m	sh			b	b		g		d	z		q	j
字																		
句																		

续表

	室	的	路	上	。	道	路	边	都	是	漂	亮	的	高	楼	，	嫩	绿
	sh					d		b	d	sh	p			g	l			l
字																		
句																		
	的	草	地	，	红	色	的	榕	树	花	，	真	好	看	！	小	鸟	在
	d	c	d		h	s		r	sh			zh	h	k		x	n	
字																		
句																		
	树	上	叽	叽	喳	喳	地	唱	歌	，	真	动	听	！				
			j		zh	zh		g			zh	d	t					
字																		
句																		

附表 2-2-2　儿童语音能力评估短文之《刷牙篇》

	一	天	，	小	牛	在	家	里	吃	了	一	根	甘	蔗	、	喝	了
				x	n		j	l	ch				g	zh		h	
字																	
句																	
	一	罐	蜂	蜜	，	牙	突	然	很	疼	，	于	是	妈	妈	陪	他
		g	f	m			t	r	h				sh			p	
字																	
句																	
	去	看	医	生	。	原	来	，	他	吃	的	甜	东	西	太	多	，
	q			sh							d		d	x	t	d	
字																	
句																	
	又	不	刷	牙	，	所	以	长	了	两	颗	蛀	牙	，	医	生	费
		b	sh			s		zh		l	k	zh					
字																	
句																	
	了	好	大	力	气	，	才	把	小	牛	的	蛀	牙	都	拔	下	来
		d	l	q			x	b			d	zh		d	b		
字																	
句																	

续表

	。	从	此	，	小	牛	每	天	坚	持	刷	牙	，	再	也	不	感
		c					m		j		sh			z			g
字																	
句																	

	觉	疼	了	。													
		j															
字																	
句																	

附表 2-3 儿童语音能力之字清晰度评估表

		总个数	单字正确个数	单字清晰度（%）
统计	b	3		
	p	1		
	m	2		
	f	1		
	d	6		
	t	2		
	n	1		
	l	3		
	g	3		
	k	1		
	h	2		
	j	3		
	q	2		
	x	2		
	z	1		
	c	1		
	s	1		
	r	1		
	zh	4		
	ch	1		
	sh	4		
总计		单字正确总个数		
		单字清晰度（%）		

注：字清晰度用于考查患者目标音的清晰度，评估时要求患者跟读单个字。字清晰度＝（单字目标音正确个数/目标音总个数）×100%。

附表 2-4　儿童语音能力之句清晰度评估表

		总个数	句中正确个数	句清晰度（%）
统计	b	3		
	p	1		
	m	2		
	f	1		
	d	6		
	t	2		
	n	1		
	l	3		
	g	3		
	k	1		
	h	2		
	j	3		
	q	2		
	x	2		
	z	1		
	c	1		
	s	1		
	r	1		
	zh	4		
	ch	1		
	sh	4		
总计	句中单字正确总个数			
	句清晰度（%）			

注：句清晰度考查患者在说句子时目标音的清晰度，评估时要求患者跟读句子。句清晰度=（句中目标音正确个数/目标音总个数）×100%。

附表 2-5　儿童语音能力之连续语音清晰度评估

		总个数	单字清晰度（%）	句清晰度（%）	连续语音清晰度（%）
统计	b	3			
	p	1			
	m	2			
	f	1			
	d	6			
	t	2			

续表

		总个数	单字清晰度（%）	句清晰度（%）	连续语音清晰度（%）
统计	n	1			
	l	3			
	g	3			
	k	1			
	h	2			
	j	3			
	q	2			
	x	2			
	z	1			
	c	1			
	s	1			
	r	1			
	zh	4			
	ch	1			
	sh	4			
总计	单字清晰度（%）				
	句清晰度（%）				
	连续语音清晰度（%）				

注：连续语音清晰度同时考查患者在跟读单字和句子时发音的清晰度。连续语音清晰度=（句清晰度/字清晰度）×100%。

附录3：口部运动功能评估分级标准

表3-1 下颌部运动功能评估分级标准

评估项目	指导语	0级	1级	2级	3级	4级
下颌在自然状态下的形状及位置	在自然放松状态下，静观1 min，记录下颌的位置及运动。	全开位或上下牙紧密接触，不会动。	处于全开位或上下牙紧密接触，偶能瞬间向下运动。	下颌处于半开位，但下颌在水平位上左右歪斜或前突或后缩。	下颌处于水平正中，上下牙无接触，有楔形缝隙，但不能保持3 s。	下颌处于姿势位，水平正中，上下牙无接触，有楔形缝隙，能保持3 s。
咬肌肌力	治疗师示范，"咬紧牙关，让咬肌凸起来，坚持到我数3下"。	没反应。	有意识做，但无法做到，用眼睛、头或肩代替。	仅能咬住单侧，或咬时无力。	能紧紧咬住，但不能保持3 s。	能紧紧咬住，并保持3 s。
下颌向下运动	治疗师示范，"嘴巴尽可能张大，坚持到我数3下"。	没反应。	有意识做，但无法做到，用眼睛、头或肩代替。	下颌不能完全打开，伴有向左或右歪斜。	下颌能充分打开，但不能保持3 s。	下颌能轻松充分打开，并能保持3 s。
下颌向上运动	治疗师示范，"闭紧下颌，坚持到我数3下"。	没反应。	有意识做，但无法做到，用眼睛、头或肩代替。	下颌不能完全闭合，或咬时有向左或右歪斜。	下颌能充分紧闭，但不能保持3 s。	下颌能轻松充分紧闭，并能保持3 s。
下颌向左运动	治疗师示范，"下颌向左动，坚持到我数3下"。	没反应。	有意识做，但无法做到，用眼睛、头或肩代替。	下颌能向左侧运动，但运动幅度较小或无力。	下颌能充分向左运动，但不能保持3 s。	下颌能轻松充分向左运动，并能保持3 s。
下颌向右运动	治疗师示范，"下颌向右动，坚持到我数3下"。	没反应。	有意识做，但无法做到，用眼睛、头或肩代替。	下颌能向右侧运动，但运动幅度较小或无力。	下颌能充分向右运动，但不能保持3 s。	下颌能轻松充分向右运动，并能保持3 s。
下颌前伸运动	治疗师示范，"下颌前伸，坚持到我数3下"。	没反应。	有意识做，但无法做到，用眼睛、头或肩代替。	下颌能向前运动，但运动幅度较小或无力。	下颌能充分向前运动，但不能保持3 s。	下颌能轻松充分向前运动，并能保持3 s。
下颌上下连续运动	治疗师示范，"连续打开和闭合下颌，重复3次"。	没反应。	有意识做，但无法做到，用眼睛、头或肩代替。	只能做上或向下运动，不能连续做3次。	能连续上下运动3次，但运动不充分，缺乏力度。	下颌能轻松充分连续打开闭合3次。
下颌左右连续运动	治疗师示范，"下颌连续左向右动，重复3次"。	没反应。	有意识做，但无法做到，用眼睛、头或肩代替。	只能连续向一侧运动，或不能连续做3次或用唇部运动代替。	能连续左右运动3次，但运动不充分，缺乏力度。	下颌能轻松充分连续左右运动3次。

表 3-2 唇口部运动功能评估分级标准

评估项目	指导语	0级	1级	2级	3级	4级
唇自然状态时的形态结构及位置	在自然放松状态下，静观1 min。	双唇严重不对称，位置几乎平不变化。	上唇回缩或下唇回缩严重，上唇或下唇有抖动，但患者不知复位。	上唇或下唇有轻微抖动，但患者偶尔试图复位；或双唇不对称。	上唇下唇微做回缩，或轻微不对称，不易观察。	唇自然地处于水平正中位，左右对称，微闭合。
流涎		无法控制。	身体前倾或分散注意力时流涎，略微能控制。	嘴角流涎。	嘴角偶有潮湿，喝水或咀嚼时轻微流涎。	没有流涎。
唇面部肌力	让我摸摸你的脸，给我做个鬼脸，好吗？	拒绝做。	脸颊肌长期保持笑或做鬼脸露出的样子，做鬼脸上去很松软，无弹性。	脸颊肌较松较软或较硬，做鬼脸上去较容易。	脸颊肌摸上去有弹性，但上唇或下唇轻微回缩。	脸颊摸上去有弹性，肌力正常。
展唇运动	治疗师示范，"跟我做笑的动作，把牙齿露出来，坚持到我数3下"。	没反应。	努力向外展但做不到，用眼睛、头或肩代替或辅助。	双唇外展时需努力，嘴角不能上提；或外展幅度小，或外展时僵硬或无力。	双唇能咧开笑，但不能保持3 s。	双唇能轻松充分地外展并上提，咧嘴笑并保持3 s。
圆唇运动	治疗师示范，"跟我做圆唇的动作，坚持到我数3下"。	没反应。	努力做圆唇但做不到，用眼睛、头或肩代替或辅助。	做圆唇动作时需努力，圆唇幅度小，或圆唇时僵硬或无力。	双唇能充分紧紧地圆起来，但不能保持3 s。	双唇能轻松紧紧地圆起来，并保持3 s。
唇闭合运动	治疗师示范，"用双唇把压舌板夹住，坚持到我数3下"。	没反应。	能做闭唇动作，但夹不住压舌板，努力用牙齿咬代替。	双唇紧闭时需努力，夹住1 s后就掉下来。	双唇能紧紧夹住压舌板，但不能保持3 s。	双唇能紧紧夹住压舌板，并保持3 s。
圆展交替运动	治疗师示范，"跟我做笑的动作，再做圆唇动作，连续3次"。	没反应。	努力做圆或展动作，但无法完成，用眼睛、肩代替或辅助。	只能做一项；双唇连续做圆展交替运动，但动作幅度小，速度慢或无力，或不能连续做3次。	双唇可以连续做圆展交替运动，但不能连续做3次。	双唇能轻松充分地连续做圆展交替运动3次。
唇齿接触运动	治疗师示范，"跟我做上齿接触下唇的动作，坚持到我数3下"。	没反应。	努力做唇齿接触动作，但无法完成，用眼睛、下颌、头或肩代替。	上齿不能咬住下唇内侧，但能咬住下唇。	上齿可以接触到下唇内侧，但不能保持3 s。	上齿能轻松自如地接触到下唇内侧，并保持3 s。

表 3-3 舌口部运动功能评估分级标准

评估项目	指导语	0级	1级	2级	3级	4级
舌的形状和位置	微张嘴,静观1min,张嘴困难,用压舌板辅助。	舌瘫软无力伸出口外或瘫软无力充满整个口腔;或舌体萎缩呈球状后缩下陷到咽部。	舌体偏离明显,或舌一直在抖动,舌沿中线隆起,舌两侧松软。	舌伴有不随意运动或舌尖回缩,舌叶隆起,舌中后部还未萎缩。	舌呈现为碗状,偶尔伴有不随意运动或微小的偏倚。	舌能保持静止不动,呈碗状。
舌尖前伸	治疗师示范,"将舌尖向前伸,坚持到我数3下"。	无反应。	舌尖努力前伸,但未成功,用唇、头、眼、下巴或肩膀运动未代替辅助。	舌能独立伸出,但舌尖回缩,但将舌体变成束状,但呈现为球状。	舌尖能充分向前伸3s,不能保持,出现轻微抖动或偏离。	舌尖能独立充分向前伸,并保持3s。
舌尖下舔下颌	治疗师示范,"舌尖向下舔下颌,坚持到我数3下"。	无反应。	舌尖试图伸出口外,但未成功,用头、眼、下巴或肩膀运动未代替。	舌尖能向下回缩,能将舌尖舔到下唇,但舌体变成束状,但有点松软或呈球状。	舌尖和两侧能下舔到下颌中部,但不能保持3s,出现抖动或偏离。	舌尖和两侧能充分向前伸到下颌中部,并保持3s。
舌尖上舔上唇	治疗师示范,"舌尖向上舔上唇,坚持到我数3下"。	无反应。	舌尖试图伸出口外,但未成功,用头、眼、下巴或肩膀运动未代替。	舌体能向上舔到上唇边缘,能将舌尖卷成W形,但将松软或呈球状。	舌尖能充分向上舔到上唇中部,呈束状,保持3s。	舌尖能独立充分向上舔到上唇中部,并保持3s。
舌尖上舔齿眼	治疗师示范,"舌尖上舔齿眼,坚持到我数3下"。	无反应。	舌尖试图上舔,但未成功,用头、眼、下巴或肩膀运动未代替。	用舌叶代替舌尖向上舔齿眼,到齿眼,下唇,或舌尖无力或抖动。	舌尖能轻松上舔到齿眼,但不能保持3s。	舌尖能轻松上舔齿眼,并保持3s。
舌尖左舔嘴角	治疗师示范,"舌尖用力向左舔嘴角,并保持3s"。	无反应。	舌尖试图去舔,但未成功,用头、眼、下巴或肩膀运动未代替。	舌尖回缩或无力,用舌叶代替舌尖向左舔嘴角,能将舌体变成束状,有点抖动,松软。	舌尖能充分向左舔嘴角,但不能保持3s。	舌尖能充分向左舔到左嘴角,并保持3s。
舌尖右舔嘴角	治疗师示范,"舌尖用力向右舔嘴角,并保持3s"。	无反应。	舌尖试图去舔,但未成功,用头、眼、下巴或肩膀运动未代替。	舌尖回缩或无力,用舌叶代替舌尖向右舔嘴角,能将舌体变成束状,有点抖动,松软。	舌尖能充分向右舔嘴角,但不能保持3s。	舌尖能充分向右舔到右嘴角,并保持3s。

续表

评估项目	指导语	0级	1级	2级	3级	4级
舌尖上舔硬腭	治疗师示范，"舌尖从上齿龈正中位向后沿硬腭中线扫到软硬腭交界处"。	无反应。	舌尖试图去做，但未成功，用头、眼、下巴或肩膀运动来代替。	舌尖回缩或无力，用舌叶代替舌尖去做，或舌尖从后向前做上述运动。	舌尖可以做该动作，但运动慢，力量稍弱，轻微抖动。	舌尖能轻松自如地从上齿龈扫到软硬腭交界处。
舌尖左右交替运动	治疗师示范，"舌尖左右交替运动，来回3次"。	无反应。	舌尖试图去做，但根本不会做侧向运动，用头、下巴或肩膀运动来代替。	舌尖回缩或无力，用舌叶代替舌尖做左右交替运动，无节律。	舌尖能完成这种交替模式，但不能持续3次，运动慢，力量稍差，轻微抖动。	舌尖能轻松自如地左右交替运动3次。
舌尖前后交替运动	治疗师示范，"舌尖前后交替运动，来回3次"。	无反应。	舌大僵硬了不能伸出口外，或舌瘫其缩进口内，将其缩进口内，或由头、下巴或肩膀代替其做交替运动。	舌尖回缩或无力，用舌叶代替舌尖做前后交替运动不规则，无节律。	舌尖能完成这种交替模式，但不能持续3次，运动慢，力量稍差，轻微抖动。	舌尖能轻松自如地伸出口外又缩进口内，来回交替3次。
舌尖上下交替运动	治疗师示范，"舌尖上下交替运动，来回3次"。	无反应。	舌尖试图去运动，但根本不会做侧向运动，用头、眼、下巴或肩膀运动来代替。	舌尖回缩或无力，用舌叶代替舌尖做上下交替运动不规则，无节律。	舌尖能完成这种交替模式，但不能持续3次，运动慢，力量稍差，轻微抖动。	舌尖能轻松自如地碰到上下腭中位，并交替运动3次。
马蹄形上抬模式	治疗师用压舌板沿中线刺激患者舌前1/3，观察患者的反应。	无反应。	舌有主动意识，可舌瘫软，压下没反应。	舌尖与舌叶不分离，多次刺激后舌两侧缘上抬，仅舌尖上抬或舌两侧缘上抬，马蹄形模式未形成。	多给予刺激反射，马蹄形模式形成。	只要给予刺激就立即出现舌碗形模式形成。
舌两侧缘上抬模式	治疗师示范，"嘴张开，舌两侧缘上抬，紧贴在上牙齿上"。	无反应。	努力做了，但舌两侧缘不能做到与上牙齿接触。	努力做了，用舌尖与上齿接触，两侧缘与上齿接触，或借助外力能做短暂接触。	舌两侧缘可以与上齿接触，但保持时间短暂，只有1s。	嘴张开，舌两侧缘能轻松与上齿紧密接触，并保持3s。

续表

评估项目	指导语	0级	1级	2级	3级	4级
舌前部上抬模式	治疗师示范，"舌前部向上抬起，与硬腭接触"。	没反应。	舌前部努力上抬，但未成功，用头、眼、下巴或肩膀运动来代替。	舌前部不能完全自主上抬，必须借助外力辅助。	舌前部可以上抬，但持续时间只有1s。	舌后部能轻松上抬，并能持续3s。
舌后部上抬模式	治疗师示范，"舌后部向上抬起，与软腭接触"。	没反应。	舌后部努力上抬，但未成功，用头、眼、下巴或肩膀运动来代替。	舌后部不能完全自主上抬，必须借助外力辅助。	舌后部可以上抬，但持续时间只有1s。	舌后部能轻松上抬，并能持续3s。
舌肌肌力检查	治疗师示范，"将舌尖伸出来，我用压舌板将舌顶进口里顶，你的舌头用力向外顶"。	拒绝做。	舌瘫软无力或挛缩，需要伸进口内进行检查，有意识做做抵抗运动，但不能，用头、眼、下巴或肩膀运动来代替。	舌能伸出口外，舌尖与舌叶末分离，用舌尖与舌叶顶压舌板，但肌力弱，很容易将舌顶进口内，持续时间短暂，不为1s。	舌能伸出口外，舌能努力向外用力抵抗，并能随着外力大小的变化而变化，但保持不到3s。	舌能根据外力随意调整肌力抵抗，并保持3s。

附录4：儿童构音运动功能评估分级标准

附表 4-1-1　下颌言语状态评估分级标准

分级	能力	临床提示
0级	下颌完全不动，不会发音。	同下颌口部运动0级说明。
1级	下颌处于闭合位或大幅度打开不运动，发音时下颌不运动，在颈、头和肩协助下可运动。	下颌在构音过程中张开幅度过大或过小，下颌控制能力和稳定性差，提示下颌与头、肩、颈或眼睛的运动未完全分离。
2级	下颌处于半开中位，发3，发音时下颌向左或向右歪斜，语速缓慢，构音不清。	在构音过程中，下颌能保持在半开位，但下颌转换速度缓慢，精细控制能力还不完善。
3级	下颌处于半开中位，运动速度尚可，运动幅度小，一两个字构音不清。	在构音过程中，下颌力量和控制能力尚未发育成熟。
4级	下颌运动充分到位，构音清晰准确，语速适中。	在构音过程中，下颌有充足的力量和控制能力。

附表 4-1-2　唇言语状态评估分级标准

分级	能力	临床提示
0级	唇完全不动，不会发音。	同唇的口部运动0级说明。
1级	发音时，双唇不运动或运动幅度很小，在颈、头和肩的协助下可运动。	唇在构音过程中，唇运动未与身体其他部分分离或存在结构性问题。
2级	发音时，唇运动幅度不充分，语速缓慢，大多构音不清。	在构音过程中，唇运动的幅度、力度和速度均未达到对应的运动模式。
3级	唇运动幅度尚可，但保持不稳定，有一两个字构音不清。	在构音过程中，唇已具备了一定肌力，但不足，或缺乏做动作的经验，但唇能控制不稳定的状态。
4级	唇运动充分到位，构音清晰准确，语速适中。	唇运动能力达到了该运动模式的要求，面部和唇部有充足的肌力和较好的控制能力。

附表 4-1-3　舌言语状态评估分级标准

分级	能力	临床提示
0级	舌完全不运动，不会发音。	同舌的口部运动原因分析。
1级	舌能够运动，但舌的各种运动模式还未习得，舌的运动能力还未完善，说话含混不清，舌运动还需辅助。	舌以粗大运动为主，还未与下颌、唇、头等分离出来，舌还未进行精细分化。
2级	舌能发出一些音，但构音不清，响度偏低，语速缓慢。	舌的精细运动能从大运动中分离一部分，但还未完全分离，舌肌无力或肌张力高，使舌存在运动障碍。
3级	舌运动达到各种构音运动模式的要求，但是不稳定，需要进行强化和精细分级。	舌的精细分级和控制还未习得。
4级	舌运动达到了各种构音运动模式的要求，运动范围充分，构音准确。	舌的肌力和控制能力较好，舌的精细分级运动和控制能力良好。